SCHÄFFER
POESCHEL

Andreas Hoffjan

Internationales Controlling

2009
Schäffer-Poeschel Verlag Stuttgart

Verfasser:

Prof. Dr. Andreas Hoffjan, Lehrstuhl für Unternehmensrechnung und Controlling, Technische Universität Dortmund

Dozenten finden Zusatzmaterialien zu diesem Lehrbuch unter www.sp-dozenten.de (Registrierung erforderlich)

Bibliografische Information Der Deutschen Nationalbibliothek
Die Deutsche Nationalbibliothek verzeichnet diese Publikation in der Deutschen Nationalbibliografie; detaillierte bibliografische Daten sind im Internet über http://dnb.d-nb.de abrufbar

Gedruckt auf chlorfrei gebleichtem, säurefreiem und alterungsbeständigem Papier

ISBN 978-3-7910-2532-2

Dieses Werk einschließlich aller seiner Teile ist urheberrechtlich geschützt. Jede Verwertung außerhalb der engen Grenzen des Urheberrechtsgesetzes ist ohne Zustimmung des Verlages unzulässig und strafbar. Das gilt insbesondere für Vervielfältigungen, Übersetzungen, Mikroverfilmungen und die Einspeicherung und Verarbeitung in elektronischen Systemen.

© 2009 Schäffer-Poeschel Verlag für Wirtschaft · Steuern · Recht GmbH
www.schaeffer-poeschel.de
info@schaeffer-poeschel.de
Einbandgestaltung: Willy Löffelhardt/Melanie Weiß
Satz: Johanna Boy, Brennberg
Druck und Bindung: Kösel Krugzell · www.koeselbuch.de
Printed in Germany
Mai 2009

Schäffer-Poeschel Verlag Stuttgart
Ein Tochterunternehmen der Verlagsgruppe Handelsblatt

Vorwort

Wirtschaft und Unternehmen unterliegen seit geraumer Zeit einem Prozess des strukturellen Wandels. Die Beseitigung von Hemmnissen im internationalen Güter- und Kapitalverkehr sowie neue, durch den technischen Fortschritt geschaffene Informations- und Kommunikationstechnologien lassen die Weltwirtschaft zusammenwachsen. Der zunehmenden Internationalisierung der Märkte folgte eine Internationalisierung der Unternehmen, die aus vorher rein deutschen bzw. vorrangig in Deutschland agierenden Unternehmen »*global player*« machen sollte.

Die Intensivierung des grenzüberschreitenden Geschäfts findet ihre Entsprechung im Controlling. Die mit der Internationalisierung verfolgten Ziele motivieren zur Weiterentwicklung des nationalen Controlling um eine multinationale Komponente. Zugleich erfordert die mit der Globalisierung verbundene Komplexitätssteigerung, Dynamik und netzwerkartige Verflechtung eine erweiterte informatorische Unterstützung der Unternehmen.

Ziel dieses Werkes ist es, sowohl die Grundlagen des Controlling international tätiger Unternehmen darzustellen, als auch Einzelprobleme der Entscheidungsunterstützung im internationalen Kontext zu analysieren.

Dazu ist das Lehrbuch wie folgt aufgebaut: Zunächst werden in Teil I die Grundlagen des internationalen Controlling vorgestellt. Im Anschluss erörtert Teil II die spezifischen Störfaktoren des internationalen Controlling und ihre Handhabung. Teil III des Buches widmet sich der Erfolgsmessung und Teil IV dem Berichtswesen im globalen Kontext. Strategische Entscheidungen im internationalen Controlling sind Gegenstand des Teils V. Das Buch schließt in Teil VI mit Fragen zur Ausrichtung des internationalen Controlling.

Zu diesem Buch gibt es ergänzende Materialien, die die Verwendung durch Dozenten erleichtern soll. Zu jedem Kapitel können von der Website des Verlags (www.sp-dozenten.de) kostenlos umfangreiche Vortragsfolien in Microsoft PowerPoint heruntergeladen werden. Begleitend stehen dort auch zu ausgewählten Kapiteln größere Fallstudien zur Verfügung. Die Lösungen dazu können von Dozenten, die das Buch verwenden, direkt bei dem Autor angefordert werden.

Ein Buchprojekt bedarf der Unterstützung einer Vielzahl von Personen. Mein besonderer Dank gilt meinem Mitarbeiter Dipl.-Kfm. *Rouven Trapp*, der die komplette redaktionelle Überarbeitung des Rohmanuskripts übernommen hat. Danken möchte ich auch den früheren und aktuellen Mitarbeitern meines Lehrstuhls Dipl.-Kfm. *Michael Brandau*, Dipl.-Kfm. *Timo Kornetzki* und Dr. *Gonn Weide*, die sich bei einigen Themen inhaltlich intensiv eingebracht haben. Dank gebührt zudem den studentischen Hilfskräften *Marcus Appel* und *Dilek Ilgaz* für die akribische Durchsicht des Manuskripts. Schließlich möchte ich den Studierenden im Wahlfach Unternehmensrechnung und Controlling der TU Dortmund für die in der zugehörigen Vorlesung geleisteten, zahlreichen kritischen Fragen und herausfordernden Anmerkungen danken.

Da sich dieser Dialog als ausgesprochen fruchtbar erwiesen hat, möchte ich auch alle Leser herzlich einladen, mir Fragen, Anregungen und Kritik unter der nachfolgend angeführten Anschrift zukommen zu lassen:

Technische Universität Dortmund
Lehrstuhl für Unternehmensrechnung und Controlling
Otto-Hahn-Str. 6a, 44227 Dortmund
Tel.: 0231/755-5217, Fax: 0231/755-3141
E-Mail: andreas.hoffjan@uni-dortmund.de

Allen Lesern wünsche ich viel Spaß bei der Lektüre.

Dortmund, im Januar 2009 *Andreas Hoffjan*

Inhaltsverzeichnis

Vorwort V
Abkürzungs- und Symbolverzeichnis XVII
Abbildungsverzeichnis XIX
Tabellenverzeichnis XXI

Teil I:
Grundlagen des internationalen Controlling 1

1. Begriff, Ziele und Aufgaben des internationalen Controlling 3
1.1 Einführung 3
1.2 Grundlagen des Controlling 3
    1.2.1 Skizzierung wichtiger Controlling-Konzeptionen
           in der deutschsprachigen Literatur 3
    1.2.2 Controlling als Koordination von Führungsteilsystemen 5
           1.2.2.1 Herleitung der Controlling-Definition 5
           1.2.2.2 Controlling-Ziele und -Aufgaben 7
    1.2.3 Controlling-Instrumente 11
1.3 Spezifika des internationalen Controlling 13
    1.3.1 Ziele des internationalen Controlling 13
    1.3.2 Zentrale Problembereiche des internationalen Controlling .. 15
    1.3.3 Instrumente des internationalen Controlling 17
1.4 Überblick über den Aufbau des Buches 21

2. Comparative Management Accounting:
Beispiel Deutschland, UK und USA 24
2.1 Einführung 24
2.2 Grundlagen des international vergleichenden Controlling 24
    2.2.1 Gegenstand des international vergleichenden Controlling ... 24
    2.2.2 Begriffe: »Management Accounting« vs. »Controlling« 25
    2.2.3 Ursachefaktoren für Unterschiede im Controlling 26
2.3 Vergleich der relevanten Controlling-Konzepte 27
    2.3.1 Verantwortlichkeiten und Ziele des Controlling 27
           2.3.1.1 Ziele und Zielgruppen des Controlling 27
           2.3.1.2 Langfristige vs. kurzfristige Ziele 28
           2.3.1.3 Aufgabeninhalte der Controller 28
    2.3.2 Controlling-Systeme und -Instrumente 30
           2.3.2.1 Hauptbuchhaltung vs. Zweikreissystem 30
           2.3.2.2 Controlling-Instrumente 32
    2.3.3 Organisatorische Integration der Controller im Unternehmen . 32

		2.3.3.1	Hierarchische Ebene der Controller innerhalb des Unternehmens	32

         2.3.3.1 Hierarchische Ebene der Controller innerhalb des Unternehmens 32
         2.3.3.2 Wechselbeziehungen und Verbindungen zu angrenzenden Abteilungen 34
         2.3.3.3 Größe der Controlling-Abteilung 34
    2.3.4 Rolle der Controller 35
2.4 Konvergenz als aktuelle Entwicklung 36
2.5 Fazit 38

Teil II:
Störfaktoren und ihre Handhabung im internationalen Controlling . . . 41

3.   **Kulturelle Einflüsse auf das internationale Controlling** 43
3.1 Einführung 43
3.2 Nationale Kultur und Kontingenzansatz 43
3.3 Wirkung kultureller Einflussfaktoren auf das Controlling 45
    3.3.1 Kulturdimensionen nach *Hofstede* 45
    3.3.2 Kulturdimensionen nach *Hall* 47
    3.3.3 Kulturdimensionen nach *Trompenaars* 48
3.4 Auswirkungen von Kulturunterschieden auf das Controlling 51
    3.4.1 Generelle Relevanz für das Controlling 51
    3.4.2 Beispiel Deutschland-Frankreich 53
         3.4.2.1 Machtdistanz 53
         3.4.2.2 Unsicherheitsvermeidung 54
         3.4.2.3 Maskulinität vs. Feminität 54
         3.4.2.4 Individualismus vs. Kollektivismus 55
         3.4.2.5 Langfrist- vs. Kurzfristorientierung (konfuzianische Dynamik) 56
         3.4.2.6 Berücksichtigung von Kultur im Controlling . . . 57
3.5 Zusammenfassung 59

4.   **Währungsumrechnung im Planungs- und Kontrollprozess** 60
4.1 Einführung 60
4.2 Grundlagen 60
    4.2.1 Charakterisierung der Umrechnungsproblematik 60
    4.2.2 Perspektiven der Erfolgsbeurteilung im Planungs- und Kontrollprozess 62
4.3 Methoden zur Währungsumrechnung im Planungs- und Kontrollprozess 63
    4.3.1 Das *Lessard-Lorange*-Modell 63
         4.3.1.1 Der Aufbau des Modells 63
         4.3.1.2 Analyse der sinnvollen Kombinationen 64
         4.3.1.3 Kritische Beurteilung des *Lessard-Lorange*-Modells 67
         4.3.1.4 Weiterentwicklungen des Modells 68

	4.3.2	Das *Demirag*-Modell	68
		4.3.2.1 Überblick	68
		4.3.2.2 Analyse der sinnvollen Kombinationen	69
		4.3.2.3 Kritische Bewertung des *Demirag*-Modells	71
	4.3.3	Empirische Ergebnisse zur Anwendung der Verfahren	72
	4.3.4	Flexible Budgetplanung im Rahmen der wertorientierten Unternehmenssteuerung	73
	4.3.5	Eignung der Umrechnungsverfahren	75
		4.3.5.1 Kriterien zur Beurteilung von Umrechnungsmethoden	75
		4.3.5.2 Beurteilung der Umrechnungsverfahren	76
4.4	Zusammenfassung und Ausblick		78

5. Controlling in Hochinflationsländern ... 80

5.1	Einführung		80
5.2	Grundlagen der Hochinflation		80
	5.2.1	Begriff der Hochinflation	80
	5.2.2	Wirkung einer Hochinflation auf Unternehmen	81
		5.2.2.1 Veränderung gesamtwirtschaftlicher Rahmenbedingungen	81
		5.2.2.2 Problematik der Scheingewinne	82
5.3	Erschwernisse eines Controlling in Hochinflationsländern		83
5.4	Verfahren der Inflationsbereinigung		84
	5.4.1	Überblick	84
	5.4.2	Hartwährungsberichterstattung	87
	5.4.3	Methodische Konzepte der Kostenrechnung	88
		5.4.3.1 Bewertung zu historischen Anschaffungskosten	89
		5.4.3.2 Bewertung zu Wiederbeschaffungskosten	90
		5.4.3.3 Bewertung zu inflationskorrigierten historischen Anschaffungskosten	91
		5.4.3.3.1 Bewertung zu inflationierten historischen Anschaffungskosten	91
		5.4.3.3.2 Bewertung zu deflationierten historischen Anschaffungskosten	92
		5.4.3.4 Bewertung zu inflationskorrigierten Wiederbeschaffungskosten	92
		5.4.3.5 Bewertung zum inflationskorrigierten realisierbaren Erfolg zu Opportunitätskosten	93
		5.4.3.6 Bewertung zum Barwert künftiger Cash Flows	94
		5.4.3.7 Bewertung der methodischen Konzepte der Kostenrechnung	95
5.5	Weitere Controlling-Aufgaben bei Inflationsschutzmaßnahmen		96
5.6	Fazit		98

6. Internationale Steuerplanung und Verrechnungspreise ... 99
6.1 Einführung ... 99
6.2 Grundlagen der Steuerplanung in multinationalen Konzernen ... 99
    6.2.1 Begriff und Ziele der Steuerplanung in multinationalen Konzernen ... 99
        6.2.1.1 Quantitative Ziele ... 100
        6.2.1.2 Qualitative Ziele ... 102
    6.2.2 Systematisierung der Steuerplanung ... 102
    6.2.3 Begründung eines Controlling im Rahmen der Steuerplanung ... 104
6.3 Die Erfolgsverlagerung durch internationale Verrechnungspreise als eine Gestaltungsmöglichkeit der internationalen Steuerplanung ... 105
    6.3.1 Grundsätzliche Gestaltungsmöglichkeiten der internationalen Steuerplanung ... 105
    6.3.2 Begriff und Erfolgsverlagerungsfunktion der Verrechnungspreise ... 106
6.4 Die zielorientierte Gestaltung internationaler Verrechnungspreise im Spannungsfeld zwischen Controlling und Steuerplanung ... 109
    6.4.1 Funktionen von Verrechnungspreisen ... 109
        6.4.1.1 Funktionen internationaler Verrechnungspreise im Rahmen der Steuerplanung ... 109
        6.4.1.2 Funktionen von Verrechnungspreisen aus Controlling-Sicht ... 110
        6.4.1.3 Vergleich der Funktionen ... 111
    6.4.2 Methoden zur Bestimmung von Verrechnungspreisen ... 111
        6.4.2.1 Einführendes Beispiel ... 111
        6.4.2.2 Steuerrechtlich anerkannte Ermittlungsmethoden für internationale Verrechnungspreise ... 112
            6.4.2.2.1 Preisvergleichsmethode ... 113
            6.4.2.2.2 Wiederverkaufspreismethode ... 113
            6.4.2.2.3 Kostenaufschlagsmethode ... 114
        6.4.2.3 Die Bestimmung von Verrechnungspreisen aus Sicht des Controlling ... 115
            6.4.2.3.1 Marktorientierte Verrechnungspreise ... 115
            6.4.2.3.2 Kostenorientierte Verrechnungspreise ... 116
            6.4.2.3.2.1 Vollkosten- vs. grenzkostenorientierte Verrechnungspreise ... 116
            6.4.2.3.2.2 Plan- vs. istkostenorientierte Verrechnungspreise ... 118
            6.4.2.3.2.3 Knappheitspreise (opportunitätskostenbasierte Verrechnungspreise) ... 119
            6.4.2.3.2.4 Duale Verrechnungspreise ... 120
            6.4.2.3.3 Ausgehandelte Verrechnungspreise ... 120
        6.4.2.4 Vergleich der Ermittlungsmethoden ... 120
    6.4.3 Gestaltung steuer- und controllingadäquater internationaler Verrechnungspreissysteme ... 122
6.5 Weitergehende Einflussfaktoren ... 125
6.6 Zusammenfassung ... 127

Teil III:
Erfolgsmessung 129

7. Grundlagen zur wertorientierten Steuerung ausländischer Tochtergesellschaften 131
7.1 Einführung 131
7.2 Grundlagen wertorientierter Unternehmenssteuerung 131
    7.2.1 Der Shareholder Value-Ansatz als Kern der wertorientierten Unternehmenssteuerung 131
    7.2.2 Implikationen für das Controlling 132
        7.2.2.1 Implikationen für das Informationsversorgungssystem ... 132
            7.2.2.1.1 Einführung wertorientierter Performance-Maße 133
                7.2.2.1.1.1 Zur Kritik an buchhalterischen Größen 133
                7.2.2.1.1.2 Grundzüge der Discounted Cash Flow-Methode 134
                    7.2.2.1.1.2.1 Einführende Bemerkungen 134
                    7.2.2.1.1.2.2 Bestimmung des Unternehmenswertes anhand des WACC-Ansatzes 135
                7.2.2.1.1.3 Ansätze zur Operationalisierung des Shareholder Value 140
                7.2.2.1.1.4 Alternative Konzepte zur wertorientierten Steuerung 141
            7.2.2.1.2 Weitere Modifikationen des Informationsversorgungssystems 142
        7.2.2.2 Implikationen für das Planungs- und Kontrollsystem 143
7.3 Berücksichtigung von Störfaktoren des internationalen Controlling bei der Bewertung ausländischer Tochtergesellschaften 144
    7.3.1 Perspektive der Bewertung 144
    7.3.2 Länderpolitische und -kulturelle Besonderheiten 144
        7.3.2.1 Allgemeine politische Risiken 145
        7.3.2.2 Unternehmensspezifische politische Risiken 145
        7.3.2.3 Staatliche Subventionen 147
        7.3.2.4 Kulturelle Einflüsse 148
    7.3.3 Makroökonomische Faktoren 148
        7.3.3.1 Währungsschwankungen 148
        7.3.3.2 Inflation 150
        7.3.3.3 Zwischenfazit 151
    7.3.4 Vorschriften zur Rechnungslegung und Steuern 152
        7.3.4.1 Internationale Rechnungslegung 152
        7.3.4.2 Steuern 153
        7.3.4.3 Berücksichtigung von Verrechnungspreisen 155
7.4 Zusammenfassung der Ergebnisse 156

8. Die Balanced Scorecard als Instrument der Erfolgsmessung in internationalen Joint Ventures ... 158
8.1 Einführung ... 158
8.2 Die Balanced Scorecard als Kennzahlen- und Managementsystem ... 158
    8.2.1 Kennzahlen und Kennzahlensysteme als klassische Instrumente der Informationsversorgung ... 158
    8.2.2 Grundzüge der Balanced Scorecard ... 160
8.3 Grundlagen zur Erfolgsmessung in internationalen Joint Ventures ... 164
    8.3.1 Begriff und Ziele eines Joint Venture ... 164
    8.3.2 Phasen des Lebenszyklus eines Joint Venture ... 165
    8.3.3 Erfolgsmessung in internationalen Joint Ventures ... 166
        8.3.3.1 Ziele und Funktionen der Erfolgsmessung in internationalen Joint Ventures ... 166
        8.3.3.2 Besonderheiten der Erfolgsmessung in internationalen Joint Ventures ... 167
8.4 Zur Anwendung des Balanced Scorecard-Konzeptes als Erfolgsmessungsinstrument in internationalen Joint Ventures ... 169
    8.4.1 Anpassung der Balanced Scorecard für die Anwendung in internationalen Joint Ventures ... 169
    8.4.2 Phasengeleitete Analyse der Balanced Scorecard als Instrument der Erfolgsmessung in internationalen Joint Ventures ... 171
        8.4.2.1 Anbahnungs-, Verhandlungs-, Aufbau- und Beendigungsphase ... 171
        8.4.2.2 Die Anwendung der Balanced Scorecard in der Betriebsphase ... 172
8.5 Zusammenfassung ... 176

Teil IV:
Berichtswesen ... 179

9. Gestaltung eines internationalen Berichtswesens ... 181
9.1 Einführung ... 181
9.2 Begriff des Berichtswesens ... 181
9.3 Gestaltungsmerkmale des Management Reporting ... 183
    9.3.1 Überblick ... 183
    9.3.2 Zwecke des Management Reporting ... 184
    9.3.3 Inhaltliche Perspektive ... 185
    9.3.4 Formale Perspektive ... 186
    9.3.5 Zeitliche Perspektive ... 188
    9.3.6 Organisatorische Perspektive ... 189
    9.3.7 Gestaltung des Berichtswesens im Spannungsfeld zentraler vs. dezentraler Anforderungen ... 190
9.4 Internationales Berichtswesen ... 192

9.4.1 Zwecke, Aufgaben und Anforderungen des internationalen Berichtswesens.. 192
9.4.2 Spezielle Problemfelder des internationalen Berichtswesens....... 193
    9.4.2.1 Inkonsistenz der Basis- und Informationssysteme....... 193
    9.4.2.2 Unterschiedliche ökonomische und rechtliche Rahmenbedingungen... 194
    9.4.2.3 Kulturelle Distanz.. 195
    9.4.2.4 Sprache... 196
    9.4.2.5 Räumliche Entfernung................................. 197
9.4.3 Zusammenhang Problemfelder und Perspektiven des internationalen Berichtswesens.. 197
9.5 Ausblick... 199

10. Implikationen der internationalen Rechnungslegung für das internationale Controlling 201
10.1 Einführung... 201
10.2 Die IFRS und ihre Relevanz für das Controlling................... 201
  10.2.1 Konzeptioneller Rahmen der IFRS............................ 201
  10.2.2 Relevanz für das Controlling................................... 204
10.3 Ausgewählte Implikationen der IFRS-Bilanzierung für das Controlling.... 208
  10.3.1 Implikationen für das Controlling am Beispiel des Goodwill Impairment Test... 208
    10.3.1.1 Wesentliche Regelungen des IAS 36.................. 208
    10.3.1.2 Implikationen für die Planung.......................... 211
    10.3.1.3 Implikationen für das Berichtswesen.................. 212
    10.3.1.4 Möglichkeiten der Aufgabenverteilung zwischen externem Rechnungswesen und Controlling........... 216
  10.3.2 Implikationen für die Performance-Messung anhand des EVA®... 217
    10.3.2.1 Konzeptionelle Grundlagen des EVA®................ 217
    10.3.2.2 Implikationen für die Conversions am Beispiel des IAS 16.. 218
10.4 Implikationen für die Organisation des Controlling.................. 220
10.5 Fazit und Ausblick... 221

Teil V:
Strategische Entscheidungen im internationalen Controlling........ 223

11. Controlling des Offshoring von Dienstleistungen...................... 225
11.1 Einführung... 225
11.2 Strategisches Controlling.. 225
11.3 Offshoring... 229
  11.3.1 Begriffsfindung.. 229
  11.3.2 Potentiale und Chancen des Offshoring..................... 229
  11.3.3 Relevante Risiken.. 230

11.4	Controlling von Offshoring	231
	11.4.1 Empirische Studie zum Controlling von Offshoring	231
	11.4.2 Koordination und Steuerung von Offshoring-Aktivitäten	231
	11.4.3 Aufgaben des Controlling bei Offshoring-Aktivitäten	233
11.5	Zusammenfassung	235

12. Die Aufgabe internationaler Fertigungsstandorte aus Sicht des Controlling ... 236

12.1	Einführung	236
12.2	Grundzüge des betrieblichen Standortaufgabeproblems	236
	12.2.1 Vereinfachungen	237
	12.2.2 Erschwernisse	237
12.3	Aufgaben des Controlling bei Standortschließungen	239
12.4	Controlling im Verlauf des Standortschließungsprozesses	241
	12.4.1 Initiierungsphase	241
	12.4.2 Analysephase	242
	12.4.3 Realisierungs- und Kontrollphase	246
12.5	Standortschließung im Führungssystem des Unternehmens	247

13. Die Entsendung als Analyseobjekt des internationalen Personal-Controlling ... 248

13.1	Einführung	248
13.2	Grundlagen des internationalen Personal-Controlling	248
	13.2.1 Aufgaben des Personal-Controlling	248
	13.2.2 Problembereiche des internationalen Personal-Controlling	249
13.3	Einsatz von Controlling-Instrumenten im Kontext der Entsendung	251
	13.3.1 Grundlagen von Entsendung und Entsendungsbegleitung	251
	13.3.2 Target Costing zur Planung der Entsendungsbegleitung	252
	13.3.2.1 Grundzüge des Target Costing	252
	13.3.2.2 Target Costing als Instrument zur Planung der Entsendungsbegleitung	255
	13.3.3 Entsendungsbezogenes Kennzahlensystem	259
13.4	Ausblick	263

Teil VI:
Ausrichtung des internationalen Controlling ... 265

14. Organisation des internationalen Controlling ... 267

14.1	Einführung	267
14.2	Kontinua in der Organisation des internationalen Controlling	268
	14.2.1 Integration vs. Segregation	268
	14.2.2 Zentralisierung vs. Dezentralisierung	269
	14.2.3 Standardisierung vs. Differenzierung	270

14.3 Beurteilung von Standardisierung und Differenzierung 271
14.4 Methoden der Durchsetzung von Standardisierungen
     im internationalen Controlling 273
14.5 Gestaltungsvariablen der Controlling-Organisation 274
     14.5.1 Controlling-Ziele 274
     14.5.2 Controlling-Aufgaben 275
     14.5.3 Controlling-Instrumente 275
     14.5.4 Controlling-Daten 276
14.6 Kontextfaktoren 277
     14.6.1 Unternehmensexterne Kontextfaktoren 278
     14.6.2 Unternehmensinterne Kontextfaktoren 282
     14.6.3 Empirische Beobachtungen 284
14.7 Zusammenfassung 285

Literaturverzeichnis 287

Stichwortverzeichnis 307

Abkürzungs- und Symbolverzeichnis

ABC	Activity Based Costing
AK	Arbeitskreis
APV	Adjusted Present Value
AStG	Gesetz über die Besteuerung bei Auslandsbeziehungen (Außensteuergesetz)
β	Beta-Faktor
BERI	Business Environment Risk Index
BilMoG	Bilanzrechtsmodernisierungsgesetz
CAPM	Capital Asset Pricing Model
CEO	Chief Executive Officer
CF	Cash Flow
CFO	Chief Financial Officer
CFROI	Cash Flow Return on Investment
CIMA	Chartered Institute of Management Accountants
CGU	Cash Generating Unit
CVA	Cash Value Added
DAX	Deutscher Aktienindex
DB	Deckungsbeitrag
DBA	Doppelbesteuerungsabkommen
DCF	Discounted Cash Flow
DK	Differenzierungskosten
DM	Deutsche Mark
DRS	Deutscher Rechnungslegungsstandard
E	Erwartungswert
EBIT	Earnings Before Interest and Taxes
EDV	Elektronische Datenverarbeitung
EK_0	Marktwert des Eigenkapitals zum Bewertungszeitpunkt
EStG	Einkommensteuergesetz
ESP	Peseta
EU	Europäische Union
€	Euro
EVA	Economic Value Added
F	Framework
FK_0	Marktwert des Fremdkapitals zum Bewertungszeitpunkt
GK	Gesamtkosten
GuV	Gewinn- und Verlustrechnung
HGB	Handelsgesetzbuch
IAS	International Accounting Standards
IASB	International Accounting Standards Board
IASC	International Accounting Standards Committee

IFR	Internal Forward Rate
IFRIC	International Financial Reporting Interpretations Committee
IFRS	International Financial Reporting Standards
IGC	International Group of Controlling
IMA	Institute of Management Accountants
IT	Informationstechnologie
JV	Joint Venture
KStG	Körperschaftsteuergesetz
KSW	Konstante Scheinwährung
ME	Mengeneinheit
Mio.	Million(en)
Mrd.	Milliarde(n)
NOPAT	Net Operating Profit After Taxes
OLAP	Online Analytical Processing
PublG	Gesetz über die Rechnungslegung von bestimmten Unternehmen und Konzernen (Publizitätsgesetz)
qm	Quadratmeter
r_{EK}	Renditeforderung der Eigenkapitalgeber
r_{FK}	Renditeforderung der Fremdkapitalgeber
r_M	Rendite des Marktportfolios
r_s	Rendite der risikolosen Anlage
ROCE	Return on Capital Employed
ROI	Return on Investment
s	Steuersatz
SK	Standardisierungskosten
SVA	Shareholder Value Added
SWOT	Strengths, Weaknesses, Opportunities, Threats
UK	United Kingdom of Great Britain and Northern Ireland
US	United States
US-$	US-Dollar
US-GAAP	United States Generally Accepted Accounting Principles
USA	United States of America
UW_0	Gesamtunternehmenswert zum Bewertungszeitpunkt
WACC	Weighted Average Cost of Capital
ZVEI	Zentralverband der Elektrotechnischen Industrie e.V.

Abbildungsverzeichnis

Abb. 1.1:	Führungstätigkeiten im Unternehmen	6
Abb. 1.2:	Controlling-System	7
Abb. 1.3:	Differenzierung der Controlling-Aufgaben	8
Abb. 1.4:	Gliederung des Führungssystems des Unternehmens nach *Küpper*	10
Abb. 2.1:	Aufgabeninhalte der Controller und Management Accountants	29
Abb. 2.2:	Hierarchische Einordnung der Controller und Management Accountants	33
Abb. 2.3:	Treiber der Konvergenz und Divergenz im Controlling	39
Abb. 3.1:	Indexwerte der Kulturdimensionen für Deutschland und Frankreich	47
Abb. 3.2:	Leistung vs. Herkunft	49
Abb. 3.3:	Einstellung zur Umwelt	50
Abb. 3.4:	Systembildende Prozessstruktur des Controlling bei kultureller Distanz	58
Abb. 4.1:	Mögliche Kombinationen der Umrechnungskurse nach *Lessard/Lorange*	64
Abb. 4.2:	Mögliche Kombinationen der Umrechnungskurse nach *Demirag*	69
Abb. 4.3:	Wechselkursabhängige Einflussfaktoren auf den EVA® der Tochtergesellschaft nach *Jacque/Vaaler*	74
Abb. 6.1:	Das steuerliche Zielsystem eines Unternehmens	100
Abb. 6.2:	Felder der Steuerplanung in Planungsebenen und Partialmodellen	103
Abb. 7.1:	Varianten der DCF-Verfahren	134
Abb. 7.2:	Direkte Ermittlung des Free Cash Flow nach dem WACC-Ansatz	136
Abb. 7.3:	Indirekte Ermittlung des Free Cash Flow auf der Basis eines IFRS-Abschlusses	137
Abb. 7.4:	Das Shareholder Value-Netzwerk	141
Abb. 8.1:	Idealtypische Struktur der Balanced Scorecard	161
Abb. 8.2:	Ursache-Wirkungskette in der Balanced Scorecard	162
Abb. 8.3:	Die Balanced Scorecard in internationalen Joint Ventures	170
Abb. 8.4:	Der Erfolgsmessungsprozess mit der Balanced Scorecard in (internationalen) Joint Ventures	173
Abb. 9.1:	Einordnung des Berichtswesens in den Informationsversorgungsprozess	183
Abb. 9.2:	Die vier Gestaltungsfragen des Management Reporting in Abstimmung mit dem Berichtszweck	184
Abb. 10.1:	Zusammenwirken von Controlling und Rechnungslegung	204
Abb. 10.2:	House of Controlling unter IFRS	207
Abb. 10.3:	Abgrenzung der CGU nach dem Synergiekriterium	214

Abb. 11.1:	Teilkonzepte des strategischen Controlling	227
Abb. 12.1:	Grundmodell des Standortschließungsprozesses	241
Abb. 12.2:	Methodeneinsatz bei der Auswahl von Anpassungsobjekten	244
Abb. 13.1:	Schematische Darstellung der Vorgehensweise des Target Costing	253
Abb. 13.2:	Zielkostenkontrolldiagramm im Rahmen der Planung der Entsendungsbegleitung	259
Abb. 14.1:	Kontinua in der Organisation des internationalen Controlling	269
Abb. 14.2:	Kostenorientierte Ermittlung eines optimalen Standardisierungsgrades	273
Abb. 14.3:	Prüfschema zur Standardisierung von Controlling-Daten	282
Abb. 14.4:	Internationalisierungsstrategien	283

Tabellenverzeichnis

Tab. 3.1:	Kontextfaktoren im Überblick	44
Tab. 3.2:	Kulturdimensionen nach *Hofstede, Hall* und *Trompenaars*	46
Tab. 3.3:	Auswirkungen der Kulturdimensionen auf das Controlling	52
Tab. 3.4:	Von der Kulturdimension Machtdistanz erwartete Auswirkungen	54
Tab. 3.5:	Von der Kulturdimension Maskulinität vs. Feminität erwartete Auswirkungen	55
Tab. 3.6:	Von der Kulturdimension Zeitvorstellung erwartete Auswirkungen	56
Tab. 4.1:	Beurteilung der Methoden zur Währungsumrechnung	78
Tab. 5.1:	Daten zum Beispielsfall	89
Tab. 5.2:	Bewertung zu historischen Anschaffungskosten	90
Tab. 5.3:	Bewertung zu Wiederbeschaffungskosten	90
Tab. 5.4:	Bewertung zu inflationskorrigierten historischen Anschaffungskosten – Inflationierung	91
Tab. 5.5:	Bewertung zu inflationskorrigierten historischen Anschaffungskosten – Deflationierung	92
Tab. 5.6:	Bewertung zu inflationskorrigierten Wiederbeschaffungskosten	93
Tab. 5.7:	Bewertung zum inflationskorrigierten realisierbaren Erfolg zu Opportunitätskosten	94
Tab. 5.8:	Bewertung zum auf den Barwert abdiskontierten zukünftigen Cash Flow	95
Tab. 5.9:	Bewertung der Ansätze der Kostenrechnung in Hochinflationsländern	95
Tab. 6.1:	Daten zum Beispielsfall	112
Tab. 6.2:	Verrechnungspreise im Beispielsfall aus Sicht von Steuerplanung und Controlling	121
Tab. 6.3:	Mögliche Verrechnungspreiskombinationen und ihre Bewertung	125
Tab. 6.4:	Lokale Bedingungen für überhöhte oder zu niedrige Verrechnungspreise für Transfers von Mutter- an Tochtergesellschaften	126
Tab. 7.1:	Übersicht über die Anpassung der Unternehmenswertkomponenten an Risiken	147
Tab. 9.1:	Strukturierung der Problemfelder zum internationalen Berichtswesen	199
Tab. 10.1:	Auswirkungen der internationalen Rechnungslegung auf Jahresergebnis und Eigenkapital	203
Tab. 10.2:	Ausschnitt aus der Segmentberichterstattung der *Daimler AG* 2007	205
Tab. 10.3:	Externe und interne Informationsquellen mit Anhaltspunkten für eine Wertminderung nach IAS 36.12	216
Tab. 12.1:	Spezifika einer Standortaufgabeentscheidung	239

Tab. 13.1:	Transformationsmatrix im Rahmen der Planung der Entsendungsbegleitung	257
Tab. 14.1:	Vor- und Nachteile einer Standardisierung im internationalen Controlling	272
Tab. 14.2:	Kontextfaktoren der Organisation des internationalen Controlling	278
Tab. 14.3:	Konsolidierungskreis im Konzernabschluss nach HGB und IFRS	281

Teil I:
Grundlagen des internationalen Controlling

1. Begriff, Ziele und Aufgaben des internationalen Controlling

1.1 Einführung

Die Entwicklung vieler deutscher Konzerne zeichnet sich durch eine zunehmende Intensivierung und Ausweitung internationaler Aktivitäten aus. Die wachsende Investitionstätigkeit im Ausland hat zum Entstehen sehr **heterogener globaler Unternehmensstrukturen** geführt, die z. B. neugegründete Tochtergesellschaften, Akquisitionen und Gemeinschaftsunternehmen umfassen. Die Planung, Steuerung und Kontrolle der ausländischen Investments erfordert die Unterstützung des Managements durch das internationale Controlling. Dessen Leistungsfähigkeit wird durch **Störfaktoren** beeinträchtigt, welche aus den unterschiedlichen wirtschaftlichen, rechtlichen, politischen und kulturellen Umwelten der ausländischen Tochtergesellschaften sowie aus konzerninternen grenzüberschreitenden Vorgängen resultieren.

Dieses einführende Kapitel stellt die Grundlagen des internationalen Controlling dar. Dazu wird zunächst das zugrunde liegende Controlling-Verständnis konkretisiert (Abschnitt 1.2). Ausgehend von den allgemeinen Zielen, Aufgaben und Instrumenten des Controlling werden im Anschluss die Spezifika des internationalen Controlling, d. h. seine Ziele, die aus der multinationalen Tätigkeit resultierenden Störfaktoren sowie die Instrumente zu ihrer Bewältigung erläutert (Abschnitt 1.3). Den Abschluss dieser Einführung bildet ein Überblick über die weiteren Kapitel dieses Buches.

1.2 Grundlagen des Controlling

1.2.1 Skizzierung wichtiger Controlling-Konzeptionen in der deutschsprachigen Literatur

»Controlling« gehört zu den Begriffen der Betriebswirtschaftslehre, die äußerst unterschiedlich ausgelegt werden. Im deutschsprachigen Schrifttum besteht bisher kein einheitliches Verständnis dieses Begriffs. So spricht *Küpper* von dem »Phänomen, dass eine Funktion in Praxis und Wissenschaft **große Verbreitung** gefunden hat, über deren Kern und Abgrenzung auch nach drei Jahrzehnten intensiver Diskussion noch **keine Übereinstimmung** besteht. Gleichzeitig wird in Wirtschaft und öffentlicher Verwaltung ebenso wie an den Hochschulen von ihr gesprochen, als sei ihr Inhalt selbstverständlich klar« (*Küpper*, 2008, S. 6). Ein Konsens besteht jedoch dahingehend, dass es sich bei dem Controlling um eine Funktion zur **Unterstützung der Unternehmensführung** bei der Realisierung der Unternehmensziele handelt. Ziele können erreicht werden, indem in Entscheidungssituationen die Handlungsalternative gewählt und anschließend umgesetzt wird, die den erwartungsgemäß größten Beitrag zur Zielerreichung leistet. Als ein Vertreter des **informationsorientierten Controlling-Ansatzes** versteht *Reichmann* Controlling als »eine rechnungswesen- und vorsystemgestützte Systematik zur Verbesserung der Entscheidungsqualität auf allen Führungsstufen der Unternehmung« (*Reichmann*, 2006, S. 13). Vereinfacht gesprochen, ist es also die Aufgabe des Controlling, aus der Fülle von Daten, die insbesondere im betrieblichen Rechnungswesen enthalten sind, eine Auswahl zu extrahieren und zu verarbeiten, die dem Management über die Reporting-Systeme zukommt. Die berichteten Informationen müssen so aufbereitet sein, dass die Entscheidungsträger im Hinblick auf die angestrebten Ziele – bei kapitalmarktorientierten Unternehmen in der Regel die Steigerung des Unternehmenswertes – die »richtigen« Entscheidungen treffen. Die im Folgenden noch näher betrachtete **koordinationsorientierte Controlling-Auffassung** umfasst ebenfalls die Aufgabe der Informationsversorgung, ordnet sie allerdings dem Koordinationsgedanken unter (vgl. *Schaefer/Lange*, 2004, S. 105). Demnach besteht die primäre Aufgabe des Controlling darin, einzelne Teilsysteme der Unternehmensführung aufeinander abzustimmen.

Die Kritik an der koordinationsorientierten Auffassung und die Suche nach einer eigenständigen Problemstellung des Controlling haben schließlich zu der Entwicklung eines neueren Ansatzes geführt, der in der jüngeren Literatur rege diskutiert wird. *Weber/Schäffer* sehen die Funktion des Controlling in der **Sicherstellung von Rationalität der Unternehmensführung** (vgl. *Weber/Schäffer*, 1999, S. 743). Rationalität wird in diesem Zusammenhang als Zweckrationalität aufgefasst, die dann vorliegt, wenn ein gegebener Zweck über die effiziente Verwendung von Mitteln realisiert werden kann (vgl. *Weber/Schäffer*, 1999, S. 734). Aufgrund der begrenzten kognitiven Fähigkeiten und des möglichen opportunistischen Handelns der in der Unternehmensführung agierenden Akteure können Rationalitätsdefizite entstehen, die es seitens des Controlling zu erkennen und zu beseitigen gilt (vgl. *Weber/Schäffer*, 2008, S. 26). Dementsprechend umfasst der Begriff der Rationalitätssicherung sämtliche Handlungen, mit denen »die Wahrscheinlichkeit erhöht wird, dass die Realisierung der Führungshandlungen den antizipierten Zweck-Mittel-Beziehungen trotz der genannten Defizite entspricht« (*Weber/Schäffer*, 2008, S. 26). Controller sehen sich daher u. a. mit der Aufgabe konfrontiert, aufgrund ihres Fach- und Methodenwissens zu prüfen, ob seitens der Unternehmensführung die für die Erreichung eines gegebenen Zwecks richtigen Mittel eingesetzt werden bzw. den Einsatz geeigneter Mittel zu forcieren (vgl. *Weber/Schäffer*, 2008, S. 41; *Schäffer/Weber*, 2004, S. 463). Die Sicherstellungsfunktion kann unterschiedliche kontextabhängige Formen annehmen. Sofern das für eine rationale Führung erforderliche Faktenwissen nicht in ausreichendem Maße vorgehalten wird, nimmt die Funktion der Rationalitätssicherung die aus dem informationsorientierten Controlling-Ansatz ableitbare Informationsversorgungsfunktion an. Ebenso kann die Sicherstellungsfunktion eine koordinationsbezogene Ausprägung annehmen, wenn das Unternehmen einer dynamischen Umwelt ausgesetzt ist, aus der die Notwendigkeit zur Abstimmung der Teilsysteme der Unternehmensführung hervorgeht (vgl. *Weber/Schäffer*, 1999, S. 740). Aus dieser Perspektive betrachtet, stellen die unterschiedlichen Controlling-Auffassungen somit verschiedene Facetten der Rationalitätssicherung der Unternehmensführung dar, die als eine Art »Qualitätsmanagement in der Führung« (*Weber*, 2007, S. 35) aufgefasst werden kann. Das in der

Praxis anzutreffende Verständnis der Funktion des Controlling entspricht von *Weber* durchgeführten empirischen Studien zufolge am ehesten der Rationalitätssicherung der Führung (vgl. *Weber* et al., 2007, S. 33; *Weber*, 2008b, S. 61). In der universitären Controlling-Ausbildung findet hingegen der auf *Horváth* zurückgehende und später u. a. von *Küpper* weiterentwickelte koordinationsorientierte Controlling-Ansatz, der auch diesem Buch zugrunde gelegt wird, die weiteste Verbreitung (vgl. *Hirsch*, 2004, S. 78 f.). Er soll im folgenden Abschnitt näher erläutert werden.

1.2.2 Controlling als Koordination von Führungsteilsystemen

1.2.2.1 Herleitung der Controlling-Definition

Aus der groben Skizzierung der unterschiedlichen Auffassungen über Controlling wird bereits ersichtlich, dass die Nähe zur Unternehmensführung den gemeinsamen Nenner der unterschiedlichen Interpretationen des Controlling bildet. **Führung** kann als der Prozess der »Willensbildung und Willensdurchsetzung gegenüber anderen (weisungsgebundenen) Personen zur Erreichung eines Zieles oder mehrerer Ziele – unter Übernahme der hiermit verbundenen Verantwortung« (*Hahn/Hungenberg*, 2001, S. 35) oder pointiert als »zielorientierte Verhaltensbeeinflussung« (*Link*, 2007, S. 3) definiert werden. **Führungsaufgaben** umfassen demnach die Festlegung von Zielen, aus denen Strategien zu ihrer Erreichung und letztlich Einzelmaßnahmen abgeleitet werden, die von den geführten Personen umzusetzen sind (vgl. *Macharzina/Wolf*, 2008, S. 38). Die einzelnen Phasen des Führungsprozesses werden in Abbildung 1.1 veranschaulicht.

Gegenstand der Führung ist es also, die Aktivitäten der einzelnen Aufgabenträger so aufeinander abzustimmen, dass die Unternehmensziele erreicht werden (vgl. *Küpper*, 2008, S. 28). Diese Aufgabe kann mit dem im Folgenden noch häufig verwendeten Begriff **Koordination** überschrieben werden, denn »Koordination beinhaltet die Abstimmung von Einzelaktivitäten zur Erreichung übergeordneter Ziele« (*Ewert/Wagenhofer*, 2008, S. 395). Diese auch als »interne Harmonisation« bezeichnete Führungsaufgabe ist eine Konsequenz der Arbeitsteilung in Unternehmen (vgl. *Link*, 2007, S. 7). Sofern sich die Abstimmung auf die im Ausführungssystem ablaufenden Prozesse bezieht, aus denen schließlich die betriebliche Leistung hervorgeht, wird sie als **Primärkoordination** bezeichnet (vgl. *Horváth*, 2009, S. 104). Sie ist eine Aufgabe der Führung, nicht des Controlling. Da in Großunternehmen in aller Regel die Führung nicht die Form der persönlichen Weisung annimmt, benötigt die Unternehmensführung ein Instrumentarium, um auf die Handlungen der Organisationsmitglieder einwirken zu können. Dieses wird als **Führungssystem** bezeichnet (vgl. *Küpper*, 2008, S. 28 f.; *Link*, 2007, S. 26). *Horváth* differenziert zwei Teilsysteme des Führungssystems: Das **Planungs- und Kontrollsystem** sowie das **Informationsversorgungssystem** (vgl. *Horváth*, 2009, S. 92). Eine solche Spaltung des Führungssystems ließ sich beispielsweise in der ersten Hälfte des 20. Jahrhunderts in großen amerikanischen Unternehmen beobachten. Dort wurden häufig Planungsabteilungen aufgebaut, die zu dem Rechnungswesen als Kern des Informationsversorgungssystems hinzu-

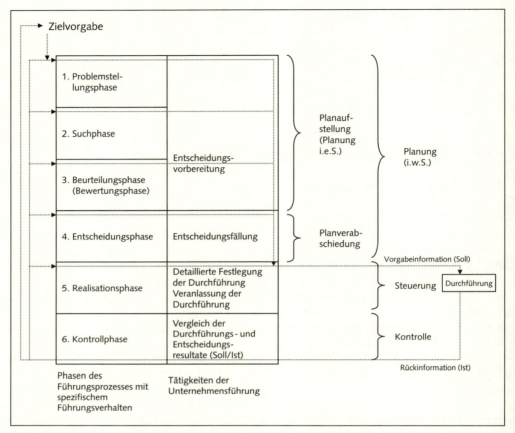

Abb. 1.1: Führungstätigkeiten im Unternehmen (entnommen aus *Hahn/Hungenberg*, 2001, S. 46)

traten (vgl. *Macharzina/Wolf*, 2008, S. 433). Aufgrund der Unternehmensgröße ist somit auch **innerhalb** des Führungssystems eine Arbeitsteilung zu konstatieren, die ihrerseits einen Abstimmungsbedarf erfordert. Diese **Sekundärkoordination** fällt dem Controlling zu (vgl. *Horváth*, 2009, S. 104). Das Controlling nimmt also die Funktion an, Planung und Kontrolle sowie die Informationsversorgung ergebniszielorientiert aufeinander abzustimmen (vgl. *Horváth*, 2009, S. 123). In dieser Betrachtung wird **Controlling** als Subsystem der Unternehmensführung gesehen, welches innerhalb des Führungssystems Koordinationsaufgaben wahrnimmt (vgl. *Berens/Bertelsmann*, 2002, Sp. 281). Das Controlling-System stellt damit ein weiteres Führungsteilsystem dar (vgl. *Horváth*, 2009, S. 123; vgl. auch Abbildung 1.2).

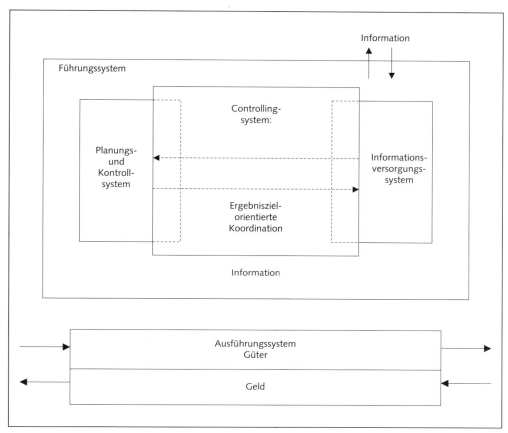

Abb. 1.2: Controlling-System (entnommen aus *Horváth*, 2009, S. 92)

1.2.2.2 Controlling-Ziele und -Aufgaben

Um das Controlling-Verständnis, das diesem Buch zugrunde liegt, zu präzisieren, werden im Folgenden die Ziele, Aufgaben und Instrumente des Controlling im Allgemeinen und des internationalen Controlling im Speziellen erörtert. Damit wird der Konzeption von *Ziener* gefolgt, der eine Unterteilung des Controlling in seine Ziele, Aufgaben, Instrumente und seine Organisation vorschlägt (vgl. *Ziener*, 1985, S. 28). **Controlling-Instrumente** gelten demnach als Mittel zur Erfüllung eines Zwecks, nämlich der **Controlling-Aufgaben**. Diese lassen sich wiederum aus den **Controlling-Zielen** ableiten (vgl. *Reichmann*, 2006, S. 4). Die Organisation des Controlling wird an dieser Stelle zunächst aus der Betrachtung ausgeschlossen und in Kapitel 14 aufgegriffen.

Die **Ziele des Controlling** liegen »in der Sicherung und Erhaltung der Koordinations-, Reaktions- und Adaptionsfähigkeit der Führung, damit diese die Ergebnis- und Sachziele der Unternehmung realisieren kann« (*Horváth*, 2009, S. 123). Das Controlling leistet also einen Beitrag zur Befähigung der Unternehmensführung, auf Änderungen in der Unternehmensumwelt zu reagieren und sich an diese anzupassen. Auch diese sog. »externe Harmonisation« gehört zum Kern der Führungsaufgaben (vgl. *Link*, 2007, S. 7). Zugleich löst das Controlling die **Koordinationsprobleme innerhalb des Führungssystems**, »damit dieses seine Koordinationsaufgaben in Bezug auf die operativen Subsysteme wahrnehmen kann« (*Horváth*, 2009, S. 757). Die Sekundärkoordination des Führungssystems ist somit eine Voraussetzung für die Primärkoordination des Ausführungssystems. So binden beispielsweise Absatz- und Produktionspläne die in den wertschöpfenden Bereichen Verantwortlichen und fungieren somit als ein Mechanismus zur Primärkoordination. In diesem Zusammenhang ist es Aufgabe des Controlling, dass miteinander kompatible Absatz- und Produktionspläne rechtzeitig zur Verfügung stehen (vgl. *Wall*, 2004, S. 391). Der mittelbare Bezug des Controlling zu den Unternehmenszielen ergibt sich daraus, dass sowohl die Anpassungsfähigkeit des Unternehmens an Umweltveränderungen als auch eine effektive und gleichermaßen effiziente Koordination der arbeitsteilig vollzogenen Handlungen die Chancen des Unternehmens in Bezug auf die Realisierung seiner Ziele erhöhen.

Die **Controlling-Aufgaben** lassen sich in funktionaler Sichtweise als Aktivitäten zur Realisierung der Controlling-Ziele bezeichnen (vgl. hier und im Folgenden *Horváth*, 2009, S. 124). *Horváth* schlägt eine Differenzierung der Controlling-Aufgaben anhand von drei Kriterien vor – Ziel, Objekt und Verrichtung (vgl. auch Abbildung 1.3).

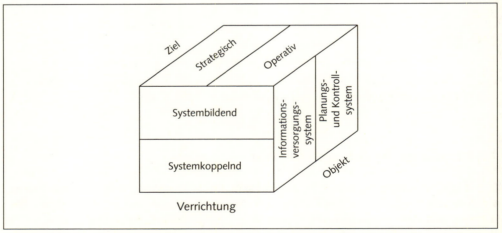

Abb. 1.3: Differenzierung der Controlling-Aufgaben (entnommen aus *Horváth*, 2009, S. 125)

Die **Unternehmensziele** lassen sich hinsichtlich ihrer zeitlichen Dimension in operative (kurzfristige) und strategische (langfristige) Ziele unterteilen. Als strategisches Ziel wird regelmäßig die nachhaltige Existenzsicherung des Unternehmens genannt, während operativ Erfolg und Liquidität sicherzustellen sind (vgl. *Baum* et al., 2007, S. 6). Das **strategische Controlling** unterstützt den strategischen Führungsprozess und verfolgt damit das Ziel, bestehende Erfolgspotentiale zu erhalten und neue aufzubauen. In dieser Perspektive wird also die Reaktions- und Anpassungsfähigkeit der Unternehmensführung akzentuiert, die vom Controlling zu sichern ist. Aufgabe des Controlling ist hierbei beispielsweise die Identifikation von Stärken und Schwächen im Vergleich zu den Wettbewerbern oder der Chancen und Risiken, die sich aus Veränderungen in der Unternehmensumwelt ergeben können. Gegenstand des **operativen Controlling** sind hingegen Probleme der kurz- und mittelfristigen Planung und Kontrolle, die sich bereits in der Gegenwart durch Aufwands- und Ertrags- bzw. Kosten- und Leistungsgrößen quantifizieren lassen (vgl. *Horváth*, 2009, S. 222).

Eine Ausrichtung an monetären Zielen wie Erfolg oder Liquidität soll zur Sicherung der Wirtschaftlichkeit betrieblicher Prozesse sowie zur bestmöglichen Ausnutzung der bestehenden Erfolgspotentiale führen. Somit forciert das operative Controlling die unternehmerischen Oberziele Gewinn und Liquidität (vgl. *Baum* et al., 2007, S. 7). Hier steht also die Koordination des Ausführungssystems im Vordergrund, die durch das Controlling unterstützt werden soll.

Im Hinblick auf den Verrichtungsaspekt wird zwischen systembildenden und systemkoppelnden Koordinationsaufgaben differenziert (vgl. *Horváth*, 2009, S. 102 ff.). Die **systembildende Koordination** umfasst die Schaffung einer Struktur, die zur Abstimmung von Aufgaben beiträgt, eben die Bildung des Planungs- und Kontrollsystems sowie des Informationsversorgungssystems als voneinander abgegrenzte Führungsteilsysteme. Sie zielt somit auf die **Systemgestaltung** ab. Die im Zuge der systembildenden Koordination entwickelten Systemstrukturen geben den Bezugsrahmen für die **systemkoppelnde Koordination**. Ihre Aufgabe besteht darin, innerhalb der gegebenen Strukturen die Informationsverbindungen zwischen den Führungsteilsystemen aufrechtzuhalten und anzupassen. Ferner umfasst die systemkoppelnde Koordination die Reaktion auf nicht vorhersehbare Störungen (vgl. *Horváth*, 2009, S. 103). Die Frage, wie das Controlling auf Störfaktoren zu reagieren hat, wird in den weiteren Ausführungen eine exponierte Rolle einnehmen. Schließlich zeichnet sich eine internationale Tätigkeit gerade dadurch aus, dass in allen Ländern verschiedene Risiken bestehen, die für die Wertschöpfungsprozesse abträglich sein können.

Aus der Perspektive des Kriteriums **Objekt** betreffen die Aufgaben des Controlling entweder das Planungs- und Kontrollsystem oder das Informationsversorgungssystem (vgl. *Horváth*, 2009, S. 124). Dazu zählt sowohl die Koordination innerhalb (z. B. Abstimmung von Planung und Kontrolle) als auch zwischen den einzelnen Führungssubsystemen (z. B. Abstimmung von Planung und Informationsversorgung). In Bezug auf das **Planungs- und Kontrollsystem** besteht die primäre Aufgabe des Controlling in der Form der systembildenden Koordination in seinem Entwurf und seiner Implementierung (vgl. *Horváth*, 2009, S. 169). Häufig zeichnet das Controlling für die Anfertigung von Planungsrichtlinien oder eines Zeitplans der einzelnen Planungsschritte verantwortlich (vgl. *Weber*, 2008a, S. 41). Darüber hinaus obliegt es dem Controlling u. a., die Planungsaktivitäten aufrechtzuerhalten, die Aktivitäten der Planungsträger beratend zu begleiten und die Pläne in formeller Hinsicht zu prüfen (vgl. *Horváth*, 2003, S. 547). Als Aufgabenschwerpunkte lassen sich die Budgetierung und die Gemeinkostenplanung und -kontrolle nennen (vgl. *Horváth*, 2009, S. 199). Zudem wird die gegenseitige Abstimmung von Unternehmensgesamt- und -einzelplänen unter der Maßgabe der Unternehmensziele dem Aufgabenbereich des Controlling

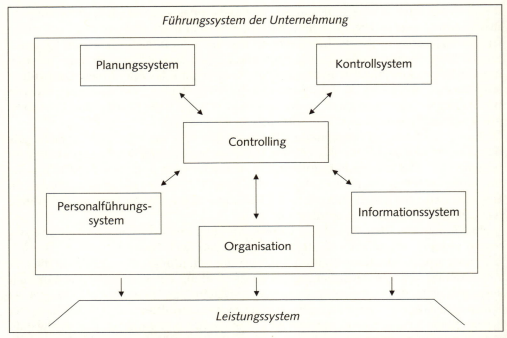

Abb. 1.4: Gliederung des Führungssystems des Unternehmens nach *Küpper* (entnommen aus *Küpper*, 2008, S. 30)

zugeordnet (vgl. *Küpper*, 2008, S. 111; *Weber*, 2003, S. 546). Wird bei der Aggregation der einzelnen Pläne zu einem Gesamtplan offensichtlich, dass die Unternehmensziele aller Voraussicht nach nicht erreicht werden können, initiieren und moderieren Controller häufig den dazu notwendigen Abstimmungsprozess (vgl. *Weber*, 2002, S. 25). Mitunter nimmt das Controlling auch inhaltliche Aufgaben wahr, beispielsweise die Entwicklung von Planungsalternativen (vgl. *Weber*, 2008a, S. 41).

Im Zusammenhang mit dem **Informationsversorgungssystem** zeichnet das Controlling – analog zu dem Planungs- und Kontrollsystem – zum einen für den Entwurf und die Implementierung des Systems verantwortlich. Investitions-, Kosten- und Finanzrechnungen werden einschließlich ihrer Verknüpfungen von Controllern gestaltet (vgl. *Küpper*, 2008, S. 152). Zudem übernimmt das Controlling die laufende Systempflege sowie – in der Praxis beobachtbar – auch ausführende Aufgaben, insbesondere im Bereich der Kostenrechnung (vgl. *Horváth*, 2009, S. 307). Ein weiteres wichtiges Aufgabenfeld besteht in dem Aufbau des Berichtssystems und der Erstellung der an die Unternehmensführung adressierten Berichte (vgl. *Horváth*, 2009, S. 296).

Der Koordinationsbereich des Controlling wird von den Vertretern des Ansatzes unterschiedlich ausgelegt. Während hier mit *Horváth* nur Planung, Kontrolle und Informationsversorgung als Objekte des Controlling angesehen werden, zieht *Küpper* den Kreis der Führungsteilsysteme, die aufeinander abzustimmen sind, weiter (vgl. *Küpper*, 2008, S. 27 ff.). Demnach werden alle in Abbildung 1.4 enthaltenen Elemente des Führungssystems zum Gegenstand der vom Controlling wahrzunehmenden Koordination. Ungeachtet der breiteren Systematisierung des Führungssystems unterscheidet auch *Küpper* zwei Aufgabentypen der Koordination – nämlich einerseits die Koordination innerhalb einzelner Führungsteilsysteme, andererseits die Koordination zwischen Führungsteilsystemen (vgl. *Küpper*, 2008, S. 36).

1.2.3 Controlling-Instrumente

Mit den unterschiedlichen Controlling-Konzeptionen und der damit verbundenen Heterogenität hinsichtlich der Aufgaben und Ziele des Controlling korrespondierend, ist davon auszugehen, dass auch eine beachtliche Vielfalt hinsichtlich der Instrumente besteht, die dem Controlling zugerechnet werden (vgl. *Wall*, 2008, S. 471). *Küpper* moniert, dass der Kreis der Instrumente, die dem Controlling zugeordnet werden, zu weit gezogen wird (vgl. *Küpper*, 2008, S. 39). Um der Tendenz, alle Planungs-, Kontroll- und Informationsversorgungsinstrumente als dem Controlling zugehörig zu betrachten, entgegenzuwirken, schlägt *Küpper* vor, sich auf **Koordinationsinstrumente** zu beschränken. Demnach ist für die Instrumente der Führungsteilsysteme, welche die Koordinationsobjekte des Controlling konstituieren, zu prüfen, ob sie Koordinationsaufgaben lösen können (vgl. *Küpper*, 2008, S. 40). Einige der Instrumente, die *Küpper* (2008, S. 41 ff.) unter die Koordinationsinstrumente subsumiert, sind für die weiteren Ausführungen dieses Buches von zentraler Bedeutung. Sie werden daher im Folgenden zunächst skizziert, bevor in den einzelnen Kapiteln die Anpassungen der Instrumente erörtert werden, die aufgrund länderübergreifender Geschäftsaktivitäten notwendig werden.

Berichtswesen. Das Berichtswesen, das als ein »»Kernprodukt‹ der Controllerarbeit« (*Weber/Schäffer*, 2008, S. 221) bezeichnet wird, bezieht sich auf die **Informationsübermittlungsphase** innerhalb des Informationsversorgungsprozesses. Das Berichtswesen dient insbesondere den mit dem Controlling-System verfolgten operativen Zieldimensionen. Dabei ist das Controlling aufgerufen, dem Management einen sicheren Einblick in die wirtschaftlich relevanten Faktoren und Abläufe zu geben. Zu übermitteln sind insbesondere die Informationen, die das Management für die ergebniszielorientierte Planung und Kontrolle benötigt (vgl. *Horváth*, 2009, S. 540). Eine von *Weber* durchgeführte Benchmarking-Studie ergab, dass die Pflege des Berichtswesens die meiste Arbeitszeit der Controller in Anspruch nimmt. Demzufolge wenden Controller durchschnittlich mehr als ein Fünftel ihrer Arbeitszeit, also mehr als einen Arbeitstag pro Woche, für die Informationsversorgung des Managements auf (vgl. *Weber*, 2008a, S. 14 f.).

Budgetierung. Budgets umfassen die Kosten und Erlöse bzw. Einzahlungen und Auszahlungen, die für eine Periode und einzelne Verantwortungsbereiche vorgegeben werden, und sind von zentraler Bedeutung für die **operative Planung**. Mit der Aufstellung eines Budgets, das von einem Vorgesetzten geprüft und genehmigt wird, verpflichten sich die operativ Verantwortlichen, die gesetzten Grenzen einzuhalten. Die Einhaltung der Budgets wird nach Ablauf der entsprechenden Planungsperiode überprüft, so dass anhand von Soll-Ist-Vergleichen aufgedeckte Abweichungen identifiziert und analysiert werden (vgl. *Anthony/Govindarajan*, 2007, S. 380). Der Prozess der Festlegung von Budgets wird als **Budgetierung** bezeichnet, in einem weiteren Verständnis umfasst er zugleich auch die Budgetkontrolle (vgl. *Weber/Schäffer*, 2008, S. 273). Der bereits zitierten Untersuchung von *Weber* zufolge bildet die operative Planung und Kontrolle und damit das Aufgabenspektrum, dem auch die Budgetierung zuzurechnen ist, nach dem Berichtswesen den zweitzeitintensivsten Arbeitsschwerpunkt von Controllern (vgl. *Weber*, 2008a, S. 14).

Kostenrechnung. Am Ende einer Planungsperiode muss eine Kontrolle erfolgen, inwiefern die geplanten Daten auch realisiert werden konnten. Sie erfolgt durch eine Gegenüberstellung von Plan- und Ist-Daten im Rahmen des Berichtswesens. Diese wichtige Aufgabe des Controlling beschränkt sich in der Regel aber nicht auf das reine Aufzeigen der Abweichungen zwischen bzw. Übereinstimmungen von realisierten und vorgegebenen Daten. Vielmehr umfasst sie auch die Analyse der Abweichungsgründe und die Erbringung von Handlungsempfehlungen (vgl. *Weber*, 2008a, S. 23). Die **Bereitstellung der für die Kontrollaufgabe benötigten Ist-Daten** obliegt der Kostenrechnung ebenso wie die **verursachungsgerechte Zuordnung der bewerteten Faktorverbräuche auf Bezugsobjekte**, die die Voraussetzung für eine tragfähige Kostenplanung bilden. Dementsprechend gilt die Kostenrechnung als **Standardinstrument des Controlling** (vgl. *Weber*, 2008a, S. 59) und als zentraler Bestandteil des Informationsversorgungssystems (vgl. *Horváth*, 2009, S. 414). Der Studie von *Weber* zufolge wenden Controller durchschnittlich rund 15 % ihrer Arbeitszeit für die mit der Kostenrechnung verbundenen Aufgaben auf (vgl. *Weber*, 2008a, S. 14). Lediglich das Berichtswesen sowie die operative Planung und Kontrolle sind mit einem höheren Zeitaufwand verbunden.

Kennzahlen und Kennzahlensysteme. Kennzahlen sind Messgrößen, die in konzentrierter Form über quantitativ erfassbare Sachverhalte in einem Unternehmen informieren (vgl. *Reichmann*, 2006, S. 19). Über ihre beschreibende Funktion hinaus können sie einen normativen Charakter annehmen und Zielvorgaben enthalten, die im Wege einer Kontrolle mit den realisierten Werten in Beziehung gesetzt werden (vgl. *Reichmann*, 2006, S. 20). Die **mathematische oder sachlogische Verknüpfung einzelner Kennzahlen** zu einem Kennzahlensystem erweist sich insbesondere in großen Konzernen mit zahlreichen Tochterunternehmen als wirkungsvoll, um die Vielzahl der in allen Tochtergesellschaften anfallenden Daten zu komprimieren und zu aussagefähigen Größen zu verdichten.

Balanced Scorecard. Das Ziel des Einsatzes dieses von *Kaplan/Norton* entwickelten Instrumentes besteht darin, autonome Einheiten nicht nur anhand finanzieller Erfolgsmaßstäbe zu bewerten (vgl. *Kaplan/Norton*, 1997a, S. 23 ff.). Zu diesem Zwecke werden interne und externe, vergangenheits- und zukunftsorientierte sowie quantitative und qualitative Zielgrößen miteinander verbunden. Mit der **Kombination von finanziellen und nicht-finanziellen Größen** versucht die Balanced Scorecard, die Defizite klassischer Kennzahlensysteme mit ausschließlich finanzieller Orientierung zu überwinden. Zugleich stellt sie ein bekanntes **Performance Measurement-Konzept** dar. Derartige Konzepte fokussieren die Implementierung von Strategien, indem sie ihre Erfolgsfaktoren samt ihrer Entwicklung aufzeigen. Demzufolge kann ein Performance Measurement-System definiert werden als »a mechanism that improves the likelihood the organization will implement its strategy successfully« (*Anthony/Govindarajan*, 2007, S. 460).

Verrechnungspreise. Die Notwendigkeit der **Bepreisung von unternehmensinternen Leistungen** ergibt sich als eine Konsequenz der Verteilung von Wertschöpfungsaktivitäten auf verschiedene Subeinheiten innerhalb des Unternehmens. Unter einem Verrechnungspreis ist jener Preis zu verstehen, den ein Unternehmensbereich einem anderen für die Erbringung einer Leistung »in Rechnung stellt«. Eine solche, für andere Unternehmensbereiche vollzogene Leistungserstellung liegt etwa vor, wenn ein Bereich ein Zwischenprodukt liefert, das von einem anderen fertiggestellt wird. Während der leistende Bereich einen Erlös erzielt, entstehen dem abnehmenden Bereich Kosten in der Höhe des Verrechnungspreises (vgl. *Bhimani* et al., 2008, S. 619). Verrechnungspreise wirken somit wie ein Mechanismus, der den Umsatzerlös, der an einem externen Markt mit dem Absatz eines Produktes erzielt wird, auf die einzelnen Unternehmensbereiche verteilt (vgl. *Anthony/Govindarajan*, 2007, S. 230).

Wertorientierte Steuerungsinstrumente. Seit den 80er Jahren hat der Begriff des **Shareholder Value** einen breiten Eingang in die wirtschaftswissenschaftliche Diskussion und schließlich auch in die Unternehmenspraxis gefunden. Diesem Konzept zufolge ist es das oberste Ziel eines Unternehmens, seinen Wert aus der Sicht der Eigentümer zu maximieren. Der Begriff bezieht sich auf den Marktwert eines Unternehmens und somit auf den Kurs seiner Aktien (vgl. *Anthony/Govindarajan*, 2007, S. 55). Da die klassischen, buchhalterischen Messgrößen die Änderungen des Shareholder Value nicht hinreichend reflektieren, sind von großen amerikanischen Unternehmensberatungsgesellschaften alternative Instrumente entwickelt worden, deren Gemeinsamkeit darin besteht, dass die Kosten für das im Unternehmen gebundene Kapital unter der Orientierung am Kapitalmarkt bestimmt werden. Zudem besteht ein Konsens, dass für die Eigentümer erst Wert geschaffen wird, wenn das Unternehmen mindestens seine Kapitalkosten verdient.

1.3 Spezifika des internationalen Controlling

1.3.1 Ziele des internationalen Controlling

Die vorausgegangenen Ausführungen zum Controlling im Allgemeinen gelten ebenso für das internationale Controlling im Speziellen. Darüber hinaus ist jedoch zu beachten, dass in international tätigen Unternehmen die Organisation des Controlling häufig ein hohes Maß an **Dezentralisierung** aufweist. Das zentrale Controlling des Stammhauses wird um dezentrale Controlling-Einheiten in den ausländischen Divisionen ergänzt (vgl.

Berens et al., 2000, S. 36; vgl. zur Organisation des Controlling Kapitel 14). Letzteren obliegt die Unterstützung der jeweiligen lokalen Führungseinheiten durch die Koordination des Planungs- und Kontroll- sowie des Informationsversorgungssystems der einzelnen Divisionen. Zugleich müssen die Führungsteilsysteme untereinander und mit den Äquivalenten auf Konzernebene abgestimmt werden. Es ergibt sich somit ein **multipler Koordinationsbedarf**, der dadurch erschwert wird, dass es für die dezentralen Controlling-Einheiten keine universelle Gestaltungsempfehlung gibt, sondern ihre Ausgestaltungen von den Spezifika der jeweiligen Umwelten abhängen (vgl. dazu auch Kapitel 14). Die konzernweite **Inter-Koordination** wird durch die Existenz von Störfaktoren erschwert, die zunächst im folgenden Abschnitt skizziert und im weiteren Verlauf des Buches samt ihrer Bewältigung detailliert dargelegt werden. Zuvor sollen jedoch die **Ziele des internationalen Controlling** besprochen werden. Sie leiten sich aus den allgemeinen Zielsetzungen des Controlling ab, so dass auch hier wiederum eine operative und eine strategische Dimension des Controlling unterschieden werden kann (vgl. *Berens* et al., 2000, S. 23 ff.).

Als allgemeine operative Unternehmensziele sind zuvor der Gewinn und die Liquidität benannt worden, zu deren Erreichung das Controlling einen Beitrag leistet. Auch im multinationalen Kontext dominiert in der kurzfristigen Perspektive die Orientierung an monetären Maßstäben: So gilt die Erreichung und **Bewertung eines gesetzten Erfolges** bzw. einer bestimmten Leistung als **operatives Controlling-Ziel** (vgl. *Pausenberger*, 2002, S. 1166). Dazu sind sowohl Erfolg und Wachstum der einzelnen Gesellschaften als auch des Gesamtunternehmens zu betrachten. Probleme treten bei der Operationalisierung der Leistungen einzelner Tochtergesellschaften auf. Es stellt sich die Frage: Wer oder was ist eigentlich **Objekt des Auslandserfolges**? Als Beurteilungsobjekte gelten in der Literatur zum einen die ausländischen Tochtergesellschaften selbst (investorbezogene Sichtweise), zum anderen das jeweilige Management (objektbezogene Sichtweise) (vgl. *Klingshirn*, 1997, S. 13; *Pausenberger*, 1996, S. 186). Im erstgenannten Fall wird das ausländische Tochterunternehmen als Investitionsobjekt betrachtet, dem alle relevanten Ein- und Auszahlungen zuzurechnen sind (vgl. *Welge/Holtbrügge*, 2006, S. 269). Bei der objektbezogenen Sichtweise steht der Erfolg des lokal vertretenen, ausländischen Managements im Vordergrund. Einflussfaktoren außerhalb des Verantwortungsbereiches des Managements, z. B. **Konjunktureinbrüche**, **Wechselkursschwankungen** oder hohe **Inflationsraten**, bleiben dann bei der Erfolgsbeurteilung unberücksichtigt.

Diese und weitere bei der Erfolgsermittlung der Tochtergesellschaften anfallende Schwierigkeiten nehmen auch auf das zweite zentrale operative Controlling-Ziel Einfluss, auf die Herstellung der **Vergleichbarkeit** verschiedener Auslandstöchter. Diese stellt eine wichtige Beurteilungsgrundlage der Unternehmenseinheiten und des ausländischen Managements dar. Gerade für strategische Entscheidungen, z. B. die Verteilung knapper Investitionsmittel im Unternehmensverbund, bedarf es einer fundierten Information über die Ertragskraft der einzelnen Töchter. Fehlallokationen können nur dann vermieden werden, wenn die Angaben zu den Ertragspotentialen miteinander vergleichbar sind.

Das langfristige, strategische Unternehmensziel besteht in seiner Existenzsicherung. **Strategischen Zielsetzungen** trägt das Controlling im Rahmen seiner Führungsunterstützungsfunktion auch im internationalen Kontext Rechnung: Die Führung ausländischer Tochtergesellschaften unterliegt den zentralen Zielen der Wahrung unternehmerischer Chancen über eine effiziente Realisierung der **Ordnung** innerhalb des gesamten Unternehmens und der **Sicherung des Fortbestandes** der Auslandsgesellschaften. Um eine Überlastung des zentralen Managements zu vermeiden, unterstützt das Controlling die Erreichung dieser strategisch ausgerichteten Ordnungs- und Sicherungsziele (vgl. *Weber*, 1991, S. 13).

Beim **Ordnungsziel** stehen die Beziehungen der einzelnen Tochtergesellschaften untereinander und die zur Muttergesellschaft im Mittelpunkt. Diese vielfältigen Beziehungen innerhalb des Gesamtunternehmens müssen koordiniert werden, um Kannibalisierungseffekte zu vermeiden. Bei zwei Konzerngesellschaften, die in ähnlichen Geschäftsfeldern operieren und mitunter in denselben Regionen präsent sind, ist z. B. auf eine Abstimmung der jeweiligen Produktprogramme zu achten, um den konzerninternen Wettbewerb zu begrenzen. Zugleich wird die Koordination der Tochtergesellschaften durch die Ausnutzung von Synergieeffekten bedingt. So ist beispielsweise sicherzustellen, dass in einer Auslandsgesellschaft vorhandene spezifische Kompetenzen auch dem gesamten Unternehmensverbund zur Verfügung stehen. Das Ordnungsziel steht unter der Maßgabe, möglichst den Wert des Gesamtunternehmens im Vergleich zur Summe der Einzelwerte aller Teilunternehmen zu erhöhen. Es gilt also, die Realisation der erwarteten Synergien, die häufig als Treiber für Unternehmenszusammenschlüsse fungieren, zu forcieren und zu überwachen. Internationale Koordinationsprobleme sind in dem Beziehungsgeflecht weitestgehend vom Zentral-Controlling der Muttergesellschaft zu lösen. Dort wird nicht nur die strategische Rolle der einzelnen Auslandsgesellschaften festgelegt, sondern es bestehen auch umfassendere Kenntnisse über mögliche Synergiepotentiale im Verbund.

Das **Sicherungsziel** umfasst die Vermeidung bzw. Minimierung von Risiken. Länderrisiken, die die Sicherung des Unternehmensfortbestandes der Tochtergesellschaften bedrohen, resultieren aus ökonomischen, politischen und soziokulturellen Komponenten. Zum einen müssen prognostizierte Risiken gehandhabt werden, bevor sie negative Auswirkungen auf die Tochtergesellschaft haben. Zum anderen müssen unvorhersehbare Risiken, z. B. durch radikale politische Umbrüche, schnell behoben werden. Möglichkeiten liegen in der Aufstellung bestimmter Frühwarnsysteme, die auf entsprechende Indikatoren gestützt schon bei ersten Anzeichen eine Warnfunktion ausüben.

1.3.2 Zentrale Problembereiche des internationalen Controlling

Aus den heterogenen Umwelten, in denen das Unternehmen agiert, ergeben sich einige Störfaktoren, welche die Möglichkeiten des internationalen Controlling zur Erreichung der zuvor aufgeführten Ziele beeinträchtigen. Die wesentlichen Störfaktoren des internationalen Controlling haben *Pausenberger/Roth* (1997) in einer empirischen Erhebung identifiziert.

Als wichtigster Störfaktor des Auslands-Controlling wurden in der Befragung die **Wechselkursvolatilitäten** angesehen. Sie erschweren die operativen Zielsetzungen der Bewertung des Erfolges sowie die Vergleichbarkeit einer ausländischen Einheit mit anderen Divisionen. Für die Aufstellung und Kontrolle von Budgets als klassischem Instrument des Controlling ist im internationalen Problemzusammenhang ergänzend eine Wechselkursumrechnung erforderlich. Zu Beginn einer jeden Planungsperiode legt die Muttergesellschaft für die einzelnen Töchter Zielgrößen fest, die zunächst in Konzernwährung angegeben werden. Da üblicherweise das Berichtswesen der Tochtergesellschaft in Landeswährung geführt wird (vgl. *Bergmann*, 1996, S. 131), sind die Soll-Vorgaben der Konzernmutter in die entsprechende lokale Währung umzurechnen. Am Ende der Planungsperiode werden im Rahmen einer »Rückumrechnung« die tatsächlichen Ist-Werte wiederum in Konzernwährung transferiert. Infolge schwankender Wechselkurse kann es im Soll-Ist-Vergleich durch die Muttergesellschaft zu währungsbedingten Abweichungen kommen (vgl. *Welge/Holtbrügge*, 2006, S. 279). Ohne die Berücksichtigung von Währungseinflüssen lässt sich keine aussagekräftige Entscheidungsgrundlage für die Beurteilung der Tochtergesellschaften und ihres lokalen Managements finden.

Die **Länderrisiken** gelten als eine wesentliche Komponente des allgemeinen Geschäftsrisikos multinationaler Unternehmen. Dabei handelt es sich um Gefahren der Beeinträchtigung bzw. Nichterreichung unternehmerischer Zielsetzungen, die mit der unternehmerischen Tätigkeit verbunden sind und vom Gastland ausgehen (vgl. *Raffée/Kreutzer*, 1984, S. 28). Die das Länderrisiko bestimmenden Einflussfaktoren sind wirtschaftlicher, politischer und kultureller Art (vgl. *Hake*, 1996, S. 485). Eine besondere Bedeutung kommt gerade im internationalen Controlling dem **Inflationsrisiko** zu. Durch eine ständige Abwertung der lokalen Währung gegenüber der Stammlandwährung versagen häufig Planungs-, Steuerungs- und Kontrollinstrumente (vgl. *Kieninger*, 1993, S. 130; *Uphues*, 1989, S. 380). Da zwischen der Beschaffung von Inputfaktoren für betriebliche Prozesse und dem Absatz des erstellten Outputs ein zeitlicher Abstand liegt, geht ein Teil des wirtschaftlichen Ergebnisses in Inflationsländern allein auf eine zwischenzeitliche Steigerung des Preisniveaus zurück. Dieses Problem tritt beispielsweise bei einer aus dem Lager entnommenen Handelsware auf, deren Beschaffungspreis zwischenzeitlich ihren kalkulierten Absatzpreis überschritten hat. Nominell wird ein Gewinn ausgewiesen, der dem Unternehmen zufließende Erlös reicht aber nicht für die Wiederbeschaffung des veräußerten Gutes aus. Der Ansatz nomineller Werte in der Kostenrechnung lässt somit außer Acht, dass sich die Kaufkraft des Unternehmens verringert hat. Bei Vorliegen solcher Scheingewinne kann trotz positiver Ergebnisse in der Inflationswährung tatsächlich sogar ein Substanzverlust vorliegen (vgl. *Bögel*, 1989, S. 72). Dementsprechend kann über einen längeren Zeitraum gesehen das strategische Sicherungsziel gefährdet sein. Um die verzerrende Wirkung der Geldentwertung auf Budgets und monetäre Ergebnisse zu vermeiden und damit eine vergleichende Erfolgsbeurteilung zu ermöglichen, sind die Ergebnisse um Inflationseffekte zu bereinigen.

Neben sich verändernden Wechselkursen und Inflationsproblemen erschweren **differierende rechtliche und ökonomische Rahmenbedingungen** das internationale Controlling. Die von den länderspezifischen Kontextfaktoren ausgehenden Einflüsse lassen sich nur schwer bei der Planvorgabe berücksichtigen. Gerade bei einer partizipativen Budgeterstellung kann eine erhebliche Informationsasymmetrie infolge der räumlichen und kulturellen Distanz zwischen der Zentrale und dem lokalen Management zur Bildung von Sicherheitsreserven genutzt werden. Die Unsicherheiten in den Unternehmensumwelten erschweren somit die Leistungsbeurteilung der Führungskräfte. Von der Zentrale aus lässt sich nur schwer einschätzen, inwieweit der Erfolg der Tochtergesellschaft auf die günstige Wirtschaftsentwicklung im Gastland oder die lokalen Managementfähigkeiten zurückzuführen ist. Diesen Erschwernissen haben die Erfolgsbeurteilungsgrößen in multinationalen Unternehmen Rechnung zu tragen.

Ein weiteres Problemfeld stellt das Interdependenzgeflecht innerhalb eines international agierenden Unternehmens dar (vgl. *Pausenberger/Roth*, 1997, S. 580 ff.). **Konzerninterne länderübergreifende Lieferungen und Leistungen** verkomplizieren die Steuerung und Beurteilung ausländischer Tochtergesellschaften. Die Verrechnungspreise, die für derartige Leistungsverflechtungen angesetzt werden, wirken sich direkt auf das Ergebnis der einzelnen Auslandstochter aus. Bei internationalen Unternehmen können **steuerlich motivierte Verrechnungspreise** zu Verzerrungen der Ergebnisse führen. Beispielsweise bewirkt der Ansatz überhöhter Verrechnungspreise eine Gewinnverlagerung zur leistenden Gesellschaft und eine Senkung der Gesamtsteuerbelastung, wenn sich dadurch die Bemessungsgrundlage für Gewinnsteuern von einem Hoch- zulasten eines Niedrigsteuerlandes vermindert. Eine gerechte Zuordnung des Erfolges auf die verschiedenen Tochtergesellschaften ist dann nicht mehr gewährleistet. Auch bei diesem Störfaktor geraten somit die Ziele der Erfolgsermittlung und Vergleichbarkeit unter Druck.

Schließlich muss auch im Controlling der **kulturellen Distanz** Rechnung getragen werden. Kultur wird dabei als kollektive mentale Programmierung verstanden, durch welche sich die Mitglieder einer Gruppe von denen einer anderen abheben (vgl. *Hofstede*, 1992, S. 304). Das menschliche Verhalten und die wirtschaftliche Tätigkeit werden durch kulturelle Begebenheiten beeinflusst. Unterschiedliche gesellschaftliche Wertigkeiten, z.B. von Zielen oder von Zeit, führen somit auch zu einer anderen Handhabung des Controlling in den einzelnen Heimatländern der Konzerngesellschaften. Kulturelle Verschiedenheiten zeigen sich hinsichtlich der Bedeutung formaler Planungs- und Kontrollprozesse, der Berichtsgenauigkeit und der Zeithorizonte sowie der Vorstellungen über realistische Planwerte. Hinsichtlich der Berichtsgenauigkeit steht der in deutschen Muttergesellschaften üblichen Präzision in einigen anderen Ländern ein höherer Improvisationsgrad gegenüber. Schließlich hängen die Planwerte – nach Maßgabe der jeweiligen Landeskultur – von einer eher optimistischen bzw. pessimistischen Grundhaltung ab. Folglich beeinträchtigt auch dieser Störfaktor primär die operativen Zielsetzungen.

1.3.3 Instrumente des internationalen Controlling

Die Aufarbeitung der Störfaktoren des internationalen Controlling bedingt die Erweiterung des »klassischen« Controlling-Instrumentariums, das zuvor skizziert worden ist, um spezifische Methoden und Techniken. Diese erforderlichen **Anpassungen** sollen im Folgenden kurz vorgestellt und in den weiteren Kapiteln ausführlich erläutert werden.

Anpassung des Berichtswesens. Als zentraler Bestandteil der erfolgsorientierten Steuerung besteht das internationale Berichtswesen aus **Kennzahlen, Kommentierungen und Einzelberichten** zu verschiedenen betrieblichen Funktionen (vgl. *Kieninger*, 1993, S. 19 und S. 84). Um den Erfolg einer Auslandstochter adäquat interpretieren und mit den Ergebnissen anderer Gesellschaften vergleichen zu können, sind die verbalen Ausführungen von hoher Relevanz. Die Daten können durch konzerninterne Leistungsverflechtungen verzerrt worden sein, so dass sie einen falschen Eindruck von Erfolg und Substanz einer Tochtergesellschaft vermitteln. Ferner wird die Vergleichbarkeit durch die unterschiedlichen rechtlichen und ökonomischen Bedingungen beeinträchtigt, mit denen die einzelnen Tochterunternehmen konfrontiert werden.

Die Erreichung einheitlicher Berichtsinhalte setzt gleiche Informationsversorgungssysteme voraus. Bei der Gestaltung eines **einheitlichen Berichtswesens** entsteht daraus ein Zielkonflikt: Der Zwang zur Vereinheitlichung birgt die Gefahr, den individuellen Spezifika der Gesellschaften nicht in ausreichendem Maße Rechnung zu tragen (vgl. *Kieninger*, 1993, S. 23). Jede Abweichung von einheitlichen Strukturen und Prämissen verzerrt dagegen die Berichtsinhalte. Die Besonderheiten, die sich bei der Gestaltung eines internationalen Berichtswesens ergeben, werden in Kapitel 9 aufgegriffen.

Anpassung der Budgetierung. Budgets leisten einen beträchtlichen Beitrag zur Primärkoordination, indem sie für die jeweiligen Unternehmenseinheiten als Handlungsrahmen fungieren. Im internationalen Kontext wird die Budgetierung durch **mehrere Störfaktoren** beeinträchtigt. Dazu zählen zum einen die Kulturunterschiede. Kulturell bedingt wird der Wert eines Budgets unterschiedlich betrachtet: Ein Budget gilt in einigen Ländern als Information zur zukünftigen Steuerung von Unternehmen, in anderen lediglich als Berichtsinformation zur Leistungsbewertung in der abgelaufenen Planperiode (vgl. *Radebaugh/Gray*, 1997, S. 563). Ein besonderes Gewicht kommt in multinationalen Unternehmen der Währungskompetente zu. Schließlich ist zu bedenken, dass im Rahmen der Budgetierung nicht nur Koordinations-, sondern auch Motivationsaspekte Beachtung finden müssen (vgl. *Ziener*, 1985, S. 104; *Küpper*, 2008, S. 361).

Bei der Leistungsbeurteilung ausländischer Tochtergesellschaften ist zu berücksichtigen, dass die Auswirkungen von Währungsschwankungen nicht im Verantwortungsbereich des lokalen Managements liegen. Um zu verhindern, dass diese Einheiten für Budgetüberschreitungen, deren Ursachen sich der Beeinflussbarkeit des lokalen Managements entziehen, zur Verantwortung gezogen werden, müssen für eine »faire« operative Planung und Kontrolle Währungsumrechnungsverfahren zur Anwendung kommen. Besondere Aufmerksamkeit muss der Währungsumrechnung innerhalb von Plan-Ist-Vergleichen geschenkt werden, da deren Einfluss auf die Performance nicht unerheblich ist. Wie schon deutlich geworden ist, betrifft die Wechselkursproblematik nicht nur den Planungszeitpunkt, in dem die in der Konzernwährung ausgedrückten Soll-Vorgaben in die Landeswährung der Tochter umgerechnet werden. Auch die Ist-Werte, die von der Kostenrechnung hervorgebracht werden, bedürfen einer Umrechnung, bevor sie den geplanten Werten im Rahmen des Berichtswesens gegenübergestellt werden.

Eine gute Lösung dieses sog. »Centralization/Decentralization Dilemma« (*Lessard/ Lorange*, 1977, S. 628 ff.) bietet das *Lessard-Lorange*-Modell (vgl. *Belkaoui*, 1991, S. 135), auf das Kapitel 4 detailliert eingeht. Zur Erfolgsbeurteilung ausländischer Einheiten werden die Wechselkurse bei der Budgetierung (Planungskurse) mit den Wechselkursen bei der Leistungsbeurteilung (Kontrollkurse) abgestimmt. Dabei bieten sich jeweils drei verschiedene Bewertungsansätze an (vgl. *Lessard/Lorange*, 1977, S. 629; *Fastrich/Hepp*, 1991, S. 143): Der aktuelle Kassakurs zu Beginn des Berichtszeitraumes, der für das Ende der Planungsperiode prognostizierte Kassakurs sowie der aktuelle Kassakurs zum Ende des Berichtszeitraumes (vgl. *Lessard/Lorange*, 1977, S. 629; *Fastrich/Hepp*, 1991, S. 143).

Anpassung der Kostenrechnung. Dass die Kostenrechnung zu den wichtigsten Instrumenten des Controlling gehört, ist bereits deutlich geworden. Die »detaillierte Ermittlung, Prognose, Vorgabe und Kontrolle des bewerteten Güterverbrauchs und der bewerteten Güterausbringung bei der Leistungserstellung« (*Horváth*, 2009, S. 414) macht ihren Hauptgegenstand aus. Die von ihr bereitgestellten Informationen sollen **entscheidungsrelevant** sein (vgl. *Reichmann*, 2006, S. 126). Die in Hochinflationsländern zu verzeichnenden beträchtlichen Preissteigerungen und die daraus resultierende Scheingewinnproblematik erschweren jedoch die detaillierte Ermittlung und Prognose des bewerteten Faktorverbrauchs. Wenn die in der Kostenrechnung vorgehaltenen Informationen für operative Entscheidungsfindungen herangezogen werden, kann infolgedessen das Treffen von »Fehlentscheidungen« nicht ausgeschlossen werden. Um diese zu vermeiden und die nachhaltige Ertragskraft der Auslandsgesellschaft wie auch die eigentliche Leistung des lokalen Managements adäquat beurteilen zu können, sind verschiedene Verfahren zur **Bereinigung der Inflationswirkungen** entwickelt worden. Sie werden ausführlich in Kapitel 5 vorgestellt. Da das Controlling sowohl für die Konzeption als auch die Ausführung der Kostenrechnung verantwortlich ist, muss aus diesen Verfahren ein geeignetes adaptiert werden, damit der Ausweis von Scheingewinnen verhindert werden kann und eine stärkere Fokussierung auf die Erhaltung der Unternehmenssubstanz möglich wird. Neben den verschiedenen methodischen Konzepten der Kostenrechnung ist zudem eine Berichterstattung in einer Hartwährung oder einer indexierten Landeswährung möglich.

Anpassung von Kennzahlen und Kennzahlensystemen. Ein multinationales Unternehmen kann die Performance der einzelnen Tochtergesellschaften anhand **kennzahlenbasierter Betriebs-, Soll-Ist- oder Zeitvergleiche** beurteilen. Die Anwendung von Kennzahlen in international tätigen Unternehmen ist jedoch – über die im nationalen Kontext bestehenden Schwächen hinaus (vgl. hierzu Kapitel 8) – mit erheblichen Problemen behaftet. Bei Betriebsvergleichen sind die jeweiligen Landes- und Umweltbedingungen (Wettbewerbsverhältnisse, Verbrauchsgewohnheiten) zu berücksichtigen. Bei Soll-Ist-Vergleichen kommt die Wechselkursproblematik zum Tragen. Zeitvergleiche müssen inflationäre Tendenzen, Konjunkturlagen und sich verändernde rechtliche Rahmenbedingungen ins Kalkül ziehen.

Anpassung der Balanced Scorecard. Aufgrund der Kombination von qualitativen und quantitativen Größen weist die Balanced Scorecard den Vorteil auf, dass die aufgrund von Wechselkursschwankungen und Verrechnungspreisgestaltungen mit Problemen behafteten monetären Kennzahlen nicht so sehr ins Gewicht fallen und nicht den alleinigen Ausschlag für unternehmerische Entscheidungen geben. Allerdings sollte die Balanced Scorecard für das internationale Controlling noch um eine Perspektive erweitert werden, die die jeweiligen **Umweltbeziehungen der Tochtergesellschaften** zu sozialen und politischen Interessengruppen widerspiegelt (vgl. *Lube*, 1997, S. 246 f.). Dann wird auch eine rein externe Landesperspektive implementiert, die kulturelle Besonderheiten berücksichtigt und Aufschluss über zu erwartende Länderrisiken geben kann. In Kapitel 8 wird die Balanced Scorecard als ein Konzept zur Erfolgsmessung in internationalen Joint Ventures diskutiert.

Anpassung der Verrechnungspreise. Das für multinationale Unternehmen gravierende Problem der leistungswirtschaftlichen Verflechtungen der Mutter- mit den einzelnen Tochtergesellschaften und der ausländischen Einheiten untereinander lässt sich durch den Einsatz von Verrechnungspreisen »entwirren«. Dabei ist jedoch zu beachten, dass die Entscheidung, nach welcher Methode die Verrechnungspreise berechnet werden sollen, nicht ausschließlich aus der betriebswirtschaftlichen Perspektive heraus getroffen werden kann. Die Gestaltung der Verrechnungspreise unterliegt vielmehr **Regelungen handelsrechtlicher** (Antidumping- und Antisubventionsmaßnahmen) und **steuerrechtlicher Art**. Nach steuerrechtlichen Richtlinien ist für grenzüberschreitende Lieferungen und Leistungen derjenige Preis festzusetzen, der zwischen unabhängigen Unternehmen vereinbart worden wäre (dealing-at-arm's-length-Prinzip). Trotz dieser rechtlichen Beschränkungen bestehen verschiedene Möglichkeiten der Bestimmung von Verrechnungspreisen im internationalen Bereich. Sie sind Gegenstand des Kapitels 6. Innerhalb der Kostenrechnung oder anderer interner Rechnungen besteht Freiheit in der Wahl von zu Entscheidungszwecken anzusetzender Verrechnungspreise. Dabei können die Verrechnungspreise marktpreis- oder kostenorientiert gestaltet oder zwischen den Einheiten frei ausgehandelt werden. In einem parallelen Rechensystem lassen sich die bestehenden Leistungsinterdependenzen wieder auflösen, so dass der tochterbezogene Beitrag zum Gesamtunternehmenserfolg bestimmt werden kann.

Anpassung der wertorientierten Steuerungsinstrumente. Im Rahmen eines internationalen Wertmanagements kommen dem Controlling strategische und operative Aufgaben zu. Im strategischen Sinne wird die Wertschaffung durch Akquisitionen und Desinvestitionen unterstützt bzw. durch die Wahl einer anderen Strategie für Geschäftsfelder initiiert. Eher operativ wird für die **systematische Minimierung der Kapitalkosten** gesorgt. Als »juristische Einheit« (vgl. *Pausenberger*, 2002, S. 1167) ist die ausländische Tochtergesellschaft als strategisches Investitionsobjekt zu betrachten. Unter ceteris paribus-Bedingungen müssten demzufolge alle Töchter die gleiche Mindestrendite erzielen. Da aber die Tochtergesellschaften in verschiedenen Ländern positioniert sind, spielt die **landes- und unternehmensspezifische Risikokomponente** eine entscheidende Rolle. Für ein multinationales Unternehmen muss daher die Renditebestimmung modifiziert werden. Bei der Bestimmung der Kapitalkosten im internationalen Zusammenhang sind als Sonderprobleme u. a. inflationsbedingte Unterschiede bei den risikolosen Zinssätzen sowie potentiell unterschiedliche Risikoprämien und Zuschläge für besondere Länderrisiken zu beachten. Anhand des Zielerreichungsgrades der so modifizierten wertorientierten Steuerungsgrößen wird im Zentral-Controlling über Investitions- oder Desinvestitionsstrategien bezüglich der verschiedenen Tochtergesellschaften entschieden. Die Faktoren, die bei der Umsetzung einer wertorientierten Steuerung in multinationalen Unternehmen zu beachten sind, werden in Kapitel 7 betrachtet.

Länderanalyse. Zu den oben aufgeführten Erweiterungen des Controlling-Instrumentariums tritt die Länderanalyse als ein **spezifisches Analysewerkzeug des internationalen Controlling** hinzu. Sie besteht aus den beiden Komponenten **Konkurrenz-** und **Länderrisikoanalyse**. Das lokale Controlling stellt im Rahmen der Konkurrenzanalyse fest, welche Konkurrenzsituation im jeweiligen Land vorherrscht. Dabei sind Marktanteils- und Gewinnprognosen aufzustellen. Ebenso sind Stärken-Schwächen-Analysen des eigenen Unternehmens im Vergleich zur Konkurrenz auszuarbeiten. Um die ökonomischen, gesellschaftlichen und politischen Risiken einzuschätzen, die mit Direktinvestitionen verbunden sind, existieren sog. Risikobarometer, wie das **Business Environment Risk Index (BERI)-Informationssystem** (vgl. *Hake*, 1997, S. 240).

Das BERI-Informationssystem setzt sich aus drei Subindizes zusammen, dem Operation Risk Index (Bewertung des allgemeinen Geschäftsklimas), dem Political Risk Index (Bewertung des politischen Risikos) und dem Remittance and Repatriation Factor (Rückzahlungsfaktor, der das Transferrisiko widerspiegelt) (vgl. *Engelhard*, 1992, S. 337). Die einzelnen Subindizes wiederum bestehen insgesamt aus 20 quantitativen und 29 qualitativen Kriterien. Beispielsweise erfolgt die BERI-Bewertung des Geschäftsklimas anhand von 16 qualitativen Kriterien, die von »Verhalten gegenüber ausländischen Investoren und den Gewinnen« über »Lohnkosten zu Produktivität« hin zu »Verfügbarkeit von Krediten« reichen.

Diese am externen Markt zu beschaffenden Daten geben Auskunft über die Risikoeinstufung eines Landes. Infolge der subjektiven Gewichtung der einzelnen Kriterien und der starken Vergangenheitsorientierung weist dieses klassische Analyseverfahren für eine Bewertung des Länderrisikos erhebliche Schwächen auf. Für unternehmensindividuelle Planungszwecke ist es darüber hinaus erforderlich, eigene Risikoanalysen im jeweiligen Land durchzuführen. Da die externen Risikoanalysen lediglich Durchschnittswerte über alle Branchen hinweg angeben, sind ergänzend Markt- und Umfeldveränderungen auf die ausländische Einheit bezogen zu beachten.

1.4 Überblick über den Aufbau des Buches

Die Quintessenz der Ausführungen zu den Instrumenten des Controlling lässt sich wie folgt formulieren: Controller können für die Lösung der Koordinationsaufgaben innerhalb des Führungssystems auf einen breiten Instrumentenkasten zugreifen. Die Aufgaben, die das Controlling in einem international agierenden Konzern trägt, ändern sich grundsätzlich nicht. Allerdings erweitert sich in einem Unternehmensverbund, zu dem auch ausländische Tochtergesellschaften gehören, der Koordinationsbereich des Controlling. Die Führungsteilsysteme der einzelnen Auslandstöchter müssen aufeinander abgestimmt werden, damit die Ziele des internationalen Controlling und schließlich des Unternehmens erreicht werden können. Die Bewältigung der multiplen Koordinationsaufgaben wird durch die zuvor aufgezählten Störfaktoren erschwert. Um die Ziele des internationalen Controlling dennoch zu erreichen, ist das Controlling-Instrumentarium entsprechend zu erweitern. Sofern die Instrumente beispielsweise nicht für volatile Wechselkurse oder inflationäre Tendenzen sensibilisiert sind, wird es dem Controlling nicht gelingen, den Erfolg einer Auslandstochter zu bestimmen und das Management bei dessen Interpretation zu unterstützen. Ebenso wenig kann die beabsichtigte Vergleichbarkeit verschiedener Tochtergesellschaften bewerkstelligt werden. Das Sicherungsziel wird etwa verfehlt, wenn keine profunden Kenntnisse über die spezifischen Länderrisiken bestehen.

Auf die wichtigsten Anpassungen des klassischen Controlling-Instrumentariums, mit denen die Auswirkungen der Störfaktoren egalisiert werden können, geht Teil II dieses Buches ausführlich ein. Es wird deutlich, dass kulturelle Unterschiede berücksichtigt werden müssen, um die unterschiedliche Ausgestaltung von Controlling-Systemen zu verstehen. Das Verständnis ist für die Überlegungen, wie mit diesen Unterschieden umzugehen ist, wertvoll. Zudem werden die mit inflationären Entwicklungen und Wechselkursschwankungen verbundenen Probleme und erforderlichen Modifikationen der Kostenrechnung und Budgetierung aufgezeigt. Schließlich wird die mit der Steuerplanung und Verrechnungspreisbestimmung verbundene Problematik aufgegriffen. Teil III fokussiert mit der wertorientierten Steuerung und der Balanced Scorecard zwei Konzepte, die sich als hochgradig erfolgskritisch in Bezug auf die Erreichung der Unternehmensziele und die Umsetzung der dazu entworfenen Strategien erweisen. In diesem Teil des Buches wird herausgearbeitet, welchen spezifischen, mit der länderübergreifenden Unternehmenstätigkeit verbundenen Einflussfaktoren diese Konzepte ausgesetzt sind, und welche korrespondierenden Modifikationen zu ergreifen sind. Der vierte Teil befasst sich mit dem Berichtswesen, das genauso wie die anderen Instrumente auch an die Störfaktoren des internationalen Controlling angepasst werden muss. Dieser Teil setzt sich zudem mit den Auswirkungen der International Financial Reporting Standards (IFRS)/International Accounting Standards (IAS) auf das Controlling auseinander. Der internationalen Rechnungslegungskonzeption wird eine im Vergleich zu den kontinentaleuropäischen Bilanzierungsregeln höhere Relevanz für Steuerungszwecke zugesprochen. Aus diesem Grunde wirken sich die IFRS auf die Ausgestaltung des Berichtswesens aus. Kapitalmarktorientierte Unternehmen gehen zunehmend dazu über, Daten, die primär für die externe Berichterstattung bestimmt sind, auch im Management Reporting zu verwenden. Andererseits bedarf die Anwendung der IFRS der Mithilfe des Controlling. Um eine Vielzahl von Standards beachten zu können, werden Daten benötigt, die in der Regel das Controlling erhebt.

Wenngleich das Controlling zunächst streng operativ orientiert war, hat sich der Kreis seiner Verantwortlichkeit in den letzten Jahrzehnten um strategische Fragestellungen erweitert. Die Aufgaben, die das Controlling in diesem Zusammenhang übernimmt, sind äußert vielfältig. In Teil V dieses Buches werden einige strategische

Problemstellungen formuliert, die in einer internationalen Geschäftätigkeit besonders schwer wiegen, und um die Lösungsbeiträge des internationalen Controlling ergänzt. Hierzu zählen die Verlagerung von Tätigkeiten in Niedriglohnländer (sog. Offshoring), die Aufgabe von Fertigungsstandorten im Ausland sowie die Entsendung von Mitarbeitern des Stammhauses in ausländische Divisionen. Das Controlling wird dabei mit der Frage konfrontiert, wie es als Methoden- und Informationslieferant zur Effizienz, aber auch zur Effektivität dieser Maßnahmen beitragen kann. Der letzte Teil des Buches betrachtet eine wichtige organisatorische Fragestellung, die mit dem internationalen Controlling verbunden ist: Soll ein Controlling-System konzipiert werden, das in allen Tochtergesellschaften einheitlich implementiert wird? Oder dürfte es von größerem Vorteil sein, ein offenes System zu entwickeln, das an die speziellen Gegebenheiten, unter denen die einzelnen Tochtergesellschaften operieren, angepasst werden kann? Die Beantwortung dieser Frage hängt im Wesentlichen von den Einflussfaktoren ab, denen die Gesellschaften ausgesetzt sind.

Gerade für die Organisation des internationalen Controlling ist das Wissen über die Aufgaben von Controllern in unterschiedlichen Ländern hilfreich. Die Disziplin des Comparative Management Accounting nimmt sich derartiger Untersuchungen an. Aus den Ausführungen zum konzeptionellen Kern des internationalen Controlling in diesem Kapitel sind die Aufgaben deutscher Controller bereits ersichtlich geworden. Diese Erkenntnisse sollen im nächsten Kapitel durch die Schlussfolgerungen aus einer integrativen Betrachtung ergänzt werden: Der einleitende Teil I dieses Buches schließt mit einem Vergleich der Aufgaben und Instrumente, aber auch der Organisation des Controlling in Deutschland und dem Management Accounting im UK und den USA.

2. Comparative Management Accounting: Beispiel Deutschland, UK und USA

2.1 Einführung

Nachdem die konzeptionellen Grundlagen des Controlling im Allgemeinen und des internationalen Controlling im Speziellen erörtert worden sind, richtet sich der Fokus dieses Kapitels auf die vergleichende Betrachtung der Controlling-Praktiken in Deutschland, den USA und Großbritannien. Die als **Comparative Management Accounting** (international vergleichendes Controlling) bezeichnete vergleichende Analyse untersucht die Ausgestaltung, Aufgaben und Instrumente des Controlling in verschiedenen Ländern. Die Identifikation bestehender Unterschiede und Gemeinsamkeiten ist in zweifacher Hinsicht von Bedeutung: Zum einen bildet sie den Ausgangspunkt für die Frage, wie mit den Spezifika der Controlling-Abteilungen ausländischer Tochterunternehmen bei dem Aufbau eines konzernweiten Controlling umzugehen ist. Diese Frage wird im Kapitel zur Organisation des internationalen Controlling wieder aufgegriffen. Zum anderen ermöglicht die Kenntnis verschiedener Ausprägungen des Controlling, von anderen Sprachräumen zu lernen und die dort verwendeten Ansätze besser zu verstehen. Wie zum Ende des Kapitels zu sehen sein wird, werden Instrumente, die sich in einzelnen Ländern als sehr leistungsfähig erwiesen haben, häufig auch von anderen Ländern adaptiert.

2.2 Grundlagen des international vergleichenden Controlling

2.2.1 Gegenstand des international vergleichenden Controlling

Das international vergleichende Controlling stellt Controlling-Praktiken und -Grundsätze zwischen Ländern und Kulturen gegenüber. Dieser Vergleich soll helfen, die besten Praktiken und Innovationen auszumachen, aber auch Unwirtschaftlichkeiten im Controlling zu identifizieren. Manager können **Wettbewerbsvorteile** erzielen, indem sie innovative Controlling-Techniken anderer Länder oder Kulturen einsetzen (vgl. *Amat* et al., 1999, S. 20). Bisher befassen sich allerdings nur wenige Studien mit der Disziplin des international vergleichenden Controlling (vgl. *Blake* et al., 2000, S. 122). Diese Arbeiten beanspruchen keine allgemeine Repräsentativität für das Comparative Management Accounting, sondern variieren bezüglich der Zielsetzungen, des Zeitrahmens und des methodischen Ansatzes (vgl. *Stoffel*, 1995, S. 1). Eine der ersten Studien, die sich ausführlich mit dem Controlling im internationalen Vergleich befasst, ist die Arbeit von *Stoffel* (1995). Darin wird insbesondere die institutionelle

Ausgestaltung des Controlling in Deutschland, den USA und Frankreich untersucht. Auf einer breiteren länderübergreifenden Skala analysiert *Bhimani* (1996) Unterschiede und Gemeinsamkeiten des Controlling in Europa. Dabei handelt es sich jedoch um eine Sammlung und Gegenüberstellung länderspezifischer Ergebnisse von elf anderen europäischen Studien ohne expliziten Fokus auf eine vergleichende Analyse. Demgegenüber stellen spätere empirische Studien stärker auf das vergleichende Element des Controlling ab (vgl. *Ahrens*, 1997, 1999; *Otto*, 2000; *Zirkler*, 2002; *Jones/Luther*, 2004; *Hoffjan/Wömpener*, 2006).

2.2.2 Begriffe: »Management Accounting« vs. »Controlling«

Ehe die Controlling-Praktiken im deutsch- und englischsprachigen Raum miteinander verglichen werden, sind zunächst einige begriffliche Unterschiede zu erörtern. Zu der Verwendung des vermeintlichen Anglizismus »Controlling« im angelsächsischen Raum gibt es unterschiedliche Aussagen. Während *Küpper* (2008, S. 6) konstatiert, dass der Begriff nicht in die internationale wissenschaftliche Diskussion eingegangen ist, findet *Stoffel* (1995, S. 9) ihn in der US-amerikanischen Literatur als Beschreibung der letzten Phase des Führungsprozesses wieder. Der Begriff Controlling ist also nicht vom Englischen ins Deutsche übernommen worden, sondern hat seinen Eingang in das deutsche Vokabular aufgrund der »Erfindung« eines Deutschen – vermutlich *Deyhle* – gefunden (vgl. *Weber* in *Hoffjan/Weber*, 2007, S. 7).

Als angelsächsisches Pendant zum »deutschen« Controlling wird der Begriff »**Management Accounting**« aufgefasst (vgl. *Sheridan*, 1995, S. 287 ff.; *Willson* et al., 2003, S. 5). Als Synonyme für das Konzept des Management Accounting finden jedoch auch Begriffe wie »**Internal Accounting**«, »**Enterprise Reporting**« oder »**Managerial Accounting**« Verwendung in der englischsprachigen Literatur (vgl. *Zirkler*, 2002, S. 17). Zugleich wird der Begriff des Management Accounting mit einer unterschiedlichen inhaltlichen Breite ausgelegt. Im Allgemeinen lassen sich zwei verschiedene Auffassungen zum Umfang des Management Accounting in der relevanten englischsprachigen Literatur beobachten (vgl. *Mussnig*, 1996, S. 13): Die erste Perspektive definiert Management Accounting von einem sehr engen Blickwinkel aus, nach dem sich der Begriff im Wesentlichen auf die **interne Kostenrechnung und interne Kalkulationen** bezieht (vgl. *Mussnig*, 1996, S. 13). Ein zweites, wesentlich umfassenderes Verständnis ist jedoch in der englischsprachigen Welt gebräuchlicher. Nach der *National Association of Accountants* (1981, S. 4) wird Management Accounting definiert als »the process of identification, measurement, accumulation, analysis, preparation, interpretation, and communication of financial information used by management to plan, evaluate, and control within an organization and to assure appropriate use of and accountability for its resources. Management accounting also comprises the preparation of financial reports for non-management groups such as shareholders, creditors, regulatory agencies, and tax authorities.«

In dieser Definition wird ein klarer Fokus auf finanzielle Informationen ersichtlich. Weiterhin ist bemerkenswert, dass dieses Verständnis **externe Berichtsadressaten** wie den Fiskus und Regulierungsbehörden einschließt (vgl. *Mussnig*, 1996, S. 13).

Management Accounting ist daher ein integraler Teil des Managementprozesses und stellt einen Oberbegriff für den allgemeinen Prozess der Planung, Evaluation, Kontrolle sowie des Berichtswesens dar. Somit deutet sich bereits an, was im Folgenden noch weiter ausgeführt wird: Das Management Accounting ist in funktionaler Hinsicht mit dem deutschen Controlling zwar weitgehend **vergleichbar**, aber **nicht identisch**.

Aufgrund der unterschiedlichen Bezeichnung der Controlling-Funktion liegt es bereits auf der Hand, dass ihr Funktionsträger ebenso wenig eine länderübergreifend einheitliche Bezeichnung trägt. In den USA und dem UK hat sich dafür – analog zu der Funktion Management Accounting – der Begriff »**Management Accountant**« durchgesetzt. Gleichwohl gibt es auch in den USA und dem UK »Controller«. Diese Bezeichnung bleibt aber dem höchstrangigen Management Accountant vorbehalten und stellt keinen Titel für alle Mangement Accountants dar (vgl. *Willson* et al., 2003, S. 11). Die Aktivitäten und Aufgaben eines Controllers bzw. Management Accountant, die im deutschsprachigen Raum häufig wiederum mit »Controlling« bezeichnet werden, beschreibt im angelsächsischen Raum der Ausdruck »**Controllership**« (vgl. *Otto*, 2000, S. 26). Allerdings findet sich dieser Begriff inzwischen auch in der jüngeren deutschsprachigen Literatur wieder (vgl. z. B. *Weber/Schäffer*, 2008, S. 1).

2.2.3 Ursachefaktoren für Unterschiede im Controlling

Um zu verstehen, warum und wie sich Controlling zwischen verschiedenen Ländern unterscheidet, sollte zunächst Klarheit über die grundsätzlichen **Einflussgrößen der Controlling-Gestaltung** bestehen. Dass das wirtschaftliche Umfeld die Entwicklung des Controlling in verschiedenen Ländern maßgeblich beeinflussen kann, ist bereits in Anbetracht der Ausführungen des vorherigen Kapitels offensichtlich. Wenn z. B. ein Land mit hohen Inflationsraten zu kämpfen hat, müssen Controller diese Umstände berücksichtigen (vgl. *Blake* et al., 1998, S. 56), etwa durch eine inflationsbereinigte Erfolgsmessung.

Als häufigste Ursache für Unterschiede im Controlling wird jedoch **Kultur** angeführt (vgl. *Chow* et al., 1999, S. 441). Kultur als ein zentraler Einflussfaktor im Controlling wird in Kapitel 3 ausführlich erörtert. In der ökonomischen Literatur wird den Unterschieden in der Finanzkultur besondere Aufmerksamkeit geschenkt. Während die angloamerikanische Welt stärker aktionärs- und kapitalmarktgetrieben ist, wird in Deutschland der starke Einfluss der Stakeholder auf die Finanzkultur herausgestellt (vgl. *Sheridan*, 1995, S. 290). Welche Auswirkungen daraus auf Rechnungslegung und Controlling entstehen können, wird in Abschnitt 2.3.2.1 angesprochen. Als weitere wichtige Einflussfaktoren für divergierende Controlling-Systeme werden die **Ausbildung** und **Professionalisierung** von Controllern genannt (vgl. *Pistoni/Zoni*, 2000, S. 285; *Shields*, 1998, S. 505 f.). Sie variieren zwischen den analysierten Ländern erheblich. In Großbritannien und in den USA ist Management Accounting eine Profession, die auf **Berufsexamina** basiert (vgl. *Ahrens/Chapman*, 2000, S. 480; *Jones/Luther*, 2004, S. 4). In Deutschland hingegen ist Controlling eher eine an Universitäten unterrichtete Disziplin als eine vollwertige Profession (vgl. *Sheridan*, 1995, S. 289; *Ahrens/Chapman*, 2000, S. 482). Dementsprechend gibt es Unterschiede in der

Einstiegsqualifikation von Controllern in Deutschland und Management Accountants in Großbritannien. Bei den deutschen Controllern führt der häufigste Weg in die Profession über einen Hochschulabschluss (vgl. *Ahrens/Chapman*, 2000, S. 480 f.). Sie haben ihr Studium mehrheitlich im Controlling oder einer anderen Spezialisierung der Betriebswirtschaftslehre abgeschlossen. Demgegenüber hat die überwiegende Mehrzahl der Management Accountants in Großbritannien in einem anderen Fach als »Management« oder »Volkswirtschaft« einen Abschluss erworben (vgl. *Ahrens/Chapman*, 2000, S. 489). Management Accountants werden in Großbritannien überwiegend im Beruf trainiert und qualifiziert.

Weiterhin vertreten **berufsständische Organisationen** wie das *Chartered Institute of Management Accountants (CIMA)* und das *Institute of Management Accountants (IMA)* die Interessen von Management Accountants in den englischsprachigen Ländern. Im Gegensatz zur hoch entwickelten Profession des Management Accounting in den USA und Großbritannien ist das institutionelle Umfeld des Controlling in Deutschland nur schwach ausgeprägt. Konsequenterweise basieren deutsche Entwicklungen im Controlling zumeist auf neuen Ideen und Konzepten von Akademikern, während Forscher aus dem englischen Sprachraum eine Reputation für anwendungsorientierte und praxisbezogenere Konzepte haben (vgl. *Ahrens/Chapman*, 1999, S. 42).

2.3 Vergleich der relevanten Controlling-Konzepte

2.3.1 Verantwortlichkeiten und Ziele des Controlling

2.3.1.1 Ziele und Zielgruppen des Controlling

Im Folgenden wird das Controlling in Deutschland und das Management Accounting in den USA und Großbritannien einer vergleichenden Analyse unterzogen. Diese erfolgt wiederum unter Rückgriff auf die Konzeption von *Ziener*, also anhand der Dimensionen Ziele, Aufgaben, Instrumente und Organisation (vgl. *Ziener*, 1985, S. 28).

Die Definition der *National Association of Accountants* enthielt bereits den Hinweis, dass Management Accounting im angloamerikanischen Raum – im Gegensatz zur traditionellen deutschen Praxis – auch die Bereitstellung finanzieller Berichte für nicht dem Management angehörige Gruppen wie Aktionäre, Gläubiger und Steuerbehörden beinhaltet. Diese Tatsache berechtigt zunächst zur Annahme, dass sich die **Zielgruppen und die Ziele des Controlling** in beiden Ländern **unterscheiden**. Nach der *National Association of Accounting* (1982, S. 24) schließen die Ziele des Management Accounting die **Bereitstellung von Informationen** und die **Beteiligung im Managementprozess** ein. Damit werden jene Ziele angesprochen, die bereits in Kapitel 1 als konsensfähige Ziele des Controlling benannt worden sind. Daher kann trotz der breiteren Zielgruppe des Management Accounting im angloamerikanischen Raum davon ausgegangen werden, dass Controller und Management Accountants insgesamt ähnliche Ziele verfolgen.

2.3.1.2 Langfristige vs. kurzfristige Ziele

Eine häufig diskutierte Frage zum international vergleichenden Controlling thematisiert die länderspezifische **Langfrist- bzw. Kurzfristorientierung von Managemententscheidungen**. Diesbezüglich wird z. B. untersucht, ob Managemententscheidungen in den USA und Großbritannien eher einen kurzfristigen Horizont fokussieren, während Länder wie Deutschland und Japan möglicherweise stärker langfristig orientiert sind (vgl. *Sheridan*, 1995, S. 290; *Ahrens*, 1997, S. 557 f.; *Carr/Tomkins*, 1998, S. 217). Die Dominanz der Aktienmärkte in London und New York auf die Entscheidungsfindung im Management sowie die obligatorische Quartalsberichterstattung werden als Hauptargument für die **Kurzfristorientierung im angloamerikanischen Raum** angeführt (vgl. *Sheridan*, 1995, S. 290). Ergänzend zu den ökonomischen Gründen wird auch der kulturelle Hintergrund oft als eine Ursache für die unterschiedliche zeitliche Orientierung in diesen Ländern genannt.

Empirische Ergebnisse zeigen, dass Management Accountants aus Großbritannien stärker als ihre deutschen Kollegen unter großem Druck stehen, kurzfristige Ziele zu erreichen (vgl. *Ahrens*, 1996, 149 f.). Dies spiegelt sich im Management wider: Deutsche Manager denken langfristiger als ihre britischen und US-amerikanischen Kollegen (vgl. *Coates* et al., 1995, S. 127). Schließlich sind auch die Amortisationszeiträume bei Investitionen in angloamerikanischen Unternehmen kürzer als in deutschen (vgl. *Carr/Tomkins*, 1998, S. 220). Während die Mehrzahl der Beiträge für die angelsächsische Welt ein eher kurzfristig ausgerichtetes Management Accounting feststellt (vgl. *Coates* et al., 1995, S. 132; *Sheridan*, 1995, S. 290; *Ahrens*, 1997, S. 557 f.; *Carr/Tomkins*, 1998, S. 217), gibt es aber auch einige konträre Ergebnisse. Z.B. stellte *Horovitz* (1978) keine signifikanten Unterschiede zwischen der Langfristplanung in Großbritannien und Deutschland fest (vgl. *Horovitz*, 1978, S. 100). Ebenso zeigen umfassende Kulturstudien, dass nur kleine Unterschiede zwischen Deutschland sowie Großbritannien und den USA in der Dimension Kurz- vs. Langfristorientierung existieren (vgl. *Hofstede*, 2001, S. 356).

2.3.1.3 Aufgabeninhalte der Controller

Vergleicht man die Arbeitsschwerpunkte der Controller und Management Accountants, so gilt die interne **Kostenrechnung** regelmäßig als eine der Hauptaufgaben des Controlling bzw. Management Accounting in allen beobachteten Ländern (vgl. *Mussnig*, 1996, S. 13 f.; *Zirkler*, 2002, S. 17). Dies wird durch empirische Befunde gestützt, wonach Kostenrechnung und -management für 65 % der deutschen Controller und für 91 % der US-Management Accountants relevant sind (vgl. *Stoffel*, 1995, S. 156). Viele Management Accountants in den USA sind darüber hinaus für das **Finanzmanagement** und Aktivitäten wie **Berichterstattung an Investoren und Gläubiger** oder den **Umgang mit Steuerbehörden** zuständig (vgl. *Stoffel*, 1995, S. 83).

Zudem sind sich Controller und Management Accountants in beiden Ländern schließlich einig, dass **Budgetierung** und **internes Berichtswesen** wesentliche Aufgabenschwerpunkte des Controlling resp. Management Accounting bilden. Die **Rech-**

nungsprüfung hingegen wird einheitlich als weniger relevant für die tägliche Arbeit angesehen. Jedoch ist die Rechnungsprüfung trotz ihrer geringeren Bedeutung wesentlich häufiger im angloamerikanischen Management Accounting integriert als im deutschen Controlling (vgl. *Ziener*, 1985, S. 23 f.). In Deutschland arbeitet die interne Rechnungsprüfung eng mit dem Controller zusammen, ist aber nicht notwendigerweise selbst Bestandteil der Controlling-Abteilung (vgl. *Stoffel*, 1995, S. 93). Im Gegensatz dazu wird in den USA die interne Rechnungsprüfung als eine potentielle Aktivität der Management Accountants angesehen (vgl. *Haberland*, 1970, S. 2182). Abbildung 2.1 zeigt die Ergebnisse *Stoffels* zu den Aufgabeninhalten deutscher Controller und US-amerikanischer Management Accountants.

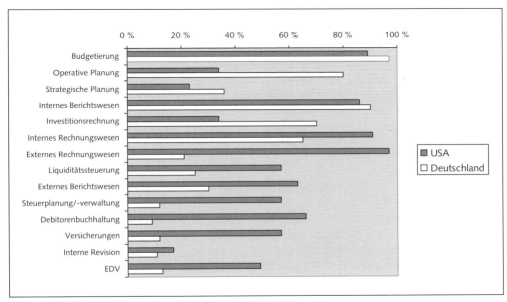

Abb. 2.1: Aufgabeninhalte der Controller und Management Accountants (in Anlehnung an *Stoffel*, 1995, S. 157)

Der deutlichste Unterschied zwischen den deutschen Controlling- und den angelsächsischen Management Accounting-Aktivitäten zeigt sich bei der **Bilanzierung**. Mit 97 % spielt die externe Rechnungslegung eine dominante Rolle für US-amerikanische Management Accountants. Umgekehrt ist diese in Deutschland nur für 21 % der Controller relevant. Das Controlling in deutschen Unternehmen ist deutlich stärker von der Buchhaltung losgelöst als im angloamerikanischen Raum. Dies bestätigt sich u. a. bei der Bedeutung der **Debitorenbuchhaltung**: Während 66 % der US-amerikanischen Management Accountants Verantwortung für Verbindlichkeiten anderer Unternehmen übernehmen, trifft dies nur für 9 % der Controller in Deutschland zu. Zurückzuführen ist dieser Unterschied auf die heterogenen konzeptionellen Ausrichtungen der angloamerikanischen und der deutschen Rechnungslegung, auf die im nächsten Abschnitt näher eingegangen wird.

Weitere Unterschiede zwischen dem deutschen Controlling und US-amerikanischen Management Accounting bestehen in den Zuständigkeiten für die **Versicherung von Vermögensgegenständen**, die **Verantwortung für IT-Leistungen** und die **Liquiditätssteuerung** (vgl. *Haberland*, 1970, S. 2184; *Stoffel*, 1995, S. 113f.; *Willson* et al., 2003, S. 4). Mehrheitlich sind die deutschen Controller für diese Aufgabenfelder nicht zuständig (vgl. *Stoffel*, 1995, S. 93). Die Beobachtungen bestätigen somit, was sich bei der Begriffsabgrenzung bereits abgezeichnet hat: Das Aufgabenspektrum der US-amerikanischen Management Accountants ist im Vergleich zu dem der deutschen Controller tendenziell breiter angelegt.

2.3.2 Controlling-Systeme und -Instrumente

Controlling-Systeme haben zum Ziel, die Informationsbedürfnisse des Managements zu erfüllen und sie bei der Erreichung ihrer organisatorischen Ziele in einer effizienten und effektiven Art zu unterstützen. Daher müssen Controlling-Systeme andere Erfordernisse erfüllen als die Rechnungslegung. Für sie ist die **Entscheidungsrelevanz** von Informationen einer der zentralen Aspekte, während die für die Rechnungslegung verwendeten Daten traditionell vorrangig den Kriterien Objektivität und Prüffähigkeit genügen müssen.

2.3.2.1 Hauptbuchhaltung vs. Zweikreissystem

Wie den im vorherigen Abschnitt zitierten Beobachtungen zu entnehmen ist, wird die Verantwortlichkeit für die externe Berichterstattung in den untersuchten Ländern unterschiedlichen Funktionsbereichen zugeordnet. Im angloamerikanischen Sprachraum werden internes Reporting und Bilanzierung zwar auch als zwei verschiedene Aufgabenfelder des Management Accounting gesehen, in deutschen Unternehmen besteht aber historisch eine wesentlich eindeutigere Trennung der beiden Bereiche (vgl. *Jones/Luther*, 2004, S. 13). Diese Trennung findet sich auch im Datenpool des Rechnungswesens wieder. In Deutschland besteht seit Jahrzehnten das **Zweikreissystem**, d.h. es existieren zwei verschiedene Rechnungskreise für die Daten des internen und externen Rechnungswesens (vgl. *Messner*, 2003, S. 249). In der angelsächsischen Welt werden hingegen keine vollständig getrennten Datenbasen verwendet, sondern eine gemeinsame namens »**General Ledger**« (Hauptbuchhaltung) eingesetzt (vgl. *Kahle*, 2003, S. 775).

Die stärkere Trennung von internem und externem Rechnungswesen kann letztlich mit der auf die Bedürfnisse von Fremdkapitalgebern zugeschnittenen handelsrechtlichen Rechnungslegung begründet werden. So weist *Wagenhofer* darauf hin, dass die mangelnde Eignung der Bilanzierung nach dem Handelsgesetzbuch (HGB) für die unternehmensinterne Informationsversorgung als Auslöser für den Aufbau einer separaten Kostenrechnung gesehen werden kann (vgl. *Wagenhofer*, 2006, S. 19). Die Ausrichtung des HGB-Abschlusses an den Gläubigerinteressen ist wiederum ein Ergebnis des traditionellen Finanzierungsverhaltens deutscher Unternehmen, die eher Bankenfinanzierungen als an internationalen Märkten angebotenes Eigenkapital in

Anspruch nehmen. Fremdkapitalgeber, deren Vergütung für die Bereitstellung von Kapital überwiegend fix, also unabhängig von der Gewinnentwicklung des Unternehmens vereinbart wird, geht es primär darum, das Kreditausfallrisiko mithilfe der Bilanz und Gewinn- und Verlustrechnung (GuV) abschätzen zu können. Gewinnpotentiale sind für sie von untergeordneter Bedeutung, weil sie an ihrer Realisierung in der Regel nicht partizipieren können. Verlustpotentiale können sich hingegen unmittelbar auf die Fähigkeit des Unternehmens zur Rückzahlung des zur Verfügung gestellten Kapitals auswirken. Eine pessimistische Bilanzierung des Vermögens mit niedrigen (hohen) Wertansätzen für die Vermögensgegenstände (Schulden) kann daher den Bedürfnissen der Fremdkapitalgeber möglicherweise gerecht werden (vgl. *Pellens* et al., 2008, S. 22). Auf diese Weise wird schließlich ein Reinvermögenszuwachs ermittelt, »der unter Gläubigergesichtspunkten unbedenklich ausgeschüttet werden kann« (*Küting* et al., 2008, S. 696). Dass die alleinigen Informationen aus der **gläubigerorientierten Finanzbuchhaltung** zur Steuerung eines Unternehmens von vielen Managern als unzureichend erachtet (vgl. *Christensen/Wagenhofer*, 1997, S. 255; *Keys/Merwe*, 1999, S. 8) und dementsprechend oft für die Entscheidungsfindung im Management als irrelevant angesehen werden (vgl. *Jones/Luther*, 2004, S. 13), ist offensichtlich.

Die Konsequenz daraus hat sich bereits in den empirischen Ergebnissen gezeigt: Externes Rechnungswesen und Controlling werden im deutschsprachigen Raum getrennt. Ersteres ist verantwortlich für Berichte an den Staat, die Steuerbehörden und andere Stakeholder, insbesondere Gläubiger. Die Controller hingegen konzentrieren sich auf die relevanten betriebswirtschaftlichen Erfordernisse zur Entscheidungsunterstützung (vgl. *Keys/Merwe*, 1999, S. 7; *Jones/Luther*, 2004, S. 14). In der für diese Zwecke separat gepflegten Kostenrechnung wird häufig mit **kalkulatorischen Kosten** gerechnet. Diesen Kosten steht in der Finanzbuchhaltung bzw. Gewinn- und Verlustrechnung ein Aufwand in anderer Höhe (Anderskosten) oder gar kein Aufwand (Zusatzkosten) gegenüber (vgl. *Coenenberg* et al., 2007, S. 58). Vor allem infolge kalkulatorischer Abschreibungen und Zinsen unterscheidet sich somit der Gewinn im Jahresabschluss von dem in der Kostenrechnung (vgl. *Christensen/Wagenhofer*, 1997, S. 255). Die angelsächsischen Größen im Rechnungswesen basieren hingegen auf denselben Werten wie in der externen Rechnungslegung, mit kalkulatorischen Kosten wird im angloamerikanischen Management Accounting regelmäßig nicht operiert (vgl. *Zirkler*, 2002, S. 23; *Messner*, 2003, S. 262). Das Hauptmerkmal des Einkreissystems besteht gerade darin, dass internes und externes Rechnungswesen auf eine **gemeinsam genutzte Datenbasis** zugreifen (vgl. *Oehler*, 1997, S. 358; *Zirkler*, 2002, S. 19). Auch der Ansatz von Opportunitätskosten, also des entgangenen Nutzens aufgrund einer nicht wahrgenommenen Verwendungsmöglichkeit knapper Ressourcen (vgl. *Coenenberg* et al., 2007, S. 58), ist im angloamerikanischen Sprachraum ungewöhnlich (vgl. *Horngren* et al., 2009). Sofern erforderlich, werden diese Kosten in speziellen Kalkulationen für Sonderauswertungen berechnet. Daher existiert in diesen Ländern, im Gegensatz zu Deutschland, ein relativ hoher Anteil diverser **Spezialanalysen** im System der Hauptbuchhaltung (vgl. *Zirkler*, 2002, S. 22). Zentraler Grund für die Nutzung einer **gemeinsamen** Datenbasis sind die hohen Kosten für Sammlung, Verarbeitung und Berichten der Informationen (vgl. *Kaplan/Atkinson*, 1998, S. 8). In Deutschland hingegen werden die Vorteile getrennter Daten im internen und externen

Rechnungswesen und die Verfügbarkeit einer unabhängigen Datenbasis für interne Kalkulationen als wichtiger angesehen als die Mehrkosten des Führens zweier Arten von Büchern.

2.3.2.2 Controlling-Instrumente

Controlling-Instrumente zählen zu den Haupttreibern der Konvergenz im Controlling. Bei der Suche nach besten Praktiken sind Controlling-Instrumente leichter anzupassen als ein neues Controlling-System. Obgleich sich deutsche und angelsächsische Manager dem Rechnungswesen aus unterschiedlichen Richtungen nähern, sind die Instrumente und Werkzeuge in hohem Maße ähnlich.

Gleichwohl erfreuen sich spezifische Controlling-Techniken einer unterschiedlichen Popularität in verschiedenen Ländern (vgl. *Sheridan*, 1995, S. 291). Während **Activity Based Costing** (ABC) z. B. seit Mitte der Neunziger große Aufmerksamkeit im angloamerikanischen Sprachraum erfahren hat, wird es in Deutschland nur in relativ geringem Umfang eingesetzt (vgl. *Scherrer*, 1996, S. 104; *Friedl* et al., 2005, S. 56). *Scherrer* (1996, S. 103) beobachtet, dass ABC im europäischen Vergleich besonders stark in Großbritannien verbreitet ist. Im Gegensatz zum ABC ist die **Grenzplankostenrechnung** eines der wichtigsten Kostenrechnungsinstrumente in deutschen Unternehmen (vgl. *Friedl* et al., 2005, S. 56). Dieses Konzept stellt auf Deckungsbeiträge und variable Kosten ab und nicht auf Vollkosten (wie ABC). Folglich unterstützt es kurzfristige Entscheidungen wie die Annahme oder Ablehnung eines Zusatzauftrages. Während Instrumente wie die Budgetierung im länderübergreifenden Vergleich für alle Controller und Management Accountants von großer Bedeutung sind (vgl. *Sheridan*, 1995, S. 291), werden die Kapitalwertmethode, die Amortisationsdauer und die interne Zinsfußmethode in unterschiedlichem Ausmaß angewandt.

2.3.3 Organisatorische Integration der Controller im Unternehmen

2.3.3.1 Hierarchische Ebene der Controller innerhalb des Unternehmens

Controller bzw. Management Accountants beschäftigen sich mit sensiblen und für die Unternehmenssteuerung hochrelevanten internen Daten. Daher wird länderübergreifend in der Controlling-Literatur ein **hoher hierarchischer Rang** für Controller und Management Accountants gefordert (vgl. *Haberland*, 1970, S. 2183; *Macharzina/Wolf*, 2008, S. 438). Dies bedeutet, dass Controller und Management Accountants auf einer relativ hohen organisatorischen Position innerhalb des Unternehmens arbeiten und ausreichend in die operative, strategische und taktische Planung des Unternehmens integriert sein sollten. Darüber hinaus wird es als wichtig angesehen, die **Unabhängigkeit**, **Neutralität** und **Autorität** des Controllers oder Management Accountant zu wahren. Dies lässt sich durch eine Positionierung zumindest auf der zweiten Hierarchieebene oder im Vorstand sicherstellen (vgl. *Haberland*, 1970, S. 2183; *Stoffel*, 1995, S. 98). Die ausführlichste Studie dazu stammt von *Stoffel*, der die hierarchische Integration von deutschen, französischen und US-amerikanischen Controllern resp. Management Accountants untersuchte. Wie Abbildung 2.2 zeigt, waren 8 % der deutschen Controller auf der ersten hierarchischen Ebene angesiedelt, 65 % auf der zweiten, 26 % auf der dritten und nur 1 % auf der vierten hierarchischen Ebene. Im Gegensatz dazu konnte in keinem US-Unternehmen ein Management Accountant auf der höchsten hierarchischen Ebene ausgemacht werden. 39 % waren auf der zweiten, 50 % auf der dritten und 11 % auf der vierten Hierarchieebene eingeordnet.

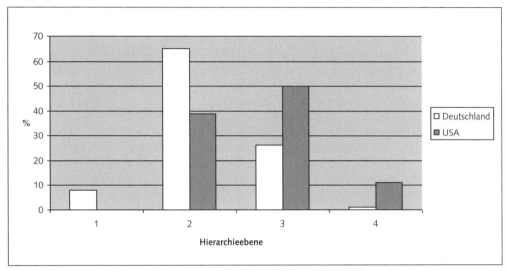

Abb. 2.2: Hierarchische Einordnung der Controller und Management Accountants (in Anlehnung an *Stoffel*, 1995, S. 142)

Weil mit 50 % die Mehrzahl der US-Management Accountants auf der dritten hierarchischen Ebene tätig ist, kann generell von einer niedrigeren Positionierung im Vergleich zu ihren deutschen Kollegen ausgegangen werden. Allerdings müssen bei dieser Interpretation auch Unterschiede in der Struktur von Großunternehmen in den beiden Ländern berücksichtigt werden. Die oberste Führungsebene ist in deutschen Unternehmen breiter als in angelsächsischen, wo im Allgemeinen nur der Chief Executive Officer (CEO) die höchste Ebene des Managements repräsentiert. Daher kann der zweiten hierarchischen Ebene in den USA innerhalb der Organisation eine höhere Bedeutung beigemessen werden als einer vergleichbaren Ebene in deutschen Unternehmen.

2.3.3.2 Wechselbeziehungen und Verbindungen zu angrenzenden Abteilungen

Im Rahmen der Analyse der organisatorischen Integration von Controllern und Management Accountants in die Unternehmenshierarchie sollte zunächst der **Name der Abteilung** geprüft werden, in der Controller bzw. Management Accountants arbeiten. Diese Bezeichnung kann dann als ein Indikator für die Aktivitäten und die Wechselbeziehungen innerhalb des Unternehmens interpretiert werden. In deutschen Unternehmen wird die Organisationseinheit, in der Controller tätig sind, entweder als Controlling-Abteilung oder zumindest mit einem ähnlichen Begriff bezeichnet, z. B. als »Betriebswirtschaft/Controlling« (vgl. *Stoffel*, 1995, S. 140). Im Gegensatz dazu kann die Nomenklatur in US-Unternehmen stark variieren. *Stoffels* Ergebnisse zeigen, dass 25 % der Organisationseinheiten der Management Accountants als Controlling-Abteilung (»Controller's Department«) bezeichnet werden, während 42 % unter Namen wie Finanzabteilung (»Finance Department«) und 28 % als Buchhaltung (»Accounting Department«) firmieren. Angesichts der geringeren Verbreitung und engeren Auslegung des Controlling-Begriffs im englischsprachigen Raum überrascht, dass sich immerhin ein Viertel der Management Accounting-Abteilungen »Controller's Department« nennt. In den USA bleibt das Management Accounting eng mit finanziellen Aspekten verbunden. So wird z. B. der Management Accountant oft als Finanzmanager gesehen, der zum Finanzvorstand (Chief Financial Officer (CFO)) auf der gleichen hierarchischen Ebene berichtet wie der Leiter der Finanzabteilung (vgl. *Siegwart*, 1982, S. 99; *Stoffel*, 1995, S. 143; *Willson* et al., 2003, S. 18). Trotz zahlreicher Variationen in der Unternehmenspraxis lässt sich für Deutschland als gemeinsamer Nenner konstatieren, dass Controlling-Abteilungen gewöhnlich auf der gleichen hierarchischen Ebene angesiedelt sind wie Finanzabteilungen. Im Gegensatz zu den USA impliziert dies nicht notwendigerweise Wechselbeziehungen zwischen den Abteilungen (vgl. *Sheridan*, 1995, S. 291). Dies wird gestützt durch empirische Befunde, nach denen 54 % der deutschen Controlling-Abteilungen keine organisatorische Verbindung zur Finanzabteilung haben, wohingegen eine solche strikte Trennung nur in 3 % der US-Unternehmen offenkundig war (vgl. *Stoffel*, 1995, S. 144).

2.3.3.3 Größe der Controlling-Abteilung

In Entsprechung zum breiteren Aufgabenfeld haben die Management Accounting-Abteilungen im angloamerikanischen Raum mehr Beschäftigte als deutsche Controlling-Abteilungen. Durchschnittlich sind in US-amerikanischen Management Accounting-Abteilungen 29,3 Mitarbeiter tätig, im Vergleich zu 12,7 in Deutschland (vgl. *Stoffel*, 1995, S. 150).

2.3.4 Rolle der Controller

Die Aufgabeninhalte, die Instrumente und die organisatorische Integration des Controlling können nur ein begrenzter Indikator für die Selbstwahrnehmung und die Rolle des Controllers innerhalb einer Organisation sein. Der *Internationale Controller Verein* vermittelt ein Image des deutschen Controllers, welches sich auf die **Schaffung von Transparenz** und die **Veranschaulichung ökonomischer Konsequenzen** konzentriert. Weiterhin wird in Deutschland die Rolle des Controllers als die eines modernen Koordinators und Moderators von Plänen und Prozessen innerhalb des Unternehmens beschrieben. Durch die Schaffung und Pflege des Controlling-Systems kann der Controller die internen Entscheidungsträger mit relevanten Informationen zu einer Vielzahl von Fragestellungen versorgen (vgl. *Internationaler Controller Verein*, 2008). Dies entspricht einem Bild des deutschen Controllers als **Berater und Informationslieferant**, der die ökonomischen Konsequenzen unternehmensbezogener Entscheidungen aufzeigt.

In seinen zahlreichen vergleichenden Studien zur Rolle britischer und deutscher Controller findet *Ahrens* Hinweise dafür, dass deutsche Controller keine operative Verantwortung tragen (vgl. *Ahrens*, 1997, S. 564). Sie sehen den Abstand zum operativen Geschäft als notwendig an, um die angesprochenen ökonomischen Konsequenzen operativer Entscheidungen und Prozesse zu analysieren. Controlling in Deutschland kann daher als eine eher **repräsentative** Aufgabe angesehen werden, die auf die Koordination von Geschäftsaktivitäten durch Pläne abstellt. Infolge dieser eher administrativen Perspektive stellt *Ahrens* für deutsche Controller fest: »They first and foremost see the organisation through the plan.« (*Ahrens*, 1997, S. 564). Deutsche Controller sind jedoch zukunftsorientierter als ihre Kollegen in der angelsächsischen Welt (vgl. *Sheridan*, 1995, S. 291). In Deutschland werden die Unternehmen bislang auf Basis der wirklichen internen Zahlen geführt, nicht jedoch auf Basis der nach außen hin publizierten. Dies impliziert, dass deutsche Controller wesentlich stärker mit zukunftsorientierten Planzahlen und Prognosewerten arbeiten können als ihre britischen Kollegen. Erstaunlicherweise betrachten sich aber die von *Ahrens* untersuchten **britischen** Management Accountants als zukunftsorientierter im Vergleich zu ihren deutschen Kollegen (vgl. *Ahrens*, 1997, S. 583). Anstatt sich distanziert auf operative Fragestellungen zu konzentrieren und nur als »Scorekeeper« zu agieren, sehen britische Management Accountants ihre Stärken in der **Beteiligung an der proaktiven Entscheidungsfindung** und der **Formulierung der strategischen Richtung** (vgl. *Ahrens*, 1997, S. 584). Weiterhin werden die Schlüsselaufgaben deutscher Controller, wie z. B. Planung und Koordination, in Großbritannien als »just has to be done sometimes« angesehen (*Ahrens*, 1997, S. 573). Diese haben folglich nicht den gleichen Stellenwert wie in Deutschland. Verschiedene Forscher stimmen mit *Ahrens* überein und betrachten den modernen angelsächsischen Management Accountant als wesentlich stärker in die operative Entscheidungsfindung involviert als sein deutsches Pendant (vgl. *Stoffel*, 1995, S. 120; *Willson* et al., 2003, S. 5 f.). Dies basiert auf der Vorstellung, dass der Management Accountant im englischen Sprachraum für die Unterstützung und Koordination des Entscheidungsfindungsprozesses im höheren Management verantwortlich ist (vgl. *Granlund/Lukka*, 1998a, S. 164). Infolge einer engen organisatorischen Verbindung mit den Abteilungen »Finanzen« und »internes Kostenmanagement« kann die Rolle des Management Accountant als reiner Berater oder Informationslieferant, der abgehoben von operativen Fragestellungen agiert, für die angelsächsischen Länder nicht bestätigt werden (vgl. *Stoffel*, 1995, S. 122).

Für den deutschen und englischen Sprachraum gleichermaßen hat sich der Controller resp. Management Accountant aber vom reinen Kostenrechner hin zu einem Akteur mit fundiertem Management-Know-how und zwischenmenschlichen Fähigkeiten entwickelt, der auch mit anderen Abteilungen interagieren kann (vgl. *Willson* et al., 2003, S. 9; *Weber/Schäffer*, 2008, S. 19). Aus dem »Scorekeeper« vergangener Ergebnisse sind wertsteigernde Mitglieder des Managementteams geworden (vgl. *Kaplan/ Atkinson*, 1998, S. 1). Der Controller bzw. Management Accountant kann als **moderner Manager** beschrieben werden, der zumindest ebenso viel Managementerfahrung wie Fachwissen im Bereich des Rechnungswesens hat (vgl. *Willson* et al., 2003, S. 7).

2.4 Konvergenz als aktuelle Entwicklung

Zunehmend zeigen Controlling-Systeme eine globale Tendenz zur Konvergenz (vgl. *Granlund/Lukka*, 1998a, S. 168 ff.; *Shields*, 1998, S. 509 ff.). Es können **vier Haupttreiber der Konvergenz** identifiziert werden: (1) Gesetzgebung und Regulierung, (2) integrierte Märkte, (3) Forschung sowie (4) Informationstechnologien (IT).

Seit 2005 müssen kapitalmarktorientierte europäische Unternehmen nach **International Financial Reporting Standards** bilanzieren (vgl. zu den sich daraus ergebenden Auswirkungen auf das Controlling Kapitel 10). Die internationalen Grundsätze sind weitaus stärker der Beschaffung und Verbreitung entscheidungsrelevanter Informationen verpflichtet, als dies bisher bei nationalen Bilanzierungsvorschriften der Fall war. Dementsprechend führen sie zu weniger verzerrten Werten (vgl. *Christensen/ Wagenhofer*, 1997, S. 255). Weiterhin betonen die IFRS – im Gegensatz zum HGB – weniger das Vorsichtsprinzip (vgl. *Christensen/Wagenhofer*, 1997, S. 255; *Kahle*, 2003, S. 773). Vor diesem Hintergrund hat die wachsende Verbreitung internationaler Rechnungslegungsstandards in Deutschland eine Debatte angestoßen, ob Daten der externen Rechnungslegung auch für Controlling-Zwecke genutzt werden sollen (vgl. *Weber/Schäffer*, 2008, S. 119 ff.). Aktuelle empirische Studien belegen, dass diese Frage von der Praxis offenbar bejaht wird und das Rechnungswesen in kapitalmarktorientierten Unternehmen regelmäßig integriert worden ist (vgl. *Weber*, 2008b, S. 100; *Weide*, 2009). Die Integration erfolgt dabei jedoch in der Regel nicht vollständig, sondern beschränkt sich hierarchisch auf die oberen Führungsebenen und inhaltlich auf die Periodenerfolgsrechnung. Die Praxis folgt somit weitestgehend der u. a. von der *International Group of Controlling (IGC)* vorgeschlagenen **partiellen Integration**. Nach diesem Vorschlag werden die unteren Hierarchieebenen, auf denen die operative Produkt- und Prozesssteuerung erfolgt, von der Harmonisierung ausgenommen. Innerhalb des Harmonisierungsbereiches sind vereinzelte Überleitungen dann möglich und sinnvoll, wenn die IFRS-Regeln den Kontroll- und Steuerungsbelangen entgegenstehen (vgl. *International Group of Controlling*, 2006, S. 50). Das Fortbestehen der

Kostenrechnung auf niedrigeren Hierarchieebenen erscheint insofern gerechtfertigt, als sie im Rahmen ihrer **Planungs-** bzw. **Entscheidungsfunktion** Entscheidungen forcieren muss, indem sie die zur Disposition stehenden Handlungsmöglichkeiten informatorisch fundiert (vgl. *Coenenberg*, 1995, S. 2078; *Klein*, 1999, S. 69; ähnlich auch *Weber/Schäffer*, 2008, S. 132 f.; *Küpper*, 1999, S. 7 f.). Um entscheidungsrelevante Daten bereitstellen zu können, muss die Kostenrechnung Entscheidungsobjekte (z. B. Produkte, Aufträge, Kunden, Kostenstellen) separieren und die mit den einzelnen Entscheidungsalternativen verbundenen – direkten wie indirekten – Ergebniswirkungen aufzeigen (vgl. *Coenenberg*, 1995, S. 2079). Die für derartige spezifische Entscheidungsprobleme benötigten Daten kann die externe Rechnungslegung in der Regel nicht im notwendigen Detaillierungsgrad bereitstellen.

Die Harmonisierung beschränkt sich jedoch nicht nur auf die vergangenheitsorientierte Periodenerfolgsrechnung, sondern beeinflusst auch das prospektive **Planungssystem**. Um aussagekräftige Soll-Ist-Vergleiche durchführen zu können, muss die Zusammensetzung der geplanten Daten zwangsläufig mit den Ist-Daten übereinstimmen. Wenn Letztere IFRS-konform ausgestaltet sind, müssen konsequenterweise auch die Plandaten den IFRS-Bilanzierungsvorschriften genügen. Diese Identität von Plan- und Ist-Daten ist in der Praxis gegeben. Empirische Befunde belegen, dass in Unternehmen, deren Rechnungswesen (partiell) integriert worden ist, auch die Plandaten unter der Maßgabe der IFRS erstellt werden (vgl. *Weide*, 2009).

Ein stringentes Einkreissystem nach angelsächsischem Vorbild besteht somit zwar nicht, da für operative Entscheidungszwecke weiterhin eine Kostenrechnung existiert, die mit kalkulatorischen Größen arbeitet. Die Ausführungen des Kapitels 10 werden allerdings zeigen, dass die Rechnungslegung nach IFRS die Controlling-Aufgaben erweitert. Damit sind die Controller in Deutschland zwar immer noch nicht in dem Maße für die externe Finanzberichterstattung verantwortlich wie die US-amerikanischen Management Accountants. Gleichwohl ist eine gewisse **Annäherung** des Aufgabenspektrums der deutschen Controller an das der angloamerikanischen Management Accountants zu erwarten. Zu bedenken ist jedoch, dass empirische Belege für eine Harmonisierung bislang nur für kapitalmarktorientierte Unternehmen bestehen. Nachweise über den Implementierungs- bzw. Planungsstand einer solchen Integration in nicht kapitalmarktorientierten Unternehmen stehen noch aus.

Der Einfluss **integrierter Märkte** auf die Konvergenz im Controlling kann in unternehmensinterne und -externe Treiber differenziert werden. Die **globale Harmonisierung** von Controlling-Praktiken ausländischer Tochterunternehmen begründet einen unternehmensinternen Treiber (vgl. *Shields*, 1998, S. 510). Im Allgemeinen werden die auf die Zentrale gerichteten Controlling-Aktivitäten standardisiert (vgl. hierzu ausführlich Kapitel 14). Zudem kann die ökonomische Situation in einem bestimmten Land die Controlling-Praktiken in einer anderen Nation beeinflussen (vgl. *Blake* et al., 2000, S. 123). Dominiert ein Land durch seine wirtschaftliche Kraft einen anderen Staat, werden Controller unweigerlich die Praktiken des mächtigeren Wirtschaftsraumes übernehmen. Unternehmensexterne Gründe für eine Konvergenz können in dem wachsenden Wettbewerb und dem daraus resultierenden **Effizienzdruck** (vgl. *Granlund/Lukka*, 1998a, S. 159 ff.; *Shields*, 1998, S. 509) sowie in Veränderungen auf den Kapitalmärkten gesehen werden. So hat z. B. mit dem Eintritt amerikanischer und britischer Investoren auf den kontinentaleuropäischen Kapitalmärkten auch hier die an den Interessen der Aktionäre ausgerichtete Wertsteigerung erheblich an Bedeutung gewonnen.

Die **universitäre Forschung und Wissenschaft** stellt einen dritten Konvergenztreiber dar (vgl. *Shields*, 1998, S. 510; *Granlund/Lukka*, 1998a, S. 163 ff.). Früher wurde wenig Wissen und Erfahrung von Deutschland in die angelsächsischen Länder transportiert. Jüngste Entwicklungen in Forschung und Praxis signalisieren eine Umkehr dieses Wissenstransfers vom deutschen Controlling in die angelsächsischen Länder. Das Konzept des deutschen Controlling wird regelmäßig in der englischsprachigen Literatur diskutiert (vgl. *Horváth*, 2006, S. 3). In den vergangenen Jahren hat die Zeitschrift *Strategic Finance*, Organ des US-amerikanischen *Institute of Management Accountants*, zahlreiche Aufsätze über die deutsche Grenzplankostenrechnung publiziert. *Pistoni/Zoni* (2000) stellen zudem fest, dass sich durch den Austausch von Studenten und Dozenten sowie durch den zunehmenden Einsatz angloamerikanischer Lehrbücher die Ausbildung von Controllern im internationalen Vergleich annähert.

Als ein vierter Treiber der Konvergenz kann die zunehmende Verbreitung ähnlicher **Informationstechnologien** gesehen werden. So sorgt insbesondere die deutsche Unternehmenssoftware *SAP®* für global einheitlichere Controlling-Standards in der betrieblichen Praxis. Zugleich ist *SAP®* auch ein wichtiger Grund für den Wissenstransfer von Deutschland in den englischen Sprachraum. Diese Software hat sich weltweit in Großunternehmen durchgesetzt und offeriert den konzeptionellen Rahmen der deutschen Grenzplankostenrechnung. Ein Transfer dieses Wissens findet zunehmende Akzeptanz im praktischen Management Accounting englischsprachiger Länder (vgl. *Friedl* et al., 2005, S. 56; *Horváth*, 2006, S. 3).

Zusammenfassend stellt Abbildung 2.3 die wesentlichen Einflussfaktoren von Konvergenz und Divergenz im Bereich des Controlling dar.

2.5 Fazit

Dieses Kapitel vergleicht die Controlling-Praktiken in Deutschland, Großbritannien und den USA und analysiert aktuelle Richtungen, in welche sich diese Praktiken bewegen. Die Betrachtung des Controlling auf internationaler Ebene offenbart zahlreiche Gemeinsamkeiten und Unterschiede zwischen den betrachteten Ländern. Der zentrale Unterschied zwischen dem angelsächsischen Management Accounting und dem deutschen Controlling liegt in der zugrunde liegenden Datenbasis. Während in Deutschland traditionell durch Verwendung des Zweikreissystems die Daten des externen Rechnungswesens von denen des Controlling getrennt werden, wird im angloamerikanischen Sprachraum eine einheitliche Datenbasis für externe und interne Berichtszwecke eingesetzt. Dies ist als Ursache weiterer konzeptioneller Unterschiede, wie z. B. dem Fehlen kalkulatorischer Kosten im englischen Sprachraum, und für abweichende Grundlagen der Ergebnisberechnung in Deutschland anzusehen. Im Vergleich zu Großbritannien und den USA übt das deutsche Controlling einen stärkeren Einfluss auf das Management aus, da Zahlen des externen Rechnungswesens bislang als weniger

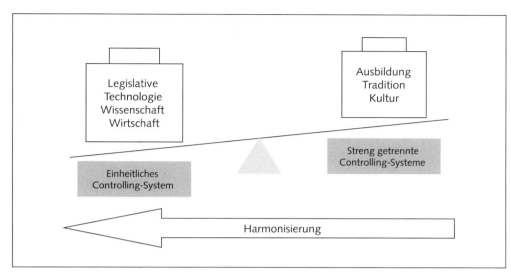

Abb. 2.3: Treiber der Konvergenz und Divergenz im Controlling

nützlich für die interne Entscheidungsfindung angesehen werden (vgl. *Jones/Luther*, 2004, S. 13). Weitere wesentliche Unterschiede wurden bei der tieferen Einbindung in operative Fragen und dem breiteren Aufgabenfeld von Management Accountants in Großbritannien und den USA offensichtlich. Während sich das angelsächsische Management Accounting auch auf die Aktionäre ausrichtet, adressiert das deutsche Controlling vornehmlich bis ausschließlich unternehmensinterne Zielgruppen. Neben diesen Unterschieden konnten auch wichtige Gemeinsamkeiten beobachtet werden. Unbeschadet der verschiedenen Zielgruppen verfolgen Controller in allen drei Ländern ähnliche Ziele: Es gilt, das Management bei seinen Führungsaufgaben zu unterstützen.

Die von Controllern eingesetzten Instrumente sind ein Haupttreiber der Konvergenz zwischen angelsächsischem Management Accounting und deutschem Controlling. Der Einsatz formalisierter Instrumente (wie z. B. Balanced Scorecard oder Deckungsbeitragsrechnung) erfolgt unabhängig von Einflussfaktoren wie Kultur und Erziehung, die ihrerseits wesentliche länderspezifische Besonderheiten im Controlling begründen. Je mehr Best Practice-Instrumente gegenseitig ausgetauscht werden, desto schneller werden Controlling-Aufgaben international konvergieren. Das deutsche Controlling und das angelsächsische Management Accounting erkennen beide die Vorteile der Techniken und Praktiken des jeweils anderen. In deutschen kapitalmarktorientierten Unternehmen kann eine partielle Integration von internem und externem Rechnungswesen inzwischen als etabliert gelten und als grundsätzliche Annäherung an das angelsächsische Modell betrachtet werden. Umgekehrt wird gegenwärtig die deutsche Kostenrechnung als »Best Practice« in US-amerikanischen Fachzeitschriften vorgestellt. Darüber hinaus führen auch Anwendungen der deutschen Software *SAP*® zu einem Wissenstransfer von Deutschland in angelsächsische Länder.

Teil II:
Störfaktoren und ihre Handhabung im internationalen Controlling

3. Kulturelle Einflüsse auf das internationale Controlling

3.1 Einführung

Die optimale Anpassung von Produkten und Dienstleistungen an lokale Anforderungen stellt seit langer Zeit einen zentralen Erfolgsfaktor im Rahmen des internationalen Managements dar. Eine amerikanische Supermarktkette lernte etwa bei ihrem Markteintritt in Deutschland, dass der sog. »Greeter«, der die Kunden beim Betreten des Marktes freundlich begrüßt, eine Leistung erbringt, die hierzulande nicht nur als überflüssig empfunden wird, sondern sogar abschreckend wirken kann. Wie aber verhält es sich im internationalen Kontext mit der unternehmensinternen Dienstleistung Controlling?

Dieses Kapitel gibt einen Überblick zu den kulturellen Einflussfaktoren im internationalen Controlling und der Überwindung der daraus resultierenden Störeffekte. Dazu wird zunächst die Notwendigkeit einer spezifischen Ausgestaltung des Controlling mittels des Kontingenzansatzes aufgezeigt. Im Anschluss werden auf Basis empirischer Studien zur kulturvergleichenden Managementforschung die Wirkungen kultureller Einflussfaktoren auf das Controlling veranschaulicht. Konkret werden am Beispiel Deutschland und Frankreich die wesentlichen kulturellen Unterschiede dargestellt und die Auswirkungen auf das Controlling herausgearbeitet. Der Problematik der Kulturunterschiede wird durch einen auf die Erfordernisse kultureller Distanz abgestimmten Controlling-Prozess entsprochen.

3.2 Nationale Kultur und Kontingenzansatz

Unter **nationaler Kultur** werden hier historisch gewachsene, unverwechselbare Vorstellungen und Orientierungsmuster von einer oder mehreren Volksgruppen verstanden, die für jede Volksgruppe einzigartig sind und diese voneinander unterscheiden. In multinationalen Unternehmen können sich vor allem aufgrund der kulturellen Distanz zwischen den Auslandsgesellschaften Probleme einstellen, die konkret aus kulturbedingten Unterschieden in der Wahrnehmung und Interpretation der Realität resultieren (vgl. *Pausenberger*, 1996, S. 194).

Wofür aber brauchen Controller ein Verständnis von nationaler Kultur? Bereits in Kapitel 1 ist darauf hingewiesen worden, dass sich kulturelle Unterschiede in den Ländern, in denen sich die Auslandstöchter eines Unternehmensverbundes befinden, auf die konzernweiten Planungs- und Berichtsprozesse auswirken können. Des Weiteren wurden in der Vergangenheit vielfach ausländische Controlling-Instrumente, besonders aus Japan (beispielsweise das Target Costing und Life Cycle Costing) idealisiert und in deutschen Unternehmen eingeführt. Dabei stehen traditionell die Technik und ihre Anwendung im Vordergrund des Interesses. Häufig übersehen wird jedoch die

Umgebung, in der die Technik eingesetzt wird. Voraussetzung für die erfolgreiche Übertragung solcher neuen Instrumente ist nämlich auch das Verständnis für die besonderen Umstände, in denen sie erfolgreich sind (vgl. *Nishimura*, 1995, S. 328).

Auch bei **internationalen Unternehmensakquisitionen** oder der **Gründung von Gemeinschaftsunternehmen**, wenn also unterschiedlich gewachsene Controlling-Systeme aufeinander treffen und über die konkrete Gestaltung des neuen Controlling-Systems entschieden werden muss, spielen Kulturunterschiede für das einzelne Unternehmen eine wichtige Rolle. Schließlich wird man auf der Suche nach »Best Practices« im Controlling nicht umhin kommen, sich mit dem kulturellen Kontext vertraut zu machen. Egal ob Kaizen Costing aus Japan, Tableau de Bord aus Frankreich oder Grenzplankostenrechnung aus Deutschland, Controlling-Instrumente können in unterschiedlichen kulturellen Kontexten nicht per Annahme dieselbe Form aufweisen (vgl. *MacArthur*, 2006).

Als theoretisches Fundament zur Erklärung des Einflusses von Kultur auf das Controlling dient der **Kontingenzansatz**. Nach dem Kontingenzansatz haben interne (endogene) und externe (exogene) Faktoren Einfluss auf die Organisationsstruktur. Sie werden als Kontext- oder Kontingenzfaktoren bezeichnet. Eine Organisation ist dann effektiv, wenn ihre Struktur optimal an die spezifischen externen und internen Umweltbedingungen angepasst ist (vgl. *Waterhouse/Tiessen*, 1978, S. 66). Gleichermaßen hängen Effizienz und Effektivität des Controlling-Systems als Führungssubsystem und somit als Teil einer Organisationsstruktur maßgeblich von den entsprechenden Umweltbedingungen ab. Die Unterschiede zwischen Controlling-Systemen von Unternehmen werden durch verschiedene, in Tabelle 3.1 dargestellte, interne und externe Faktoren erklärt (vgl. *Otley*, 1980, S. 413 f.).

Interne (endogene) Faktoren	Externe (exogene) Faktoren

• Strategie
• Organisationskultur
• Technologie
• Organisatorische Interdependenz
	• Umwelt
	  – unsicherheit
	  – heterogenität
	  – feindlichkeit
	• Nationale Kultur

Tab. 3.1: Kontextfaktoren im Überblick

Die **Strategie** als langfristig orientierter endogener Kontextfaktor setzt die zentralen Eckpfeiler für das Unternehmen und damit auch für die Arbeitsweise der Abteilung Controlling. Ebenfalls grundlegenden Einfluss übt die **Organisationskultur** aus, etwa in Bezug auf die Teilnahme am Budgetierungsprozess (vgl. *O'Connor*, 1995, S. 398). **Technologie** beschreibt die Werkzeuge und die Methoden, mit denen eine Organisation ihre Aufgaben erfüllt. Die **organisatorische Interdependenz** charakterisiert schließlich den Outputaustausch zwischen Segmenten einer Gruppe (vgl. *Chenhall/Morris*, 1986, S. 17 ff.).

Die internen Kontextfaktoren werden um die beiden externen Faktoren Umweltbedingungen und nationale Kultur ergänzt. Der externe Kontextfaktor **Umweltbe-**

dingungen kann in die Dimensionen Umweltunsicherheit, -heterogenität und -feindlichkeit differenziert werden (vgl. *Gordon/Miller*, 1976, S. 69). Die nationale Kultur ist kein unumstrittener Kontextfaktor, da ein eindeutiger empirischer Beweis für den Einfluss von Kultur auf Controlling-Systeme bislang fehlt. Viele Publikationen zeigen dennoch, dass kulturelle Unterschiede Controlling-Systeme prägen (vgl. *Harrison/McKinnon*, 1999). Unterschiedliche kulturbedingte Präferenzen führen zu verschiedenen Reaktionen auf bestimmte Kontrollformen. Nationale Kultur ist deswegen eine wichtige Determinante des Organisations- und des Controlling-Systemdesigns (vgl. *Harrison* et al., 1994, S. 258). Je weiter zwei Kulturen hinsichtlich der kulturellen Distanz voneinander entfernt sind, desto größer sind in der Regel die Unterschiede der Controlling-Systeme (vgl. *Chow* et al., 1999, S. 455). Zudem verändert sich Kultur nur über lange Zeitperioden (vgl. *Granlund/Lukka*, 1998b, S. 206). Mit zunehmender internationaler Ausdehnung der Geschäftsaktivitäten spielen diese Kulturunterschiede für das einzelne Unternehmen eine zunehmend wichtigere Rolle. Die Bedeutung kultureller Distanz wird vor allem in den Studien der aus Kapitel 2 bekannten Disziplin des international vergleichenden Controlling (Comparative Management Accounting) herausgestellt. Infolge des erheblichen Einflusses der nationalen Kultur auf die Effektivität von Controlling-Systemen wird dieser zentrale Kontextfaktor nachfolgend vertiefend erörtert.

3.3 Wirkung kultureller Einflussfaktoren auf das Controlling

3.3.1 Kulturdimensionen nach *Hofstede*

Neben *Hofstede*, einem der bekanntesten Wissenschaftler der kulturvergleichenden Managementforschung, werden nachfolgend sowohl die Arbeiten von *Hall*, *Trompenaars* als auch die sog. GLOBE-Studie herangezogen, um die wesentlichen kulturellen Unterschiede zu erklären. Unter Rekurs auf diese Studien sollen im ersten Schritt die verschiedenen Dimensionen vorgestellt werden, in deren Ausprägungen sich kulturelle Unterschiede zeigen. Tabelle 3.2 gibt einen Überblick über die Dimensionen, anhand derer die jeweiligen Forscher kulturelle Unterschiede identifizieren. Die generellen Ausführungen sollen anhand der Beispiele Deutschland und Frankreich veranschaulicht werden. Im Anschluss daran widmet sich der Abschnitt 3.4 den Auswirkungen der kulturellen Unterschiede auf das Controlling in deutschen und französischen Unternehmen.

Nach *Hofstede* lassen sich kulturelle Wahrnehmungsverzerrungen im Controlling auf Basis von fünf Kulturdimensionen kategorisieren (vgl. *Hofstede*, 2001, S. 59 ff.). Nationale Kulturunterschiede sind demnach im Kern auf die Dimensionen Machtdistanz, Individualismus vs. Kollektivismus, Maskulinität vs. Feminität, Unsicherheitsvermeidung und konfuzianische Dynamik zurückzuführen.

Machtdistanz bezeichnet das Maß, bis zu dem schwächere Mitglieder die gleiche Machtverteilung hinnehmen bzw. erwarten. Kulturelle Probleme entstehen dann, wenn die Führungsstilerwartungen der Mitarbeiter nicht mit dem Führungsstilangebot

Hofstede	Hall	Trompenaars
• Machtdistanz • Individualismus vs. Kollektivismus • Maskulinität vs. Feminität • Unsicherheitsvermeidung • Konfuzianische Dynamik	• High-Context- vs. Low-Context-Kulturen • Monochrone vs. polychrone Kulturen	• Universalismus vs. Partikularismus • Individualismus vs. Kollektivismus • Neutralität vs. Emotionalität • Spezifität vs. Diffusität • Leistung vs. Herkunft • Umgang mit der Zeit • Umgang mit der Umwelt

Tab. 3.2: Kulturdimensionen nach *Hofstede*, *Hall* und *Trompenaars*

des Vorgesetzten übereinstimmen. Der Akzeptanzgrad ungleicher Machtverteilung ist etwa in den westlichen Industrienationen relativ niedriger als in asiatischen Ländern.

Die Dimension **Individualismus vs. Kollektivismus** sagt aus, inwieweit sich Menschen einer bestimmten Gesellschaft eher als einzelne unabhängige Individuen oder als Mitglieder einer Gruppe definieren. Dieser Kulturunterschied nimmt beispielsweise Einfluss auf die Personalrekrutierung – in kollektivistischen Ländern werden Mitarbeiter bevorzugt intern rekrutiert – wie auch auf die Beförderungen, z. B. aufgrund des Senioritätsprinzips in Asien.

Mit der Kulturdimension **Maskulinität vs. Feminität** wird die unterschiedliche Bedeutung leistungsbezogener bzw. zwischenmenschlicher Werte umschrieben. Eine maskuline Kultur gilt als leistungsbezogen. Individuen sind hierbei erfolgsorientiert und selbstbewusst und Konflikte werden tendenziell eher durch Kampf ausgefochten. In einer femininen Kultur hingegen haben zwischenmenschliche Beziehungen eine höhere Bedeutung, werden Führungskonflikte durch Kompromiss und Verhandlung gelöst und Kooperationen geschätzt.

Unsicherheitsvermeidung ist der Grad, in dem die Mitglieder einer Kultur sich durch ungewisse oder unbekannte Situationen bedroht fühlen. Unsicherheitsvermeidendes Verhalten ist gleichzusetzen mit einer relativen Intoleranz gegenüber Schwankungen.

Die fünfte Dimension **konfuzianische Dynamik** ist implizit bereits in die vergleichende Untersuchung des Controlling in Deutschland und des Management Accounting im englischsprachigen Raum eingegangen (vgl. Kapitel 2). Sie stellt ein Kontinuum dar, welches durch die Endpunkte **Langfrist- bzw. Kurzfristorientierung** charakterisiert wird (vgl. *Hofstede*, 2001, S. 71). Kulturen mit langfristiger Orientierung zeigen eine große Ausdauer bzw. Beharrlichkeit in der Verfolgung von Zielen, Sparsamkeit sowie Respekt vor am Status orientierten Rangordnungen. Für Kulturen mit kurzfristiger Orientierung sind persönliche Standhaftigkeit und Festigkeit, geringe Sparquote und die Erwartung rascher Ergebnisse kennzeichnend.

Anhand der Ausprägungen der einzelnen Dimensionen je Land lassen sich aus Kulturen bzw. Ländern mit ähnlichen Dimensionsausprägungen homogene Gruppen

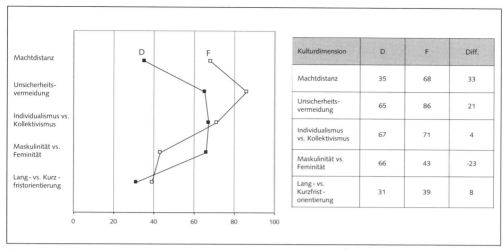

Abb. 3.1: Indexwerte der Kulturdimensionen für Deutschland und Frankreich (entnommen aus *Hofstede*, 2001, S. 500)

ableiten. Länder eines Kulturraumes bilden somit einen Cluster und weisen eine zum Teil deutlich ausgeprägte Differenz zu anderen Clustern bzw. Ländern auf. Exemplarisch veranschaulicht Abbildung 3.1 auf Basis der Punktwerte für jede von *Hofstede* untersuchte Kulturdimension die kulturellen Unterschiede zwischen Deutschland und Frankreich.

Hofstedes Modell der Kulturdimensionen erfreut sich unbeschadet seines abstrakten Charakters und der im Schrifttum vorgebrachten Kritik aufgrund seiner wegweisenden Ergebnisse für ein umfangreiches, zahlreiche Länder abdeckendes Sample nach wie vor großer Beliebtheit (vgl. *Baskerville*, 2003, S. 4). Die Kritik bezieht sich in erster Linie auf die recht simple Modellierung des hochkomplexen Phänomens der Kultur und die Generalisierung von Nationen zu Kulturclustern (vgl. *Nobes/Parker*, 2008, S. 27). Neuere Untersuchungen basieren zwar auf differenzierter erhobenen Daten, übernehmen als Kulturdimensionen jedoch zum Teil *Hofstedes* Klassifikation (vgl. *House* et al., 2004).

3.3.2 Kulturdimensionen nach *Hall*

Anders als *Hofstede* versucht *Hall* die kulturellen Unterschiede weniger deterministisch und zahlenorientiert aufzuzeigen. Wichtigster Beitrag *Halls* ist die Unterscheidung zwischen High-Context- und Low-Context-Kulturen sowie zwischen monochronen und polychronen Kulturen (vgl. *Hall/Hall*, 1990).

High-Context-Kulturen kommunizieren nicht nur über das gesprochene Wort, sondern die Botschaft wird in die externe Umwelt eingebunden. Das bedeutet, dass eine Botschaft nur unter Einbeziehung der äußeren Umgebung, der Situation und der nonverbalen Kommunikation vollständig ist. Entsprechend erscheint die verbale Kommunikation in diesen Kulturen eher indirekt, implizit, schwammig und schnell. Im Gegensatz dazu kommunizieren **Low-Context-Kulturen** sehr explizit, ausführlicher, direkter und präziser, da hier die äußere Umwelt weitgehend ausgeblendet wird (vgl. *Hall/Hall*, 1990, S. 91). Demzufolge reagieren High-Context-Kulturen möglicherweise ungeduldig, wenn Low-Context-Kulturen ihnen Hintergrundinformationen zukommen lassen, die sie gar nicht benötigen. Umgekehrt wird Low-Context-Kulturen die Kommunikation mit High-Context-Kulturen möglicherweise zu knapp erscheinen, da ihnen explizite Hintergrundinformationen vorenthalten werden.

Nach dieser Systematik ist Frankreich eher den High-Context-Kulturen zuzuordnen, während Deutschland eher zu den Low-Context-Kulturen gezählt werden kann (vgl. *Hall/Hall*, 1990, S. 7 ff.).

Zwei interessante Aspekte sind bezüglich der Kontextdimension zu beachten: Untergebene tendieren in High-Context-Kulturen zu stärkeren Loyalitätsbeziehungen zu ihren Vorgesetzten. Des Weiteren werden Verträge in High-Context-Kulturen eher mündlich geschlossen, während schriftliche Vereinbarungen keinen endgültigen Charakter besitzen (vgl. *Mead*, 2005, S. 34 f.).

In **monochronen Kulturen**, zu denen Deutschland zählt, ist Zeit linear. Mithin können Aufgaben nur sequentiell erledigt werden, detaillierte Zeitpläne und Pünktlichkeit spielen eine wichtige Rolle. Gleichzeitig herrscht eine stärkere Aufgabenorientierung, dagegen stehen Personen nicht so sehr im Vordergrund. Entsprechend diametral dazu können in **polychronen Kulturen**, wie beispielsweise Frankreich, verschiedene Aufgaben zeitgleich erledigt werden. Unterbrechungen werden nicht als besonders störend empfunden und die Einhaltung von Zeitplänen erscheint zweitrangig, da hier stärker Personen und nicht Aufgaben im Vordergrund stehen (vgl. *Hall/Hall*, 1990, S. 14).

3.3.3 Kulturdimensionen nach *Trompenaars*

Als dritter Beitrag wird *Trompenaars* herangezogen, der mithilfe von Dilemmasituationen kulturelle Unterschiede bei der Lösung von drei grundlegenden Problemen (Beziehung zu anderen Personen, zur Zeit und zur Umwelt) aufzeigt. Auf diese Art und Weise konnte *Trompenaars* sieben Dimensionen identifizieren: Universalismus vs. Partikularismus, Individualismus vs. Kollektivismus, Neutralität vs. Emotionalität, Spezifität vs. Diffusität und Leistung vs. Herkunft als Dimensionen der zwischenmenschlichen Beziehungen. Hinzu kommen noch die beiden Dimensionen Umgang mit der Zeit und Umgang mit der Umwelt (vgl. *Trompenaars/Hampden-Turner*, 2001). Da *Trompenaars'* Dimensionen in Teilen sehr stark den bereits betrachteten Dimensionen von *Hofstede* und *Hall* ähneln, werden an dieser Stelle lediglich die bislang noch nicht direkt behandelten Dimensionen Universalismus vs. Partikularismus, Neutralität vs. Emotionalität, Leistung vs. Herkunft sowie Umgang mit der Umwelt diskutiert.

Die Dimension **Universalismus vs. Partikularismus** beschäftigt sich mit der Frage, ob die richtige Verhaltensweise darin besteht, in jeder Situation allgemeingültigen Regeln zu folgen oder ob Ausnahmen in Abhängigkeit von der Situation oder der betroffenen Person zulässig sind. Deutschland gilt als eher universalistisch geprägte

Kultur, während Frankreich eher zu den partikularistischen Kulturen gezählt werden kann. Für Geschäftsleute beider Kulturen kann dieser Unterschied schnell zu gegenseitigem Misstrauen führen, wenn der universalistische Deutsche den partikularistischen Franzosen für nicht vertrauenswürdig hält, da er im Zweifel eher Freunden helfen wird, als sich an Vereinbarungen zu halten. Umgekehrt wird der Franzose dem Deutschen misstrauen, da dieser selbst in einer Grenzsituation einem Freund nicht helfen würde (vgl. *Trompenaars/Hampden-Turner*, 2001, S. 31 f.).

Die Dimension **Neutralität vs. Emotionalität** drückt aus, welcher Grad an öffentlich gezeigter Emotion toleriert und akzeptiert wird. Franzosen tendieren dabei dazu, ihre Emotionen stärker öffentlich zu zeigen als Deutsche (vgl. *Trompenaars/Hampden-Turner*, 2001, S. 70).

Im Rahmen der Dimension **Leistung vs. Herkunft** werden Kulturen danach unterschieden, ob sie Personen aufgrund der erbrachten Leistung oder aufgrund der Herkunft bzw. Zugehörigkeit zu einer bestimmten Gruppe (Merkmale wie Alter, Geschlecht, soziales Netzwerk, Ausbildung an einer bestimmten Schule oder Beruf) einen besonderen gesellschaftlichen Status zukommen lassen (vgl. *Trompenaars/Hampden-Turner*, 2001, S. 102 ff.). In Abbildung 3.2 überrascht der höhere Wert für Frankreich (83 %), sind doch gerade in Frankreich die Eliteschulen (Grandes Écoles) von besonderer Bedeutung, womit die Herkunft dominieren sollte.

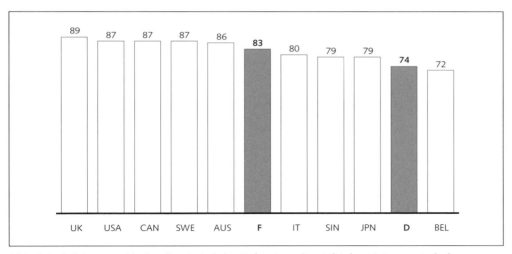

Abb. 3.2: Leistung vs. Herkunft – Anteil der Befragten, die **nicht** der Meinung sind, dass Respekt eine Frage der Herkunft sein sollte (entnommen aus *Trompenaars/Hampden-Turner*, 2001, S. 106)

Die zentrale Frage der letzten hier betrachteten Dimension **Umgang mit der Umwelt** lautet, inwieweit jeder Mensch selbst für seinen Erfolg verantwortlich ist. Diese Grundhaltung hat in erster Linie auch mit der Risikofreudigkeit zu tun, da der Glaube an die eigenen Fähigkeiten Mitarbeiter risikofreudiger und auch kreativer werden lässt (siehe Abbildung 3.3).

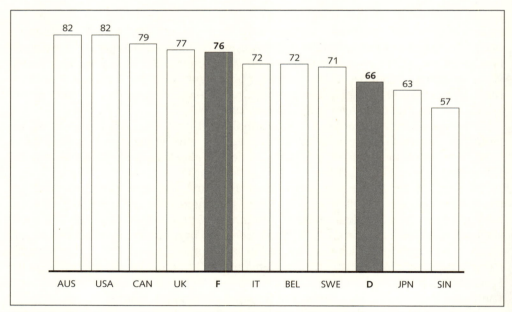

Abb. 3.3: Einstellung zur Umwelt – Anteil der Befragten, die der Meinung sind, sie seien für ihren Erfolg eigenverantwortlich (entnommen aus *Trompenaars/Hampden-Turner*, 2001, S. 144)

Abschließend soll auf eine der aktuellsten Kulturstudien, die sog. GLOBE-Studie, eingegangen werden. Die GLOBE-Studie ist sowohl eine Kritik als auch eine Erweiterung der Arbeiten von *Hofstede*. Daher überrascht es nicht, dass von den neun identifizierten Dimensionen sechs einen starken Bezug zu *Hofstede* aufweisen. So wurden die Dimensionen Machtdistanz und Unsicherheitsvermeidung direkt übernommen, während die Dimensionen Individualismus und Maskulinität differenzierter betrachtet werden und in jeweils zwei Dimensionen unterteilt wurden (institutioneller und »In-Group«-Kollektivismus; Geschlechtsgleichheit und Durchsetzungsfähigkeit). Die verbleibenden drei Dimensionen Leistungs-, Zukunfts- und Humanorientierung greifen dagegen verstärkt Aspekte von *Hall* und *Trompenaars* auf (vgl. *House* et al., 2004). Besonders interessant an der GLOBE-Studie ist die duale Betrachtung der Dimensionen, da sowohl der Ist-Zustand, und damit die tatsächliche Praxis, als auch der wünschenswerte Soll-Zustand aufgezeigt werden (vgl. *House* et al., 2004, S. 13 f.).

Die Ergebnisse der GLOBE-Studie unterscheiden sich teilweise deutlich von den bislang vorgestellten Studien – die zwei wichtigsten Aspekte seien hier aufgezeigt. Während *Hofstede* einen deutlichen Unterschied zwischen Deutschland und Frankreich bei der Machtdistanz aufzeigt, kann die GLOBE-Studie diesen Unterschied nicht bestätigen. Dies erscheint umso überraschender, als eine Reihe französischer Autoren *Hofstedes* Ergebnisse unterstützen. Sie berufen sich dabei auf das französische Bildungssystem, das geprägt ist von harten Auswahlprozessen und der Reputation der Grandes Écoles, die eine Selektion von Eliten und damit eine institutionalisierte Ungleichheit hervorrufen (vgl. *Mayrhofer*, 2004, S. 69). Ebenfalls erstaunlich ist, dass die Ergebnisse bei der Unsicherheitsvermeidung sehr unterschiedlich ausfallen. Während *Hofstede* den Franzosen einen höheren Wert zumisst, weisen in der GLOBE-Studie die Deutschen ein höheres Maß an Unsicherheitsvermeidung auf. Die vorgestellten Studienergebnisse machen deutlich, dass kulturelle Unterschiede vielschichtig und keineswegs eindeutig sind.

3.4 Auswirkungen von Kulturunterschieden auf das Controlling

3.4.1 Generelle Relevanz für das Controlling

Die möglichen Folgen unterschiedlicher Ausprägungen dieser kulturellen Dimensionen beziehen sich gleichermaßen auf die Koordinationsobjekte des Controlling – das Planungs- und Kontroll- sowie das Informationsversorgungssystem. Sie werden nachfolgend zunächst allgemein anhand der fünf Kulturdimensionen von *Hofstede* systematisiert aufgezeigt und im Anschluss für das Beispiel Deutschland und Frankreich konkretisiert.

Unterschiede bei den **Machtdistanzen** bedingen, dass die Akzeptanz von Vorgaben bei der Budgetaufstellung an eine differierende Machtbasis geknüpft ist. In asiatischen Kulturen erfährt die formal legitimierte Macht weitgehende Zustimmung, während sie in westlichen Kulturen als bewusste Lenkung negativ empfunden wird. Dort strahlt vielmehr die Steuerung über Informationsmacht positiv auf die Glaubwürdigkeit des Kontrollträgers ab. Entsprechend wird sich auch bei der Partizipation im Planungs- und Kontrollprozess ein westlicher Aufgabenträger ein höheres Mitspracherecht wünschen.

Individualismus und **Kollektivismus** nehmen Einfluss auf das Autonomiebedürfnis, die Eignung verschiedener Kontrollformen und den Wissenstransfer. Die individualistische Grundeinstellung westlicher Mitarbeiter bedingt ein größeres Unabhängigkeitsstreben bei der Budgetaufstellung, so dass bei ihnen die Partizipation leistungssteigernde Effekte zeigt. Während in westlichen Gesellschaften individuelle Leistungsbeurteilungen in Form der Einzelkontrolle vorstellbar sind, sollten in kollektivistisch orientierten Ländern Bezugs- oder Referenzgrößen auf der Ebene der Teams (Gruppenkontrolle) gewählt werden. Beim Wissenstransfer steht z. B. in Japan die Gruppe oder das Unternehmen als Ganzes im Vordergrund, während in den USA Individuen als Wissensträger agieren (vgl. *Scherm/Süß*, 2001, S. 399). Diese Unterschiede haben Konsequenzen für Verbreitung und Zugang zu Controlling-Informationen.

In einer **femininen Kultur** nehmen zwischenmenschliche Beziehungen eine höhere Bedeutung ein und Führungskonflikte werden durch Kompromiss bzw. Verhandlung gelöst. Der differierende Leistungsbezug erklärt die unterschiedliche Bereitschaft, Planwerte mit Anreizen bzw. Sanktionen zu verknüpfen. Der höhere Leistungsbezug in maskulinen Kulturräumen führt zur größeren Eindeutigkeit der Kontrollergebnisse. In östlichen, femininen Kulturen hingegen wird es nach Möglichkeit vermieden, jemandem eine schlechte Nachricht zu überbringen, was das Entstehen unzutreffender Zwischenberichte zu erklären vermag. Schließlich beeinflussen Feminität bzw. Maskulinität auch den Grad der präferierten Unverblümtheit der Kommunikation. In femininen Kulturen sind qualitative Attribute der Mitteilung weitaus wichtiger.

Bei starker **Unsicherheitsvermeidung** wird versucht die Zukunft, z. B. über umfangreiche Planungssysteme, zu kontrollieren. In Abhängigkeit von der Unsicherheitsvermeidung differieren die Erwartungen hinsichtlich der von einem Manager verlangten Kompetenz. Unsicherheitsvermeidende Mitarbeiter wünschen sich Manager, die operatives Know-how besitzen, während ansonsten im westlichen Kulturraum führungsstarke Problemlöser erwartet werden. Mit höherem Sicherheitsstreben bevorzugen die Mitarbeiter z. B. eine Rückkopplung durch Dritte und tendieren eher zu einer Fortschreibung des alten Budgets. Unsicherheitsvermeidung kann auch zu unzutreffender Berichterstattung über die aktuelle Geschäftslage führen. In Abhängigkeit von der jeweiligen landeskulturellen Grundhaltung besteht die Tendenz, Berichte zu optimistisch oder zu pessimistisch zu gestalten.

Je nach **zeitlicher Orientierung** sind unterschiedliche Zeithorizonte für Planungs- und Kontrollprozesse angemessen. Die langfristige Planung besitzt in Asien eine größere Bedeutung, während die Korrektheit kurzfristiger Ergebnisse als weniger wichtig erachtet wird. Demnach sind die zeitlichen Merkmale der Rückkopplungsinformation (Häufigkeit, Zeitspanne) dem kulturellen Kontext anzupassen. Um die Relevanz der Einhaltung von Abläufen und Reihenfolgen in der westlichen linearen Zeitvorstellung zu verdeutlichen, sollten den Tochtergesellschaften konkrete Termine für die Lieferung der Berichtsdaten vorgegeben werden.

Insgesamt ergeben sich aus der Verbindung von Kulturdimensionen und den vom Controlling zu koordinierenden Führungsteilsystemen die in Tabelle 3.3 dargestellten Zusammenhänge. Dabei lassen sich die einzelnen Auswirkungen nicht immer trenn-

		Kulturdimension				
		Machtdistanz hoch/niedrig	Individualismus – Kollektivismus	Maskulinität – Feminität	Unsicherheitsvermeidung	Langfrist-/ Kurzfristorientierung
Koordinationsobjekte	Planung	Partizipation bei Budgetaufstellung	Unabhängigkeitsstreben	Verknüpfung mit Anreizen	Präzision der Planungssysteme	Bedeutung langfristiger Planung
	Kontrolle	Partizipation im Kontrollprozess	Kontrollform	Eindeutigkeit der Kontrollergebnisse	Träger der Rückkopplung	Anpassung zeitlicher Merkmale der Rückkopplung
	Information	Häufigkeit und Pünktlichkeit	Unterschiede im Wissenstransfer	Direktheit der Kommunikation	Genauigkeit der Berichterstattung	Pünktlichkeit der Berichterstattung

Tab. 3.3: Auswirkungen der Kulturdimensionen auf das Controlling

scharf unterscheiden, da das komplexe Phänomen Kultur in seiner Gesamtheit auf das Controlling wirkt. Genauso wenig lassen sich die Problemfelder anhand der von *Hofstede* bzw. der GLOBE-Studie eruierten Werte einzelner Nationen in den jeweiligen Dimensionen exakt quantifizieren. Diese Strukturierung hilft aber bei der Sensibilisierung von Unternehmen für kulturelle Problemfelder, die sonst im Betriebsalltag oft vernachlässigt oder übersehen werden.

3.4.2 Beispiel Deutschland-Frankreich

3.4.2.1 *Machtdistanz*

Im Folgenden werden die Ergebnisse der kulturvergleichenden Managementforschung anhand der Kulturdimensionen von *Hofstede* auf das Design der Controlling-Systeme in Deutschland und Frankreich übertragen (vgl. *Hoffjan* et al., 2007).

Der intuitiv am stärksten zu erwartende Einfluss bei unterschiedlich ausgeprägter Machtdistanz betrifft die **Organisationsstruktur**. In Ländern, wie beispielsweise Frankreich, mit hoher Machtdistanz gibt es tendenziell mehr Hierarchieebenen, da Hierarchien als ein natürliches Ergebnis der Ungleichheit wahrgenommen werden. Die Meinung des Vorgesetzten wird als wichtiger angesehen als die Meinung des Untergebenen. Die Beteiligung untergeordneter Ebenen an der Entscheidungsfindung wird als Zeichen schwacher Führung gewertet, daher wird im Controlling-Bereich auch eine geringere Beteiligung am Budgetierungsprozess erwartet. Demgegenüber ist in Ländern mit einer niedrigen Machtdistanz von einer stärkeren Beteiligung der Mitarbeiter am Planungs- und Kontrollprozess auszugehen. Während bei der Budgetierung also in Deutschland ein **Bottom-up-Ansatz** vorherrschen dürfte, dominiert in Frankreich eher ein **Top-down-Ansatz**. Trotz der von Untergebenen in Frankreich erwarteten Top-down-Entscheidungen ist damit zu rechnen, dass zum Zeitpunkt der Umsetzung diese Entscheidung jedoch verstärkt hinterfragt wird. Anders verhält es sich in Deutschland, wo eine Bottom-up-Entscheidung bis zur endgültigen Entscheidungsfindung diskutiert wird, zum Zeitpunkt der Umsetzung dann jedoch getragen wird (vgl. *Jahn*, 2006, S. 50 ff.). Des Weiteren wird mit der wahrgenommenen Ungleichheit weniger Delegation von Autorität in Frankreich erwartet. Mit diesem geringeren Ausmaß an Delegation ist in französischen Unternehmen die **Zentralisation** ausgeprägter als in deutschen. Auch Planungs- und Kontrollsysteme dürften in Frankreich mächtiger und weiter entwickelt sein. Demgegenüber wird eine enge Überwachung in Ländern mit niedriger Machtdistanz, die auf Konsultation und Beteiligung der Mitarbeiter basiert, negativ durch die Untergebenen bewertet. Tabelle 3.4 fasst die Erwartungen zur Machtdistanz zusammen.

	Deutschland	Frankreich
Machtdistanz	Niedrig	Hoch
Organisationsstruktur	Flacher	Größer
Bedeutung der Hierarchie	Schwächer	Stärker
Beteiligung bei Planung und Kontrolle	Stärker	Schwächer
Budgetierungsprozess	Bottom-up	Top-down
Ausmaß der Zentralisation	Niedrig	Hoch
Verbindung zu Anreizen	Ja	Nein

Tab. 3.4: Von der Kulturdimension Machtdistanz erwartete Auswirkungen

3.4.2.2 Unsicherheitsvermeidung

Deutschland und Frankreich zeigen eine ausgeprägte Unsicherheitsvermeidung. Länder mit hoher Unsicherheitsvermeidung fühlen sich in mehrdeutigen und unsicheren Situationen unwohl. Diese Gesellschaften verlangen mehr formale Regeln und eine größere Karrierestabilität. Demzufolge sind auch in Unternehmen eine strengere Strukturierung von Aktivitäten und mehr schriftliche Regeln üblich. Organisationen sind so standardisiert wie möglich, um unvorhersehbare Situationen zu reduzieren. Manager sind in mehr Details auf einer Routinebasis involviert. Daraus ergeben sich verschiedene Erwartungen für das Design von Controlling-Systemen. Die größere Einbindung des Managements bei Details erhöht die Nachfrage nach einem **präziseren Reporting**. Zur Reduktion unvorhergesehener Situationen spielt **Kontrolle** eine entsprechend wichtige Rolle. Inwieweit die Betonung von Budgets, Prognosen und der Aktualisierung von Planungs- und Prognoseaktivitäten jedoch in Frankreich stärker ausfällt als in Deutschland, ist nicht eindeutig ableitbar. Denn anders als *Hofstede* attestiert nicht nur die GLOBE-Studie Deutschland einen höheren Grad an Unsicherheitsvermeidung, sondern indirekt auch *Jahn*, die das in Frankreich eigenwillige »*Système D*« (*se débrouiller:* französisch für die Kunst, sich aus der Affäre zu ziehen) hervorhebt. Es führt dazu, dass Probleme weniger stark antizipiert werden und erst dann ernst genommen werden, wenn sie tatsächlich schlagend sind. Diese Probleme werden dann als intellektuelle Herausforderung und weniger als Risiko gesehen (vgl. *Jahn*, 2006, S. 60).

3.4.2.3 Maskulinität vs. Feminität

Wie bereits aus Abbildung 3.1 ersichtlich, sind die Unterschiede bei der Kulturdimension Maskulinität vs. Feminität zwischen den Nachbarn erheblich. Konflikte werden in Frankreich bevorzugt durch Verhandlungen und Kompromisse gelöst, nicht jedoch

– wie für Deutschland erwartet – durch die strikte Befolgung von Regeln. Auch im Hinblick auf die Kopplung von Leistung und Vergütung hat diese Kulturdimension entscheidenden Einfluss – variable Vergütungen erscheinen eher in maskulinen Gesellschaften angebracht und weniger in femininen Gesellschaften wie Frankreich. Des Weiteren zeigt sich im Hinblick auf die Kommunikation und die Kontext-Dimension von *Hall*, dass die explizite und direkte Art eines deutschen Controllers in deutlichem Gegensatz zur diplomatischen, höflichen, impliziten Ausdrucksweise in der französischen Mentalität und damit von französischen Controllern steht. Während also in Frankreich stärker auf die Form geachtet wird, geht es in Deutschland mehr um den Inhalt (vgl. *Jahn*, 2006, S. 67). Entsprechend sind das soziale Networking und die informelle Verbreitung von Informationen in Deutschland im Vergleich zum Nachbarland weniger wichtig. In deutschen Unternehmen werden Informationen überwiegend in Form von Protokollen, Aufzeichnungen und Ablagen durchgereicht. Für Franzosen hat die **persönliche Kommunikation** einen größeren Stellenwert. Geschäftsinformationen werden über informelle Wege ausgetauscht und ersetzen damit schriftliche Ausführungen. Es wird erwartet, dass die Kommunikationserfordernisse für Controller direkt dadurch beeinflusst werden. Controller in Deutschland haben **detaillierte Protokolle von Managementanweisungen** zu erstellen. In Frankreich hingegen wird von Controllern die **Pflege ihres Netzwerks** erwartet, um die von ihnen benötigten Informationen zu erhalten. Sie können weniger wahrscheinlich davon ausgehen, dass alle Informationen schriftlich übertragen werden. Während in Deutschland Informationen verbreitet und gesendet werden (**Bringschuld**), werden Informationen in Frankreich bereitgestellt (**Holschuld**). Tabelle 3.5 fasst die wesentlichen Ergebnisse zusammen.

	Deutschland	Frankreich
Maskulinität vs. Feminität	Maskulin	Feminin
Führungsstil	Regeln	Personelle Autorität und Dialog
Kommunikation	Direkt	Kontextabhängig
Information	Bringschuld	Holschuld
Bedeutung persönlicher Kontakte	Mittel	Hoch
Leistungsmessung	Stärker	Schwächer

Tab. 3.5: Von der Kulturdimension Maskulinität vs. Feminität erwartete Auswirkungen

3.4.2.4 *Individualismus vs. Kollektivismus*

In Bezug auf die Dimension Individualismus vs. Kollektivismus gelten die Gesellschaften in Frankreich und Deutschland beide als individualistisch. Das Gefühl der **Eigenverantwortung** herrscht vor und Gruppenloyalität ist von begrenzter Bedeutung.

Persönliche Ziele dominieren die Ziele von Gruppen. Im Ergebnis streben sowohl Franzosen als auch Deutsche nach Unabhängigkeit im Budgetierungsprozess. Angehörige einer individualistischen Kultur bevorzugen eine Leistungsmessung, die auf **persönlichen Zielen** statt auf Gruppenzielen basiert. Im Ergebnis ist diese Kulturdimension ohne Bedeutung für die Erklärung von Unterschieden im deutschen und französischen Controlling.

3.4.2.5 Langfrist- vs. Kurzfristorientierung (konfuzianische Dynamik)

Sowohl Deutschland als auch Frankreich gelten insbesondere im Vergleich zu asiatischen Kulturen als kurzfristig orientiert. Daher sind die auf die Gegenwart und die Vergangenheit ausgerichteten Werte dominant. In beiden Ländern besitzt die Korrektheit kurzfristiger Ergebnisse einen höheren Stellenwert. Demzufolge werden **kurze Berichtszyklen** erwartet, während für die langfristige strategische Planung weniger Ressourcen bereitgestellt werden.

Im Hinblick auf das unterschiedliche Zeitverständnis (**monochron** vs. **polychron**) sind auch hier direkte Einflüsse auf Arbeitseinstellungen und -gewohnheiten ableitbar. In Deutschland dominiert das **monochrone Zeitverständnis**, d. h. Deutsche bevorzugen, zu einer Zeit nur eine Aufgabe zu bearbeiten. Sie konzentrieren sich auf die Arbeit und schotten sich dabei ab. Weil sie sich auf ihre gegebene Aufgabe konzentrieren, haben Deutsche einen stärkeren funktionalen Blickwinkel. Dieser stärkere Fokus kann aber zur Inflexibilität führen.

Franzosen werden dagegen als **polychron** klassifiziert und gelten als zeitlich flexibler. Entsprechend erledigen sie mehrere Dinge gleichzeitig, bleiben dabei offen für Kommunikation. Anstelle des deutschen Verständnisses von Deadlines und festen Plänen, richten sich die Franzosen auf die Ziele aus, selbst dann wenn die zeitliche Bindung unzureichend ist. Zusammenfassend stellt Tabelle 3.6 die Ergebnisse zur Zeitorientierung und zum Zeitsystem in Deutschland und Frankreich gegenüber.

	Deutschland	Frankreich
Zeitorientierung	Kurzfristig	Kurzfristig
Umfang der Analyse	Vergangene und aktuelle Daten	Vergangene und aktuelle Daten
Berichtszyklen	Kurz	Kurz
Zeitsystem nach *Hall*	Monochron	Polychron
Flexibilität	Niedrig	Hoch
Bedeutung von Plänen	Hoch (Abgabetermin)	Niedrig (Richtwert)
Arbeitsansatz	Funktional	Generalistisch

Tab. 3.6: Von der Kulturdimension Zeitvorstellung erwartete Auswirkungen

3.4.2.6   Berücksichtigung von Kultur im Controlling

Zur Verminderung kulturell bedingter Störfaktoren im Controlling sind Wege zur Einbindung dieses Wissens in den unternehmerischen Entscheidungsprozess aufzuzeigen. Das Controlling übernimmt bezogen auf die kulturelle Distanz die Aufgabe, entscheidungsvorbereitende Informationen zu generieren und bereitzustellen. Ziel ist es dabei, das Management bei der **Behebung kulturell bedingter Problemfelder** zu unterstützen. Dieser Prozess ist zu formalisieren und instrumentalisieren, damit dem Controller ein leistungsfähiges Instrumentarium zur Verfügung steht.

In einem ersten Schritt werden durch Datenbeschaffung und -aufbereitung Bereiche im Unternehmen aufgezeigt, in denen kulturelle Distanz auftritt. Die Konsequenzen kultureller Distanz, d.h. potentiell entstehende Problemfelder, sind mithilfe einer methodengestützten Datenanalyse festzustellen, wodurch ein Verständnis für Ursache und Wirkung geschaffen wird. Schließlich stellt das Controlling aus den erarbeiteten Informationen ein institutionalisiertes Informationssystem zwecks Problembewältigung zur Verfügung. Für komplexe Situationen wird ergänzend ein »Instrumentenkasten« bereitgestellt, der vom Management zur Behebung bzw. Vermeidung der dargestellten Problemfelder selektiv eingesetzt werden kann.

Für den ersten Schritt des Informationsgenerierungsprozesses im Controlling sollten Daten über das **Ausmaß der kulturellen Distanz** in verschiedenen Organisationseinheiten beschafft werden. Dazu kann das Controlling auf die weitreichenden Erkenntnisse zu den fünf von *Hofstede* abgeleiteten Kulturdimensionen zurückgreifen. Ergänzend können wechselseitige Besuche oder auch ein regelmäßiger Personalaustausch zwischen Mutter- und Tochtergesellschaft bei der Bestimmung des Ausmaßes kultureller Differenzen helfen (vgl. *Liedl*, 1994, S. 121). Die Datengewinnung ist auf die Wichtigkeit der einzelnen ausländischen Organisationseinheiten für das Unternehmen abzustimmen. Ein nur kleiner Geschäftsbereich bedarf einer weniger detaillierten Analyse als eine ausländische Tochtergesellschaft mit signifikantem Umsatzanteil oder großem Gewinnbeitrag. Bei Letzteren ist es für die Konzernzentrale von großer Bedeutung, Kenntnisse über die grundlegende Mentalität der lokalen Controller zu erlangen, z.B. um ihre Einstellungen zu den Aspekten Zeit, Korrektheit und Realitätsnähe beurteilen zu können.

Im nächsten Schritt des Controlling-Prozesses sind die aufbereiteten Daten dahingehend zu analysieren, welche **Konsequenzen** sich daraus für das internationale Controlling ergeben. Dabei sind im Wesentlichen die aus dem Ausmaß der kulturellen Distanz resultierenden Problemfelder mit einer Relevanz für wichtige Unternehmensbereiche offen zu legen. Dazu gehören beispielsweise **andere Managementpraktiken** oder ein **anderes Kommunikationsverhalten** (vgl. *Weber* et al., 2001, S. 58 f.). Sie führen im Geschäftsablauf unter Umständen zu wesentlichen Störungen, wie das folgende Beispiel verdeutlicht: Zu Beginn einer wichtigen Verhandlung deutscher Manager in China überreicht der Senior der chinesischen Delegation dem deutschen Verhandlungsleiter seine Visitenkarte. Dieser nimmt sie ohne Beachtung an sich und will ohne Umschweife zu den Verhandlungen übergehen. Daraufhin weist der chinesische Delegationsleiter seine Kollegen verärgert an, die Verhandlungen abzubrechen.

Über das Einpflegen der durch den Controlling-Prozess generierten zielsetzungsgerechten Informationen in ein institutionalisiertes Informationssystem leistet das Controlling bereits einen ersten Beitrag zur Problembewältigung, weil in vielen Fällen das **Wissen um Differenzen** ausreicht, um durch Fehlverhalten verursachte Problemfelder zu vermeiden. Voraussetzung für die Bewältigung kultureller Probleme ist die Entwicklung einer ausgeprägten **Kultursensibilität**. Erst das Erkennen kulturbedingter Unterschiede im Denken, Erleben, Verhalten und in der Kommunikation sorgt dafür, dass auch Maßnahmen zur Vermeidung oder Beseitigung der daraus entstehenden Störungen ergriffen werden können (vgl. *Dülfer/Söstingmeier*, 2008, S. 308 ff.). Im Beispielsfall sollte die Visitenkarte mit Interesse entgegengenommen und sodann in der Brusttasche verstaut werden. Dies signalisiert dem chinesischen Verhandlungspartner Respekt und Hochachtung vor seiner Person.

Es kann jedoch nicht von jedem Mitarbeiter erwartet werden, präventiv ohne Kenntnis der vielschichtigen Herausforderungen im internationalen Controlling, eigenständig und zielgerichtet einen hinreichenden Lösungsansatz aus dem Informationssystem zu entnehmen. In derartigen Fällen einer durch interkulturelle Distanz bedingten komplexen Situation kann das Controlling ein Bündel von Instrumenten initiieren, wozu beispielsweise ein **interkulturelles Training** gehört (vgl. *Weber* et al., 2001, S. 176 ff.). Im Rahmen des Planungs- und Berichtswesens wirken detaillierte **Konzernrichtlinien** einer unterschiedlichen Darstellung gleicher Sachverhalte entgegen. Durch eine adäquate Gestaltung der **Anreizsysteme** besteht außerdem die Möglichkeit, Einfluss auf das Verhalten der lokalen Manager zu nehmen (vgl. *Liedl*, 1994, S. 121), um sie zu einer korrekten Berichterstattung zu motivieren.

Das Management vermag somit durch den situationsspezifischen Einsatz des Instrumentenkastens potentielle Problemfelder a priori zu beseitigen. Abbildung 3.4 visualisiert den dargestellten prozessualen Ablauf des internationalen Controlling im Hinblick auf die kulturelle Distanz.

Zielsetzungsgerechte, entscheidungsunterstützende							
Beschaffung	⇨	**Aufbereitung**	⇨	**Analyse**	⇨	**Ergebnisse**	
• von Daten aus allen Tochterunternehmen • von Erkenntnissen über kulturelle Distanz		• durch Selektion unternehmens-relevanter Aspekte		• von durch interkulturelle Distanz bedingten (potentiellen) Problemfeldern		• Aufzeigen von Handlungsbedarf • Institutionalisierung von unterstützenden Informationssystemen • Anbieten von Lösungsinstrumenten	

Abb. 3.4: Systembildende Prozessstruktur des Controlling bei kultureller Distanz

3.5 Zusammenfassung

Angesichts des zunehmenden Austausches zwischen den Kulturen stellt sich die Frage, ob die Bedeutung nationaler Kulturen zukünftig abnehmen wird und stattdessen andere Kontextfaktoren ein größeres Gewicht erlangen. In Bezug auf den Faktor Kultur fällt die Einschätzung ambivalent aus. Auf der einen Seite führen ökonomische, legislative und gesellschaftliche Entwicklungen zu einer kulturellen Angleichung zwischen Nationen. Unterstützt durch technologische Entwicklungen, z. B. Internet, und zunehmende Mobilität kommt es zu einer Vermischung von Kulturen sowie zu einer Vereinheitlichung von Verhaltensweisen und mithin zu einer Reduktion der kulturellen Distanz. Dem wirken jedoch stärker wahrgenommene kulturelle Werte und Einstellungen entgegen. Gerade zu Beginn dieser Dekade ist offensichtlich geworden, dass religiös motivierte Handlungen den globalen Harmonisierungsprozess zu torpedieren versuchen und somit einer weiteren Konvergenz entgegenstehen.

Auch deshalb werden trotz aller Harmonisierungstendenzen absolute (kulturelle) Differenzen bestehen bleiben und entsprechende oben aufgezeigte, kulturell bedingte Unterschiede des Controlling Bestand haben. Daher ist es auch weiterhin für das internationale Controlling wichtig zu wissen, wie das komplexe Phänomen Kultur die Koordination des Planungs- und Kontrollsystems sowie des Informationsversorgungssystems beeinflusst. Die hier aufgezeigte Prozessstruktur des Controlling erlaubt es, die Auswirkungen der kulturellen Distanz zu erkennen, zu analysieren und zu minimieren. Sie sorgt für die erforderliche Akkumulation interkulturellen Wissens im Entscheidungsfindungsprozess und unterstützt damit nachhaltig die Koordinationsfunktion des Controlling.

4. Währungsumrechnung im Planungs- und Kontrollprozess

4.1 Einführung

Wechselkursschwankungen erschweren nachhaltig den grenzüberschreitenden Planungs- und Kontrollprozess. Tochtergesellschaften im Ausland erwirtschaften ihren Gewinn bzw. Umsatz in der Währung des Gastlandes, dessen Höhe bei der Umrechnung in die Konzernwährung aber vom Wechselkurs abhängig ist. Dieser Währungseinfluss ist für viele multinationale Unternehmen wesentlich. So verzeichnete beispielsweise *McDonalds* für das Geschäftsjahr 2003 in Europa einen Umsatzanstieg von 13 %, der vollständig auf den im Vergleich zum US-Dollar gestiegenen Wert des Euro zurückzuführen war (vgl. *o.V.*, 2004, S. 7).

Nachstehend werden die Bedeutung und die Methoden der Währungsumrechnung für die Planung und Kontrolle im Rahmen des internationalen Controlling aufgezeigt und erläutert. Dazu werden zunächst die Grundlagen der Umrechnungsproblematik skizziert. Darauf aufbauend werden mit dem *Lessard-Lorange*-Modell und dem Modell von *Demirag* die bekanntesten Methoden zur Wechselkursumrechnung im Controlling sowie ausgewählte empirische Studien zu ihrer Praxisverbreitung vorgestellt. Es zeigt sich, dass die Auswahl der konkreten Kombinationen aus Planungs- und Kontrollkurs entscheidend vom zugrunde liegenden Beurteilungsobjekt abhängt: Der Auslandsgesellschaft als Ganzes oder der Leistung des lokalen Managements. Ergänzt werden diese Verfahren um einen modernen wertorientierten Ansatz. Schließlich werden die verschiedenen Methoden kriteriengeleitet beurteilt.

4.2 Grundlagen

4.2.1 Charakterisierung der Umrechnungsproblematik

Ein nationales Unternehmen, das lediglich auf dem heimischen Markt tätig ist, plant und kontrolliert seine Geschäftstätigkeit in einer einheitlichen Währung. Bei internationaler Geschäftstätigkeit werden aber neben dem Heimatmarkt auch andere Märkte im Ausland bearbeitet, wodurch bei der Planung und Kontrolle weitere Währungen zu berücksichtigen sind (vgl. *Kieninger*, 1993, S. 25). Infolge schwankender Wechselkurse ergibt sich für multinationale Unternehmen ein Währungsrisiko, d. h. eine Erhöhung der Variabilität der weltweit in Konzernwährung konsolidierten Erfolge durch unerwartete Wechselkursänderungen (vgl. *Jacque*, 1981, S. 81). Das Ausmaß des Risikos ist von der Volatilität der Wechselkurse und vom Umfang des Exposure abhängig. **Exposure** bezeichnet den absoluten Betrag in Fremdwährungseinheiten, der während der Bilanzperiode dem Wechselkursrisiko ausgesetzt ist (vgl. *Fastrich/*

Hepp, 1991, S. 8). Das Exposure lässt sich in das Transaktions-, Konversions- und ökonomische Exposure unterscheiden.

Das **Transaktionsexposure** beschreibt das Verlustrisiko eines Unternehmens, welches sich durch die Wertänderungen noch ausstehender Zahlungen bzw. Zahlungsströme in Fremdwährung ergibt. Es entsteht folglich stets dann, wenn ein Unternehmen Fremdwährungsforderungen akzeptiert oder Fremdwährungsverbindlichkeiten eingeht, d. h. wenn eine vertragliche Zahlungsvereinbarung in Fremdwährung abgeschlossen wird, die erst in der Zukunft zu einem tatsächlichen Zahlungsvorgang führt (vgl. *Dufey/Giddy*, 2003, S. 6.10). Kommt es im Zeitraum zwischen Leistungsvereinbarung und Fakturierung zu einer Änderung des Wechselkurses, variieren dementsprechend der in der Währung der Konzernmutter gemessene Wert der zugrunde liegenden Transaktion sowie der daraus resultierende Netto-Cash Flow.

Beim **Konversionsexposure** (auch Translationsexposure) wird vor allem die Bewertung von Fremdwährungspositionen aus der Bilanz in den Mittelpunkt gestellt. Es entsteht insbesondere dann, wenn ein multinationales Unternehmen den Einzelabschluss eines ausländischen Tochterunternehmens oder einer ausländischen Beteiligung in der Konzernbilanz konsolidieren muss (vgl. *Fastrich/Hepp*, 1991, S. 148). Aus Sicht der Muttergesellschaft muss dann die in Fremdwährung aufgestellte Bilanz der Tochter zum Bilanzstichtag in die Berichtswährung des Konzerns überführt werden. Durch die Umrechnung mit verschiedenen Wechselkursen, die sich auf unterschiedliche Zeitpunkte, z. B. historischer Anschaffungszeitpunkt oder Bilanzstichtag, beziehen, entstehen in der Konzernbilanz Umrechnungsdifferenzen in Form von Buchgewinnen bzw. -verlusten.

Das **ökonomische Exposure** bezieht sich auf die Auswirkungen einer unerwarteten Wechselkursänderung auf die zukünftigen potentiellen Cash Flows einer ausländischen Geschäftseinheit (vgl. *Eiteman* et al., 2007, S. 253). Im Gegensatz zum Transaktionsexposure umfasst es die langfristigen Risiken einer Wechselkursänderung. Das Ausmaß der Risiken hängt davon ab, inwieweit sich die Wechselkursänderung auf das Absatzvolumen, die Absatzpreise und die Kostenstruktur des Unternehmens auswirkt (vgl. *Shapiro/Ruthenberg*, 1976, S. 52; *Fastrich/Hepp*, 1991, S. 166 ff.). Änderungen im Absatzvolumen hängen in erster Linie von der Preiselastizität der Nachfrage ab und inwieweit andere Märkte den Nachfragerückgang kompensieren können. Die Absatzpreise müssen nach einer Wechselkursänderung unter Umständen angepasst werden, um Marktanteile oder Gewinnmargen zu halten (vgl. *Eiteman* et al., 2007, S. 304 ff.).

Der Gesamtrisikobeitrag der drei Exposures auf ein multinationales Unternehmen lässt sich nicht ohne Weiteres vorherbestimmen, da dieses häufig in mehreren Währungskreisen geschäftlich miteinander verbundene Tochtergesellschaften hat. Je nachdem wie die verschiedenen Fremdwährungen untereinander und zur Konzernwährung korreliert sind, können sich Währungseffekte auf den Konzern verstärken oder aber zum Teil gegenseitig aufheben.

4.2.2 Perspektiven der Erfolgsbeurteilung im Planungs- und Kontrollprozess

Für viele multinationale Unternehmen stellen Budgets und die daraus resultierenden Soll-Ist-Abweichungen die Grundlage für die Steuerung und Erfolgsbeurteilung der Auslandsgesellschaften dar (vgl. *Bavishi* et al., 1982, S. 18; *Rothlin*, 1999, S. 120). Die Budgetierung, verstanden als gesamter Prozess von der Aufstellung von Budgets über ihre Verabschiedung, Kontrolle und Abweichungsanalyse (vgl. *Horváth*, 2009, S. 205), ist in Kapitel 1 als ein zentraler Aufgabenkomplex innerhalb der Koordination des Planungs- und Kontrollsystems benannt worden. Des Weiteren stellte sich heraus, dass Controller Planungsmanagementaufgaben ausführen, zu denen auch die Entwicklung von Planungsrichtlinien gehört. Demzufolge obliegt dem Controlling die Entscheidung, wie mit dem Störfaktor »Wechselkursvolatilitäten« im Rahmen des Budgetierungsprozesses umzugehen ist. Dazu muss zunächst das Objekt der Erfolgskontrolle festgelegt werden.

In Kapitel 1 ist bereits deutlich geworden, dass es zwei Möglichkeiten zur Abgrenzung des Beurteilungsobjektes gibt: Bei der **investorbezogenen Sichtweise** wird die **Auslandsgesellschaft im Ganzen** wie ein Investitionsobjekt behandelt (vgl. *Pausenberger*, 2002, S. 1167). Entscheidend sind der Beitrag der Tochtergesellschaft zum gesamten Konzernergebnis und damit alle positiven wie negativen Ergebniskomponenten, die auf die Existenz der Tochtergesellschaft zurückgeführt werden können (vgl. *Bavishi* et al., 1982, S. 15). Daraus folgt, dass externe Einflussfaktoren, z.B. Auswirkungen von Wechselkursschwankungen oder Inflation, mit in das Ergebnis und dessen Beurteilung einbezogen werden (vgl. *Pausenberger*, 2002, S. 1167; *Welge/Holtbrügge*, 2006, S. 269). Soll hingegen die Leistung des Managements der Auslandsgesellschaft Gegenstand der Erfolgskontrolle sein, ist die **objektbezogene Sichtweise** einzunehmen. In dieser Betrachtung sind nur diejenigen Erfolgskomponenten mit einzubeziehen, »für deren Beeinflussung bzw. Berücksichtigung die jeweilige Geschäftsleitung verantwortlich gemacht werden kann« (*Welge/Holtbrügge*, 2006, S. 269). Unvorhersehbare oder nicht beherrschbare Veränderungen der Umwelt sind bei der Leistungsbeurteilung nicht zu berücksichtigen (vgl. *Pausenberger*, 2002, S. 1167f.). Hintergrund dieser Sichtweise ist die Motivationsfunktion der Budgetierung, die nur erfüllt werden kann, wenn das an den Konzern übermittelte Ergebnis vom Budgetverantwortlichen beeinflussbar ist (vgl. *Shapiro*, 1978, S. 92; *Horváth*, 2009, S. 218).

Da Budgets in der Regel zentral in der Konzerngesellschaft erstellt oder zumindest freigegeben werden, das Management der Auslandsgesellschaft die operative Planumsetzung aber in Fremdwährung realisiert, ist eine Währungsumrechnung von Konzern- in Fremdwährung bei der Budgeterstellung unumgänglich. Die Erfolgskontrolle am Ende einer Periode muss logischerweise in der Währung erfolgen, in der auch die Planvorgaben ausgedrückt worden sind. Insofern ist in diesem Zeitpunkt eine erneute Umrechnung für Kontrollzwecke geboten.

4.3 Methoden zur Währungsumrechnung im Planungs- und Kontrollprozess

4.3.1 Das *Lessard-Lorange*-Modell

4.3.1.1 Der Aufbau des Modells

Lessard/Lorange (1977) waren die ersten, die ein theoretisches Modell entwickelten, um die Wirkungen verschiedener möglicher Kombinationen von Umrechnungskursen auf Budgetplanung und -kontrolle aufzuzeigen (vgl. *Lessard/Lorange*, 1977, S. 628). Ihre Überlegungen zielten auf eine Lösung des »**Centralization/Decentralization Dilemma**« ab, d. h. des Zielkonflikts eines multinationalen Unternehmens bei der Festlegung des Autonomiegrades der Tochtergesellschaft. Einerseits muss den dezentralen Auslandsgesellschaften eine ausreichende Entscheidungsfreiheit eingeräumt werden, um Lokalisierungsvorteile zu realisieren. Andererseits sind aber zentralisierte Entscheidungen erforderlich, um aus Gesamtkonzernsicht Finanzierungsmaßnahmen und Währungsmanagement optimieren sowie länderübergreifende Steuervorteile ausnutzen zu können (vgl. *Lessard/Lorange*, 1977, S. 628; *Robbins/Stobaugh*, 1973, S. 85). Ein weiterer Aspekt dieses Konfliktes ist die Performance-Messung und die damit verbundene Entscheidung, welche Beurteilungssichtweise eingenommen werden soll. Dabei ist zu klären, wie Budgetabweichungen aufgrund von Wechselkursänderungen bei der Erfolgskontrolle zu behandeln sind und welche Organisationseinheit diese zu verantworten hat (vgl. *Lessard/Sharp*, 1984, S. 18 ff.).

Wie bereits zuvor ausgeführt worden ist, wird die Währungsumrechnung im Budgetierungsprozess an zwei Stellen erforderlich: Zum Zeitpunkt der Budgetplanung und wenn das realisierte Ergebnis festgestellt wird. Bei der **Budgetplanung** und der **Budgetkontrolle** kann jeweils einer der drei folgenden Kurse zur Umrechnung verwendet werden (vgl. *Lessard/Lorange*, 1977, S. 629):
- Der aktuelle Wechselkurs zum Zeitpunkt der Budgetplanung,
- ein zum Zeitpunkt der Budgetplanung für die Budgetperiode prognostizierter Wechselkurs sowie
- der aktuelle Wechselkurs am Ende der Budgetperiode, also zum Zeitpunkt der Budgetkontrolle (Stichtagskurs).

Eine besondere Bedeutung wird im *Lessard-Lorange*-Modell dem prognostizierten Wechselkurs beigemessen, der als **Internal Forward Rate (IFR)** bezeichnet wird (vgl. *Lessard/Lorange*, 1977, S. 630 und S. 634 ff.). Er verbrieft ähnlich einem Finanzmarkt-Forward einen festen Wechselkurs für einen zukünftigen Zeitpunkt. Die Internal Forward Rate kann folglich als eine Art »Versicherung« des Konzernmanagements für das Management der Tochtergesellschaft gesehen werden, um ein bestehendes Währungsexposure abzudecken (vgl. *Demirag*, 1986, S. 159). Der Prognosekurs soll nicht nur dem erwarteten zukünftigen Wechselkurs entsprechen, sondern vielmehr dem erwarteten Wert einer Fremdwährungseinheit aus Sicht des Konzerns (vgl. *Lessard/Lorange*, 1977, S. 634 f.). Das bedeutet, dass beispielsweise die Kosten von Kurssiche-

		Umrechnungskurs für Budgetkontrolle (Ist-Wert)		
		Aktueller Kurs zum Planungszeitpunkt	Prognosekurs	Wechselkurs am Ende der Budgetperiode
Umrechnungskurs für Budgetplanung (Soll-Wert)	Aktueller Kurs zum Planungszeitpunkt	A-1	A-2	A-3
	Prognosekurs	P-1	P-2	P-3
	Wechselkurs am Ende der Budgetperiode	E-1	E-2	E-3

Abb. 4.1: Mögliche Kombinationen der Umrechnungskurse nach *Lessard/Lorange* (entnommen aus *Lessard/Lorange*, 1977, S. 630)

rungsmaßnahmen, Auswirkungen im Rahmen des ökonomischen Exposure oder der konzerninternen Verteilung von Gewinnen und Steuerbelastung bei der Berechnung der Internal Forward Rate zu berücksichtigen sind (vgl. *Lessard/Lorange*, 1977, S. 635).

Aus der Kombination von Wechselkursen zum Planungs- und Kontrollzeitpunkt resultieren die neun, in Abbildung 4.1 dargestellten, Umrechnungsvarianten. Dabei erweisen sich die vier grau schattierten Kombinationen als nicht sinnvoll (vgl. *Lessard/Lorange*, 1977, S. 630; *Demirag*, 1992, S. 25). Die Konstellationen P-1 und E-1 versuchen bei der Planerstellung die zukünftige Wechselkursentwicklung zu antizipieren, indem sie die Soll-Werte entweder mit dem Prognosekurs oder mit dem aktuellen Kassakurs am Ende der Planungsperiode umrechnen. Im Rahmen der Kontrollrechnung findet hingegen der Vergleich auf Basis der zum Ist-Kurs am Periodenbeginn umgerechneten Werte statt. Gleichermaßen lässt auch die Konstellation E-2, Soll-Wert zum Kassakurs am Ende des Budgetzeitraumes, Ist-Wert zum nicht mehr relevanten Prognosekurs, die notwendige Realitätsnähe vermissen. Schließlich ist auch die Konstellation A-2 wenig plausibel. Trotz Kenntnis eines mit einer gewissen Wahrscheinlichkeit ermittelten Prognosekurses basiert die Ermittlung des Soll-Wertes auf dem zum Zeitpunkt der Planerstellung gültigen Wechselkurs.

4.3.1.2 Analyse der sinnvollen Kombinationen

Die verbleibenden fünf Kombinationen werden am Beispiel einer deutschen Mutter- mit einer amerikanischen Tochtergesellschaft näher erläutert. Als Ausgangspunkt der Planung wird ein für alle Verfahrensalternativen in Landeswährung der Tochtergesellschaft gleich hoher Soll-Gewinn in Höhe von 4 Mio. US-$ angenommen. Dem steht zum Ende der Planungsperiode ein Ist-Gewinn in Höhe von 4,2 Mio. US-$ gegenüber. Im Jahresverlauf hat jedoch der Dollar im Vergleich zur Stammlandwährung an Wert verloren. Zu Beginn der Planungsperiode beträgt der Wechselkurs 1 US-$ zu 1,125 €, zum Ende der Planungsperiode 1 US-$ zu 1 €. Diese Abwertung wurde jedoch nur zum Teil im Prognosekurs für das Periodenende von 1/1,05 US-$/€ vorhergesehen.

Die **Kombination A-1** rechnet sowohl die Soll- als auch die Ist-Werte des Rechnungswesens mit dem im Planungszeitpunkt gültigen Kurs um. Dieser Vorgehensweise liegt entweder die Annahme zugrunde, dass sich der Wechselkurs innerhalb der betrachteten Periode nicht oder nur marginal ändert, oder dass die aus Wechselkursschwankungen resultierenden Erfolgsveränderungen nicht in den Verantwortungsbereich des lokalen Managements fallen (vgl. *Klofat*, 1989, S. 231). Die letztgenannte Annahme korrespondiert mit der Erfolgsbeurteilung einer Auslandsgesellschaft aus der objektbezogenen Perspektive. Planung und Kontrolle werden erheblich vereinfacht, da die Werte unmittelbar zur Verfügung stehen und keine aufwendigen und mit einer gewissen Unsicherheit behafteten Prognoseverfahren anzuwenden sind. Dem steht jedoch die Gefahr einer Fehlsteuerung gegenüber, da das ausländische Management keine Veranlassung erhält, erwartete Wechselkursveränderungen in die Entscheidungsfindung einfließen zu lassen (vgl. *Klofat*, 1989, S. 232). Der Währungseinfluss wird komplett ausgeschaltet. Im Beispielsfall steht bei Anwendung der Variante A-1 den Vorgaben in Höhe von 4×1,125 = 4,5 Mio. € ein um 225.000 € höherer Ergebnisbeitrag (4,2×1,125 = 4,725 Mio. €) gegenüber.

Die **Kombination P-2**, Umrechnung von Soll- und Ist-Werten zum Prognosekurs, fördert das Bewusstsein der lokalen Manager um die Risiken volatiler Wechselkurse. Dazu werden erwartete Wechselkursschwankungen bei der Planungs- und Kontrollrechnung berücksichtigt, während unerwartete Schwankungen nicht in die Betrachtung einfließen. Das Management erhält so einen Anreiz, erwartete Kursschwankungen vorausschauend bei seinen Entscheidungen zu berücksichtigen (vgl. *Demirag*, 1992, S. 26). Insgesamt wird dieser Ansatz den Anforderungen der Zielkongruenz zwischen zentral vorgegebenen Planungszielen und dezentral erreichten Ergebniszielen und der Fairness gerecht (vgl. *Lessard/Lorange*, 1977, S. 634). Für den Beispielsfall ergibt sich bei Anwendung der Variante P-2 ein Soll-Budget in Höhe von 4×1,05 = 4,2 Mio. €, welches vom Ist-Budget um 210.000 € (4,2×1,05 = 4,41 Mio. €) übertroffen wird.

Die **Kombination E-3** rechnet sämtliche Planungs- und Kontrollwerte zum Stichtagskurs am Periodenende um. Vergleichbar zur Kombination A-1 wird auch hier das lokale Management von seiner Mitverantwortung für die Prognose des Wechselkurses und die Handhabung möglicher Wechselkursveränderungen entlastet. So kann sich vor Ort kein Bewusstsein für die Währungsrisiken entwickeln (vgl. *Lessard/Lorange*, 1977, S. 634). Erschwerend kommt hinzu, dass die tatsächliche Höhe des der Tochtergesellschaft zur Verfügung stehenden Budgets erst zum Periodenende mit dem dann gültigen Stichtagskurs feststeht. Für das Beispiel erhält man einen Soll-Wert in Höhe von 4×1 = 4 Mio. €, von dem der Ist-Wert zum Periodenende um 200.000 € (4,2×1 = 4,2 Mio. €) positiv abweicht.

Gegenüber den diskutierten Varianten A-1, P-2 und E-3 sehen die Kombinationen A-3 und P-3 den Wechsel zu **zwei verschiedenen Wertansätzen** vor. Neben einer

Planabweichung lässt sich somit auch eine eventuelle **Wechselkursabweichung** im Rahmen der Abweichungsanalyse feststellen.

Die **Kombination A-3** rechnet die Soll-Werte mit dem Ist-Kurs am Periodenanfang und die Ist-Werte mit dem Stichtagskurs am Periodenende um. Daher weist diese Methode der investorbezogenen Sichtweise entsprechend dem lokalen Management die volle Verantwortung für erwartete und unerwartete Wechselkursveränderungen zu (vgl. *Lessard/Lorange*, 1977, S. 629). Bei jeder Änderung der Währungsparität sieht sich die Führung der Tochtergesellschaft veranlasst, die Vorgaben der Muttergesellschaft neu in Landeswährung umzurechnen. Nur so können geeignete Werte für die Steuerung der lokalen Gesellschaft auf Basis der Ergebnisziele gewonnen werden (vgl. *Klofat*, 1989, S. 233). Diese Kombination gilt als die schlechteste aller Verfahrensalternativen (vgl. *Belkaoui*, 1991, S. 139). Im Beispiel ergibt sich ein Vorgabewert in Höhe von 4×1,125 = 4,5 Mio. €, dem ein Ist-Wert zum Periodenende von 4,2×1 = 4,2 Mio. € gegenübersteht. Diese negative Gesamtabweichung von 300.000 € spaltet sich in eine positive Planabweichung von 225.000 € (4,2×1,125 − 4,5 = 0,225 Mio. €) und eine negative Wechselkursabweichung von 525.000 € (4,2×(1 − 1,125) = − 0,525 Mio. €) auf.

In der **Kombination P-3** wird das lokale Management durch den Ansatz der Soll-Werte zum Prognosekurs bereits bei Planerstellung zur Einbeziehung erwarteter Wechselkursschwankungen motiviert. Im Gegensatz zur Variante A-3 gehen jedoch die Währungseinflüsse nicht vollständig in die Abweichungsanalyse ein. Indem die Ist-Werte zum Stichtagskurs umgerechnet werden, beschränkt sich die Verantwortung der Tochtergesellschaft auf unerwartete Wechselkursänderungen (vgl. *Pausenberger/Roth*, 1997, S. 586). Auf das Beispiel bezogen steht dem Soll-Budget in Höhe von 4×1,05 = 4,2 Mio. € ein Ist-Budget in Höhe von 4,2×1 = 4,2 Mio. € gegenüber. Diese »Punktlandung« verschleiert jedoch, dass das Ergebnis eine positive Planabweichung in Höhe von 210.000 € (1,05×(4,2 − 4) = 0,21 Mio. €) und eine negative Wechselkursabweichung von 210.000 € (4,2×(1 − 1,05) = -0,21 Mio. €) einschließt.

Die geeignete Kombination von Planungs- und Kontrollkursen einer Tochtergesellschaft hängt maßgeblich von der Abgrenzung des Beurteilungsobjektes ab. Für die Beurteilung der **Auslandsgesellschaft als Ganzes** (investorbezogene Perspektive) empfiehlt sich die Anwendung der Variante P-3 (vgl. *Pausenberger/Roth*, 1997, S. 586). Durch die Umrechnung der Soll-Werte zum Prognosekurs gehen erwartete Wechselkursschwankungen direkt in die Zielvorgaben ein. Die anschließende Umrechnung der Ist-Werte mit dem fortlaufend aktualisierten Stichtagskurs gewährleistet, dass alle, d. h. auch unerwartete Effekte, in die Erfolgsbeurteilung einfließen. Sofern die Soll-Vorgaben in Konzernwährung dauerhaft und wesentlich unterschritten werden, sollten die in der Tochtergesellschaft gebundenen Ressourcen nach kritischer Beurteilung eventuell in andere Investitionen innerhalb des Konzernverbundes umgelenkt oder die Risikoberücksichtigung bei der Prognosekursberechnung angepasst werden.

Steht hingegen die **Beurteilung des ausländischen Managements** (objektbezogene Sichtweise) im Vordergrund, ist die Kombination P-2 zu favorisieren. Bei der Umrechnung der Soll- und der Ist-Werte mit einem am Beginn der Planungsperiode prognostizierten Kurs wird das ausländische Management nicht für unerwartete Wechselkursschwankungen sanktioniert. Gleichwohl erhält es einen Anreiz, Erwartungen hinsichtlich der Wechselkursentwicklung frühzeitig in seine Entscheidungen einzubeziehen. Der Ansatz desselben Kurses bei Planung und Kontrolle entspricht der Einnahme einer Landeswährungs-Perspektive (vgl. *Bergmann*, 1996, S. 133). Diese impliziert allerdings die Gefahr, dass das Management bei unerwarteten Schwankungen der lokalen Währung Anpassungsmaßnahmen absichtlich unterlässt, wenn sich selbige negativ auf die Beurteilungskriterien der eigenen Leistung auswirken würden. Daher sollte die Auswahl des Bewertungsansatzes auch davon abhängig gemacht werden, inwieweit das lokale Management zur selbständigen Absicherung von Währungsrisiken autorisiert ist (vgl. *Bergmann*, 1996, S. 132 f.; *Radebaugh* et al., 2006, S. 390 f.). Verfügt die Leitung der Auslandsgesellschaft über geeignete Instrumente für die Absicherung von Wechselkursänderungen, sollte Variante P-3 Einsatz finden. Liegt hingegen die ausschließliche Verantwortung für Sicherungsmaßnahmen bei der Konzernzentrale, ist Variante P-2 anzuwenden.

4.3.1.3 Kritische Beurteilung des Lessard-Lorange-Modells

In der Praxis kann sich die Berechnung des Prognosekurses bzw. der Internal Forward Rate unter Umständen als schwierig erweisen. *Lessard/Lorange* weisen darauf hin, dass in der Internal Forward Rate sämtliche Komponenten berücksichtigt werden müssen, die den zukünftigen Cash Flow aus Unternehmenssicht beeinflussen. Das bedeutet, dass neben der eigentlichen Wechselkursprognose auch Annahmen über die zukünftige Steuerlastverteilung im Konzern, über Kosten und Ausmaß der Währungsrisikobegrenzung und die zeitliche Verteilung von Ein- und Auszahlungen getroffen werden müssen (vgl. *Lessard/Lorange*, 1977, S. 634 f.). Wenn die Internal Forward Rate nicht eindeutig von der Konzernleitung bestimmt werden kann oder die Berechnung als zu aufwendig angesehen wird, kann zur Vereinfachung der Planung unter der Annahme effizienter Kapitalmärkte auch die **aktuelle Forward Rate des Kapitalmarktes** herangezogen werden. Eine andere Möglichkeit besteht darin, die Durchschnittswerte der Vergangenheit zu verwenden (vgl. *Fastrich/Hepp*, 1991, S. 144). Eine andere Alternative stellt die Umrechnung mit einem »normalisierten« Prognosekurs dar, der den erwarteten realen Wechselkurs, der sich aus der Entwicklung der Kaufkraftparitäten ergibt, repräsentiert (vgl. *Stewart III*, 1988, S. 117; *Jacque/Lorange*, 1984b, S. 194 ff.). Grundsätzlich ist bei jeder Kursprognose darauf zu achten, dass Annahmen über die zukünftige Wechselkursentwicklung realistisch sind und nicht von individuellen Interessen beeinflusst werden (vgl. *Demirag*, 1986, S. 161).

Eine nachträgliche Anpassung der Internal Forward Rate an wesentliche Änderungen der Planungsprämissen während der Budgetperiode entspricht dem Wesen der Kombination P-3. Sie ist nur dann gerechtfertigt, wenn die Auslandsgesellschaft auch die Möglichkeit hat, ihre operativen Entscheidungen innerhalb dieses Zeitrahmens zu ändern, bzw. die Wechselkursabsicherung verantwortet (vgl. *Lessard/Lorange*, 1977, S. 636). Durch eine kooperative Zusammenarbeit bei der Anpassung besteht dann die Möglichkeit, die Auswirkungen unerwarteter Wechselkursänderungen zwischen zentraler Planungsstelle und Tochtergesellschaft aufzuteilen (vgl. *Lessard/Lorange*, 1977, S. 636).

Eine implizite Annahme des *Lessard-Lorange*-Modells ist, dass Wechselkursänderungen keine Auswirkungen auf das operative, in Fremdwährung denominierte Ergebnis der Auslandsgesellschaft haben. Damit werden **aus einem ökonomischen Exposure resultierende Effekte ausgeschlossen** (vgl. *Lessard/Sharp*, 1984, S. 18 ff.). Die einfache Umrechnung bei der Kontrolle von budgetierten und tatsächlichen Ergebnissen mit angepassten Wechselkursen kann ein solches Exposure nicht erfassen und wird damit nicht der Tatsache gerecht, dass die Auslandsgesellschaft unter ganz **anderen ökonomischen Bedingungen** wirtschaften musste, als bei der Planung angenommen (vgl. *Lessard/Sharp*, 1984, S. 18 ff.).

4.3.1.4 Weiterentwicklungen des Modells

Von *Lessard/Sharp* (1984) wurde ein Ansatz entwickelt, der diese ökonomischen Auswirkungen von Wechselkursänderungen bei der Erfolgskontrolle berücksichtigt. Der Grundgedanke dabei ist, dass das Auslandsmanagement nach einer Wechselkursänderung andere operative Entscheidungen treffen wird als vor der Änderung, und dass die Qualität dieser Entscheidungen anhand alternativer Planbudgets zu beurteilen ist (vgl. *Lessard/Sharp*, 1984, S. 18 ff.). Die Methode folgt dem Gedanken einer **flexiblen Budgetierung**, d.h. Budgetpläne müssen an wesentliche Änderungen der Umwelt- oder Unternehmenssituation angepasst werden (vgl. *Fastrich/Hepp*, 1991, S. 145). Diese vom Wechselkurs abhängigen Budgets, sog. **contingent budgets**, stellen alternative Szenarien dar, welche die erwarteten Reaktionen der Absatz- und Beschaffungsmärkte und die daraus resultierenden zu erwartenden Handlungsmaßnahmen der Manager bei unerwarteten Wechselkursänderungen in der Budgetgröße berücksichtigen (vgl. *Lessard/Sharp*, 1984, S. 18 ff.). Bei der Budgetkontrolle wird dann das tatsächliche Ist-Ergebnis der Auslandsgesellschaft (bei Ist-Wechselkursen) mit dem entsprechenden Budgetszenario verglichen, das für diese Wechselkursänderung vorgesehen war. Der grundsätzliche Unterschied dieses Ansatzes im Vergleich zu dem ursprünglichen *Lessard-Lorange*-Modell liegt darin, dass bei der Budgetkontrolle im Falle unerwarteter Wechselkursänderungen nicht Anpassungen bei der Umrechnung von Planungs- oder Kontrollgrößen vorgenommen werden, sondern das Ergebnis mit gänzlich anderen Budgets verglichen wird. Die Schwierigkeit dieses Ansatzes liegt aber darin, bei der Planung aus der Menge aller denkbaren Wechselkursszenarien diejenigen auszuwählen, die mit größter Wahrscheinlichkeit eintreten können.

4.3.2 Das *Demirag*-Modell

4.3.2.1 Überblick

Das Modell nach *Demirag* (1986) basiert im Wesentlichen auf den Annahmen des *Lessard-Lorange*-Modells. Es nimmt lediglich eine Erweiterung der relevanten Wechselkursalternativen vor, da nun neben dem aktuellen Kurs zum Planungszeitpunkt, dem zum Planungszeitpunkt prognostizierten Kurs und dem Stichtagskurs am Ende der Budgetperiode zusätzlich **Durchschnittskurse** der Periode verwendet werden können. Der Vorteil von Durchschnittskursen liegt darin, dass sie eher der Tatsache gerecht werden, dass budgetierte Bewegungsgrößen, z. B. Umsätze oder Materialkosten, während der Budgetperiode zeitlich verteilt entstehen (vgl. *Demirag*, 1984, S. 80f.). Durch die Verwendung des Durchschnittskurses können so Wechselkursschwankungen, die während der Realisationsphase auftreten, erfasst und geglättet werden (vgl. *Kirsch/Johnson*, 1991, S. 153). Für die Budgetplanung ist dadurch zwischen einem prognostizierten Durchschnittskurs und einem prognostizierten Stichtagskurs für das Ende der Budgetperiode zu unterscheiden. Bei der Ergebniskontrolle am Ende der Budgetperiode kann nun zusätzlich mit dem prognostizierten oder mit dem tatsächlichen Durchschnittskurs verglichen werden. Die Erweiterung des *Lessard-Lorange*-Modells mit den Durchschnittskursen führt zu folgenden in Abbildung 4.2 dargestellten Kombinationen. Dabei werden die grau hervorgehobenen Varianten A-2, A-3, D-1, D-3, P-1, P-2, P-4, E-1, E-2, E-3 und E-4 von *Demirag* als nicht sinnvoll erachtet.

		Umrechnungskurs für Budgetkontrolle (Ist-Wert)				
		Aktueller Kurs zum Planungszeitpunkt	Prognostizierter Durchschnittskurs	Prognostizierter Stichtagskurs für Periodenende	Durchschnittskurs am Ende der Budgetperiode	Wechselkurs am Ende der Budgetperiode
Umrechnungskurs für Budgetplanung (Soll-Wert)	Aktueller Kurs zum Planungszeitpunkt	A-1	A-2	A-3	A-4	A-5
	Prognostizierter Durchschnittskurs	D-1	D-2	D-3	D-4	D-5
	Prognostizierter Stichtagskurs für Periodenende	P-1	P-2	P-3	P-4	P-5
	Wechselkurs am Ende der Budgetperiode	E-1	E-2	E-3	E-4	E-5

Abb. 4.2: Mögliche Kombinationen der Umrechnungskurse nach *Demirag* (entnommen aus *Demirag*, 1986, S. 159)

4.3.2.2 Analyse der sinnvollen Kombinationen

Die Betrachtungsweisen der Kombinationen sowie die daraus resultierenden Koordinations- und Verhaltenswirkungen sind analog zum *Lessard-Lorange*-Modell zu interpretieren (vgl. *Demirag/De Fuentes*, 1999, S. 13). Daher werden von den neun sinnvollen Kombinationen im *Demirag*-Modell (jeweils in Klammern die entsprechende Kombination im *Lessard-Lorange*-Modell) A-1 (A-1), A-5 (A-3), P-3 (P-2), P-5 (P-3) und E-5 (E-3) nicht näher erläutert. Unterschiede bestehen in erster Linie bezüglich des Ausmaßes von Abweichungen durch die Verwendung von Durchschnittskursen.

Bei der **Planung mit einem prognostizierten Durchschnittskurs** werden erwartete Schwankungen des Wechselkurses mit einkalkuliert. Dies ist besonders bei

Auslandsniederlassungen in Weichwährungsländern vorteilhaft, da eine genaue Vorhersage des Wechselkurses für das Ende der Budgetperiode ohnehin nicht möglich ist. Auch für den Fall, dass die Wechselkursentwicklung über den budgetierten Zeitraum einen Trend aufweist, d. h. kontinuierlich steigt oder fällt, ist ein Durchschnittskurs besser zur Prognose geeignet als ein Stichtagskurs.

Die **Kontrolle mit durchschnittlichen Kursen** erfolgt aufgrund ähnlicher Überlegungen. Bei volatilen Währungen vermittelt die Umrechnung des Ergebnisses mit dem tatsächlichen Durchschnittskurs ein genaueres Bild als die Umrechnung mit dem Stichtagskurs. Letzterer kann bei starken Wechselkursschwankungen deutlich von den Kursen abweichen, die über den Großteil der Budgetperiode gültig waren, und so das Endergebnis der Auslandsgesellschaft verzerren. Aus einer investorbezogenen Sichtweise ist dem allerdings entgegenzuhalten, dass letztlich der Wechselkurs des Zeitpunktes entscheidend ist, an dem das Ergebnis an den Konzern transferiert wird bzw. dem Konzern für eine anderweitige Verwendung zur Verfügung steht. Wenn dies nur für das Ende der Budgetperiode zutrifft, führt die Verwendung des tatsächlichen Stichtagskurses am Ende der Budgetperiode aus Investorsicht zu einem genaueren Ergebnis.

Die Durchschnittskurse betreffen im *Demirag*-Modell die sinnvollen Kombinationen A-4, D-2, D-4 und D-5. Zur Veranschaulichung soll das Beispiel aus Abschnitt 4.3.1.2 um einen prognostizierten Durchschnittskurs von 1 US-$ zu 1,1 € und einen tatsächlichen Durchschnittskurs am Ende der Budgetperiode von 1 US-$ zu 1,075 € erweitert werden.

Die **Kombination A-4**, Budgetplanung mit dem aktuellen Kurs zum Planungszeitpunkt und Budgetkontrolle mit dem Durchschnittskurs am Ende der Budgetperiode, macht das lokale Management sowohl für erwartete als auch für unerwartete Wechselkursveränderungen verantwortlich. Vergleichbar zur Kombination A-3 im *Lessard-Lorange*-Modell ist sie denkbar ungeeignet. Im Beispiel ergibt sich ein Vorgabewert in Höhe von $4 \times 1{,}125 = 4{,}5$ Mio. €, dem ein Ist-Wert zum Periodenende von $4{,}2 \times 1{,}075 = 4{,}515$ Mio. € gegenübersteht. Diese positive Gesamtabweichung von 15.000 € spaltet sich in eine positive Planabweichung von 225.000 € ($4{,}2 \times 1{,}125 - 4{,}5 = 0{,}225$ Mio. €) und eine negative Wechselkursabweichung von 210.000 € ($4{,}2 \times (1{,}125 - 1{,}075) = 0{,}21$ Mio. €) auf.

Die **Kombination D-2**, Umrechnung von Soll- und Ist-Werten zum prognostizierten Durchschnittskurs, stellt das auf Durchschnittskurse bezogene Äquivalent zu P-2 im *Lessard-Lorange*-Modell dar. Die ausländische Tochtergesellschaft wird nicht für unerwartete Wechselkursschwankungen verantwortlich gemacht. Im Beispielsfall ergibt sich bei Anwendung der Variante D-2 ein Soll-Budget in Höhe von $4 \times 1{,}1 = 4{,}4$ Mio. €, welches vom Ist-Budget um 220.000 € ($4{,}2 \times 1{,}1 = 4{,}62$ Mio. €) übertroffen wird.

Analog zu der Kombination P-3 im *Lessard-Lorange*-Modell ermutigt die **Kombination D-4** durch den Ansatz des prognostizierten Durchschnittskurses das lokale Management, bereits bei der Planerstellung erwartete Wechselkursschwankungen zu berücksichtigen. Für die Budgetkontrolle wird der beobachtete Durchschnittskurs am Ende der Budgetperiode herangezogen, so dass sich die Verantwortung der Tochtergesellschaft auf unerwartete durchschnittliche Wechselkursveränderungen beschränkt. Auf das Beispiel bezogen steht dem Soll-Budget in Höhe von 4×1,1 = 4,4 Mio. € ein Ist-Budget in Höhe von 4,2×1,075 = 4,515 Mio. € gegenüber. Die positive Gesamtabweichung von 115.000 € setzt sich aus einer positiven Planabweichung von 220.000 € (4,2×1,1 – 4,4 = 0,22 Mio. €) und einer negativen Wechselkursabweichung von 105.000 € (4,2×(1,1 – 1,075) = 0,105 Mio. €) zusammen.

Die gleiche Intention, erwartete Wechselkursschwankungen zu antizipieren, verfolgt auch die **Kombination D-5**. Im Gegensatz zu D-4 wird jedoch die Budgetkontrolle auf Basis eines Stichtagskurses am Ende der Budgetperiode vorgenommen. Im Beispielsfall weicht das Ist-Budget in Höhe von 4,2×1 = 4,2 Mio. € um 200.000 € negativ vom Soll-Budget in Höhe von 4×1,1 = 4,4 Mio. € ab. Um genau diesen Betrag übertrifft die negative Wechselkursabweichung von 420.000 € (4,2×(1,1 – 1) = 0,42 Mio. €) die positive Planabweichung von 220.000 € (4,2×1,1 – 4,4 = 0,22 Mio. €).

Im Fazit führt die etwas ausführlichere Darstellung nach *Demirag* zu den gleichen Empfehlungen, die auch *Lessard/Lorange* gegeben haben. Nach diesem Modell sind die Kombinationen D-2 und P-3 optimal für die Erfolgsbeurteilung der Auslandsgesellschaft für ein multinationales Unternehmen mit zentralisierter Steuerung des Währungs- bzw. Währungsrisikomanagements (vgl. *Demirag*, 1986, S. 159 f.). Sofern die Tochtergesellschaft flexibel auf Wechselkursänderungen reagieren kann, ist die Verwendung der Kombinationen D-4, D-5 oder P-5 sinnvoll. Voraussetzung ist aber, dass Empfehlungen des lokalen Managements bei der Erstellung des Prognosekurses berücksichtigt werden, damit dieser das Währungsexposure der Auslandsgesellschaft bestmöglich reflektiert (vgl. *Demirag*, 1986, S. 160). Durch die Zuweisung der Verantwortlichkeit für Budgetabweichungen durch unerwartete Wechselkursänderungen, wird ein stärkeres »Währungs-Bewusstsein« des lokalen Managements gefördert (vgl. *Demirag*, 1986, S. 160).

4.3.2.3 Kritische Bewertung des Demirag-Modells

Kritisch ist anzumerken, dass auch dieses Modell **nicht zu einer Berücksichtigung des ökonomischen Exposure** einer Wechselkursänderung im Planungs- und Kontrollprozess beiträgt. Zudem ergibt sich nicht aus dem Modell, in welchen Situationen eine Verwendung von durchschnittlichen Wechselkursen vorteilhaft ist. *Kirsch/Johnson* (1991) sehen in der Wahl zwischen Stichtags- oder Durchschnittskursen die Entscheidung eines multinationalen Unternehmens, ob es erwartete Wechselkursschwankungen während der Realisationsphase bei der Planung und Kontrolle glätten möchte oder nicht (vgl. *Kirsch/Johnson*, 1991, S. 153). In Weichwährungsländern, in denen während der Budgetperiode mit deutlichen Schwankungen oder einem Trendverlauf zu rechnen ist, werden Durchschnittskurse ein genaueres Bild der Performance liefern als Stichtagskurse. Demnach sollte für solche Tochtergesellschaften die Kombination D-4 bzw. D-5 angewendet werden.

4.3.3 Empirische Ergebnisse zur Anwendung der Verfahren

Mehrere Studien zur Performance-Messung von Auslandsgesellschaften haben überprüft, inwiefern multinationale Unternehmen die Modelle praktizieren. Im Folgenden werden die Ergebnisse der Studien aber mit nur jeweils einem der beiden Modelle in Verbindung gebracht.

Bavishi et al. (1982) untersuchten 88 multinationale, überwiegend US-amerikanische Unternehmen auf die im Rahmen der internen Erfolgsmessung eingesetzte Kombination von Wechselkursen (vgl. *Bavishi* et al., 1982, S. 30ff.). 13 % der Unternehmen verwenden den Stichtagskurs am Anfang des Planungszeitraumes zur Planung und kontrollieren mit dem Stichtagskurs am Ende der Periode (entspricht der Kombination A-3 im *Lessard-Lorange*-Modell), d. h. sie übertragen das gesamte Wechselkursrisiko auf die Tochtergesellschaft. Zwei Drittel (66 %) der Konzerne benutzen dagegen einen Prognosekurs zur Budgetplanung und den Stichtagskurs am Periodenende zur Kontrolle (Kombination P-3 von *Lessard/Lorange*), so dass die Auslandsniederlassung nur Abweichungen durch unerwartete Wechselkursänderungen verantworten muss. Lediglich bei 11 % der multinationalen Unternehmen wird ausschließlich mit Prognosekursen geplant und kontrolliert (Kombination P-2 im *Lessard-Lorange*-Modell).

Kirsch/Johnson (1991) stellen in einer weiteren Untersuchung für multinationale Unternehmen mit Stammsitz in den USA fest, dass 28,6 % der Unternehmen – je nach Art des prognostizierten Wechselkurses korrespondierend mit den Kombinationen D-4 oder P-4 nach *Demirag* – Budgets in **Hartwährungsländern** mit einem Prognosekurs planen und mit dem (durchschnittlichen) Ist-Kurs kontrollieren (vgl. *Kirsch/Johnson*, 1991, S. 158ff.). 26,5 % der befragten Unternehmen benutzen zur Planung und Kontrolle einheitlich einen Prognosekurs (Kombination D-2 oder P-3 bei *Demirag*). Während die Anteile der zuvor genannten Kombinationen für **Weichwährungsländer** in etwa gleich hoch sind, verwenden dort weniger Unternehmen den Stichtagskurs zu Beginn des Planungszeitraumes für Planung und Kontrolle (5,4 % im Vergleich zu 10,2 %; Kombination A-1 im *Demirag*-Modell). Ebenso verzichten US-amerikanische Konzerne in Weichwährungsländern darauf, Wechselkursänderungen ausschließlich im Ergebnis der Auslandsgesellschaft zu erfassen (0 % im Vergleich zu 8,2 %; Kombination A-5 von *Demirag*).

Pausenberger/Roth (1997) befragten 19 multinationale, überwiegend deutsche Unternehmen, welche Wechselkurskombinationen sie für die Planung und Erfolgskontrolle ihrer ausländischen Niederlassungen verwenden (vgl. *Pausenberger/Roth*, 1997, S. 586f.). In dieser Studie führen nur 10,5 % der Unternehmen Planung und Kontrolle mit einem einheitlichen Prognosekurs durch (Kombination P-2 im *Lessard-Lorange*-Modell). 26,3 % verwenden einen Prognosekurs zur Planung, kontrollieren das Ergebnis aber mit dem Stichtagskurs am Ende der Periode (P-3 von *Lessard/Lorange*). Weitere 26,3 % planen mit einem Prognosekurs und kontrollieren das Ergebnis sowohl **objektbezogen** mit dem Prognosekurs (Kombination P-2 im *Lessard-Lorange*-Modell) als auch **investorbezogen** mit dem Wechselkurs am Periodenende (P-3 bei *Lessard/Lorange*).

Die Studien von *Demirag* (1986) und *Demirag/De Fuentes* (1999) untersuchen britische multinationale Unternehmen und decken durch einen zeitlichen Vergleich ein zunehmendes Bewusstsein für die Bedeutung der Wechselkursabweichungen auf (vgl. *Demirag*, 1986, S. 158 ff.; *Demirag/De Fuentes*, 1999, S. 12 ff. und 20 ff.). Anstatt bevorzugt den anfänglichen Stichtagskurs zur Planung und Kontrolle einzusetzen (Rückgang von 35,3 % auf 19,6 %; Kombination A-1 bei *Demirag*), wird vornehmlich mit einem Prognosekurs geplant und dem Ist-Wechselkurs kontrolliert (Anstieg von 17,6 % auf 31,4 %; Kombinationen D-5 oder P-5 im *Demirag*-Modell). Im Wesentlichen unverändert geblieben ist der Anteil der Unternehmen, die den Prognosekurs für Planung und Kontrolle verwenden (31,7 % bzw. 31,4 %), der deutlich höher als in den anderen untersuchten Nationen ist. Da die Mehrzahl der britischen Konzerne für Planungs- und Kontrollzwecke mit Durchschnitts- statt mit Stichtagskursen rechnet, wird hier also vornehmlich die Kombination D-2 des *Demirag*-Modells angewandt.

Bei einer Befragung von 94 schweizerischen multinationalen Unternehmen konnte *Rothlin* (1999) feststellen, dass die Mehrheit (59,5 %) – den Kombinationen D-5 bzw. P-5 von *Demirag* folgend – bei der Planung in **Hartwährungsländern** erwartete Wechselkursänderungen berücksichtigt, bei der Ergebniskontrolle aber unerwartete Wechselkursänderungen mit einbezieht (vgl. *Rothlin*, 1999, S. 316 ff.). Lediglich 18,1 % verwenden ausschließlich den Prognosekurs für Planung und Kontrolle. Da auch Schweizer multinationale Unternehmen – genau wie britische – in großer Mehrheit Durchschnittskurse bei der Planung und Kontrolle verwenden, korrespondiert dieses Verfahren wiederum mit der Kombination D-2 von *Demirag*. 9,6 % der Schweizer Konzerne übertragen das gesamte Währungsrisiko auf die Tochtergesellschaften, wenden also die Kombination A-5 des *Demirag*-Modells an. Zudem gaben 14 der 94 Unternehmen an, für Hart- und Weichwährungsländer verschiedene Verfahren zu benutzen.

Insgesamt zeigen die Ergebnisse der Studien, dass die Mehrheit der multinationalen Unternehmen die Bedeutung der Wechselkursumrechnung erkannt hat, auch wenn je nach Stammland unterschiedliche Methoden präferiert werden.

4.3.4 Flexible Budgetplanung im Rahmen der wertorientierten Unternehmenssteuerung

Auch wenn die meisten multinationalen Unternehmen die Notwendigkeit zur Umrechnung von Planbudgets und tatsächlichen Ergebnissen sehen, gibt es bislang nur wenige Versuche, die **ökonomischen Effekte** einer Wechselkursänderung auf das Budget zu erfassen, obwohl diese maßgebliche Auswirkungen auf das operative Ergebnis einer Auslandsgesellschaft haben können (vgl. *Demirag*, 1986, S. 163; *Demirag/De Fuentes*, 1999, S. 19 f.).

Von *Jacque/Vaaler* (2001) wurde ein Ansatz entwickelt, der nicht nur die direkten Folgen einer Wechselkursänderung in Form des Transaktions- und Konversionsexposure erfasst, sondern auch die **indirekten Budgetwirkungen** durch die Veränderung der Wettbewerbssituation und der Kostenstruktur aufgrund des ökonomischen Exposure (vgl. *Jacque/Vaaler*, 2001, S. 814 ff.). Neben der nominellen Wechselkursänderung sehen *Jacque/Vaaler* zum einen die **Stellung der Importkonkurrenz** und zum anderen die Möglichkeit des Unternehmens, wechselkursbedingte Kostensteigerungen durch **Absatzpreiserhöhungen** auszugleichen, als maßgebliche exogene Variablen, die das

Ausmaß des ökonomischen Exposure bestimmen. Unternehmensendogene Variablen sind hingegen die **Wahl zwischen inländischen und ausländischen Lieferanten** und der **Grad der Inanspruchnahme ausländischer Fremdverschuldung**. Beide Faktoren beeinflussen die Wirkung einer Wechselkursänderung auf die Kostenstruktur der ausländischen Tochtergesellschaft.

Die Erfolgsbeurteilung der Auslandsgesellschaft und deren Management erfolgt in dem Modell auf Basis des **Economic Value Added (EVA®)** *, d.h. auf einer wertbasierten Kennzahl, die auch für die Gesamtkonzernsteuerung verwendet werden kann. Eine vereinfachte Darstellung des Modells ist in Abbildung 4.3 zu sehen.

Für die Planung des EVA® werden zunächst bestimmte Werte für die Schlüsselvariablen des Modells, vor allem für die erwartete Umwelt- und Unternehmenssituation, prognostiziert. Auf Basis dieser Schätzungen kann der geplante EVA® berechnet werden. Gleichzeitig lassen sich durch partielle Ableitungen optimale Lösungen für die Beschaffungspolitik, die Fremdfinanzierung sowie die Anpassung des Absatzpreises an die Währungsschwankung (Pass Through) ermitteln.

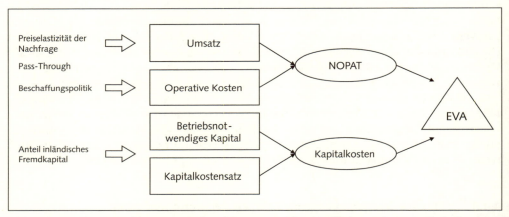

Abb. 4.3: Wechselkursabhängige Einflussfaktoren auf den EVA® der Tochtergesellschaft nach *Jacque/Vaaler* (vgl. *Jacque/Vaaler*, 2001, S. 818ff.)

Am Periodenende werden dann die tatsächlichen Werte der Schlüsselvariablen in das Modell eingesetzt und die Budgets errechnet, die sich unter Berücksichtigung der tatsächlichen Gegebenheiten in der Planung ergeben hätten. Durch einen Vergleich mit den Ist-Ergebnissen können nun für alle Budgetgrößen die Abweichungen aufgrund von Prognosefehlern einerseits und die Abweichungen durch die von der Auslandsgesellschaft zu verantwortende operative Tätigkeit andererseits festgestellt werden.

Durch dieses Verfahren kann auf die Erstellung mehrerer Wechselkursszenarien, wie es für das **contingent budgeting** erforderlich ist, verzichtet werden. Zudem ist dieses Verfahren in der Lage, die Auswirkungen des ökonomischen Exposure auf die

---

* EVA® ist eine eingetragene Marke von *Stern, Stewart & Co.*

lokale Geschäftstätigkeit bzw. den Wert der Tochtergesellschaft zumindest grob zu erfassen. Dadurch lässt sich zum einen eine koordinierende Wirkung erzielen, da das lokale Management mit grundlegenden Informationen versorgt wird, um im operativen Geschäft wertsteigernde Entscheidungen zu treffen. Zum anderen ist ex post eine faire Performance-Messung möglich, die das Management nur für die Ergebnisse verantwortlich macht, die es beeinflussen kann (vgl. *Copeland/Koller*, 2000, S. 262).

Weitere positive Effekte können sich bei diesem Modell durch die Umstellung der Erfolgsmessung von absoluten bzw. prozentualen Gewinngrößen auf wertorientierte Steuerungskennzahlen (hier dem EVA®) ergeben. Wenn die Kompensation des lokalen Managements an Wertkennzahlen gekoppelt wird, lassen sich die investorbezogenen Ziele des Konzerns mit den operativen Zielen der ausländischen Tochtergesellschaft in Kongruenz bringen (vgl. *Copeland/Koller*, 2000, S. 277 ff.). Die Wertorientierung fördert langfristiges Denken und nachhaltige Strategieumsetzungen und hält so das Management der Auslandsgesellschaft dazu an, die Entscheidungen im Sinne der Konzernzentrale zu treffen. Zielkonflikte im Sinne von Prinzipal-Agenten-Beziehungen werden auf diese Weise reduziert und die Motivation der Manager erhöht (vgl. *Stern* et al., 1996, S. 240 ff.).

Ein Nachteil dieses Ansatzes liegt in dem hohen Informationsaufwand, der für die genaue Schätzung der Inputvariablen erforderlich ist. Zudem unterliegen sowohl die Prognosen für die Modellparameter als auch die errechneten Planbudgets einer vergleichsweise hohen Unsicherheit. Schließlich muss bei der Implementierung eines wertorientierten Performance Measurement-Systems berücksichtigt werden, dass sich dadurch die Anforderungen an die lokalen Entscheidungsträger erhöhen. Sie müssen nun ihre operative Geschäftstätigkeit aus einer wesentlich längerfristigen, strategischen Perspektive heraus führen.

Auch wenn durch dieses Modell eine weitgehend dezentrale Steuerung der ausländischen Tochtergesellschaften möglich ist, gibt es weiterhin Abstimmungsbedarf durch konzernübergreifende Geschäftspolitiken. Dazu zählt z. B. die gezielte Ausnutzung von Währungsschwankungen bei internen Transferleistungen im Sinne des Translationsrisikos oder die konzerninterne Verschiebung von Gewinnen durch die Gestaltung von Verrechnungspreisen (vgl. *Jacque/Vaaler*, 2001, S. 826).

4.3.5 Eignung der Umrechnungsverfahren

4.3.5.1 Kriterien zur Beurteilung von Umrechnungsmethoden

Abschließend sollen die diskutierten Ansätze beurteilt werden. Dazu werden zunächst vier Anforderungskriterien aufgestellt. Im Anschluss daran wird geprüft, inwiefern die einzelnen vorgestellten Modelle diesen Kriterien gerecht werden.

Zunächst sollten durch die Umrechnung die eigentlichen Kernaufgaben der Budgetierung unterstützt bzw. zumindest nicht beeinträchtigt werden. Das ist zum einen die (ex post) **Erfolgsmessung** – sei es aus der Konzern- oder der lokalen Sichtweise – und die (ex ante) **Koordination** der operativen Geschäftstätigkeit der ausländischen Tochtergesellschaft. Die koordinierende Wirkung soll auch dazu beitragen, Zielkonflikte zwischen Konzernmutter und Tochtergesellschaft, die durch Informationsasymmetrien entstehen, zu reduzieren und so zur effektiven Umsetzung der Gesamtkonzernstrategie beizutragen.

Diese Aufgaben unterstützt ein Umrechnungsverfahren umso mehr, wenn es die Auswirkungen einer Wechselkursänderung auf das Budget möglichst vollständig erfasst. Diese **Vollständigkeit** ist gegeben, wenn alle drei Exposures durch das Modell abgebildet und berücksichtigt werden. Nur dann ist gewährleistet, dass nicht nur umrechnungsbedingte Budgetdifferenzen aufgezeigt werden, sondern auch quantitative Änderungen, z. B. der Absatzmenge.

Die Umrechnungsmethode sollte die Planungssituation zwar vollständig erfassen, aber gleichzeitig die Möglichkeit einräumen, auf neue Umweltsituationen einzugehen oder auf neue unternehmensinterne Sachverhalte zu reagieren. Die höhere **Flexibilität** kann entweder durch eine Niveauanpassung der bisherigen Variablen oder durch die Berücksichtigung neuer Variablen erfolgen. Zur unternehmensinternen Planungssituation zählen auch der Grad der Dezentralisierung sowie der Umfang der Entscheidungsbefugnisse, mit denen das lokale Management auf Wechselkursschwankungen reagieren kann.

Weitere Unterschiede ergeben sich bei den Umrechnungsvarianten durch den erforderlichen **Ressourcenaufwand**. Während zur Bestimmung der Budgets unter Berücksichtigung des Umrechnungs- und Transaktionsrisikos in erster Linie Informationen aus dem internen und externen Rechnungswesen erforderlich sind, ist die Budgetkorrektur um die ökonomischen Auswirkungen einer Wechselkursänderung nur möglich, wenn zusätzliche Informationen über die Unternehmensumwelt zur Verfügung stehen. Dazu zählen einerseits marktbezogene Daten, beispielsweise über die Preispolitik von Konkurrenten, und andererseits volkswirtschaftliche Rahmendaten, z. B. das Wirtschaftswachstum. Mit der Bereitstellung dieser Informationen sind möglicherweise zusätzliche **Kosten** verbunden. Je nach Informationsumfang ergeben sich unter Umständen auch erhöhte Anforderungen an die **Realisierungsinstrumente**, z. B. an das vorhandene Berichtswesen, und an das notwendige **Wissens- und Fähigkeitenpotential der Mitarbeiter**.

Ein weiterer wesentlicher Aspekt der Umrechnungsmethode ist die damit verbundene **Motivationswirkung**. Das Verfahren soll das lokale Management dazu anhalten, die Auswirkungen von Wechselkursänderungen auf das Budget zu berücksichtigen und negativen Folgen entgegenzuwirken. Die Leistungsmessung sollte sich auf die Ergebnisbestandteile beschränken, die tatsächlich vom Management beeinflussbar sind.

4.3.5.2 Beurteilung der Umrechnungsverfahren

Zum Abschluss dieses Kapitels werden nun das klassische *Lessard-Lorange*-Modell, dessen Erweiterung um vom Wechselkurs abhängige Budgets nach *Lessard/Sharp*, das *Demirag*-Modell sowie die wertorientierte, flexible Budgetplanung nach *Jacque/Vaaler* miteinander verglichen. Dabei erweist sich die Beurteilung der mehrere Kurskombinationen umfassenden Modelle als relativ schwierig.

Das Kriterium der **Erfolgsmessung** wird bei den beiden Ansätzen der flexiblen Budgetierung von *Lessard/Sharp* und *Jacque/Vaaler* besser erfüllt, da sie die erwarteten Reaktionen der Absatz- und Beschaffungsmärkte und die daraus resultierenden Handlungsmaßnahmen der Manager bei unerwarteten Wechselkursänderungen in der Budgetplanung berücksichtigen.

Wenn infolge unerwarteter Wechselkursschwankungen eine Änderung der operativen Geschäftspolitik erforderlich ist, dürfte die beste **Koordination** bei Verwendung des Ansatzes von *Jacque/Vaaler* gegeben sein. Bei der wertorientierten, flexiblen Budgetplanung kann das Management verschiedene Alternativen nicht nur anhand der kurzfristigen Budgetwirkung, sondern auch anhand langfristiger Auswirkungen auf die Situation der Tochtergesellschaft beurteilen. Bei den anderen drei Verfahren hängt hingegen die Einschätzung von der konkreten Wechselkurskombination bzw. dem gewählten Szenario ab.

Dem Kriterium **Vollständigkeit** wird bei *Lessard/Sharp* und *Jacque/Vaaler* wegen der Berücksichtigung des ökonomischen Exposure weitaus besser entsprochen als bei den beiden anderen Modellen.

Hinsichtlich der **Flexibilität** dominiert der Ansatz von *Jacque/Vaaler*. Änderungen sind einfach vorzunehmen und das Modell ist auch erweiterbar. Etwas eingeschränkter gilt dies auch für den Ansatz von *Lessard/Sharp* durch die Berücksichtigung unterschiedlicher Szenarien. Demgegenüber lassen die beiden anderen Modelle nur wenig Flexibilität zu. Eine Anpassung an die Umwelt- und Unternehmenssituation ist lediglich durch die Wahl der Umrechnungskurskombination und durch die Gestaltung des Plankurses möglich. Einzelne Einflussfaktoren der Budgetplanung, z. B. die Auswirkungen von Wechselkursschwankungen auf Verrechnungspreise, lassen sich nicht explizit in den Modellen erfassen.

Der **Ressourcenaufwand** ist bei den Verfahren der flexiblen Budgetierung wesentlich höher. Hinzu kommt die größere Komplexität durch die Menge und Qualität der erforderlichen Informationen, z. B. begründete Annahmen über die wechselkursabhängige Preispolitik der Konkurrenz. Allerdings kann sich die Berechnung der Internal Forward Rate, wie sie von *Lessard/Lorange* gefordert wird, als ähnlich aufwendig erweisen wie die Erstellung alternativer Budgetszenarien.

Während die **Motivationswirkung** von der gewählten Wechselkurskombination oder dem zugrunde liegenden Szenario abhängt, ist im Ansatz von *Jacque/Vaaler* bei einer konsequenten Ausrichtung auf die Wertorientierung von einer hohen Motivationswirkung auszugehen. Außerdem kann bei der Erfolgsmessung nicht zu verantwortenden Ergebnisbestandteilen Rechnung getragen werden.

Tabelle 4.1 fasst die Ergebnisse dieses Verfahrensvergleichs zusammen. Dabei handelt es sich keineswegs um eine abschließende Bewertung. Neben den hier diskutierten Beurteilungskriterien sind weitere vorstellbar. Zudem muss im konkreten Anwendungsfall die je nach der gewählten Perspektive der Erfolgsbeurteilung relevante Wechselkurskombination der Modelle von *Lessard/Lorange* und von *Demirag* mit dem Ansatz von *Jacque/Vaaler* verglichen werden.

Kriterium	Lessard/ Lorange	Lessard/ Sharp	Demirag	Jacque/ Vaaler
Erfolgsmessung	0	+	0	+
Koordination	Kombinations-abhängig	Szenario-abhängig	Kombinations-abhängig	+
Vollständigkeit	–	+	–	+
Flexibilität	–	0	–	+
Ressourcenaufwand	0	–	0	–
Motivationswirkung	Kombinations-abhängig	Szenario-abhängig	Kombinations-abhängig	+

Tab. 4.1: Beurteilung der Methoden zur Währungsumrechnung (entnommen aus *Hoffjan/Kornetzki*, 2005, S. 345)

4.4 Zusammenfassung und Ausblick

Zur Berücksichtigung der Umrechnungsproblematik können bei der Budgetplanung und -kontrolle jeweils verschiedene Wechselkurse herangezogen werden. Die Auswahl der Kombinationen aus Planungs- und Kontrollkurs hängt entscheidend vom zugrunde liegenden Beurteilungsobjekt ab. Bei der Budgetplanung ist ein prognostizierter Wechselkurs zu verwenden, der den Erwartungen in Bezug auf die zukünftige Wechselkursentwicklung und dem zukünftigen Währungsexposure der Tochtergesellschaft entspricht. Dadurch ist das Management der Auslandsgesellschaft bei der operativen Planumsetzung dazu angehalten, die Wechselkursentwicklung zu berücksichtigen und gegebenenfalls mit kurzfristigen Maßnahmen zu reagieren. Bei der Kontrolle von Budgets, insbesondere im Rahmen der Erfolgsmessung, ist genau zwischen der Leistung des Auslandsmanagements und der Beurteilung der Auslandsgesellschaft als Ganzes zu unterscheiden. Manager sollten stets nur nach den Ergebnissen beurteilt werden, die sie auch verantworten können und folglich sollten unerwartete oder nicht beeinflussbare Faktoren nicht in die Leistungsmessung einfließen. Bei der Beurteilung der Managerleistung sollte demnach zur Budgetkontrolle der Prognosekurs verwendet werden, wenn den Managern der Auslandsgesellschaft die nötige Flexibilität oder Entscheidungsbefugnis fehlt, um auf Wechselkursänderungen zu reagieren. Sind diese Voraussetzungen hingegen erfüllt, ist auch die Kontrolle mit dem tatsächlichen Kurs zum Kontrollzeitpunkt gerechtfertigt. Für eine investorbezogene Bewertung der Auslandsgesellschaft als Teileinheit des Konzerns und für eine ergebnisorientierte Steuerung ist die Bestimmung von Währungsabweichungen unerlässlich, da sich nur daraus Rückschlüsse auf die Effektivität der Planung ziehen lassen.

Während die meisten multinationalen Unternehmen die Notwendigkeit zur Umrechnung von Planbudgets und tatsächlichen Ergebnissen erkannt haben, gibt es bislang nur wenige Versuche, die ökonomischen Effekte einer Wechselkursänderung auf das Budget zu erfassen, obwohl diese maßgebliche Auswirkungen auf das operative Ergebnis einer Auslandsgesellschaft haben können (vgl. *Demirag*, 1986, S. 163; *Demirag/De Fuentes*, 1999, S. 19 f.). Auch wenn der auf der wertorientierten Unternehmenssteuerung beruhende Ansatz zur flexiblen Budgetplanung zum Teil ungewisse Vorhersagen z. B. in Bezug auf die Nachfrageelastizität erfordert, ließen sich einzelne Aspekte in der klassischen Budgetplanung verwenden. Insbesondere die Erkenntnis, dass eine Wechselkursänderung nicht nur die Veränderung einer einzelnen Variable im Budgetierungsprozess impliziert, sondern dass dadurch auch das Niveau anderer Planungsvariablen betroffen ist, muss bei der Entwicklung zukünftiger Methoden zur Budgetierung in Auslandsgesellschaften berücksichtigt werden.

5. Controlling in Hochinflationsländern

5.1 Einführung

In den 80er und 90er Jahren gab es in vielen lateinamerikanischen Schwellenländern Hochinflation mit teilweise horrenden Inflationsraten von mehreren 1.000 % pro Jahr. Trotz hoher Risiken haben deutsche multinationale Unternehmen im Rahmen ihrer Internationalisierungsstrategien in diese Länder investiert. Spezifische Rahmenbedingungen wie Zollschranken oder Local Content-Bestimmungen machten vielfach eine lokale Fertigung erforderlich, so dass selbständige Tochtergesellschaften mit eigener Produktion entstanden sind. In diesem Kapitel sollen die Auswirkungen der Hochinflation auf die Unternehmen und im Besonderen das internationale Controlling aufgezeigt werden. Dabei steht die Inflationsbereinigung, d. h. die umfassende Eliminierung von Inflationseinflüssen aus dem Rechnungswesen, im Mittelpunkt.

5.2 Grundlagen der Hochinflation

5.2.1 Begriff der Hochinflation

Um die Auswirkungen einer Hochinflation auf Unternehmen bestimmen zu können, sollen zunächst die Begriffe Inflation und Hochinflation voneinander abgegrenzt werden. Unter **Inflation** wird ein anhaltender, permanenter Prozess von Erhöhungen des Preisniveaus über einen längeren Zeitraum hinweg verstanden (vgl. *Woll*, 2003, S. 599). Die Unterschiede zwischen Inflation und **Hochinflation** liegen allein in der Höhe der Preisniveausteigerungen. Ab einem jährlichen Preisanstieg von 3-5 % spricht man von einer Inflation. In Hochinflationsländern übersteigt die über drei Jahre kumulierte Inflationsrate 100 % (vgl. *Melcher*, 1989, S. 393).

Neben dem höheren Ausmaß des Kaufkraftverlustes ergeben sich bei Hochinflationsländern noch erhebliche Probleme bei der **Inflationsmessung** (vgl. *Kieninger*, 1993, S. 133 f.):
- Bei Hochinflation erfolgt die Ermittlung der Inflationsraten im monatlichen Abstand. Diese monatlichen Zahlen unterliegen häufig extremen Schwankungen und sind nur schwer zu prognostizieren.
- Die von offizieller Seite bekannt gegebenen Inflationsindizes unterliegen mitunter politisch begründeter Manipulation und verlieren so ihre Aussagekraft.
- Häufig existieren mehrere offizielle Indizes parallel. Dabei stellt sich die Frage, welcher Index die unternehmensspezifische Kostenentwicklung am besten widerspiegelt. Selbige kann sich von der generellen Preisänderung deutlich unterscheiden.

- In Hochinflationsländern entsteht durch staatliche Abgaben und Regulierungen ein wachsender schattenwirtschaftlicher Sektor. Die Preisbildung auf diesen »Märkten« entzieht sich naturgemäß der Erfassung.

Aus diesen Gründen bedürfen die ausgewiesenen Inflationsraten somit der laufenden kritischen Überprüfung und dienen eher als Anhaltspunkt für eine generelle Inflationstendenz.

5.2.2 Wirkung einer Hochinflation auf Unternehmen

Für Tochterunternehmen in Hochinflationsländern stellt die Inflation einen **exogenen, nicht beeinflussbaren Faktor** dar, der aber die unternehmerische Umwelt maßgeblich prägt und sich auf den betrieblichen Wertschöpfungsprozess und vor allem dessen Abbildung im Rechnungswesen erheblich auswirkt (vgl. *Meerkatt*, 1989, S. 7). Im Folgenden sollen zunächst die aus Unternehmenssicht relevanten Umweltveränderungen skizziert werden.

5.2.2.1 Veränderung gesamtwirtschaftlicher Rahmenbedingungen

Die Wirtschaftssubjekte **verlieren** ihr **Vertrauen** in die heimische **Währung** als Tauschmittel, Recheneinheit und Wertaufbewahrungsmittel (vgl. *Ströbele*, 1995, S. 7 ff.). Anstelle der heimischen Währung treten Tauschgüter oder eine ausländische Währung. Bewohner und Unternehmen reduzieren ihre Kassenhaltung und ihre Einlagen in Landeswährung auf ein Minimum, um der Geldentwertung zu entgehen (vgl. *Mankiw*, 2003, S. 116). Erhaltenes Geld wird unverzüglich in reale Vermögenswerte investiert.

Als weitere Folge von Hochinflation stellt sich ein **Bedeutungsverlust der nominalen Vertragsstruktur** ein (vgl. *Liebers*, 1998, S. 48 ff.). Die Laufzeiten von Arbeits-, Kredit- oder Lieferverträgen reduzieren sich. Die Vertragsklauseln werden periodisch der erwarteten Inflationsrate angepasst. Alternativ werden die aus den Verträgen resultierenden Zahlungsverpflichtungen fortlaufend indexiert oder direkt in Fremdwährung angegeben (vgl. *Mankiw*, 2003, S. 119 f.).

Zugleich nimmt die Inflation Einfluss auf die **nominalen Zinssätze**. Der nominale Zinssatz ergibt sich näherungsweise durch Addition des realen Zinssatzes und der erwarteten Inflationsrate (vgl. *Mankiw*, 2003, S. 108 ff.). Da die unerwartete Inflation unberücksichtigt bleibt, kann der reale Zins trotz eines hohen Nominalzinssatzes negativ werden. Die hohen Preisniveausteigerungen sowie der niedrige reale Zinssatz sind zwei wesentliche Erklärungsfaktoren für den ständigen Abwertungsdruck, unter dem die Landeswährungen von Hochinflationsländern stehen.

Bei Hochinflation beeinflussen **Interventionen des Staates** das Unternehmensgeschehen. Zum einen bestehen Importbeschränkungen durch Kontingente und Zölle, wodurch die Beschaffung von Inputfaktoren von ausländischen Märkten oder konzernweit verbundenen Tochtergesellschaften erschwert wird (vgl. *Leeven*, 1989,

S. 355). Zum anderen bestehen Devisenkontrollen und -transferbeschränkungen, welche die Überweisung finanzieller Mittel an die Muttergesellschaft erschweren. Dies betrifft auch Verrechnungspreise, die aufgrund der Möglichkeiten zur Gewinnverlagerung im besonderen Maße staatlicher Reglementierung und Kontrollen unterliegen (vgl. *Pausenberger*, 1992, S. 782 f.). Im Inland führen zur Eindämmung der Inflation verordnete Preisstopps für alle Waren, Dienstleistungen und Tarife dazu, dass notwendige Erhöhungen der Absatzpreise und Löhne nicht durchgeführt werden können (vgl. *Franz*, 1991, S. 264 ff.). Reglementierungen von Absatz- bzw. Beschaffungspreisen haben Verzerrungen in den periodischen Ergebnisrechnungen der ausländischen Tochtergesellschaften zur Folge.

5.2.2.2 *Problematik der Scheingewinne*

In Hochinflationsländern ist das auf nominellen Leistungsmaßstäben basierende Rechnungswesen nicht leistungsfähig. Es kommt regelmäßig zum Ausweis von **Scheingewinnen**, welche zu einer schleichenden Aushöhlung der Substanz des Unternehmens führen können. Die Entstehung von Scheingewinnen lässt sich darauf zurückführen, dass die Gewinngröße Kosten- und Erlösbestandteile enthält, die naturgemäß zu unterschiedlichen Zeitpunkten anfallen. Sofern innerhalb dieses Zeitraumes das Preisniveau signifikant steigt, entstehen Probleme bei der Interpretation des ausgewiesenen Gewinns. Dieser basiert nämlich auf Nominalwerten und bezieht daher keine **Kaufkraftänderungen** ein. Das Nominalwertprinzip lässt sich nicht verwenden, da einem identischen Arten- und Mengengerüst zu verschiedenen Zeitpunkten unterschiedliche Wertgerüste gegenüberstehen. Während die Erlöse im Entstehungszeitpunkt den realen Marktwert widerspiegeln, haben sich die eigentlich zuzuordnenden realen Kosten zwischen dem Zeitpunkt der Leistungserstellung und dem Leistungsabsatz inflationsbedingt erhöht (vgl. *Plattner/Weber*, 1991, S. 295). Ein Teil des ausgewiesenen Gewinns, der sog. Scheingewinn (vgl. *Meerkatt*, 1989, S. 54 ff.), beruht deshalb nicht auf realen Vorgängen. Er ist lediglich auf die **Instabilität der Maßeinheit Geld** zurückzuführen (vgl. *Lück/Jung*, 1991, S. 278). Der nicht tatsächlich erwirtschaftete Gewinnbestandteil fällt umso höher aus, je größer der zeitliche Abstand zwischen dem Anfall von Kosten und Erlösen, je höher die Inflationsrate und je höher die Fertigungstiefe des Unternehmens ist (vgl. *Plattner/Weber*, 1991, S. 295 f.).

Die Entstehung von Scheingewinnen soll ein Beispiel verdeutlichen. Werden Handelswaren, welche zu einem Einkaufspreis von 100 € beschafft worden sind, zu einem Verkaufspreis von 150 € veräußert, so beläuft sich der Nominalgewinn auf 50 €. Beträgt der Wiederbeschaffungswert der Handelswaren zu diesem Zeitpunkt jedoch 130 €, sinkt der Realgewinn gemessen an dem Wiederbeschaffungswert auf nur noch 20 €. Bei dem anderen Teil des Nominalgewinns in Höhe von 30 € handelt es sich um einen Scheingewinn. Dieser Inflationseffekt tritt bei Verbräuchen aus den Vorräten und bei den Abschreibungen auf Sachanlagen auf.

Werden diese Beschaffungspreissteigerungen nicht durch regelmäßige Absatzpreiserhöhungen kompensiert, erfährt das Unternehmen einen möglichen **Realwertverlust** und kann die Substanzerhaltung nicht gewährleisten. Im obigen Beispiel würde bei einem Verkaufspreis von 125 € zwar ein Nominal- und Scheingewinn von 25 € realisiert, aufgrund des aktuellen Wiederbeschaffungswertes von 130 € zugleich aber ein Realwertverlust in Höhe von 5 € hingenommen. Daher sollte in Hochinflationsländern die Preisanpassung so zeitnah wie möglich erfolgen, da sonst ein Teil des Realwertverlustes durch den entstehenden zeitlichen Abstand zwischen den jeweiligen Erhöhungen wiederum als Scheingewinn anfallen würde (vgl. *Funk*, 1990, S. 28).

Ein weiterer Realwertverlust kann durch das zeitliche Auseinanderklaffen der Forderungsentstehung und dem späteren Zahlungseingang der Außenstände entstehen. Infolge der zwischenzeitlichen Geldentwertung ist der Betrag am Tag des Zahlungseingangs real weniger wert als die erhobene Forderung. Zur Vermeidung dieses Realwertverlustes können die Forderungen in Höhe der Inflationsrate verzinst werden oder alternativ zur Begrenzung dieses Risikos die Zahlungsziele verkürzt werden.

Neben dieser erfolgswirksamen Sicht der Scheingewinne geht von ihnen auch eine **Liquiditätswirkung** aus. Die Finanzierung für die Wiederbeschaffung der verbrauchten Güter ist nicht ausreichend durch die Innenfinanzierung gesichert. Insbesondere durch Besteuerung und Ausschüttung der Scheingewinne werden dem Unternehmen Finanzmittel entzogen, die zur Ersatzbeschaffung der verbrauchten Güter benötigt würden. So würde im ursprünglichen Beispielsfall der Verkauf einer Handelsware bei einem unterstellten Steuersatz von 60 % von dem Nominalgewinn 30 € an das Finanzamt abzuführen sein. Selbst ohne Ausschüttung verblieben dem Unternehmen mit dann 120 € nicht genügend eigene Finanzmittel, um den Bestand an Handelsware wieder aufzustocken. Diese **inflationsbedingte Finanzierungslücke** müsste dann durch Formen der Außenfinanzierung geschlossen werden. Kredite in Landeswährung werden in Anbetracht des gestiegenen Bonitätsrisikos – als Folge der gesamtwirtschaftlichen Unsicherheit – und der unsicheren Inflationsprognosen nur kurzfristig und zu »exorbitanten« Zinssätzen vergeben (vgl. *Carvalho*, 1996, S. 210 f.). So bleibt für die Unternehmen zur Beschaffung von Fremdkapital nur die Aufnahme von Fremdwährungsdarlehen im Ausland oder die Finanzierung durch das Mutterunternehmen. Allerdings wird selbiges nur ungern bereit sein, weiteres Eigenkapital in einem unsicheren Hochinflationsland einzubringen (vgl. *Porst*, 1996, S. 286).

5.3 Erschwernisse eines Controlling in Hochinflationsländern

Infolge der genannten gesamtwirtschaftlichen Rahmenbedingungen und der Problematik der Scheingewinne ergeben sich Erschwernisse für das Controlling. Diese betreffen die Erfolgsbeurteilung, die Informationsnachfrage sowie Standardisierungserfordernisse in der Berichterstattung.

Wegen der Scheingewinne ist eine **Erfolgsbeurteilung** des lokalen Investments ebenso unmöglich wie ein Vergleich von Tochtergesellschaften verschiedener Länder. Zugleich sinkt der Stellenwert des Rechnungswesens als Informationsquelle, da sich der monetäre Erfolg einer Auslandsgesellschaft nicht ohne Weiteres ablesen lässt und differenzierte, zeitnahe Abweichungsanalysen nicht erfolgen können (vgl. *Tinner*,

1990, S. 340). Die Erfolgsbeurteilung des lokalen Managements fällt schwer, da die Möglichkeit zur Beschaffung verlässlicher Umweltinformationen stark eingeschränkt und eine vollständige Kenntnis und Antizipation sämtlicher Umweltrisiken nicht möglich ist.

Die **Informationsnachfrage** der Entscheidungsträger in Hochinflationsländern steht im diametralen Gegensatz zum Informationsangebot. Infolge der Umweltkomplexität steigt der Bedarf der Entscheidungsträger nach aktuellen, umfangreichen und verlässlichen Informationen zur Evaluierung von Chancen und Risiken im Gastland (vgl. *Ziener*, 1985, S. 84 ff.). Demgegenüber sind zuverlässige, externe Informationen nur eingeschränkt verfügbar. Des Weiteren führt das nur bedingt geeignete interne Rechnungswesen in Kombination mit differierenden Wertvorstellungen, mangelnder direkter Einflussnahme und einem unzureichenden Ausbildungsniveau örtlicher Mitarbeiter zu Problemen bei der Informationsbereitstellung (vgl. *Schiemenz/Schönert*, 2002, S. 1131 ff.).

Die infolge der Inflationswirkungen gebotenen Anpassungsmaßnahmen sind originäre Aufgaben der betroffenen Tochtergesellschaften. Sie besitzen durch ihre laufende Tätigkeit das fachliche Know-how und sind am ehesten in der Lage, Maßnahmen zum Schutz, z. B. dynamische Preissetzung oder flexible Beschaffungspolitik, vor den Inflationswirkungen zu ergreifen (vgl. *Küpper*, 2008, S. 33). Den **lokalen Entscheidungsträgern** sind bei Zielfestlegung und Planung entsprechende **Kompetenzen** einzuräumen, um Geschäftsfeld-, Produktprogramm- und Potentialplanung weitgehend dezentral vorzunehmen (vgl. *Bögel*, 1989, S. 74). Als Gegenpol zur Ausweitung von Kompetenzen auf lokaler Ebene sind Kontrollprozesse durch eine weitreichende und die Inflationswirkungen normierende **Berichterstattung** zu intensivieren. Dies betrifft die Festlegung und Anpassung von Umrechnungskursen und internen Verrechnungspreisen sowie in methodischer Hinsicht die Ergänzung der Abweichungsanalysen um inflationsinduzierte Abweichungen und die Adjustierung der Soll-Kennzahlen auf Basis realitätsnaher Prämissen. Unter Hochinflation bewegt sich das Controlling somit im Spannungsfeld zwischen der Zunahme von Dezentralisierungs- und Differenzierungsnotwendigkeiten sowie andererseits zentralseitigen Vereinheitlichungsbestrebungen (vgl. *Bögel*, 1989, S. 75).

Ohne eine auf verlässlichen internen und externen Daten basierende Erfolgsbeurteilung, Anpassungen im Zielsystem und mit lokalen Entscheidungsbefugnissen einhergehenden Standardisierungserfordernissen in der Berichterstattung kann das Controlling seine originären Aufgaben in Hochinflationsländern nicht wahrnehmen.

5.4 Verfahren der Inflationsbereinigung

5.4.1 Überblick

Die Ausführungen des Kapitels 4 haben gezeigt, dass die Verfolgung der operativen Ziele des internationalen Controlling bereits aufgrund der Währungsumrechnung beeinträchtigt wird. Zu diesem grundsätzlichen Problem kommen in Hochinflationsländern die Preisniveausteigerungen hinzu, die ebenfalls verschleiern, welche Ergebniseffekte aus der operativen Geschäftstätigkeit des Tochterunternehmens resultieren. Dementsprechend sind verschiedene Verfahren zur **Bereinigung der Inflationswirkungen** entwickelt worden, um die nachhaltige Ertragskraft der Auslandsgesellschaft wie auch die eigentliche Leistung des lokalen Managements dennoch adäquat beurteilen zu können sowie die Vergleichbarkeit der Ergebnisse verschiedener Perioden und unterschiedlicher ausländischer Tochtergesellschaften zu gewährleisten. Diesen Instrumenten ist gemein, dass sie die **Veränderung der Unternehmenssubstanz** zu erfassen versuchen. Dies erfolgt entweder durch Berichterstattung in einer Hartwährung oder den Ansatz des Faktorverzehrs auf Basis verschiedener methodischer Konzepte der Kostenrechnung. Von der auch in der Literatur verbreiteten Unterscheidung der Verfahren in die Kategorien Inflationsbereinigung im Planungszeitpunkt, Inflationsbereinigung im Kontrollzeitpunkt sowie Hartwährungsberichterstattung sei hier abgesehen (vgl. *Welge/Holtbrügge*, 2006, S. 284; *Kieninger*, 1993, S. 142; *Melcher*, 1989, S. 394; *Hammerschmidt*, 1984, S. 107 ff.). Bei der Inflationsbereinigung zum Planungszeitpunkt werden die Planwerte zum Soll-Ist-Vergleich mit der angenommenen Inflationsrate indiziert und dann mit den Ist-Werten verglichen (vgl. *Welge/Holtbrügge*, 2006, S. 284). Bei der Inflationsbereinigung zum Kontrollzeitpunkt werden umgekehrt die Ist-Werte in Höhe der Inflationsrate diskontiert und mit den nominellen Planwerten verglichen. Mit Ausnahme der Differenzierung nach dem Anwendungszeitpunkt finden sich diese beiden Verfahren in den nachfolgend dargestellten zwei Ausprägungen des Ansatzes zu inflationskorrigierten historischen Anschaffungskosten wieder.

Theoretische Grundlage für die Inflationsbereinigung sind die unterschiedlichen Erhaltungskonzeptionen. Grundsätzlich können die Erhaltungskonzeptionen in folgende drei Gruppen eingeteilt werden (vgl. *Adam*, 1981, S. 185; *Seicht*, 1997, S. 884f.):
- Die Kapitalerhaltung (im Sinne von Geldkapitalerhaltung),
- die Substanzerhaltung und
- die Erfolgskapitalerhaltung.

Nach der **Kapitalerhaltung** gilt der Unternehmensfortbestand als gewährleistet, wenn das Kapital des Unternehmens in einem bestimmten Umfang erhalten werden kann. Es lassen sich zwei Ausprägungen dieser Geldkapitalerhaltung unterscheiden: die nominelle und die reale Kapitalerhaltung. Die nominelle Kapitalerhaltung gilt als erfüllt, wenn das ursprünglich investierte Kapital erhalten bleibt. Das Unternehmen soll nur gegen das Risiko des Verlustes von nominellem Geldkapital (Euro gleich Euro) abgesichert sein. Geldwertschwankungen werden nicht berücksichtigt. Bei der realen Kapitalerhaltung soll das Unternehmen stets über das gleiche in Geldwert ausgedrückte Kaufkraftvolumen verfügen können. Dieses Ziel gilt dann als erreicht, wenn das Anfangskapital unter Berücksichtigung der Geldwertschwankungen erhalten bleibt. Dieses Ziel wird durch Multiplikation mit einem Kaufkraftindex erreicht.

Ziel der **Substanzerhaltung** ist die Aufrechterhaltung eines bestimmten Güterbestandes in einem Unternehmen (materielle Kapitalerhaltung). Es können die drei Ausprägungen reproduktive, relative und leistungsäquivalente Substanzerhaltung unterschieden werden. Die **reproduktive** Substanzerhaltung fordert die Erhaltung der originären Güterausstattung (z. B. Produktionsfaktoren) in ursprünglicher und unveränderter Form. Hierbei bestimmen Quantität und Qualität eines anfänglichen Bestandes an Produktionsfaktoren den angestrebten Erhaltungsumfang (vgl. *Jordi*, 1981, S. 72). Bei der **relativen** Substanzerhaltung soll das Unternehmen seine relative Stellung in der Gesamtwirtschaft, z. B. gemessen am Marktanteil, behaupten. Die Erhaltung der Produktionsfaktoren darf nicht nur auf einen Inflationsausgleich abstellen, sondern muss einen Zuschlag entsprechend der Höhe des realen Wachstums der Volkswirtschaft beinhalten. Die **leistungsäquivalente** bzw. **entwicklungsadäquate** Substanzerhaltung achtet darauf, dass die Leistungsfähigkeit des Unternehmens über den betrachteten Zeitraum hinweg konstant bleibt. Die entwicklungsadäquate Substanzerhaltung schließt den technischen Fortschritt mit ein und fördert somit die Erhaltung des technischen Standards des Unternehmens. Das Unternehmen soll sich qualitativen und quantitativen Veränderungen der Nachfrage (Bedarfsverschiebung und technischer Fortschritt) durch Erhaltung der Produktionsleistung bzw. Produktionsfaktoren anpassen können.

Die **Erfolgskapitalerhaltung** stellt auf die Fähigkeit ab, einen bestimmten Ertrag auch in der Zukunft zu erbringen (vgl. *Jordi*, 1981, S. 79). Der Ertragswert entspricht dem Barwert der erwarteten Einnahmeüberschüsse. Die Erfolgskapitalerhaltung gilt somit als realisiert, wenn das Unternehmen bei einem konstanten Kalkulationszinssatz am Ende eines Geschäftsjahres den gleichen Ertragswert aufweist wie zu Beginn des Geschäftsjahres.

Ein spezielles Problem beim Verfahren der **reproduktiven Substanzerhaltung** ist die Wahl zwischen dem Brutto- und dem Nettoansatz des zu erhaltenden Vermögens. Die **Bruttosubstanzerhaltung** bezieht alle Vermögenswerte in die Erhaltungskonzeption ein, während sich die **Nettosubstanzerhaltung** auf die Erhaltung der betriebsnotwendigen und durch Eigenkapital finanzierten Substanz beschränkt. Für die Nettorechnung spricht insbesondere das Aufrechnungsargument (vgl. *Franz*, 1991, S. 268). Dem Scheingewinn im fremdfinanzierten Vermögen stehen Schuldnergewinne im Bereich des Fremdkapitals gegenüber. Scheingewinne und Schuldnergewinne könnten gegeneinander aufgerechnet werden. Zudem führt das Konzept der Nettosubstanzerhaltung zu einer fairen Verteilung der Lasten der Unternehmenserhaltung zwischen Eigen- und Fremdkapitalgebern (anders *Franz*, 1991, S. 269). Schließlich spricht aus pragmatischer Perspektive der geringere Arbeitsaufwand für den Nettoansatz. Die Umrechnung ist auf die durch Eigenkapital gedeckten Teile der Unternehmenssubstanz beschränkt.

Liegt der Preisfindung eine reproduktive Erhaltungskonzeption zugrunde, muss der Umsatz ausreichen, die eingesetzten Produktionsfaktoren in gleicher Menge und Qualität wiederbeschaffen zu können, ohne dass dem Unternehmen von außen zusätzliche Mittel zugeführt werden müssen. Unter Berücksichtigung nachstehend aufgeführter Symbole lässt sich der zur Erhaltung der Brutto- bzw. Nettosubstanz erforderliche Umsatz wie folgt bestimmen (vgl. *Adam*, 1981, S. 202 f.):

1) Bruttosubstanzerhaltung

$$\underbrace{U - A - K - fFK - s(U - A - K - fFK)}_{\text{Gewinn nach Steuern}} \geq \underbrace{(R - A)}_{\text{Substanzverlust}}$$

$$U(1-s) - (A + K + fFK)(1-s) \geq (R - A)$$

$$U \geq \frac{R - A}{1 - s} + A + K + fFK$$

2) Nettosubstanzerhaltung

$$\underbrace{U - A - K - fFK - s(U - A - fFK - K)}_{\text{Gewinn nach Steuern}} \geq \underbrace{(R - A)\frac{EK}{GK}}_{\text{Anteiliger Substanzverlust}}$$

$$U(1-s) - (A + K + fFK)(1-s) \geq (R - A)\frac{EK}{GK}$$

$$U \geq \frac{(R - A)\frac{EK}{GK}}{1 - s} + A + K + fFK$$

mit   s   = Steuersatz
      f   = Fremdkapitalzins
      FK = Fremdkapital
      EK = Eigenkapital
      GK = Gesamtkapital
      K   = Fertigungskosten
      U   = Umsatz
      A   = Anschaffungsausgaben
      R   = Wiederbeschaffungswert

Von Gewinn kann aber in beiden Fällen erst dann gesprochen werden, wenn mit den Umsätzen nicht nur das zu Beginn der Periode vorhandene Unternehmenskapital im Sinne der reproduktiven Erhaltungskonzeption erhalten geblieben ist, sondern vermehrt werden konnte. Der über den zur Substanzerhaltung einbehaltungsbedürftigen Betrag hinausgehende Überschuss, der dem Unternehmen entzogen werden kann, wird als Überschussgewinn bezeichnet (vgl. *Adam*, 1981, S. 186).

5.4.2 Hartwährungsberichterstattung

Eine in der Praxis weit verbreitete Lösung für die Bereinigung der inflationsbedingten Verzerrungen im Rechnungswesen ist die **Hartwährungsberichterstattung**. Laufende Buchhaltung, Bilanzierung, Kostenrechnung, Finanz- und Investitionsplanungen, Budgetierung sowie weitere Steuerungsinstrumente und Kontrollrechnungen werden sofort und komplett in Hartwährung durchgeführt (vgl. *Uphues*, 1989, S. 388). So werden eine gemeinsame Sprache, eine Währung und ein Wertmaßstab geschaffen. Ein konsistentes betriebswirtschaftliches Konzept für Planung, Steuerung, Bewertung, Dokumentation und Kontrolle des Unternehmenserfolges steht zur Verfügung (vgl. *Arterian*, 1994, S. 63 f.). Inflationsprognosen sind lediglich zur Generierung von Zinsaufschlägen auf Zahlungsziele notwendig. Ansonsten werden bei der Hartwährungsberichterstattung sämtliche Transaktionen der Tochtergesellschaft zum Entstehungszeitpunkt in die Hartwährung der Muttergesellschaft umgerechnet. Da es sich bei der Hartwährung um eine stabile Währung handelt, kann eine weitere Inflationsbereinigung entfallen (vgl. *Wortmann*, 1992, S. 155).

Hinsichtlich der Wahl der Hartwährung existieren verschiedene Alternativen (vgl. *Tinner*, 1990, S. 343). Prinzipiell eignet sich jene der Muttergesellschaft als Währung des ursprünglich investierten Kapitals. Besonders bieten sich als Hartwährung wertstabile Zahlungsmittel an, die in den betroffenen Hochinflationsländern die Funktion einer Parallelwährung wahrnehmen (vgl. *Tinner*, 1990, S. 341 ff.). Da z. B. die Landeswährungen vieler lateinamerikanischer Länder eng an den US-Dollar gekoppelt sind, erfüllt dieser dort die Funktion einer Parallelwährung.

Die Hartwährungsberichterstattung macht den Einfluss einer Hochinflation auf den Substanz- und Kapitalerhalt des investierten Kapitals transparent und gewährleistet die reale Kapitalerhaltung (vgl. *Welge/Holtbrügge*, 2006, S. 285). Das Rechnungswesen ist unbeeinflusst von Inflationsraten und unabhängig von Wechselkursschwankungen in stabilen Wertmaßstäben möglich. Die Muttergesellschaft erhält jederzeit realitätsnahe Informationen über die Lage ihrer Beteiligungen. Da sowohl Planung als auch Kontrolle ausschließlich in Hartwährung erfolgen, erhöht sich ebenfalls die Qualität des Soll-Ist-Vergleichs. Zudem wird durch die Anwendung einer konzerneinheitlichen Umrechnungsbasis die Vergleichbarkeit mit anderen Auslandsgesellschaften sichergestellt (vgl. *Kieninger*, 1993, S. 146). Das Planungs- und Steuerungssystem kann somit für dezentrale Erlös-/Kosten- und Ergebniskontrollen der Entscheidungsträger in den Auslandsgesellschaften eingesetzt werden (vgl. *Weber/Weißenberger*, 2002, S. 546 ff.).

Nachteilig wirkt sich bei diesem Verfahren aus, dass eine zwei Währungen umfassende Planung und Kostenrechnung einen enormen administrativen Aufwand erfordert (vgl. *Melcher*, 1989, S. 395). Umrechnungsverfahren und operative Umsetzung sind exakt festzulegen. Täglich müssen alle Geschäftsvorfälle in die Stammlandwährung umgerechnet werden. Darüber hinaus ist die der Anwendung dieses Verfahrens zugrunde liegende Prämisse, dass sich Binnen- und Außenwert der Währung parallel entwickeln, nicht immer erfüllt. Wechselkurse sind nicht allein durch unterschiedliche Inflationsraten erklärbar, sondern unterliegen vielfältigen Einflüssen.

5.4.3 Methodische Konzepte der Kostenrechnung

Diesen traditionellen, zumeist auf Ansätzen aus der externen Rechnungslegung basierenden methodischen Ansätzen zur Berücksichtigung der Hochinflationsproblematik sollen auf der Kostenrechnung basierende Konzepte gegenübergestellt werden, die im Besonderen der Entscheidungsunterstützungsfunktion der vom Controlling generierten Informationen nachkommen. Dabei bilden die im Abschnitt 5.4.1 dargelegten Unternehmenserhaltungskonzeptionen die Grundlage für die Bewertungsansätze der

Kosten während einer Hochinflation. Für die verschiedenen Beurteilungszwecke der Inflationsbereinigung, wie Entwicklungsanalysen der Kosten, Vergleichbarkeit der Kostendaten und für laufend zu fällende Entscheidungen, werden vielmehr aktuell verfügbare Daten benötigt. Zur Bereitstellung entscheidungsorientierter Informationen sollte daher die Kostenrechnung inflationsbedingte Verzerrungen in ihren Darstellungen explizit berücksichtigen. Nachfolgend werden verschiedene **methodische Konzepte der Kostenrechnung** in Hochinflationsländern vorgestellt und ihre Eignung analysiert (vgl. *Liebers*, 1998, S. 107 f.):

- Bewertung zu historischen Anschaffungskosten,
- Bewertung zu Wiederbeschaffungskosten,
- Bewertung zu inflationskorrigierten historischen Anschaffungskosten – korrigiert mittels Inflationierung,
- Bewertung zu inflationskorrigierten historischen Anschaffungskosten – korrigiert mittels Deflationierung,
- Bewertung zu inflationskorrigierten Wiederbeschaffungskosten,
- Bewertung des inflationskorrigierten realisierbaren Erfolges zu Opportunitätskosten sowie
- Bewertung des auf den Barwert abdiskontierten zukünftigen Cash Flow.

Die Unterschiede der einzelnen Bewertungsansätze sollen an einem einfachen Zahlenbeispiel verdeutlicht werden (vgl. Tabelle 5.1). Der Materialeinkauf eines Inputfaktors erfolgt jeweils für drei Monate und richtet sich nach dem aktuellen Tagespreis. Jeweils eine Mengeneinheit (ME) des Inputfaktors geht in das Endprodukt ein. Für den Inputfaktor möge es keine alternativen Beschaffungsquellen geben. Nur in den Monaten November bzw. Dezember kann der Inputfaktor alternativ zur Weiterverarbeitung zu einem Preis von 300 € bzw. 350 € an ein Drittunternehmen veräußert werden. Vom Endprodukt werden zum gegebenen Verkaufspreis monatlich jeweils 100 ME abgesetzt. Der Barwertberechnung liegt die durchschnittliche monatliche Inflationsrate von 11,8 % zugrunde. Sämtliche Zahlungen mögen zeitgleich mit dem zugrunde liegenden Verkaufs- bzw. Einkaufsvorgang erfolgen.

	31.07.	31.08.	30.09.	31.10.	30.11.	31.12.
Monatliche Inflationsrate		11 %	14 %	15 %	10 %	9 %
Tagespreis Inputfaktor in €/ME	250,00	267,50	288,90	312,01	340,09	374,10
Verkaufspreis Endprodukt in €/ME	290,00	300,00	310,00	320,00	330,00	340,00

Tab. 5.1: Daten zum Beispielsfall

5.4.3.1 *Bewertung zu historischen Anschaffungskosten*

Die Bewertung zu **historischen Anschaffungskosten** baut auf dem Gedanken der **Nominalkapitalerhaltung** auf. Die Inputfaktoren werden zu nominalen Geldwerten der Beschaffung angesetzt, ohne die spezifische Preisveränderung der Inputfaktoren oder die generelle Preisänderung zu berücksichtigen. Im Beispielsfall wird der Inputfaktor in den ersten drei Monaten zum Einstandspreis von 250 € bewertet, für die folgenden drei Monate ergibt sich infolge des Lagerzugangs ein Ansatz in Höhe von 312,01 € (siehe Tabelle 5.2). Ein großer Vorteil dieses Ansatzes ist die direkte Übernahme der Preisinformationen aus dem Rechnungswesen. Somit werden Art und Umfang der benötigten Informationen objektiv erfasst und die Informationsbeschaffungskosten auf ein Minimum reduziert. Die Ergebnisqualität dieses Ansatzes ist jedoch sehr gering, da die generierten Daten durch die fortschreitende Inflation und somit aufgrund der fehlenden Aktualität bzw. Vollständigkeit der Informationen für eine Entscheidungsfindung ungeeignet sind (vgl. *Jordi*, 1981, S. 8).

	31.07.	31.08.	30.09.	31.10.	30.11.	31.12.
Wertansatz in €/ME	250,00	250,00	250,00	312,01	312,01	312,01

Tab. 5.2: Bewertung zu historischen Anschaffungskosten

5.4.3.2 Bewertung zu Wiederbeschaffungskosten

Der Bewertung zu **Wiederbeschaffungskosten** liegt das Ziel der **reproduktiven Substanzerhaltung** der im Unternehmen eingesetzten Faktoren zugrunde. Die Kosten werden zum Wiederbeschaffungswert des Umsatztages angesetzt. Dabei werden die spezifischen Preisänderungen der eingesetzten Inputfaktoren berücksichtigt. Im Beispielsfall erfolgt die Bewertung der Verbräuche auf Basis der aktuellen Tagespreise (siehe Tabelle 5.3). Die dargestellten Wertansätze machen in Verbindung mit den Verkaufspreisen den allgemeinen Margenverfall deutlich. Beginnend mit dem Monat November werden nur noch Scheingewinne realisiert. Der Verkaufspreis des Endproduktes von 330 € ist erstmals niedriger als die Wiederbeschaffungskosten des Inputfaktors in Höhe von 340,09 €. Da für jede Kostenart die Wiederbeschaffungspreise für jeden Umsatztag zu ermitteln sind, steigt die Bedarfsfrequenz der benötigten Informationen und somit auch der Informationsbeschaffungsaufwand. Infolge der Aktualität der Kostendaten und der Bewertung aller Kosten zum gleichen Zeitpunkt mit den gleichen Geldwerten entfällt jedoch die Problematik der Scheingewinne. Die gute Ergebnisqualität dieses Ansatzes wird nur durch die fehlende Objektivität bei der Ermittlung der Wiederbeschaffungskosten identischer Güter getrübt (vgl. *Liebers*, 1998, S. 115). Insbesondere bei technisch weiterentwickelten Gütern kommt es zu Bewertungsunsicherheiten.

	31.07.	31.08.	30.09.	31.10.	30.11.	31.12.
Wertansatz in €/ME	250,00	267,50	288,90	312,01	340,09	374,10

Tab. 5.3: Bewertung zu Wiederbeschaffungskosten

5.4.3.3 Bewertung zu inflationskorrigierten historischen Anschaffungskosten

Der Ansatz zu **inflationskorrigierten historischen Anschaffungskosten** verfolgt das Ziel der **Realkapitalerhaltung**. Die Kaufkraft des ursprünglich in der Vergangenheit investierten Eigenkapitals soll erhalten werden. Darauf basierend werden die nominalen Kosten der verbrauchten Güter durch **Indexierung** von ihren inflationären Bestandteilen getrennt. Das Vorgehen stellt eine Kombination des Ansatzes historischer Anschaffungskosten mit dem Verfahren der Inflationierung bzw. der Deflationierung dar.

5.4.3.3.1 Bewertung zu inflationierten historischen Anschaffungskosten

Beim Verfahren der **Inflationierung** werden die Kosten vergangener Perioden um die zwischenzeitliche Änderungsrate der Kaufkraft des Geldes korrigiert. Berücksichtigt werden Veränderungen des **allgemeinen Preisindex**, nicht jedoch Veränderungen individueller Preise. Die nominellen Kosten einer vergangenen Periode werden mithilfe eines Inflationsindex multipliziert und somit zu Geldwerten der aktuellen Berichtsperiode ausgewiesen (vgl. *Liebers*, 1998, S. 119). Im Beispielsfall werden die Kosten aller Perioden in Geldwerten vom 31.12. dargestellt. Konkret ergibt sich für die zum 31.07. eingekauften Mengen des Inputfaktors der Wertansatz aus dem Einstandspreis multipliziert mit den allgemeinen Preissteigerungen der Monate August bis Dezember, d. h. 250×1,11×1,14×1,15×1,1×1,09 = 436,20 €. Analog berechnet sich der Wertansatz für die zum 31.10. eingekauften Mengen aus dem Produkt von Einstandspreis und den allgemeinen Preissteigerungen für den Zeitraum 31.10. bis 31.12., d. h. 312,01×1,1×1,09 = 374,10 €. In den Monaten der Lagerentnahme erfolgt die Bewertung zu den unveränderten inflationskorrigierten historischen Anschaffungskosten (siehe Tabelle 5.4). Der erhebliche Unterschied in der Höhe des Bewertungsansatzes zwischen den ersten und letzten drei Stichtagen ist dadurch zu erklären, dass die produktspezifische Preisveränderung weitaus niedriger ausfällt als die allgemeine Inflationsrate. So steigen die Tagespreise für den Inputfaktor mit 7 % im August, 8 % im September, 8 % im Oktober sowie 9 % im November mit Ausnahme des Monats Dezember mit 10 % weitaus weniger als die monatliche Inflationsrate. Mit dem generellen Vorgehen ermöglicht die Inflationierung die Vergleichbarkeit der Kostendaten verschiedener Perioden untereinander. Der Nachteil des Verfahrens ist darin zu sehen, dass bei Kostenvergleichen für jeden neuen Abrechnungszeitpunkt, z. B. jeden Monat, alle Kosteninformationen wieder für alle Monate auf den aktuellen Berichtszeitpunkt umgerechnet werden müssen. Diese Inflationierung ist erst beim Erreichen des gewünschten Vergleichszeitpunktes möglich, so dass für die tägliche Entscheidungsfindung nur wenig aktuelle und relevante Kostendaten bereitgestellt werden können.

	31.07.	31.08.	30.09.	31.10.	30.11.	31.12.
Wertansatz in €/ME	436,20	436,20	436,20	374,10	374,10	374,10

Tab. 5.4: Bewertung zu inflationskorrigierten historischen Anschaffungskosten – Inflationierung

5.4.3.3.2 Bewertung zu deflationierten historischen Anschaffungskosten

Beim Verfahren der **Deflationierung** erfolgt eine kontinuierliche Transformation der nominalen Werte der Kosten in reale Geldwerte durch einen **Inflationsindex** (vgl. *Liebers*, 1998, S. 120). Grundlage für die Durchführung dieses Verfahrens ist die Wahl einer Basisperiode und ihre Kopplung mit einer Scheinwährung. Die realen Geldwerte je Periode ermitteln sich durch Division der jeweiligen nominalen Werte der Kosten durch die konstanten Scheinwährungseinheiten der entsprechenden Periode. Im Beispielsfall ergibt sich für den Basiszeitpunkt 31.07. die konstante Scheinwährung (KSW) eines Folgemonats aus dem Produkt von 100 mit den zwischenzeitlichen Inflationsraten. Beispielsweise erhält man für den 31.12. 1,11×1,14×1,15×1,1×1,09 = 1,7448 €/KSW (siehe Tabelle 5.5). Der Wertansatz berechnet sich dann aus der Division des Einstandspreises durch die konstante Scheinwährung, beispielsweise für den 31.10. 312,01/1,4552 = 214,41 KSW/ME. In den Monaten der Lagerentnahme erfolgt die Bewertung wiederum auf Basis der inflationskorrigierten historischen Anschaffungskosten. Der Vorteil dieses Verfahrens liegt in der Übernahme der bisher ermittelten Kosteninformationen, welche somit nicht mehr an die jeweils neuesten Inflationsraten angepasst werden müssen. Somit können zu jedem Zeitpunkt wirtschaftlich Kostenvergleiche und -analysen durchgeführt werden (vgl. *Liebers*, 1998, S. 122). Je weiter sich jedoch der Berichtszeitpunkt von der Basisperiode entfernt, und je höher die Inflationsrate in diesem Zeitraum ausfällt, desto mehr verlieren diese Kostenvergleiche und -analysen an Aussagekraft (vgl. *Seicht*, 1995, S. 30).

	31.07.	31.08.	30.09.	31.10.	30.11.	31.12.
konstante Scheinwährung in €/KSW	1	1,11	1,2654	1,4552	1,6007	1,7448
Wertansatz in KSW/ME	250,00	250,00	250,00	214,41	214,41	214,41

Tab. 5.5: Bewertung zu inflationskorrigierten historischen Anschaffungskosten – Deflationierung

Beide Ansätze zu inflationsbereinigten historischen Anschaffungskosten berücksichtigen die Inflationseffekte anhand der allgemeinen Inflationsrate und ermitteln auf diesem Weg inflationsbereinigte Kosteninformationen. Die Aussagekraft der Ergebnisse ist jedoch als gering einzuschätzen, da die Grundlage für die Kostenvergleiche und -analysen nicht aktualisierte Daten sind. Demnach lässt sich nur schwer nachvollziehen, für welche konkret zu fällenden Entscheidungen diese Methoden hilfreich sein können.

5.4.3.4 Bewertung zu inflationskorrigierten Wiederbeschaffungskosten

Der Ansatz zu **inflationskorrigierten Wiederbeschaffungskosten** ermittelt Kosteninformationen auf Basis der Wiederbeschaffungskosten des Umsatztages (vgl. *Liebers*, 1998, S. 129). Durch die Kombination mit der Deflationierung erhält man für die nominalen Kosten der unterschiedlichen Perioden einen konstanten Geldwert als

Maßeinheit. Die Berechnung erfolgt mittels Division der Wiederbeschaffungskosten durch die Scheinwährungseinheit. Im Beispielsfall ergibt sich der Wertansatz z. B. für den 30.09. aus 288,9/1,2654 = 228,31 KSW. Im Gegensatz zu den Ergebnissen der inflationskorrigierten historischen Anschaffungskosten mittels Deflationierung verbleiben hier die Wertansätze in den Perioden der Lagerentnahme gegenüber dem Vormonat nicht konstant, da die zwischenzeitlich gestiegenen Wiederbeschaffungskosten deflationiert werden (siehe Tabelle 5.6). Der Ansatz der inflationskorrigierten Wiederbeschaffungskosten stellt eine Kombination aus den wirtschaftlichen Vorteilen des Deflationsverfahrens und den aktuellen und entscheidungsrelevanten Kosteninformationen der Wiederbeschaffungswerte des Umsatztages dar (vgl. *Whittington*, 1981, S. 11). So werden die Verzerrungen der Hochinflation bereinigt, der Realität entsprechende, vollständige Kosteninformationen bereitgestellt und somit Kostenvergleiche und -analysen verschiedener Perioden untereinander ermöglicht. Allerdings ist der Informationsbeschaffungsaufwand dieses Ansatzes sogar noch leicht höher als der des Ansatzes zu Wiederbeschaffungskosten.

	31.07.	31.08.	30.09.	31.10.	30.11.	31.12.
konstante Scheinwährung in €/KSW	1	1,11	1,2654	1,4552	1,6007	1,7448
Wertansatz in KSW/ME	250	240,99	228,31	214,41	212,46	214,41

Tab. 5.6: Bewertung zu inflationskorrigierten Wiederbeschaffungskosten

5.4.3.5 *Bewertung zum inflationskorrigierten realisierbaren Erfolg zu Opportunitätskosten*

Beim Ansatz des **inflationskorrigierten realisierbaren Erfolges zu Opportunitätskosten** werden die Einsatzfaktoren nicht auf Basis von Eingangs-, sondern zu ihren Ausgangswerten bewertet (vgl. *Liebers*, 1998, S. 131 f.). Der Bewertung liegen die Opportunitätskosten zugrunde, d. h. der entgangene Nutzen aus anderer Verwendung. Zur inflationsadäquaten Ausgestaltung sind diese Kostendaten in einem zweiten Schritt zu deflationieren. Im Beispielsfall ergeben sich die Opportunitätskosten aus dem ohne Einsatz von Inputfaktoren nicht realisierbaren Verkaufserlösen, z. B. für den 30.09. in Höhe von 310 €. Unter Berücksichtigung der allgemeinen Inflationsraten der Monate August und September ergibt sich dann ein Wertansatz bezogen auf den 31.07. in Höhe von 310/(1,11×1,14) = 244,98 €. In den Monaten November und Dezember ist ergänzend zu überprüfen, ob neben der Weiterverarbeitung die Veräußerung des Inputfaktors die lohnenswertere Alternative darstellt. Während im Monat November die Weiterveräußerung des Inputfaktors zum Preis von 300 € wirtschaftlich nicht vorteilhaft ist, dominiert im Dezember der Verkauf für 350 € die Weiterverarbeitung des Inputfaktors für 340 € um 10 € (siehe Tabelle 5.7). Bei dem Ansatz des inflationskorrigierten realisierbaren Erfolges zu Opportunitätskosten werden Spekulationsgewinne und -verluste, die sich aus einer Lagerhaltung ergeben, neben den operativen Betriebserfolgen in der Kostenrechnung erfasst. Die permanente Bestandsbewertung zu Opportunitätskosten liefert relevante und aktuelle Informationen über die Wertschöpfung in den einzelnen Prozessschritten. Allerdings schränken die bedeutenden Schwierigkeiten bei der objektiven Ermittlung der Opportunitätskosten die Anwendung dieses Konzeptes erheblich ein. Der Informationsbeschaffungsaufwand und die großen Manipulationsmöglichkeiten erklären auch die geringe praktische Bedeutung dieses Ansatzes.

	31.07.	31.08.	30.09.	31.10.	30.11.	31.12.
Opportunitätskosten in €/ME	290,00	300,00	310,00	320,00	330,00	350,00
Wertansatz in €/ME	290,00	270,27	244,98	219,90	206,16	200,60

Tab. 5.7: Bewertung zum inflationskorrigierten realisierbaren Erfolg zu Opportunitätskosten

5.4.3.6 Bewertung zum Barwert künftiger Cash Flows

Der Ansatz des **auf den Barwert abdiskontierten zukünftigen Cash Flow** basiert auf der Abzinsung aller zukünftigen Einnahmen und Ausgaben durch die Inflationsrate oder einen nominalen Zinssatz auf den Barwert zum Ermittlungszeitpunkt (vgl. *Liebers*, 1998, S. 134). Der Wert einer Entscheidung bzw. eines Geschäftsvorfalls ergibt sich somit durch den Barwert der auf ihr beruhenden Einnahmen bzw. Ausgaben. Im Beispielsfall berechnet sich der Cash Flow aus den Umsatzerlösen abzüglich Materialausgaben. Für den 31.07. erhält man 100×290 − 300×250 = − 46.000 €. Im Folgemonat ohne Materialzugänge vereinfacht sich die Berechnung auf 100×300 = 30.000 €, welcher dann mit der durchschnittlichen monatlichen Inflationsrate, also dem Faktor 1,118, zum Barwert abgezinst wird. Analog lässt sich der Cash Flow in den weiteren Monaten ermitteln (siehe Tabelle 5.8). Im Gegensatz zu den zuvor behandelten Bewertungsansätzen erlaubt diese Methodik nicht die direkte Bewertung der Einsatzfaktoren, sondern nur die Beurteilung einer Entscheidung oder eines Geschäftsvorfalls. Im Beispielsfall kann eine Aussage über die Vorteilhaftigkeit der Fortführung der eigenen Fertigung getroffen werden. Trotz eines über den gesamten Zeitraum positiven Barwertes von 2.141 € sollten die für den Zeitraum 31.10.-31.12. geplanten Einkaufsmengen und Produktionszahlen kritisch überdacht werden. In diesem Zeitraum stellt sich ein negativer Barwert des Cash Flow in Höhe von 3.495 € ein. Das Verfahren der Barwertberechnung des zukünftigen Cash Flow liefert demzufolge die für die Managemententscheidungen relevanten Daten (vgl. *Biermann*, 1981, S. 11). Der Nachteil dieser Methode liegt in der Subjektivität der Prognose über die zukünftigen Ein- und Auszahlungen und die durchschnittliche Inflationsrate. Gerade in Hochinflationsphasen sind die Zinssätze sowie der Cash Flow wegen der stark schwankenden und sich ständig ändernden Inflationsraten nur schwer zu prognostizieren.

5. Controlling in Hochinflationsländern

	31.07.	31.08.	30.09.	31.10.	30.11.	31.12.
Einnahmen in €	29.000	30.000	31.000	32.000	33.000	34.000
Ausgaben in €	- 75.000	0	0	- 93.603	0	0
Cash Flow in €	- 46.000	30.000	31.000	- 61.603	33.000	34.000
Barwert des Cash Flow in €	- 46.000	26.834	24.802	- 44.084	21.123	19.466

Tab. 5.8: Bewertung zum auf den Barwert abdiskontierten zukünftigen Cash Flow

5.4.3.7 Bewertung der methodischen Konzepte der Kostenrechnung

Abschließend sollen die sechs dargestellten Vorgehensweisen kriterienbasiert beurteilt werden. Der Bewertung liegen im Einzelnen die Kriterien Art/Umfang der Informationen, Bedarfsfrequenz der Informationen, der Informationsbeschaffungsaufwand, die Vollständigkeit, Aktualität, Genauigkeit und Ergebnisqualität zugrunde (vgl. *Liebers*, 1998, S. 137). Tabelle 5.9 zeigt die Bewertung der Ansätze der Kostenrechnung in Hochinflationsländern, wobei die zentralen Kriterien Informationsbeschaffungsaufwand und Ergebnisqualität hervorgehoben sind.

Ansatz Beurteilungs- kriterien	Historische Anschaffungs-kosten	Wiederbe-schaffungs-kosten	Inflationskorri-gierte histori-sche Anschaf-fungskosten	Inflationskorri-gierte Wiederbe-schaffungs-kosten	Inflationskorri-gierter reali-sierbarer Erfolg zu Opportu-nitätskosten	Auf den Barwert abdiskontierter Cash Flow
Art/Umfang der Informationen	Gering	Mittel	Gering	Mittel	Sehr hoch	Hoch
Bedarfs-frequenz der Informationen	Gering	Hoch	Gering	Hoch	Sehr hoch	Sehr hoch
Informations-beschaffungs-aufwand	Gering	Mittel	Gering bis mittel	Hoch	Sehr hoch	Sehr hoch
Vollständigkeit	Gering	Mittel	Mittel	Hoch	Sehr hoch	Sehr hoch
Aktualität	Sehr gering	Hoch	Gering	Hoch	Hoch	Hoch
Genauigkeit	Hoch	Mittel	Hoch	Mittel	Mittel	Mittel
Ergebnis-qualität	Gering	Mittel	Gering bis mittel	Hoch	Hoch	Hoch

Tab. 5.9: Bewertung der Ansätze der Kostenrechnung in Hochinflationsländern (vgl. *Liebers*, 1998, S. 137)

Die Konzeptionen der inflationskorrigierten Wiederbeschaffungskosten, des inflationskorrigierten realisierbaren Erfolges zu Opportunitätskosten und der auf den Barwert diskontierten zukünftigen Cash Flows weisen eine hohe Ergebnisqualität und damit verbundene Entscheidungsrelevanz aus (vgl. *Liebers*, 1998, S. 137). Die Ansätze generieren Kosteninformationen für die Unternehmensführung, die allgemeine Änderungen des Geldwertes aktuell und vollständig wiedergeben und somit **entscheidungsrelevante Informationen** zur Steuerung des Unternehmens bereitstellen. Von den beiden letztgenannten Konzeptionen ist jedoch infolge der hohen Ressourcenmächtigkeit bei gleichzeitiger Subjektivität der zu verwendenden Prognosen abzuraten. Als Bewertungsansatz in Phasen der Hochinflation empfiehlt sich der **Ansatz zu inflationskorrigierten Wiederbeschaffungskosten** (vgl. *Liebers*, 1998, S. 138). Der Vorteil dieses Ansatzes ist in einer hohen Validität aufgrund der systematischen Berücksichtigung aller Preisschwankungen zu sehen (vgl. *Liebers*, 1998, S. 131). Die Beseitigung inflationär bedingter Verzerrungen und die auf Wiederbeschaffungskosten basierende Aktualisierung der Kostendaten versorgen das Management mit gut interpretierbaren Kosteninformationen. Das Konzept ermöglicht eine detaillierte Analyse der aktuellen Unternehmenslage und stellt somit die geeignete Grundlage für eine hochinflationsadäquate Unternehmenssteuerung dar.

5.5 Weitere Controlling-Aufgaben bei Inflationsschutzmaßnahmen

Das Ziel des Controlling besteht gemäß den Ausführungen des Kapitels 1 u. a. darin, die Reaktions- und Adaptionsfähigkeit der Unternehmensführung zu erhalten und zu sichern. Diese Fähigkeit ist insbesondere in der dynamischen Umwelt eines Hochinflationslandes von hoher Bedeutung. Die Unternehmensführung muss ihrerseits sicherstellen, dass die Leistungsbereiche auf Basis der tatsächlichen Marktgeschehnisse adäquate Anpassungs- und Innovationsentscheidungen vornehmen. Die Maßnahmen der Leistungsbereiche umfassen die grundlegenden Parameter dynamische Preissetzung, flexible Beschaffungspolitik, strategische Bestandsführung, Lohn- und Gehaltsanpassungen sowie Working Capital-Management (vgl. *Jacque/Lorange*, 1984a, S. 71 ff.). Das Controlling kann hierbei einen unterstützenden Beitrag leisten, indem es die auf das Unternehmen bezogenen Informationen um die Bereitstellung von Informationen aus dem Unternehmensumfeld ergänzt.

Die Einführung einer **dynamischen Preissetzung** soll sicherstellen, dass wiederholte Preiserhöhungen vom Verbraucher akzeptiert werden und sich am Markt durchsetzen lassen. Dazu müssen Preise regelmäßig in kleinen Schritten – begleitet von massiven Werbemaßnahmen und marginalen Produktverbesserungen oder -veränderungen – erhöht werden, um Sensibilitäten und psychologische Widerstände der Konsumenten auf Preiserhöhungen zu mildern (vgl. *Porst*, 1996, S. 284 ff.). Dabei ist das Preissetzungsverhalten von Mitbewerbern stets zu beachten.

Die marktseitigen Anpassungen sind beschaffungsseitig durch eine **flexible Beschaffungspolitik** und **strategische Bestandsführung** zu flankieren. Einerseits sollte stärker auf heimische Beschaffungsquellen zurückgegriffen werden, um einer Unterbrechung des Lieferflusses von Inputfaktoren durch staatliche Importbeschränkungen vorzubeugen. Andererseits sollte man auch nicht komplett auf den Bezug von Leistungen aus dem Konzernverbund verzichten, um Cash Flows durch eine entsprechende Verrechnungspreisgestaltung an die Muttergesellschaft repatriieren zu können. Demnach erscheint eine flexible Beschaffungspolitik geboten. Die Bestandsführung von Fertigerzeugnissen sollte aufgrund der regelmäßigen Produktveränderungen minimiert werden. Bei den Rohstoffen hingegen kann es sinnvoll sein, vor einem Preisanstieg in größeren Mengen einzukaufen. Infolge der erheblichen Beschaffungspreisschwankungen ist eine fortlaufende und intensive Informationsrecherche nach der günstigsten Beschaffungsquelle ratsam (vgl. *Funk*, 1990, S. 27 f.). Um auch in kritischen Situationen eine Belieferung sicherzustellen, sind gleichwohl die Beziehungen zu strategisch wichtigen Zulieferern sicherzustellen.

Bezüglich des Produktionsfaktors Arbeit gilt es, das Realeinkommen der Mitarbeiter zu erhalten. Diesbezüglich sind regelmäßig **Lohn- und Gehaltsanpassungen** vorzunehmen (vgl. *Liebers*, 1998, S. 54). In Hochinflationszeiten müssen diese Anpassungen weitaus schneller erfolgen als die gesetzlich oder tariflich vorgegebenen Anpassungen. Gewöhnlich werden die Lohnsteigerungen im Vorgriff auf Basis erwarteter Preisanstiege kalkuliert und angepasst, um Motivationseinbußen der Mitarbeiter vorzubeugen.

Zur Vermeidung von Realwertverlusten und unnötiger Verluste aus der Geldentwertung bedarf es eines gut funktionierenden **Working Capital-Management**. Dazu sind Zahlungseingänge und daraus eventuell resultierende Liquiditätsüberschüsse täglich anzulegen und offene Forderungen und Verbindlichkeiten laufend zu überwachen. Eine Anhebung des Barpreises um eine Inflationszinskomponente oder eine Verkürzung bzw. ein völliger Verzicht auf Zahlungsziele erscheint angebracht, wird sich aber aufgrund der Marktstellung nicht immer durchsetzen lassen. Dies gilt vor allem dann, wenn Kunden mangels anderer Refinanzierungsmöglichkeiten auf die Einräumung eines langen Zahlungszieles bestehen oder Zahlungsziele bewusst überschreiten (vgl. *Porst*, 1996, S. 285). Abhilfe können Anreize für eine schnelle Bezahlung schaffen, z. B. die Gewährung eines Diskonts auf den Barpreis.

Neben den Inflationsschutzmaßnahmen der Leistungsbereiche sind speziell im Kontext einer Hochinflation ergänzende Systeme zur Berücksichtigung der damit verbundenen Risiken zu entwickeln und zu implementieren. Die aus einer Hochinflation entstehenden exogenen Risiken, z. B. durch kurzfristige, direkte Regierungseingriffe in das Marktgeschehen, sind so weit und so schnell wie möglich, mithilfe einer umfassenden und systematischen Umweltanalyse, zu prognostizieren und auf ihre Wirkung zu überprüfen (vgl. *Berens* et al., 2000, S. 26). Das für eine zeitnahe Reaktion erfolgskritische frühzeitige Erkennen von Chancen und Risiken kann durch ein **Frühaufklärungssystem** sichergestellt werden. Dabei handelt es sich um eine Kombination aus extern erstellten Länderratings und einer innerbetrieblichen Aufklärung (vgl. *Krystek/Walldorf*, 2002, S. 651 ff.). Erstere sollen gesamtwirtschaftliche Chancen und Bedrohungen frühzeitig signalisieren, anhand derer eine Rangfolge der Attraktivität einzelner Auslandsmärkte bestimmt werden kann (vgl. *Krystek/Walldorf*, 2002, S. 651). Die Länderratings enthalten allerdings keine unternehmensindividuellen, branchen- und marktspezifischen Informationen, so dass zur Evaluierung unternehmerischer Handlungsmöglichkeiten ein innerbetriebliches Frühaufklärungssystem für einzelne bestehende Auslandsmärkte zu integrieren ist (vgl. *Krystek/Walldorf*, 2002,

S. 651 ff.). Zu diesem Zweck sind Mitarbeiter-, Experten-, Kunden- und Lieferantenbefragungen im Gastland zur Generierung fundierter branchenbezogener Informationen durchzuführen. Zudem können Frühwarnindikatoren, Auftragseingänge, Geschäfts- und Konsumentenklima, Zahlungsverhalten sowie das Zinsniveau zum Aufbau eines betrieblichen Frühaufklärungssystems verwendet werden (vgl. *Kieninger*, 1993, S. 21). Auf Basis dieser umfassenden Analyse kann entschieden werden, ob und auf welchen Geschäftsfeldern ein Konzern in einem Hochinflationsland erfolgreich tätig sein kann, und wie viel Ressourcen dafür eingesetzt werden sollen (vgl. *Hahn*, 1990, S. 180).

5.6 Fazit

Im Rahmen der systembildenden Koordination des Informationsversorgungssystems ist das Controlling u. a. für die Konzeption der Kostenrechnung verantwortlich. Erstreckt sich die Unternehmenstätigkeit auch auf Hochinflationsländer, muss das Controlling Möglichkeiten finden, wie die Abbildungsregeln der Kostenrechnung anzupassen sind, um den Ausweis von Scheingewinnen zu verhindern. Die wichtigsten Methoden sind in diesem Kapitel diskutiert worden. Zugleich sind die Leistungsbereiche dazu anzuhalten, durch eine reaktive Anpassung an die Entwicklung der Unternehmensumwelt die Inflationswirkungen möglichst gering zu halten. Betrachtet man die Abbildung der Preisniveausteigerungen im internen Rechnungswesen als primäre Aufgabe des Controlling in Bezug auf die Besonderheiten von Hochinflationsländern, so kommt mit der informatorischen Fundierung der Inflationsschutzmaßnahmen noch eine sekundäre Aufgabe hinzu.

6. Internationale Steuerplanung und Verrechnungspreise

6.1 Einführung

Ein international aufgestellter Konzern muss eine Vielzahl von unterschiedlichen Steuerordnungen beachten. Denn die Internationalisierung im Bereich des Steuerrechts hat bislang in keiner Weise mit der Intensivierung und Ausweitung der länderübergreifenden Aktivitäten internationaler Konzerne Schritt gehalten. Nach dem Motto »Taxpayers go global, taxes stay local« *(Braun,* 2003, S. 248) verfügt jeder Staat über ein eigenes Steuersystem. Obwohl durch Doppelbesteuerungsabkommen (DBA) Streitfragen in der Besteuerungskompetenz geregelt werden, kann es durch grenzüberschreitende Tätigkeiten zu **Mehr-** bzw. **Minderbelastungen** im Vergleich zum deutschen Steuerniveau kommen. Damit diese Belastungen nicht erst ex post im Rahmen der steuerlichen Veranlagung erkannt werden, ist eine Planung notwendig, die Steuerwirkungen prognostiziert und ihre zielbezogene Gestaltung ermöglicht.

Auch wenn die Aufgabe der Steuerplanung originär der Steuerabteilung zuzurechnen ist, wirkt sie sich auf das Controlling aus. Schließlich stellen die aus ihr hervorgehenden **Steuerbelastungspläne** Teilpläne dar, die mit anderen Plänen abzustimmen sind. Jene Koordination ist in Kapitel 1 als eine zentrale Aufgabe des Controlling identifiziert worden. Im Fokus dieses Kapitels stehen daher die Gestaltungsmöglichkeiten der Schnittstelle zwischen den Funktionen Steuerplanung und Controlling im Rahmen der internationalen Steuerplanung. Dabei soll das wichtigste Spannungsfeld, die zielorientierte Gestaltung internationaler Verrechnungspreise, aus Sicht des Controlling und der betrieblichen Steuerlehre erörtert werden.

6.2 Grundlagen der Steuerplanung in multinationalen Konzernen

6.2.1 Begriff und Ziele der Steuerplanung in multinationalen Konzernen

Der Begriff der Steuerplanung bezeichnet das »vorausschauende Bestimmen der Höhe der Steuerbelastung und des Zeitpunktes der Steuerzahlung« *(Horváth,* 2009, S. 249). Die Steuerplanung wird regelmäßig auf zwei Schwerpunkte zurückgeführt, die **Prognose von Steuerwirkungen** und die **zielkonforme Gestaltung von Steuertatbeständen** (vgl. *Döring,* 2002, Sp. 1839). Das Erfordernis einer solchen Planung ergibt sich aus der Gestaltungsabhängigkeit, der Ungewissheit und dem erheblichen Ausmaß der Steuerbelastung (vgl. *Horváth,* 2009, S. 247). Das deutsche Steuersystem besteht aus etwa 40 Einzelsteuern, die häufigen Änderungen unterliegen und zahlreiche Interdependenzen aufweisen. Die internationale Steuerplanung hat neben dem deutschen mindestens ein ausländisches Steuersystem sowie das zwischenstaatliche Recht, insbesondere in Form der Doppelbesteuerungsabkommen, zu berücksichtigen (vgl. *Breithecker*, 2002, S. 241). Somit steigt die Komplexität der Steuerplanung mit der Anzahl ausländischer, in unterschiedlichen Staaten ansässiger Tochtergesellschaften. Die Betätigungsfelder der Steuerplanung ergeben sich aus dem **steuerlichen Zielsystem** (vgl. Abbildung 6.1). Die Ziele der Steuerplanung wiederum richten sich an dem Oberziel des Konzerns, der langfristigen Gewinn- bzw. Unternehmenswertmaximierung, aus. Die daraus abgeleiteten komplementären Unterziele werden in quantitative und qualitative Ziele unterschieden. Sie sollen durch die Prognose von Steuerwirkungen und die zielkonforme Gestaltung von Steuertatbeständen erreicht werden.

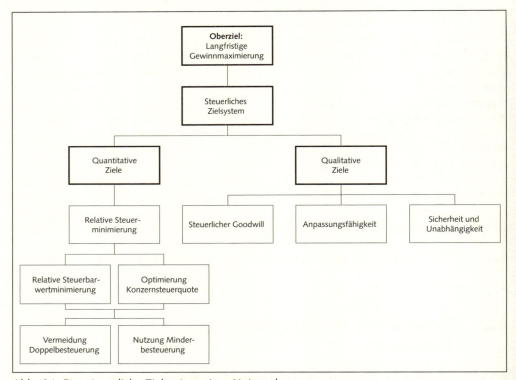

Abb. 6.1: Das steuerliche Zielsystem eines Unternehmens

6.2.1.1 Quantitative Ziele

Da Steuerzahlungen im Hinblick auf die Gewinnmaximierung nach Steuern einen negativen Zielbeitrag leisten, wird die **relative Steuerminimierung** als wichtigstes **quantitatives Ziel** angesehen. Zwei Ausgestaltungen der relativen Steuerminimierung sind zu unterscheiden. Die **relative Steuerbarwertminimierung** wird nach herrschender Auffassung als wichtigere Ausgestaltung angesehen. Steuerliche Gestaltungsspielräume werden genutzt, um stille Reserven zu bilden und Steuerzahlungen möglichst weit in die Zukunft zu verlagern (vgl. *Herzig/Dempfle*, 2002, S. 4). In den letzten Jahren gewinnt die Optimierung der **Konzernsteuerquote** zunehmend an Bedeutung, da am Kapitalmarkt mit ihrer Hilfe die Effizienz der Steuerpolitik eines Unternehmens beurteilt wird. Die Steuerquote berechnet sich als Relation des Steueraufwands zum Jahresüberschuss vor Steuern. Üblicherweise werden nur Steuern vom Einkommen und Ertrag berücksichtigt, da nur sie in einem sachlichen Zusammenhang zum Jahresüberschuss stehen.

Im Rahmen der internationalen Steuerplanung lassen sich aus der relativen Steuerminimierung komplementäre Unterziele ableiten. Zu den wichtigsten Unterzielen gehören die Vermeidung der Doppelbesteuerung und die Nutzung von Minderbesteuerungen. Eine **rechtliche Doppelbesteuerung** liegt vor, wenn »**derselbe Steuerpflichtige** mit **denselben Einkünften** oder Vermögenswerten gleichzeitig in **zwei oder mehreren Staaten** zu **gleichen** oder **vergleichbaren Steuern** herangezogen wird« (*Jacobs*, 2007, S. 3). Bei der **wirtschaftlichen Doppelbesteuerung** wird die Identität des Steuerpflichtigen zugunsten einer wirtschaftlich definierten Identität aufgegeben. So werden beispielsweise sämtliche Gesellschaften, die unter der einheitlichen Leitung einer Konzernobergesellschaft stehen, als ein wirtschaftlich identisches Steuersubjekt betrachtet. Dementsprechend liegt eine wirtschaftliche Doppelbesteuerung beispielsweise vor, wenn der Gewinn eines ausländischen Tochterunternehmens im Ausland der Besteuerung unterworfen wird und gleichzeitig im Inland als Beteiligungsertrag der Obergesellschaft steuerpflichtig ist (vgl. *Kessler*, 1996, S. 23). Jede Doppelbesteuerung führt zu einer Mehrbelastung des Betroffenen, so dass seine Nettoerträge sinken.

Der Staat kann zur Vermeidung der Doppelbesteuerung grundsätzlich zwei Möglichkeiten ergreifen. Einerseits können zwei Länder ein **Doppelbesteuerungsabkommen**, d. h. einen bilateralen völkerrechtlichen Vertrag schließen. In einem Doppelbesteuerungsabkommen wird anhand von Verteilungs- und Verzichtsnormen die Besteuerungskompetenz zugewiesen, sofern sich die Steueransprüche der Vertragsstaaten überschneiden (vgl. *Wilke*, 2002, S. 85 ff.). Andererseits bestehen **unilaterale Regelungen**, die in Einzelgesetzen (Einkommensteuergesetz (EStG), Körperschaftsteuergesetz (KStG)) zu finden sind und durch einseitigen Verzicht auf die Besteuerung wirken. Sie kommen zum Einsatz, wenn mit dem betroffenen Land kein Doppelbesteuerungsabkommen abgeschlossen wurde (vgl. *Mandler*, 2003, S. 83). Zur Vermeidung einer mehrfachen Steuerbelastung stehen bestimmte Methoden zur Verfügung, unter denen Rechentechniken zu verstehen sind, mit deren Hilfe Doppelbesteuerungen ausgeschaltet oder zumindest verringert werden sollen (vgl. *Breithecker*, 2002, S. 57). Die wichtigsten Methoden sind die Freistellungs- und die Anrechnungsmethode. Die **Freistellungsmethode** stellt im Ausland (beschränkt) besteuerte Gewinne im Inland von der (unbeschränkten) Besteuerung frei. Dadurch werden im Ausland erwirtschaftete Gewinne auch nur mit der ausländischen Steuerlast belegt. Bei der **Anrechnungsmethode** wird der im Ausland entrichtete Steuerbetrag auf die im Inland zu zahlende Steuer angerechnet. (vgl. *Jacobs*, 2007, S. 39).

Die **Minderbesteuerung** beschreibt eine Senkung des Steuerniveaus im Vergleich zur Belastung im (Wohn-)Sitzstaat durch die Nutzung internationaler Belastungsunterschiede (vgl. *Breithecker*, 2002, S. 45). Die Hauptursachen einer Minderbesteuerung liegen in zwischenstaatlichen Steuergefällen, Unterschieden in den internationalen Steuersystemen und lückenhaften zwischenstaatlichen Abstimmungen (vgl. *Kessler*, 1996, S. 51). Innerhalb eines Konzerns kann somit eine Minderbesteuerung entstehen, wenn Steuersubstanz, z. B. in Form von Gewinnen, auf ausländische Tochtergesellschaften verlagert wird, dort einer niedrigeren Besteuerung unterliegt und bei der Ausschüttung an die inländische Obergesellschaft von der inländischen Besteuerung freigestellt wird. Minderbesteuerungen sind aus betrieblicher Sicht erwünscht, da sie zu einer Erhöhung des Nettoergebnisses führen. Um Minderbesteuerungen nutzen zu können, müssen Investitionen in Niedrigsteuerländern erfolgen.

Von staatlicher Seite werden jedoch Maßnahmen ergriffen, um das Ausschöpfen von Möglichkeiten zur Verringerung der Steuerbelastung zu begrenzen. Die Praktiken zur Vermeidung der Minderbesteuerung konkretisieren sich sowohl in unilateralen Maßnahmen als auch in bilateralen Doppelbesteuerungsabkommen. Die unilateralen Regelungen zur Minderbesteuerung konzentrieren sich weitgehend auf das Außensteuergesetz (AStG). In vielen Doppelbesteuerungsabkommen wird die Vermeidung von Minderbesteuerungen, z. B. durch Begrenzungen der Anrechnungs- bzw. Freistellungsmethode, umgesetzt. Darüber hinaus bestehen Normen für die Gewinnberichtigung bei verbundenen Unternehmen bzw. für die Gewinnabgrenzung bei Betriebsstätten.

6.2.1.2 Qualitative Ziele

Neben den quantitativen Zielen werden innerhalb der Steuerplanung einige meist langfristige, **qualitative Ziele** verfolgt. Zu den wichtigsten qualitativen Zielen zählen der steuerliche Goodwill, die Anpassungsfähigkeit sowie die Sicherheit und Unabhängigkeit (vgl. *Paulus*, 1978, S. 61 ff.). Der **steuerliche Goodwill** bezeichnet einen guten Ruf des Unternehmens gegenüber der Finanzverwaltung. Er kann bei Ermessensentscheidungen des Finanzamts vorteilhaft sein. Unter **Anpassungsfähigkeit** ist die steuerliche Flexibilität zu verstehen. Auf veränderte ökonomische oder steuerliche Rahmenbedingungen muss durch entsprechende steuerliche Gestaltungen reagiert werden können. Das Streben nach **Sicherheit und Unabhängigkeit** beinhaltet eine relative Minimierung von steuerlichen Risiken in Form unerwarteter Steuernachzahlungen und Sanktionen. Aufgrund der bereits erläuterten erhöhten Komplexität besitzen die Anpassungsfähigkeit sowie die Sicherheit und Unabhängigkeit in der internationalen Steuerplanung einen hohen Stellenwert.

6.2.2 Systematisierung der Steuerplanung

Die unterschiedlichen **Tätigkeitsfelder der Steuerplanung** können der strategischen, taktischen und operativen Planung zugeordnet (vgl. *Freidank*, 1996, S. 149 ff.) bzw. in drei Partialmodelle untergliedert werden (vgl. *Döring*, 2002, Sp. 1843 ff.). Abbildung 6.2 stellt die Zusammenhänge zwischen diesen Systematisierungen der Steuerplanung her.

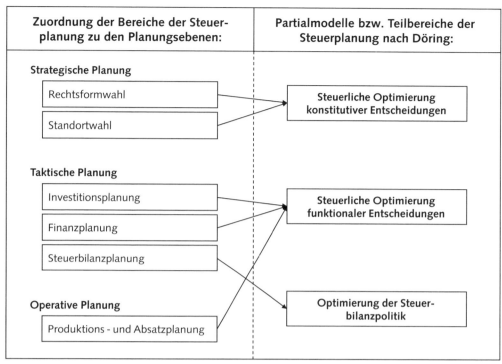

Abb. 6.2: Felder der Steuerplanung in Planungsebenen und Partialmodellen (entnommen aus *Berens* et al., 2004, S. 539)

Im Rahmen der **strategischen Planung** beschäftigt sich die Steuerplanung vor allem mit konstitutiven Entscheidungen, wie der Rechtsformwahl und der Standortwahl (vgl. *Döring*, 2002, Sp. 1844). Bei der Rechtsformwahl sind Unterschiede in den Steuerarten, Steuertarifen und Bemessungsgrundlagen zu berücksichtigen. Internationale Standortvergleiche haben darüber hinaus die differierenden Steuersysteme der für eine Auslandsinvestition zur Auswahl stehenden Länder und eventuell existierende Doppelbesteuerungsabkommen zu berücksichtigen.

Auf der Ebene der **taktischen Planung** sind Tätigkeitsfelder der Steuerplanung vor allem in der Investitions- und Finanzplanung zu finden. Bei der Investitionsplanung sind Steuern sowohl in Form von Auszahlungen als auch im Kalkulationszinssatz zu berücksichtigen. Im Rahmen der Finanzplanung ist insbesondere die unterschiedliche steuerliche Behandlung von Eigen- und Fremdkapitalzinsen einzuplanen. Bei Zahlungen aus dem Ausland können diese darüber hinaus mit unterschiedlich hohen Quellensteuern belastet sein. Der taktischen Planungsebene wird auch die Steuerbilanzplanung zugewiesen (vgl. *Freidank*, 1996, S. 150 f.). Sie versucht, die steuerlichen Ansatz-, Bewertungs- und Abschreibungswahlrechte auszunutzen, um den steuerlichen Totalerfolg belastungsminimierend auf die Einzelperioden zu verteilen (vgl. *Döring*, 2002, Sp. 1845 f.).

Die **operative Planung** berücksichtigt den steuerlichen Einfluss auf die Produktions- und Absatzplanung (vgl. *Freidank*, 1996, S. 151). Steuern können Kosten darstellen, so dass bei Entscheidungen zwischen zwei Alternativen die Entscheidungsrelevanz von Kostensteuern und die Zurechenbarkeit zu den Handlungsalternativen zu klären ist.

6.2.3 Begründung eines Controlling im Rahmen der Steuerplanung

Die Relevanz der Unternehmensbesteuerung für das Controlling ergibt sich zum einen daraus, dass die Steuern einen **Einfluss auf die Ziele** wie auch **auf die Koordinationsobjekte des Controlling** nehmen. In Kapitel 1 wurde die Erreichung und Bewertung eines gesetzten Erfolges als eines der Ziele des internationalen Controlling angeführt. Der steuerliche Erfolgseinfluss besteht darin, dass lediglich verbleibende Mittel (nach Steuern) einen Zielbeitrag erbringen. Es entsteht daraus das Zurechnungsproblem, das bereits im Zusammenhang mit der Währungsumrechnung angesprochen worden ist. In Kapitel 4 wurde ausgeführt, dass das Controlling bei der Erstellung der Planungsrichtlinien zunächst grundsätzlich entscheiden muss, ob das lokale Management für Erfolgsveränderungen, die sich aus Wechselkursschwankungen ergeben, verantwortlich zu machen ist. Im Kontext der Besteuerung stellt sich die analoge Frage, ob Steuern als negative Erfolgsbeiträge vom ausländischen, lokalen Management beeinflussbar sind und diesem zugerechnet werden können oder bei der Erfolgsbeurteilung einer ausländischen Tochtergesellschaft und ihres Managements außer Acht gelassen werden sollten. Es stellt sich also wieder die Frage, ob eine **investor- oder objektbezogene Perspektive** eingenommen werden soll. Ein weiteres Controlling-Ziel besteht in der Herstellung der Vergleichbarkeit von Konzerneinheiten. Steuerlich motivierte Gestaltungen, wie z. B. die Erfolgsverlagerung durch Verrechnungspreise, können eine verzerrende Wirkung auf die Ergebnisse der Konzerneinheiten haben. Das Controlling muss daher entscheiden, wie mit derartigen Einflüssen umzugehen ist, wenn die Vergleichbarkeit von Tochtergesellschaften sichergestellt werden soll.

Außerdem wirkt die Steuerplanung als Teil des **Planungs- und Kontrollsystems** direkt auf selbiges Führungsteilsystem ein. Wie sich bereits im vorherigen Abschnitt zeigte, ist die Steuerbelastung bei einer Vielzahl unternehmerischer Entscheidungen zu berücksichtigen. Es besteht somit ein Einfluss auf konstitutive und funktionale Entscheidungen anderer Unternehmensbereiche. Daraus ergibt sich die Notwendigkeit der **Abstimmung von Steuerbelastungsplänen mit den übrigen Teilplänen** des Unternehmens, was als wesentliche Koordinationsaufgabe des Controlling im Zusammenhang mit der Besteuerung gesehen werden kann (vgl. *Horváth*, 2009, S. 254). Im Rahmen der Kontrolle langfristiger Planungen ist insbesondere auf die Planungsprämissen in Form steuerlicher Rahmenbedingungen hinzuweisen, die einer Prämissen- und Konsistenzkontrolle zu unterziehen sind (vgl. *Zimmermann*, 1997, S. 111). Bei Kontrollen eher kurzfristiger Absatz-, Produktions- und Investitionsplanungen sind Steuern aufgrund ihres Kostencharakters zu berücksichtigen (vgl. *Herzig/Zimmermann*, 1998, S. 1143). Einflüsse auf das **Informationsversorgungssystem** leiten sich daraus ab, dass steuerliche Informationen aus internen und externen Quellen für andere Teilbereiche der betrieblichen Planung bereitzuhalten sind. Diese Informationen dienen zum einen in Form von Eingangsgrößen als Anregungen für Planungsprozesse. So kann im Rahmen der Investitionsplanung die Nutzung steuerlicher Sonderabschreibungen den Ansatzpunkt für ein Investitionsprojekt darstellen. Zum anderen werden z. B. Informationen über steuerliche Planungsprämissen benötigt, um Kontrollen zu erleichtern (vgl. *Zimmermann*, 1997, S. 113 f.).

6.3 Die Erfolgsverlagerung durch internationale Verrechnungspreise als eine Gestaltungsmöglichkeit der internationalen Steuerplanung

6.3.1 Grundsätzliche Gestaltungsmöglichkeiten der internationalen Steuerplanung

Die internationale Steuerplanung dient vornehmlich der **Ausnutzung des internationalen Steuergefälles**. Für die Ausschöpfung des sich daraus ergebenden Potentials zur Minimierung der Konzernsteuerquote stehen dem Unternehmen verschiedene Gestaltungsmöglichkeiten zur Verfügung. Dazu zählt beispielsweise die **Wahl der Organisationsform** der Unternehmensaktivitäten im Ausland. Wie bereits erwähnt sind im Rahmen der strategischen Planung unter dem Primat der steuerlichen Konsequenzen Entscheidungen über die Rechtsform und den Standort ausländischer Divisionen zu treffen. Ist die Entscheidung für einen Standort gefallen, muss jedoch vor der Wahl der Rechtsform geklärt werden, ob die Organisation der Division überhaupt in der Form einer Kapital- oder in selteneren Fällen Personengesellschaft vorgenommen werden soll oder die Führung als Betriebsstätte vorteilhafter erscheint (vgl. *Breithecker*, 2002, S. 267). Eine **Betriebsstätte** ist eine unternehmerische Betätigung mit fester Geschäftseinrichtung im Ausland, die rechtlich unselbständig ist (vgl. *Jacobs*, 2007, S. 437). Das inländische Stammhaus ist mit den Betriebsstättengewinnen grundsätzlich im Ausland beschränkt und im Inland unbeschränkt steuerpflichtig (vgl. *Breithecker*, 2002, S. 273). Die **Tochtergesellschaft** ist hingegen ein selbständiges Steuersubjekt, das im Ausland der unbeschränkten Besteuerung unterliegt. Die steuerlichen Wirkungen im Land der Muttergesellschaft hängen maßgeblich von der Gewinnverwendung ab. Im Falle einer Gewinnthesaurierung in der Tochtergesellschaft resultieren die Steuerwirkungen ausschließlich aus ihrer unbeschränkten Steuerpflicht im Ausland; auf der Ebene der Muttergesellschaft treten keine zusätzlichen Konsequenzen hinzu. Fließen die Gewinne jedoch in Form von Dividenden der Muttergesellschaft zu, unterliegen diese grundsätzlich zusätzlich der unbeschränkten Steuerpflicht der Muttergesellschaft (vgl. *Breithecker*, 2002, S. 276). Die Entscheidung zwischen einer Betriebsstätte und einer Tochterkapitalgesellschaft kann jedoch nur auf der Grundlage umfassender **Vergleichsrechnungen** getroffen werden. Diese hängen von vielen steuerlichen Einflussfaktoren, insbesondere von den bestehenden Doppelbesteuerungsabkommen ab und können bei jeder in- oder ausländischen Änderung im Steuersystem ihre Gültigkeit verlieren.

Zudem verkomplizieren neben den steuerlichen Einflussgrößen weitere Überlegungen, z. B. Haftungsbeschränkungen oder Gründungskosten, die Entscheidung.

Eine weitere Möglichkeit, die Steuerbelastung eines international aufgestellten Konzerns zu reduzieren, besteht in der **Schaffung einer zusätzlichen Besteuerungsebene** durch die Zwischenschaltung einer Holdinggesellschaft in einem Niedrigsteuerland. Diese kann innerhalb der Konzernstruktur eine neue Ebene zwischen der Spitzeneinheit und der Ebene der Grundeinheiten begründen. Unter einer **Holdinggesellschaft** ist ein Unternehmen zu verstehen, »deren betrieblicher Hauptzweck in einer auf Dauer angelegten Beteiligung an rechtlich selbständigen Unternehmen liegt« (*Jacobs*, 2007, S. 964). In der Zwischenholding können beispielsweise Gewinne der Grundeinheiten »geparkt« werden, indem sie nicht in Form von Dividenden der Obergesellschaft zufließen, oder auch dauerhaft der Besteuerung auf der Ebene der Spitzeneinheit entzogen werden, wenn sie an andere Grundeinheiten weitergereicht werden (vgl. *Breithecker*, 2002, S. 290 f.). Zudem besteht die Möglichkeit, über den Einsatz einer Zwischenholding »günstigere« Doppelbesteuerungsabkommen in Anspruch nehmen zu können, die auf dem direkten Wege nicht angewendet werden können (vgl. *Breithecker*, 2002, S. 292). Dieser Vorteil ergibt sich beispielsweise dann, wenn zwischen dem Staat, in dem sich eine der Grundeinheiten befindet, und dem Sitzstaat der Zwischenholding ein Doppelbesteuerungsabkommen besteht, das eine höhere Steuerersparnis ermöglicht als das zwischen dem Staat der Grundeinheit und dem der Spitzeneinheit bestehende Doppelbesteuerungsabkommen (vgl. *Jacobs*, 2007, S. 970).

Als wichtigster Problembereich innerhalb der internationalen Steuerplanung gilt die **Verrechnungspreispolitik**, die Gegenstand der folgenden Ausführungen sein wird. Sie erfährt eine differenziertere Betrachtung als die beiden angesprochenen organisatorischen Gestaltungsmöglichkeiten, weil Verrechnungspreise nicht nur einen wichtigen Aspekt der Konzernbesteuerung, sondern auch des Controlling ausmachen. Gemäß *Weber* et al. (2004b, S. 8) gibt es »vermutlich in dezentral aufgestellten Unternehmen wenige Probleme im Controlling, die mehr Managementaufmerksamkeit und -zeit in Anspruch nehmen, als Verrechnungspreise festzulegen, die akzeptiert und den Zielen des Unternehmens gerecht werden.« An der Schnittstelle von Steuerplanung und Controlling kommt ihnen deshalb eine besondere Relevanz zu. Bevor das Spannungsfeld, welches sich daraus ergibt, dass sowohl aus der Sicht der Steuerplanung als auch aus der des Controlling mit Verrechnungspreisen bestimmte Funktionen verbunden sind, im Abschnitt 6.4 aufgerissen wird, soll zunächst ihre wichtigste Funktion im Rahmen der Besteuerung betrachtet werden.

6.3.2 Begriff und Erfolgsverlagerungsfunktion der Verrechnungspreise

Die Verrechnungspreisthematik ist mit dem **Transfer von unternehmensinternen Leistungen** verbunden, wobei sich drei Ebenen unterscheiden lassen, auf denen der Transfer erfolgt (vgl. *Coenenberg* et al., 2007, S. 675). So kann der Transfer der Leistungen zwischen

- einzelnen Kostenstellen,
- Werken, Unternehmensbereichen bzw. Geschäftseinheiten oder
- rechtlich selbständigen Konzernunternehmen erfolgen.

Bezogen auf die ersten beiden Ebenen, also auf den Transfer innerhalb eines Unternehmens, lassen sich Verrechnungspreise definieren als »Wertansätze für innerbetrieblich erstellte Leistungen (Produkte, Zwischenprodukte, Dienstleistungen), die von anderen, rechnerisch abgegrenzten Unternehmensbereichen bezogen werden können« (*Ewert/ Wagenhofer*, 2008, S. 573). Verrechnungspreise verteilen dann das Unternehmensergebnis auf einzelne Unternehmensbereiche auf der Basis der Leistungsverflechtungen, die unter ihnen bestehen (vgl. *Weber* et al., 2004b, S. 7). Indem sie als (interner) Erlös des liefernden Bereiches und zugleich als (interne) Einstandskosten des beziehenden Bereiches fungieren, wird die Bestimmung der Erfolge der einzelnen Unternehmensbereiche möglich. Auf Letzteren basieren sowohl die Entscheidungen des Bereichsmanagements als auch deren Leistungsbeurteilung sowie die Entscheidungen des Top-Managements bezüglich der Allokation knapper Ressourcen auf die einzelnen Unternehmensbereiche (vgl. *Ewert/Wagenhofer*, 2008, S. 575).

Diese **Erfolgsermittlungsfunktion** zieht ein spezielles Problem nach sich, wenn der Transfer der Leistungen über die Grenzen einer Rechtseinheit hinausgeht und somit zwischen rechtlich selbständigen Unternehmen erfolgt: **Konzernverrechnungspreise** sind Preise für Lieferungen und Leistungen innerhalb eines Unternehmensverbundes (vgl. *Schmidt*, 2002, S. 40), die im Gegensatz zu den internen bzw. innerbetrieblichen Verrechnungspreisen »effektiv fakturiert, geschuldet und gezahlt werden« (*Mandler*, 2002, S. 929) müssen. Durch die **Leistungsverrechnung** des Konzerns wird also der Gesamtgewinn des Unternehmensverbundes auf die einzelnen Konzerneinheiten aufgeteilt (vgl. *Mandler*, 2002, S. 930). Im Unterschied zu den Bereichen eines einzelnen Unternehmens verfügen die leistenden und beziehenden Konzernbereiche über eine rechtliche Selbständigkeit. Ihre Erfolge sind Steuerobjekte gemäß den Vorschriften zur Ertragsbesteuerung ihres jeweiligen Landes. Indem die Konzernverrechnungspreise die jeweiligen steuerlichen Bemessungsgrundlagen beeinflussen, wird die Bepreisung konzerninterner Leistungsbeziehungen auch im Rahmen der Konzernbesteuerung relevant (vgl. *Weber/Schäffer*, 2008, S. 204). Internationale Konzernverrechnungspreise unterscheiden sich ferner von nationalen zum einen durch die Entstehung möglicher Währungsrisiken und zum anderen durch zusätzliche Gestaltungsmöglichkeiten in Form grenzüberschreitender Erfolgsverlagerungen (vgl. *Mandler*, 2002, S. 930).

Das Potential, grenzüberschreitende Erfolgsverlagerungen vorzunehmen, soll anhand eines Beispiels verdeutlicht werden: Liefert z. B. eine inländische Konzerneinheit ein Produkt mit Selbstkosten von 100 € an eine ausländische Einheit und veräußert diese das Produkt extern zu 150 €, so beläuft sich der Konzerngewinn auf 50 €. Beträgt der **marktgerechte Verrechnungspreis** 120 €, wird der Gesamtgewinn zerlegt. Der inländischen Konzerngesellschaft sind 20 € und der ausländischen 30 € zuzurechnen. Im handelsrechtlichen Konzernabschluss wird dies aufgrund der Konsolidierung der Innenumsätze nicht auf Anhieb deutlich. Für steuerliche Zwecke ist diese Zerlegung jedoch relevant, da die rechtlich selbständigen Konzerngesellschaften schließlich eigenständige Steuersubjekte sind.

Bei Abweichungen von den marktüblichen Bedingungen der Preisgestaltung spricht man von einer **Erfolgsverlagerung** (vgl. *Mandler*, 2002, S. 931; *Schmidt*, 2002, S. 40). Liegt z. B. das ausländische Steuerniveau unterhalb des inländischen, kann die Steuerbelastung durch eine Gewinnverlagerung ins Ausland gesenkt werden. Bei einem Konzernverrechnungspreis von 100 € fällt im Inland kein steuerlicher Gewinn an. Der komplette Gewinn in Höhe von 50 € unterliegt im Ausland der geringeren Steuerbelastung. Außerdem können Gewinne von einer Profite erwirtschaftenden in eine Verlust bringende Konzerneinheit verlagert werden, um sie dort zu verrechnen (vgl. *Schmidt*, 2002, S. 40).

Da insbesondere Hochsteuerländer wie Deutschland durch Erfolgsverlagerungen Steuereinnahmen verlieren, werden diesem Vorgehen *Grenzen* gesetzt. Die Ermittlung von Verrechnungspreisen wird durch das **dealing-at-arm's-length-Prinzip** bestimmt. Dieses im Deutschen als Fremdvergleichsgrundsatz bezeichnete Prinzip verlangt, dass Preise für Transaktionen zwischen abhängigen Unternehmen den Preisen gleichen, die zwischen unabhängigen Unternehmen gelten (vgl. *Boos* et al., 2000, S. 2390). Dieses Prinzip wird durch unterschiedliche **Methoden** zur Ermittlung angemessener Verrechnungspreise umgesetzt. Liegt eine Abweichung von den marktgerechten, angemessenen Verrechnungspreisen vor, korrigiert die betroffene Finanzverwaltung die Erfolgszerlegung, so dass für den entsprechenden Fiskus eine Steuerminderung vermieden wird (**Einkunfts- oder Gewinnberichtigung**) (vgl. *Mandler*, 2002, S. 931). Die maßgebenden Korrekturnormen sind dabei die verdeckte Gewinnausschüttung, die verdeckte Einlage und die Berichtigung von Einkünften bei Geschäftsbeziehungen zum Ausland (§ 1 AStG). Dabei droht in der Regel eine **Doppelbesteuerung**, da eine korrespondierende Gewinnberichtigung bislang nur in wenigen deutschen Doppelbesteuerungsabkommen umgesetzt wurde (vgl. *Vogel/Lehner*, 2008, Art. 9 Rz. 145 sowie Rz. 181). Auf das Beispiel bezogen würde die inländische Finanzverwaltung den nicht angemessenen Verrechnungspreis von 100 € auf marktgerechte 120 € korrigieren und somit 20 € besteuern. Die ausländische Finanzverwaltung würde weiterhin einen Verrechnungspreis von 100 € zugrunde legen und 50 € besteuern, so dass 20 € doppelt besteuert würden.

Obwohl die Gefahr der Doppelbesteuerung droht, gibt es aufgrund der unterschiedlichen, noch vorzustellenden Methoden zur Verrechnungspreisermittlung und der häufig nicht eindeutigen Daten, die in die Ermittlung eingehen, dennoch ein Verrechnungspreisintervall, in dem Raum für Gestaltungsmöglichkeiten vorhanden ist (vgl. *Mandler*, 2002, S. 934).

6.4 Die zielorientierte Gestaltung internationaler Verrechnungspreise im Spannungsfeld zwischen Controlling und Steuerplanung

Die bisherige Erläuterung der Erfolgsermittlungsfunktion von Verrechnungspreisen wird nun um die Darlegung und den anschließenden Vergleich der weiteren Funktionen – sowohl aus der Sicht der Steuerplanung als auch aus der des Controlling – ergänzt. Im Anschluss werden die steuerlich zulässigen Methoden zur Bestimmung internationaler Verrechnungspreise erörtert und den Controlling-Verfahren zur Ermittlung von Verrechnungspreisen gegenübergestellt. Auf dem Vergleich von Funktionen und Bestimmungsmethoden aufbauend werden schließlich mögliche Verrechnungspreiskombinationen hinsichtlich ihrer Steuer- und Controlling-Adäquanz beurteilt.

6.4.1 Funktionen von Verrechnungspreisen

6.4.1.1 Funktionen internationaler Verrechnungspreise im Rahmen der Steuerplanung

Eine der beiden wichtigsten Funktionen internationaler Verrechnungspreise aus steuerlicher Sicht, nämlich die **Erfolgsverlagerungsfunktion**, ist bereits vorgestellt worden. Sie ermöglicht, die Steuerbemessungsgrundlagen der Konzerngesellschaften durch die Höhe der Verrechnungspreise so zu beeinflussen, dass insgesamt eine geringere Steuerbelastung des Konzerns erreicht wird. Zudem ist es mittels geographischer Gewinnverlagerung möglich, auf den Gewinnausweis in der Handelsbilanz in bilanzpolitisch gewünschter Art und Weise Einfluss zu nehmen (vgl. *Kinder*, 1999, S. 16 f.). Darüber hinaus ist die Muttergesellschaft in der Lage, mithilfe von Gewinnverlagerungen finanziell angeschlagenen Tochtergesellschaften verdeckt Eigenkapital zukommen zu lassen (vgl. *Kreuter*, 1999, S. 28).

Neben der Gewinnverlagerungsfunktion üben Verrechnungspreise in multinationalen Unternehmen auch eine **Wertbemessungsfunktion** aus. Der festgesetzte Preis bildet die Wertbasis für grenzüberschreitende Transaktionen und damit auch die Berechnungsgrundlage für eventuell anfallende Importzölle (vgl. *Kreuter*, 1999, S. 28). Folglich bieten sich niedrige Verrechnungspreise immer dann an, wenn Zölle erhoben werden. Allerdings kehrt sich diese Wirkungsweise bei der Existenz von Exportprämien für die identische Transaktion um, so dass hier hohe Verrechnungspreise vorteilhaft wären (vgl. *Welge/Amshoff*, 1998, S. 460 f.). Prinzipiell steht dabei das quantitative steuerliche Oberziel der relativen Steuerminimierung im Vordergrund.

Neben diesen quantitativen Zielen spielt das qualitative Ziel Sicherheit und Unabhängigkeit eine Rolle. Die relative Minimierung steuerlicher Risiken hat einen vergleichsweise hohen Stellenwert, da Verrechnungspreisbeanstandungen – wie bereits anhand des Beispiels des letzten Abschnitts gesehen werden konnte – zu einer Doppelbesteuerung und entsprechend negativen monetären Konsequenzen führen können (vgl. *Weber* et al., 2004b, S. 16).

6.4.1.2 Funktionen von Verrechnungspreisen aus Controlling-Sicht

Aus der Perspektive des Controlling können folgende wichtige Funktionen von Verrechnungspreisen abgeleitet werden: Die Koordinations- und Lenkungsfunktion, die Erfolgsermittlungsfunktion, die Kalkulation zur Preisfestlegung sowie die Motivations- und Anreizfunktion.

Das der Arbeitsteilung immanente Problem, dass einzelne Handlungen aufeinander abzustimmen sind, weil zwischen ihnen Interdependenzen bestehen, ist bereits im einführenden Kapitel angesprochen worden. Der innerhalb des Führungssystems bestehende Abstimmungsbedarf wird seitens des Controlling bewältigt (vgl. hierzu Kapitel 1). Mit der Bildung divisionaler Strukturen ist die Gefahr verbunden, dass Bereichsmanager Entscheidungen treffen, die zwar für den von ihnen verantworteten Bereich optimal sind, dabei aber außer Acht gelassen wird, dass damit für andere Bereiche Auswirkungen verbunden sind, die aus Gesamtunternehmenssicht suboptimal sein können (vgl. *Ewert/Wagenhofer*, 2008, S. 577; *Horváth*, 2009, S. 527). Als ein Beispiel führen *Ewert/Wagenhofer* (2008, S. 577) eine Marketingabteilung an, die einem Kunden eine kurze Lieferfrist für ein Produkt in Aussicht stellt, deren Einhaltung die Produktionsabteilung aber dazu veranlasst, von ihrem Produktionsprogramm abzuweichen. Über die Vorgabe von Verrechnungspreisen kann die Unternehmenszentrale Einfluss auf die dezentralen Entscheidungen nehmen, indem sich die Höhe eines Verrechnungspreises unmittelbar auf den Bereichsgewinn auswirkt (vgl. *Ewert/Wagenhofer*, 2008, S. 577). Orientiert sich der Bereichsmanager an diesem Gewinn, so nimmt die Höhe eines Verrechnungspreises auch auf sein Entscheidungsverhalten Einfluss. Die **Koordinationsfunktion** von Verrechnungspreisen bildet demzufolge die verbindende Klammer bei weitgehender Dezentralisierung der Organisationseinheiten, indem Verrechnungspreise als Abstimmungsmechanismus der unabhängigen Teilbereiche im Hinblick auf die Ziele des Gesamtunternehmens agieren. Verrechnungspreise lösen dabei Abstimmungsprobleme, die in den Bereich der Primärkoordination einzuordnen sind. Mit der Wahl ihrer Ermittlungsmethode leistet das Controlling hierzu einen unterstützenden Beitrag.

Die **Erfolgsermittlungsfunktion** ist implizit bereits in Abschnitt 6.3.2 erläutert worden. Verrechnungspreise sollen die Leistungen einzelner Tochtergesellschaften im Bereichsergebnis widerspiegeln. Dazu sind allen Teilbereichen sämtliche durch sie verursachte Ergebnisbestandteile zuzurechnen. Auf Basis der so ermittelten Bereichsergebnisse kann eine sachgerechte Bewertung der unabhängig agierenden Manager vorgenommen werden. Die Ermittlung der Bereichserfolge nimmt schließlich auch im Rahmen von Investitions- und Desinvestitionsfragen Einfluss auf die Entscheidungsfindung der Zentrale. Diese wird dazu die Beiträge heranziehen, welche die einzelnen Bereiche zum Gesamtergebnis geleistet haben. Sie enthalten auch die mit Verrechnungspreisen bewerteten, innerkonzernlichen Leistungen. Verrechnungspreise wirken sich somit nicht nur auf die Entscheidungsfindung innerhalb der Bereiche, sondern auch auf zentral getroffene Entscheidungen aus (vgl. *Weber* et al., 2004b, S. 14).

Im engen Zusammenhang zur Erfolgsermittlung steht die Aufgabe der **Kalkulation zur Preisfestlegung**. Durch die Erfassung aller im Zuge der Leistungserstellung anfallenden Kosten können Preisgrenzen präzise bestimmt werden. Für »Make or Buy«-Entscheidungen sind die Selbstkosten bei Eigenfertigung zu ermitteln. Die Selbstkosten bilden zudem die Ausgangsbasis für die Berechnung der handelsrechtlichen Herstellungskosten. Verrechnungspreise werden also auch für Zwecke der Bilanzierung benötigt. So sind im Rahmen der Bestandsbewertung für die Herstellungskosten selbst erstellter Vermögensgegenstände Informationen über die in allen Betriebsteilen, d. h. zum Beispiel auch in den der eigentlichen Produktion vorgelagerten Kostenstellen, anfallenden Kosten zu berücksichtigen (vgl. *Ewert/Wagenhofer*, 2008, S. 577). Schließlich kommt den Verrechnungspreisen eine wichtige **Motivations- und Anreizfunktion** zu, indem durch die Bepreisung interner Leistungen Anreize zu einem besonders wirtschaftlichen Verhalten gestiftet werden.

6.4.1.3 Vergleich der Funktionen

Insgesamt lässt sich feststellen, dass sich die Funktionen von Verrechnungspreisen stark unterscheiden, je nachdem, ob sie Zielsetzungen des Controlling oder der Steuerplanung erfüllen sollen. Größere Gemeinsamkeiten bestehen allein hinsichtlich der steuerlichen Wertbemessungsfunktion und der Bestandsbewertung in der Bilanzierung. Aus Sicht der **Steuerplanung** gilt vor allem die Gewinnverlagerungsfunktion mit der Absicht einer **relativen Steuerminimierung** als zentrale Aufgabe von Verrechnungspreisen. Diese Funktion wird aber aufgrund der gesetzlichen Rahmenbedingungen stark eingeschränkt. Neben der relativen Steuerminimierung stellt die **Minimierung steuerlicher Risiken** einen bedeutenden Aspekt der Verrechnungspreispolitik dar. Für das **Controlling** stellen hingegen die **Koordinations- und die Erfolgsermittlungsfunktion** die wichtigsten Eigenschaften von Verrechnungspreisen dar. Eine Empfehlung für die Anwendung eines den Zielsetzungen von Steuerplanung und Controlling gleichermaßen gerecht werdenden Verrechnungspreissystems sollte diese vier Aufgaben möglichst gleichgewichtig berücksichtigen.

6.4.2 Methoden zur Bestimmung von Verrechnungspreisen

6.4.2.1 Einführendes Beispiel

Die Unterschiede der Methoden zur Bestimmung von Verrechnungspreisen sollen am Beispiel des Unternehmens Baufix AG mit seinen drei Divisionen verdeutlicht werden. Die Division Baustoffe fertigt zwei Produkte: Hochwertige Isolierstoffe und mit Sonnenkollektoren kombinierte Dachpfannen. Die Isolierstoffe werden an die in Russland tätige Baudivision zu einem Preis von 60 €/qm transferiert. Die Dachpfannen können in beliebigen Mengen von der Division Solarbau im Nahen Osten für 50 €/qm verkauft werden.

Die Kosten der beiden Produkte setzen sich wie folgt zusammen:

	Dachpfannen (in €/qm)	Isolierstoffe (in €/qm)
Materialeinzelkosten	15	14
Materialgemeinkosten (variabel)	5	16
Fertigungseinzelkosten	5	10
Fertigungsgemeinkosten (fix)	6	15
Sondereinzelkosten des Vertriebs	4	0
Summe	35	55

Tab. 6.1: Daten zum Beispielsfall

Ein Lieferant bietet die Isolierstoffe zu einem Preis von 52 €/qm anderen Bauunternehmen an und könnte zu diesen Konditionen auch grundsätzlich die Baufix AG beliefern. Zugleich kann die Baufix AG zum gegebenen Preis beliebig viele Dachziegel bei Gewährung einer Vertriebsprovision von 4 €/qm für den Zwischenhandel am externen Markt verkaufen, während es für die Isolierstoffe in der Beschaffenheit, mit der sie die Baustoffdivision verlassen, keinen externen Markt gibt. Die Produktion einer Einheit Dachziegel beansprucht die gleichen Kapazitäten wie eine Einheit Isolierstoffe. Die Fertigungsgemeinkosten betragen 300.000 € und werden hälftig auf die beiden Produkte aufgeteilt. Den Planungen liegt eine Soll-Fertigungsmenge von 25.000 qm Dachpfannen und 10.000 qm Isolierstoffen zugrunde. Als Ist-Mengen werden aber 30.000 qm Dachpfannen und nur 5.000 qm Isolierstoffe hergestellt. Der branchenübliche Gewinnaufschlag möge 20 % auf die auf Basis von Plangrößen ermittelten Vollkosten betragen. Die Isolierstoffe werden von der Baudivision zurechtgeschnitten, dabei fallen Lohnkosten in Höhe von 4 €/qm an, und das veredelte Produkt wird zum Preis von 78 €/qm weiterveräußert.

6.4.2.2 Steuerrechtlich anerkannte Ermittlungsmethoden für internationale Verrechnungspreise

Die deutsche Finanzverwaltung erkennt lediglich drei Verrechnungspreismethoden an: die Preisvergleichs-, die Wiederverkaufspreis- sowie die Kostenaufschlagsmethode. Bei diesen Methoden handelt es sich um transaktionsbezogene Standardmethoden, die bei der Verrechnungspreisbildung jeweils nach einer Vergleichstransaktion suchen, welche Rückschlüsse für die Preisbildung zulässt (vgl. *Gehauf*, 2004, S. 161). Darüber hinaus gibt es gewinnbasierte Methoden, die insbesondere in den USA anerkannt sind (vgl. *Boos* et al., 2000, S. 2390 ff.).

6.4.2.2.1 Preisvergleichsmethode

Bei der **Preisvergleichsmethode** sind für Güter, die zwischen Konzerneinheiten gehandelt werden, die auf einem konzernexternen Markt geltenden Preise als Verrechnungspreise heranzuziehen. Dabei wird zwischen einem **äußeren** und einem **inneren Preisvergleich** unterschieden. Beim äußeren Preisvergleich werden die Verrechnungspreise aus den Preisen ermittelt, die zwischen konzernexternen Marktparteien gelten. Der innere Preisvergleich stellt hingegen auf Preise ab, die zwischen einer Konzerneinheit und einem externen Marktpartner abgerechnet werden (vgl. *Weber* et al., 2004b, S. 22). Der innere ist dem äußeren Preisvergleich vorzuziehen, da für einen externen Fremdvergleich die Existenz einer ausreichenden Anzahl vergleichbarer Unternehmen erforderlich ist, die in der Realität eher selten gegeben ist (vgl. *Jacobs*, 2007, S. 750f.). Im Beispielsfall ist ein innerer Preisvergleich für die Dachpfannen (50 €/qm) und ein äußerer Preisvergleich für die Isolierstoffe (52 €/qm) möglich.

Darüber hinaus wird zwischen einem **direkten** und einem **indirekten Preisvergleich** unterschieden. Bei einem direkten Preisvergleich kann das konzerninterne Geschäft mit einem gleichartigen, am Markt abgeschlossenen Geschäft verglichen werden. Die Gleichartigkeit ist dabei an die physischen Eigenschaften der gehandelten Güter bzw. erbrachten Dienstleistungen, die Transaktionsvoraussetzungen und die Marktverhältnisse geknüpft (vgl. *Jacobs*, 2007, S. 751). Der indirekte Preisvergleich kann lediglich auf vergleichbare Geschäfte zurückgreifen. Er kommt zur Anwendung, wenn bei ungleichartigen Transaktionen die abweichenden Faktoren eliminiert werden können bzw. wenn eine Umrechnung des Preises für das verglichene Geschäft möglich ist.

In der Praxis sind die Einsatzmöglichkeiten der Preisvergleichsmethode aufgrund der zumeist unvollkommenen Märkte sowie der bestehenden Produktdifferenzierungen schwierig. Gleichwohl präferiert die Finanzverwaltung diese Methode, da sie dem Fremdvergleichsgrundsatz am besten entspricht (vgl. *Gehauf*, 2004, S. 160).

6.4.2.2.2 Wiederverkaufspreismethode

Die **Wiederverkaufspreismethode** oder auch retrograde Preisermittlungsmethode setzt beim Käufer der innerkonzernlichen Leistung an und berücksichtigt dessen in Transaktionen mit Konzernfremden üblichen Geschäftsbedingungen (vgl. *Gehauf*, 2004, S. 160). Der Ausgangspunkt der Ermittlung liegt im Verkaufspreis für das Endprodukt, den die belieferte Konzerneinheit gegenüber externen Abnehmern erzielen kann. Im Rahmen einer retrograden Rechnung wird dieser Wiederverkaufspreis um die branchenübliche Handelsspanne (Rohgewinnmarge) vermindert. Dabei ist auch zu berücksichtigen, ob bei der beziehenden und weiterveräußernden Konzerneinheit Kosten für die Weiterverarbeitung des Zwischenproduktes und den Vertrieb des Endproduktes angefallen sind. Diese sind zusätzlich in Abzug zu bringen. Im Beispielsfall lässt sich die Wiederverkaufspreismethode nur für das Isoliermaterial anwenden, da nur hier ein konzerneigener Abnehmer die Weiterverarbeitung und den Wiederverkauf vornimmt. Der Preis des weiterverarbeiteten Materials liegt bei 78 €/qm; unter

Berücksichtigung der üblichen Marge von 20 % resultieren daraus Selbstkosten von 78/1,2 = 65 €/qm. Nach Abzug der Kosten für Weiterverarbeitung in Höhe von 4 €/qm verbleibt ein Verrechnungspreis von 61 €/qm.

In der Bestimmung eines angemessenen Gewinnabschlags liegt das zentrale Problem der Wiederverkaufspreismethode, da die Marge durch eine Vielzahl von Faktoren, wie z. B. Umsatzvolumen, Marktstufe und Währungsrisiken beeinflusst wird (vgl. *Borstell*, 2003, S. 341 f.). Trotzdem erfolgt die Bestimmung der Rohgewinnmarge in der Regel in Form eines festen Prozentsatzes vom Wiederverkaufspreis, der sich entweder an die Umsatzentwicklung anlehnt oder sich auf Kostenbasis errechnet (vgl. *Borstell*, 2003, S. 341 f.).

Das Anwendungsgebiet der Wiederverkaufspreismethode liegt vor allem dort, wo mit dem Einsatz der Preisvergleichsmethode kein zulässiger Verrechnungspreis ermittelt werden kann. Um diese Methode einsetzen zu können, darf der Wert der gehandelten Ware durch den Wiederverkäufer nur geringfügig verändert werden. Dies ist insbesondere dann der Fall, wenn der Wiederverkäufer lediglich Vertriebsfunktionen übernimmt und das unternehmerische Risiko in der Produktion zu finden ist (vgl. *Jacobs*, 2007, S. 755).

6.4.2.2.3 Kostenaufschlagsmethode

Bei der **Kostenaufschlagsmethode** wird der Verrechnungspreis progressiv ermittelt. Die Selbstkosten der liefernden Konzerneinheit sind dabei um einen branchenüblichen Gewinnzuschlag zu erhöhen, um zum Verrechnungspreis zu gelangen, den das liefernde dem beziehenden Konzernunternehmen in Rechnung stellt. Dabei sollen stets Kalkulationsmethoden zur Anwendung kommen, die auch für Lieferungen an Konzernfremde eingesetzt werden. Allerdings sind direkt vergleichbare Gewinnaufschläge nur in den wenigsten Fällen gegeben. Aus diesem Grunde sind die Aufschläge in Abhängigkeit von den übernommenen Funktionen und Risiken des produzierenden Unternehmens und der vorherrschenden Marktsituation anzupassen (vgl. *Crüger/ Ritter*, 2004, S. 497). Für das Beispielunternehmen Baufix AG sind als Ausgangspunkt die Selbstkosten mit den Ausprägungen Plankosten (Art der Kosten) und Vollkosten (Umfang der Kosten) heranzuziehen. Bei einem branchenüblichen Gewinnaufschlag von 20 % ergibt sich somit ein Verrechnungspreis für Dachpfannen von 35×1,2 = 42 €/qm und für Isoliermaterial von 55×1,2 = 66 €/qm.

Bei der praktischen Anwendung der Methode sind zwei Problembereiche zu berücksichtigen: Die Bestimmung der Kostenkomponenten und die Festsetzung einer angemessenen Gewinnspanne (vgl. *Jacobs*, 2007, S. 756). Die Berechnung der Kosten kann auf **Ist-, Normal- oder Plankostenbasis** erfolgen. Häufig wird dem Einsatz von Ist-Kosten der Vorzug gegeben, da so keine Probleme aus eventuell zu berücksichtigenden Leerkosten entstehen und somit eine höhere Nachprüfbarkeit wie auch ein geringerer Manipulationsspielraum gegeben sind (vgl. *Jacobs*, 2007, S. 757). Für Plankosten spricht hingegen die Tatsache, dass unwirtschaftliches Verhalten des produzierenden Bereiches nicht uneingeschränkt auf den Abnehmer umgewälzt werden kann, und sie daher besser das arm's-length-principle erfüllen.

Die Festsetzung einer angemessenen Gewinnspanne sollte unter Beachtung des von der produzierenden Konzerneinheit getragenen Risikos vorgenommen werden. Weiterhin ist die Höhe des Gewinnzuschlags davon abhängig, ob für den innerkonzernlichen Transfer eine hohe oder eine niedrige Kostenbasis zugrunde gelegt wird. Die Ermittlung der Herstellungskosten kann sowohl auf Teil- als auch auf Vollkostenbasis erfolgen. Die bestehenden Wahlrechte sind allerdings im Einklang mit der Bewertungspraxis gegenüber Konzernfremden auszuüben (vgl. *Jacobs*, 2007, S. 755). Zudem wird prinzipiell von der Finanzverwaltung der Ansatz von Verrechnungspreisen auf Vollkostenbasis gefordert, da marktwirtschaftliche Unternehmen nur dann dauerhaft überleben können, wenn fixe und variable Kosten gedeckt sind und ein bestimmter Mindestgewinn erzielt wird. Werden dennoch die Herstellungskosten auf Teilkostenbasis berechnet, sollte ein hoher Gewinnzuschlag angesetzt werden, da noch Bestandteile der angefallenen Kosten abzugelten sind (vgl. *Borstell*, 2003, S. 342).

Prinzipiell findet die Kostenaufschlagsmethode immer dann Anwendung, wenn ein Vergleichspreis nicht ermittelbar ist und es sich bei dem Hersteller der Leistung um einen einfachen Fertigungsbetrieb handelt (vgl. *Gehauf*, 2004, S. 160 f.). Diese Voraussetzungen werden vor allem von Vorprodukten und Vorleistungen erfüllt. Weiterhin bietet es sich an, diese Methode im Dienstleistungsbereich sowie bei Produzenten von Konsumgütern und im Handel anzuwenden, soweit das unternehmerische Risiko vom Vertrieb getragen wird (vgl. *Weber* et al., 2004b, S. 32).

6.4.2.3 Die Bestimmung von Verrechnungspreisen aus Sicht des Controlling

Jenseits der Vorschriften der Finanzverwaltung bieten sich aus rein betriebswirtschaftlicher Sicht grundsätzlich drei Möglichkeiten zur Ermittlung von Verrechnungspreisen an (vgl. *Weber/Schäffer*, 2008, S. 208 ff.): Auf Marktpreisen basierende Verrechnungspreise, kostenorientierte Verrechnungspreise und solche, die aus den Verhandlungen zwischen den Bereichen hervorgehen, welche die innerkonzernliche Leistung anbieten und nachfragen.

6.4.2.3.1 Marktorientierte Verrechnungspreise

Für die Bestimmung eines **marktorientierten Verrechnungspreises** werden Preise als Verrechnungsbasis herangezogen, die beim Leistungsaustausch mit unabhängigen Dritten am externen Markt beobachtet werden können. Diese sind um solche Kostenbestandteile zu korrigieren, die zwar in dem am externen Markt gültigen Preis enthalten sind, bei einem innerbetrieblichen Tausch aber nicht anfallen. Dazu gehören beispielsweise Absatz- oder Versandkosten. Im Gegenzug sind aber etwa innerbetriebliche Transportkosten hinzuzurechnen (vgl. *Ewert/Wagenhofer*, 2008, S. 590). Im Beispiel der Baufix AG wäre bei Verwendung marktbasierter Verrechnungspreise für die Isolierstoffe der externe Marktpreis von 52 €/qm anzusetzen, für die Dachpfannen wäre der Abgabepreis gegenüber Dritten von 50 €/qm jedoch noch anzupassen. Die

Sondereinzelkosten des Vertriebs in Höhe von 4 €/qm werden in dieser Höhe nicht beim Leistungsaustausch zwischen zwei Abteilungen auftreten, da die Vertriebsprovision für den Zwischenhandel entfällt. Der Verrechnungspreis könnte demnach zwischen 46 und 50 €/qm liegen.

Von Marktpreisen geht grundsätzlich eine hohe Motivationswirkung aus: Sie begründen einen Wirtschaftlichkeitsdruck auf den liefernden Bereich. Zudem tragen sie zu einem unverzerrten Ausweis des Bereichserfolges bei (vgl. *Coenenberg* et al., 2007, S. 699). Die Erfolgsermittlungsfunktion kann also als erfüllt betrachtet werden. Für viele innerbetriebliche Leistungen lassen sich jedoch keine Marktpreise ermitteln. Müssen Marktpreise aus unvollkommenen Märkten abgeleitet werden, z.B. wenn Rabatte und Skonti je nach Kunde gewährt werden, können sie ihre Koordinationsfunktion nur eingeschränkt erfüllen. Schließlich bleiben starke Synergieeffekte bei marktorientierten Verrechnungspreisen unberücksichtigt. Eine gesamtzieloptimale Koordination kann daher nur im Falle der Existenz vollkommener Märkte erreicht werden (vgl. *Horváth*, 2009, S. 529 f.; *Küpper*, 2008, S. 432).

6.4.2.3.2 Kostenorientierte Verrechnungspreise

Insbesondere aufgrund der regelmäßigen Abwesenheit externer Märkte für intern transferierte Leistungen sind alternative Methoden zur Ermittlung von Verrechnungspreisen zu erschließen. In der Praxis am weitesten verbreitet sind **kostenorientierte Verrechnungspreise**, die sich an den mit der Bereitstellung der Leistung verbundenen Kosten ausrichten (vgl. *Weber* et al., 2004b, S. 20; *Ewert/Wagenhofer*, 2008, S. 592). Sie basieren auf den wertmäßigen Kosten, die sich – wie bereits im Zusammenhang mit der Kostenaufschlagsmethode erwähnt – nach ihrem Zeitbezug in **Ist- und Plankosten** und nach ihrem sachlichen Umfang in **Voll- und Teilkosten** differenzieren lassen (vgl. *Coenenberg* et al., 2007, S. 702). Das Controlling muss folglich einerseits festlegen, ob sämtliche oder nur ein Teil der Kosten des leistenden Bereiches verrechnet werden sollen. Andererseits muss es abwägen, ob die bereits realisierten Ist-Kosten oder die als Kostenvorgaben zu verstehenden Plankosten die Grundlage für kostenorientierte Verrechnungspreise bilden sollen. Darüber hinaus stehen mit den **Knappheitspreisen** und den **dualen Verrechnungspreisen** zwei weitere Verfahren zur Verfügung, die hinsichtlich ihrer Einsetzbarkeit zu beurteilen sind.

6.4.2.3.2.1 Vollkosten- vs. grenzkostenorientierte Verrechnungspreise

Erfolgt die innerbetriebliche Leistungsverrechnung auf Basis einer **Vollkostenkalkulation,** werden den leistungsempfangenden Bereichen sämtliche Kosten angelastet. Ihre Kostensituationen entsprechen dann denen, die entstehen würden, wenn sie die bezogenen Leistungen selbst erstellt hätten (vgl. *Coenenberg* et al., 2007, S. 703). Im Fall der beiden Produkte der Baufix AG werden den abnehmenden Divisionen die mittels der Lohnzuschlagskalkulation ermittelten Kosten angelastet. Diese beinhalten auch die anteiligen fixen Fertigungsgemeinkosten. Legt man Plankosten zugrunde, so beläuft sich der Preis für die Dachpfannen auf 35 €/qm und für die Isolierstoffe auf 55 €/qm.

Insgesamt können Vollkostenpreise die Koordinationsfunktion nur sehr eingeschränkt erfüllen. Sie können zwar zu der Etablierung eines ausgeprägteren Kostenbewusstseins in den beziehenden Bereichen führen. Denn bei der alleinigen Verrechnung von variablen Kosten lassen die Bereichsmanager der abnehmenden Divisionen möglicherweise außer Acht, dass sie nur mit einem Teil der mit der Leistungsbereitstellung verbundenen Kosten belastet werden. Daraus resultiert ein fehlendes Bewusstsein für die tatsächliche Höhe der Kosten, die entstanden sind (vgl. *Ewert/Wagenhofer*, 2008, S. 600). Insofern ergibt sich ein Anreiz zu einer kostenbewussteren Leistungsnachfrage. Es besteht aber zugleich das für die Vollkostenrechnung typische Problem, dass die Gemeinkosten bei der Fertigung mehrerer Produkte diesen häufig nicht verursachungsgerecht zugerechnet werden können. Wenn keine verursachungsadäquate Zurechnung möglich ist, werden mitunter die abnehmenden Bereiche mit Kosten belastet, obwohl sie für ihre Verursachung nicht verantwortlich sind (vgl. *Coenenberg* et al., 2007, S. 703; *Weber/Schäffer*, 2008, S. 208). Die Erfolgsermittlungsfunktion kann dementsprechend nicht zufrieden stellend ausgeführt werden. Zugleich hat die abgebende Einheit bei garantierter Kostendeckung keinen Anreiz zur wirtschaftlichen Gestaltung des Leistungsangebotes. Allerdings können entstehende Leerkapazitäten auf eine nicht sachgerechte Dimensionierung fixkostendeterminierender Strukturen hinweisen.

Als Alternative zu vollkostenorientierten Preisen bieten sich Verrechnungspreise auf **Grenzkostenbasis** an. Bei der grenzkostenorientierten Verrechnung werden die Empfänger innerbetrieblicher Leistungen nur mit den aufgrund ihrer Erstellung zusätzlich entstehenden Kosten belastet. Die Fixkosten der unterstützenden Bereiche werden den empfangenden Einheiten nicht mehr anteilig zugeordnet. Der Division Baustoffe der Baufix AG sind somit sämtliche variable Kostenbestandteile der Erzeugnisse zu ersetzen. Somit wäre für Dachpfannen bzw. Isolierstoffe ein interner Verrechnungspreis in Höhe von 29 €/qm bzw. 40 €/qm anzusetzen.

Mit der Verrechnung von Grenzkosten kann die Koordinationsfunktion unter bestimmten Voraussetzungen optimal erfüllt werden. Die notwendigen Voraussetzungen konkretisieren sich in der Abwesenheit von Beschäftigungsengpässen und der fehlenden Möglichkeit, das intern zu transferierende Produkt am externen Markt absetzen zu können. Liegen diese Bedingungen vor, ist der Transfer interner Leistungen zu den Grenzkosten unter der Prämisse der Gewinnmaximierung sowohl aus den Perspektiven der liefernden und abnehmenden Bereiche als auch aus Gesamtunternehmenssicht optimal, solange für das Endprodukt am Absatzmarkt ein Preis erzielt werden kann, der über den Grenzkosten des Unternehmens liegt. Diese setzen sich aus den Grenzkosten des liefernden Bereiches und den Grenzkosten des beziehenden Bereiches zusammen (vgl. *Coenenberg* et al., 2007, S. 705 f.). Der Bezug interner Leistungen sowie ihre Weiterverarbeitung sind dann sowohl für die einzelnen Bereiche als auch für das Unternehmen insgesamt als vorteilhaft einzustufen. Eine dezentral, auf Basis der Grenzkosten getroffene Entscheidung führt sodann zum gleichen Ergebnis wie die zentrale Entscheidung. Unter den genannten Voraussetzungen werden nämlich die zusätzlichen Kosten, die in den entsprechenden Bereichen aufgrund der Erhöhung der Ausbringungsmenge entstehen, durch den Erlös, der mit dem Endprodukt am externen Markt erzielt werden kann, gedeckt. Diesen Vorzügen steht der

Nachteil eines verzerrten Erfolgsausweises der dezentralen Einheiten und somit eine nicht hinreichende Erfüllung der Erfolgsermittlungsfunktion gegenüber. Die Aufteilung des Gesamtgewinns erfolgt willkürlich. Während die abnehmenden Einheiten einen Gewinn ausweisen, der nicht vollständig auf ihre Leistungen zurückzuführen ist, werden die unterstützenden Bereiche infolge der Fixkostenbelastung benachteiligt (vgl. *Weber/Schäffer*, 2008, S. 209).

6.4.2.3.2.2 Plan- vs. istkostenorientierte Verrechnungspreise

Es ist bereits erwähnt worden, dass bei der Ermittlung der kostenorientierten Verrechnungspreise neben der Festlegung auf Grenz- oder Vollkostenbasis eine Wahl zwischen Plan- oder Ist-Größen zu treffen ist. Auf das Beispiel der Baufix AG bezogen ist es bei der Ermittlung der auf **Grenzkosten basierenden Verrechnungspreise** insofern unerheblich, ob Plan- oder Ist-Kosten zugrunde gelegt werden, als aus den Beispielsdaten keine **Abweichung zwischen Plan- und Ist-Kosten** erkennbar ist. Es ergibt sich also sowohl bei der Verrechnung der Ist- als auch der Plankosten ein Verrechnungspreis von 29 €/qm für die Dachpfannen und 40 €/qm für die Isolierstoffe.

Hat sich das Controlling hingegen für eine Ermittlung von **vollkostenorientierten Verrechnungspreisen** entschieden, ergeben sich bei der Verwendung von Ist-Kosten im Vergleich zu der auf Plankosten basierenden Berechnung erhebliche Verschiebungen. Auf der Basis von Plankosten werden für die Lieferung von Dachpfannen 35 €/qm, für Isolierstoffe 55 €/qm verrechnet. Werden bei der Baufix AG die internen Verrechnungspreise jedoch auf Basis der Ist- anstelle der Plankosten ermittelt, werden die anteiligen Fertigungsgemeinkosten von 150.000 € beim Isoliermaterial auf 5.000 statt 10.000 qm geschlüsselt. Damit verdoppelt sich der Zuschlag für Fertigungsgemeinkosten stückbezogen von 15 €/qm auf 150.000 €/5.000 qm = 30 €/qm, während sich der Zuschlag für die Dachpfannen nur leicht von 6 €/qm auf 150.000 €/30.000 qm = 5 €/qm vermindert. Demzufolge ergeben sich Vollkostenpreise auf Ist-Kostenbasis in Höhe von 34 €/qm für die Dachpfannen und 70 €/qm für das Isoliermaterial.

Auf Ist-Kosten basierende Verrechnungspreise führen zwar zu einer vollständigen Deckung der Kosten des liefernden Bereiches. Zugleich ist mit der Verwendung von **Ist-Kosten** aber der Nachteil einer erheblichen Planungsunsicherheit der beziehenden Bereiche verbunden. Sie tragen das Risiko von Kostenschwankungen und wissen erst im Nachhinein, wie hoch der Verrechnungspreis und damit der ihnen angelastete Betrag ausfällt (vgl. *Weber* et al., 2004b, S. 20). Die angestrebte Koordinationsfunktion lässt sich für zukunftsgerichtete Entscheidungen daher nur mit Plankosten erfüllen. Die Rechnung mit **Plankosten** auf Vollkostenbasis kann im Falle auftragsabhängiger Veränderungen, die eine Abweichung der Mengenangaben vom prognostizierten Wert zur Folge haben, zu einer Kostenüber- oder Kostenunterdeckung führen. Im Beispielsfall würden die realisierten Produktionsmengen die fixen Fertigungsgemeinkosten von insgesamt 300.000 € mit 30.000 qm×6 €/qm + 5.000 qm×15 €/qm = 255.000 € deutlich unterdecken. Bei Unterschreitung der Planmengen trägt der liefernde Bereich das Risiko ungedeckter Fixkosten, hier in Höhe von 45.000 €. Aus diesem Grunde ist es wichtig, dass die Cost Center über keine völlige Planungsfreiheit verfügen. Sie sind hinsichtlich der zu meldenden Planmengen zu einer höheren Prognosequalität zu motivieren. Die Planansätze sollten sich an den Bedarfsmengen des Vorjahres orientieren. Die Leistungsabnehmer haben hingegen die Sicherheit, dass sich mit einer verringerten Inanspruchnahme auch die Belastung aus der innerkonzernlichen Leistungsverrechnung vermindert. Ob Ist- oder Plankosten eher der Erfolgsermittlungsfunktion gerecht werden, lässt sich schließlich ohne einen differenzierten Blick auf die Gründe der Kostenschwankungen nicht beantworten. Im Falle der Verrechnung von Ist-Kosten ergibt sich ein verzerrter Erfolgsausweis, indem im Leistungsbereich verursachte Unwirtschaftlichkeiten zu einer höheren Kostenbelastung der beziehenden Bereiche führen. Basieren hingegen Abweichungen von den verrechneten Plankosten auf Beschäftigungsabweichungen, die der beziehende Bereich verantwortet, weil er die Bezugsmenge bestimmt, erscheint hingegen die Belastung des liefernden Bereiches mit ungedeckten Fixkosten wenig verursachungsgerecht. Insofern ist zu konstatieren, dass sowohl auf Ist- als auch auf Plankosten basierende Verrechnungspreise die Erfolgsermittlungsfunktion nur bedingt erfüllen.

6.4.2.3.2.3 Knappheitspreise (opportunitätskostenbasierte Verrechnungspreise)

Für die Berechnung von Verrechnungspreisen können grundsätzlich auch **Opportunitätskosten** herangezogen werden (sog. Knappheitspreise, vgl. *Coenenberg* et al., 2007, S. 714 ff.). Opportunitätskosten sind insbesondere bei Kapazitätsbeschränkungen relevant. Sie reflektieren den entgangenen Erfolg aus einer verdrängten Handlungsalternative. Unter der Berücksichtigung dieses entgangenen Nutzens ergeben sich Verrechnungspreise aus den Grenzkosten einer Leistung und des Deckungsbeitrages einer verdrängten alternativen Leistung (vgl. *Coenenberg* et al., 2007, S. 715). Auf das Beispiel bezogen bedeutet dies, dass bei der Berechnung des Verrechnungspreises für Isolierstoffe die entgehenden Deckungsbeiträge für Dachpfannen zu berücksichtigen sind. Diese belaufen sich auf 50 − (35 − 6) = 21 €/qm. Die fixen Fertigungsgemeinkosten sind dabei nicht relevant, da sie durch Veränderungen in der Zusammensetzung der Produktionsmengen unverändert bleiben. Damit würde ein auf dem Ansatz der Opportunitätskosten basierender Preis für eine Einheit Isolierstoff (55 − 15) + 21 = 61 €/qm betragen. Der auf Opportunitätskosten beruhende Preis beläuft sich für Dachpfannen auf 50 €/qm. Denn sobald mehr Kapazitäten für die Fertigung von Dachziegeln zur Verfügung stehen, können diese bei einem Stückdeckungsbeitrag von 21 €/qm auch zu 50 €/qm veräußert werden.

Die Berücksichtigung von Opportunitätskosten lenkt die knappen Faktoren in die optimale Verwendungsrichtung. Im Gegensatz zur Koordinationsfunktion wird allerdings die Erfolgsermittlungsfunktion von diesen Verrechnungspreisen nicht erfüllt. Die Engpassabteilungen weisen zu Lasten der empfangenden Einheiten einen zu hohen Gewinn aus. Es erfolgt demnach keine leistungsbezogene Gewinnallokation (vgl. *Coenenberg* et al., 2007, S. 715). Weitere Schwierigkeiten ergeben sich bei der konkreten Bestimmung der Opportunitätskosten. Bei einem Engpass ist die relative Deckungsspanne zu ermitteln, bei mehreren Engpässen ein lineares Programm aufzustellen. Die Folge dieser Verfahren ist die Aufgabe des Dezentralisationsprinzips der Verrechnungspreise: Eine zentrale Entscheidung bei simultaner Planung.

6.4.2.3.2.4 Duale Verrechnungspreise

Vorstellbar ist auch eine Kombination verschiedener Berechnungsverfahren im Sinne zweistufiger Verrechnungspreisschemata (vgl. *Ewert/Wagenhofer*, 2008, S. 604 ff.). Für liefernde und abnehmende Einheiten werden unterschiedliche Preise angesetzt (**dualer Verrechnungspreis**). Damit können die Vorteile grenz- und vollkostenorientierter Verrechnungspreise miteinander kombiniert werden. Zur Erfüllung der Koordinationsfunktion gibt der unterstützende Bereich die transferierte Leistungsmenge zu Grenzkosten ab. Damit wird die gewünschte Leistungsinanspruchnahme nachhaltig gefördert. Um aber auch einen gerechten Erfolgsausweis zu ermöglichen, ist der Leistungserbringer periodisch um die Höhe der Fixkosten zu entlasten. Eine permanente Kostenunterdeckung in diesem Bereich wird so vermieden. Den finanziellen Ausgleich kann die Zentrale übernehmen; alternativ können die beziehenden Bereiche periodisch in Höhe der Fixkosten belastet werden. Für die Baufix AG würden damit die beziehenden Divisionen für die Dachpfannen 29 €/qm bzw. für die Isolierstoffe 40 €/qm zahlen, während die Zentrale entweder die Fixkosten in Höhe von 300.000 € übernimmt oder die Differenz zwischen den beiden verrechneten Preisen auf Basis der Planmengen ersetzt. In beiden Fällen beträgt die Kostenunterdeckung in der Zentrale 300.000 €.

6.4.2.3.3 Ausgehandelte Verrechnungspreise

Neben den bisher betrachteten Ermittlungsmethoden, bei denen die Höhe der Verrechnungspreise zentral festgelegt wird, besteht zudem die Möglichkeit Verrechnungspreise zu bestimmen, indem sie von dem leistenden und dem leistungsbeziehenden Bereich ausgehandelt werden (vgl. hier und im Folgenden *Ewert/Wagenhofer*, 2008, S. 615). Das **Aushandeln** beinhaltet die größtmögliche Autonomie für die beiden Parteien. Die Gestaltungsfreiheit führt zu einer hohen Motivation der Beteiligten und einer besseren Information über die gegenseitige Kosten- bzw. Erlössituation. Sie stellt aber eine konfliktbeladene und zeitintensive Methode dar, die sich im Hinblick auf die intendierte Koordinationsfunktion nur wenig eignet. Schließlich lässt sich das Verhandlungsergebnis innerhalb des Einigungsbereiches nur schwer vorhersagen, da es entscheidend vom Verhandlungsgeschick der Bereichsmanager abhängt. So lässt sich auch für das Beispiel der Baufix AG das mögliche Ergebnis des Aushandelns nicht konkretisieren. Dementsprechend kann das Aushandeln von Verrechnungspreisen auch im Hinblick auf die Erfolgsermittlungsfunktion nicht als adäquat bezeichnet werden. Die Bereichserfolge reflektieren schließlich nur den Ausgang der Verhandlung, nicht aber die Fähigkeit der Einheiten zur effizienten Leistungserstellung und -verwertung.

6.4.2.4 Vergleich der Ermittlungsmethoden

Die Ergebnisse der verschiedenen steuerrechtlich anerkannten Ermittlungsmethoden für internationale Verrechnungspreise sowie der controllingbasierten Ansätze zur Bestimmung von Verrechnungspreisen werden in der Tabelle 6.2 zusammengefasst.

Verrechnungspreis	Division Solarbau (in €/qm)	Baudivision (in €/qm)	Auswirkungen Unternehmen
Steuerplanung			
Preisvergleichsmethode	50	52	–
Wiederverkaufspreismethode	–	61	–
Kostenaufschlagsmethode	42	66	–
Controlling			
Marktpreise	46-50	52	–
Vollkosten – Plankostenbasis	35	55	Unterdeckung: 45.000 €
Vollkosten – Ist-Kostenbasis	34	70	–
Grenzkosten	29	40	–
Opportunitätskosten	50	61	–
Dualer Verrechnungspreis	29 (Kaufpreis) 35 (Verkaufspreis)	40 (Kaufpreis) 55 (Verkaufspreis)	Unterdeckung: 300.000 €
Aushandeln	?	?	–

Tab. 6.2: Verrechnungspreise im Beispielsfall aus Sicht von Steuerplanung und Controlling

Eine Gegenüberstellung der Ergebnisse der verschiedenen steuerrechtlich anerkannten bzw. aus dem Controlling stammenden Verfahren zur Bestimmung der Verrechnungspreise zeigt erhebliche Spannweiten bei der Höhe der Verrechnungspreise. Diese schwanken zwischen 29 und 50 €/qm bei den Dachpfannen sowie zwischen 40 und 70 €/qm bei den Isolierstoffen. Allein beim Vorliegen von Marktpreisen scheint sich der Ermessensspielraum bei der Preissetzung erheblich einzugrenzen. So führt die steuerrechtlich anerkannte Preisvergleichsmethode zu Verrechnungspreisen von 50 €/qm für Dachpfannen und 52 €/qm für die Isolierstoffe. Aus Sicht des Controlling wird bei Anwendung von Marktpreisen für Isolierstoffe mit 52 €/qm der gleiche Preis angesetzt, während für Dachpfannen zwischen 46 €/qm und 50 €/qm ein kleiner Preissetzungsspielraum besteht. Insgesamt erscheint angesichts der Vielzahl grundsätzlich möglicher Verrechnungspreise und der erheblichen Spannen die Frage nach dem steuer- und controllingadäquaten internationalen Verrechnungspreis aber noch nicht befriedigend beantwortet.

6.4.3 Gestaltung steuer- und controllingadäquater internationaler Verrechnungspreissysteme

Für die Empfehlung eines bestimmten Verrechnungspreissystems sind die **Ziele von Steuerplanung und Controlling** integriert zu berücksichtigen. Als mögliche **Beurteilungskriterien** bieten sich die im Abschnitt 6.4.1.3 aus den Zielen von Steuerplanung und Controlling abgeleiteten Aufgaben an:
- Erfüllung der Koordinationsfunktion,
- Minimierung der Konzernsteuerquote (u. a. über die Verlagerung von Gewinnen in Niedriglohnländer),
- Erfüllung der Erfolgsermittlungsfunktion sowie
- steuerlicher Goodwill (Minimierung des Betriebsprüfungsrisikos).

Darüber hinaus sind sicherlich weitere Anforderungen vorstellbar, die situations- oder unternehmensspezifisch Anwendung finden können, u. a. die aus Controlling-Perspektive auch wichtige Motivations- und Anreizfunktion, die für den steuerlichen Goodwill nicht unwesentliche Konstanz des Verrechnungspreissystems oder aus einer eher pragmatischen Sichtweise die interkulturelle Kompatibilität sowie der interne Informationsbeschaffungs- und -verarbeitungsaufwand.

Zunächst sollen aus der Vielzahl theoretisch möglicher Kombinationen aus Steuer- bzw. Controlling-Perspektive motivierter Verrechnungspreise die anwendbaren Verrechnungspreiskombinationen herausgearbeitet werden. Dabei werden Kombinationen mit den aus Controlling-Perspektive denkbaren Verrechnungspreisen zu Opportunitäts- bzw. Grenzkosten wegen ihrer fehlenden steuerrechtlichen Anerkennung nicht weiter problematisiert. Für die verbleibenden Kombinationen von Ermittlungsmethoden wird darauf eingegangen, inwiefern sie die zuvor dargestellten vier Leitkriterien erfüllen.

Die Anwendung eines sowohl der **Preisvergleichsmethode** als auch dem Konzept **marktpreisorientierter Verrechnungspreise** gerecht werdenden Verrechnungspreises sollte infolge der ähnlichen Ansatzpunkte leicht möglich sein. Bei der Preisvergleichsmethode orientiert sich die Preisbildung an externen Märkten bzw. an Transaktionen mit Konzernfremden. An diesem Punkt setzen auch die vom Controlling verwandten marktorientierten Verrechnungspreise an, deren Höhe durch Marktpreise zuzüglich etwaiger Modifikationen determiniert wird. Generell ergibt sich in den Fällen, in denen keine Modifikationen an marktpreisorientierten Verrechnungspreisen vorgenommen werden, ein identischer Preis wie bei der steuerlich anerkannten Preisvergleichsmethode. In dem Beispiel trifft dies etwa auf die Isolierstoffe zu (vgl. Tabelle 6.2). Der Erfolgsermittlungsfunktion wird durch den Einsatz marktpreisorientierter Verrechnungspreise gut entsprochen. Die Koordinationsfunktion kann von Marktpreisen nur unter der Voraussetzung eines vollkommenen Marktes gänzlich erfüllt werden. Diese für den sinnvollen Einsatz marktpreisorientierter Verrechnungspreise erforderliche Prämisse ist aber nur selten erfüllt, da häufig hohe Synergieeffekte im Falle interner Leistungserbringung vorliegen dürften. Auch bezüglich der Höhe der Steuerlast kann keine pauschale Einschätzung vorgenommen werden, da diese von der Höhe des Vergleichspreises abhängt. Die Sicherheit und Unabhängigkeit kann hingegen als hoch eingestuft werden, da von der Finanzverwaltung die Preisvergleichsmethode aufgrund ihrer sehr guten Erfüllung des Fremdvergleichsgrundsatzes präferiert wird. So belegen empirische Studien, dass marktbasierte Verrechnungspreise umso häufiger eingesetzt werden, desto wichtiger legale Variablen, d. h. Steuern, Kartellgesetz und Rechnungslegungsvorschriften, für die multinationalen Unternehmen sind (vgl. *Al-Eryani* et al., 1990, S. 409 ff.).

Grundsätzlich ist auch die kombinierte Verwendung von **Preisvergleichsmethode** und **verhandlungsbasierten Verrechnungspreisen** möglich. Allerdings wird das Verhandlungsintervall, in dem der ausgehandelte Verrechnungspreis liegen darf, erheblich durch den Preis eingeschränkt, der sich infolge des Fremdvergleichs ergibt. Bei zu starken Abweichungen ist mit einer Nichtanerkennung seitens der Finanzverwaltung zu rechnen. Die Koordinations- und Erfolgsermittlungsfunktion kann nur in geringem Maße erfüllt werden. Über den Umfang der Steuerlast kann analog zur obigen Kombination keine pauschale Angabe gemacht werden. Positiv ist allerdings die zu erwartende hohe Sicherheit und Unabhängigkeit zu werten, da von einem geringen Betriebsprüfungsrisiko auszugehen ist.

Kostenorientierte Verrechnungspreise lassen sich nicht gemeinsam mit der **Preisvergleichsmethode** anwenden. Die Ausgangspunkte der beiden Ansätze sind zu gegensätzlich: Während sich kostenbasierte Verrechnungspreise an innerbetrieblichen Größen der leistenden Konzerngesellschaft orientieren, knüpft die Preisvergleichsmethode an Preisen an, die sich auf externen Märkten einstellen.

Hingegen ist eine Kombination aus **kostenorientierten Verrechnungspreisen** und **Kostenaufschlagsmethode** ohne Weiteres möglich. Allerdings empfiehlt sich bei dieser Verrechnungspreiskombination eine differenzierte Betrachtung von Voll- und Teilkosten. Auf Teilkosten basierende Verrechnungspreise dürften zu Problemen mit der deutschen Finanzverwaltung führen, da diese den Ansatz von Vollkosten befürwortet. Beim Ansatz von Vollkosten stellt sich hingegen das Problem der mangelhaften Erfüllung der Koordinationsfunktion. Weder auf Voll- noch auf Teilkostenbasis vermag diese Verrechnungspreiskombination die Erfolgsermittlungsfunktion zu erfüllen. Allerdings kommt es zu einer relativ guten Steuerminimierung, weil Gewinnverlagerungen in vergleichsweise großem Umfang möglich sind. Es ergibt sich ein niedriger Verrechnungspreis, da seine Höhe durch die innerkonzernlich angefallenen Kosten zuzüglich einer Gewinnmarge bestimmt ist und der Wiederverkaufspreis unberücksichtigt bleibt. Allerdings könnte die geringe Preishöhe Misstrauen bei der Finanzverwaltung auslösen.

Bei der Anwendung der **Kostenaufschlagsmethode** ist prinzipiell eine Kombination mit **verhandlungsbasierten Verrechnungspreisen** möglich. Jedoch ist auch hier das Verhandlungsintervall stark eingeschränkt, da sich der ausgehandelte Verrechnungspreis mit dem mittels der Kostenaufschlagsmethode ergebenden Preis vereinbaren lassen muss. Analog zur obigen Kombination wird die Zielsetzung der Steuerminimierung gut erreicht, während die Sicherheit und Unabhängigkeit nur schlecht erfüllt sind. Den Funktionen der Koordination und Erfolgsermittlung wird nicht hinreichend entsprochen.

Die Verknüpfung von **Kostenaufschlagsmethode** und **marktpreisorientierten Verrechnungspreisen** schließt sich hingegen aus, da die Finanzverwaltung die Anwendung der Preisvergleichsmethode fordert, wenn Marktpreise ermittelbar sind.

Kommt die **Wiederverkaufspreismethode** zum Einsatz, bietet sich eine Kombination mit **verhandlungsbasierten Verrechnungspreisen** an. Bei der Anwendung verhandelter Verrechnungspreise wird die Koordinationsfunktion zumeist nur unbefriedigend erfüllt. Auch der Erfolgsermittlungsfunktion wird nur eingeschränkt entsprochen. Wie gut die Zielsetzung der Minimierung der Konzernsteuerquote erreicht wird, ist generell unklar, da sie von der Höhe des Verrechnungspreises abhängt. Allerdings ist eine vergleichsweise hohe Steuerlast zu erwarten, da im Rahmen der retrograden Rechnung von einem relativ hohen Wiederverkaufspreis nur die Kosten der Weiterverarbeitung sowie die Gewinnmarge abgezogen werden. Aufgrund des zu erwartenden hohen Verrechnungspreises dürfte das Risiko nachteiliger Betriebsprüfungen gering sein.

Eine Kombination der **Wiederverkaufspreismethode** mit **Marktpreisen** ist nicht möglich. Zwar setzen beide Verfahren bei Marktpreisen an, jedoch beziehen sich diese jeweils auf unterschiedliche Märkte. Die Wiederverkaufspreismethode berücksichtigt den Preis, der für Fertigerzeugnisse erzielt wird, während marktpreisorientierte Verrechnungspreise sich auf das Zwischenprodukt beziehen.

Ebenfalls unmöglich ist der kombinierte Einsatz von **Wiederverkaufspreismethode** und **kostenorientierten Verrechnungspreisen**. Während das steuerliche Verfahren bei dem Wiederverkaufspreis abzüglich der beim Wiederverkäufer anfallenden Kosten ansetzt, beziehen sich Letztere auf die Kosten der leistenden Konzerngesellschaft.

Eine weitere Möglichkeit liegt in der Implementierung eines **dualen Verrechnungspreissystems**. Dabei kann die Bezeichnung dual nicht nur für die bereits angesprochene Bewertungsmethode des Controlling stehen, nach der Verrechnungspreise für liefernde und beziehende Konzerngesellschaften eine unterschiedliche Höhe annehmen, sondern auch für den Einsatz unterschiedlicher Verrechnungspreise für interne Leistungsverrechnung und externe Rechnungslegung (vgl. *Kreuter*, 1999, S. 37). Mithilfe gespaltener Verrechnungspreise kann zumeist eine verbesserte Koordinationsfunktion erzielt werden. Beispielsweise kann ein Unternehmen für bestimmte, auf betriebseigenen Deponien entsorgte Abfallarten einen erhöhten internen Verrechnungspreis ansetzen, um damit die strategische Zielsetzung der Verringerung bestimmter Abfälle bzw. der Vermeidung ihrer nicht dem Stand der Technik entsprechenden Entsorgung in Drittstaaten zu fördern. Dazu werden die internen Verrechnungspreise für unsortierte Abfälle bzw. Reststoffe durch einen Malus verteuert. Adressaten sind die verschiedenen Cost Center, die durch verstärkte Maßnahmen zur Abfallvermeidung bzw. recyclinggerechtes Trennen der Reststoffe die Herstellkosten der in ihrem Bereich erzeugten Produkte senken können. Langfristig soll damit der Export von Umweltschutzproblemen eingedämmt, nach neuen Wegen der Abfallvermeidung gesucht und die Substitution von Stoffen, die mit einem hohen Malus zum Verrechnungspreis belastet sind, gefördert werden. Allerdings ist die Akzeptanz seitens der Mitarbeiter bei einem solchen System äußerst fraglich, da sich der Konzern bei Einsatz zweier verschiedener Preise zuweilen selbst widerspricht. Zudem sind die erhöhten Kosten für die zusätzliche Systempflege und die gesteigerten Komplexitätskosten zu berücksichtigen (vgl. *Weber* et al., 2004b, S. 26). Ferner ziehen multiple Verrechnungspreise die Aufmerksamkeit der Finanzverwaltung auf sich, da sie steuerlich motivierte Gestaltungen vermutet.

Beurteilungskriterien Verfahrenskombinationen (Steuerlich/Controlling)	Koordination	Erfolgs- ermittlung	Minimierung Steuerquote	Sicherheit und Unabhän- gigkeit
Preisvergleichsmethode/ Marktpreise	+0	++	?	++
Preisvergleichsmethode/ verhandlungsbasierte Verrechnungspreise	-	-	?	++
Kostenaufschlagsmethode/ vollkostenorientierte Verrechnungspreise	- -	-	++	+0
Kostenaufschlagsmethode/ verhandlungsbasierte Verrechnungspreise	- -	-	++	-
Wiederverkaufspreismethode/ verhandlungsbasierte Verrechnungspreise	- -	0	0 -	++
Duales Verrechnungspreissystem	++	+0	?	-

Tab. 6.3: Mögliche Verrechnungspreiskombinationen und ihre Bewertung

Abschließend wird die Bewertung der praktisch möglichen Verrechnungspreiskombinationen anhand der vier Leitkriterien in Tabelle 6.3 zusammenfassend dargestellt. Generell kann auch unter Berücksichtigung von Steuern der Empfehlung von *Anthony/Govindarajan* (2007, S. 235) gefolgt werden: »If the market price exists or can be approximated, use it.« Welcher konkrete Verrechnungspreis sich für einen bestimmten Konzern am besten eignet, ist aber von vielen Einflussfaktoren abhängig. Diese ergeben sich zum Teil aus den Anwendungsvoraussetzungen der verschiedenen Verrechnungspreisarten. Exemplarisch seien die Existenz von Vergleichs- bzw. Marktpreisen, die Realisierbarkeit von Synergievorteilen, die Risikoverteilung innerhalb des Konzerns und das Bestehen von Kontrahierungszwängen angeführt. Auf die Mehrzahl dieser Größen kann kein Einfluss genommen werden, so dass nur vereinzelt Gestaltungsmöglichkeiten bestehen.

6.5 Weitergehende Einflussfaktoren

Konzerne setzen die Verrechnungspreispolitik nicht ausschließlich zur relativen Steuerminimierung oder zur optimalen Koordination der verschiedenen Unternehmensteilbereiche ein. Sie verfolgen weitere Zielsetzungen, die zum Teil eine weitaus größere Relevanz entfalten können. Als die wichtigsten Variablen, die Verrechnungspreisentscheidungen beeinflussen, gelten der **Wettbewerb in dem Auslandsmarkt**, die

Marktverhältnisse im Ausland und ein **angemessener Profit für die ausländische Tochtergesellschaft** (vgl. *Burns*, 1980, S. 23 ff.). Darüber hinaus spielen noch Zölle, Devisentransferbeschränkungen und Importbeschränkungen eine Rolle in der Entscheidungsfindung. Tabelle 6.4 stellt zusammenfassend diese weiteren Bedingungen dar, die zu überhöhten oder zu niedrigen Verrechnungspreisen für Transfers von Mutter- an Tochtergesellschaften führen können.

Underpricing	Overpricing
Hohe Zolltarife	Niedrige Zolltarife
Niedrigere Unternehmenssteuern als im Land des Mutterunternehmens	Hohe Unternehmenssteuern
Signifikanter Wettbewerb, Wettbewerbsposition im Markt bedarf Verbesserung	Lokaler Marktanteil sicher und zufrieden stellend
Erfordernis, Geld im Land zu halten für zukünftige Investitionen oder gutes finanzielles Erscheinen der Tochter für lokale Kredite	Erfordernis, Kapital aus dem Land zu bringen; Beschränkungen bei Überweisung von Profiten/Dividenden
Niedriges politisches und ökonomisches Risiko	Politische Instabilität, hohes politisches und ökonomisches Risiko
Beschränkungen in dem Wert der Produkte, die importiert werden können	Produktpreis durch Regierung kontrolliert, aber auf Produktionskosten basierend
Exportsubventionen oder Steuererleichterung auf Exportwert	Wunsch, Profitabilität der Tochter zu tarnen, um Wettbewerber nicht anzulocken
Niedrige Inflationsrate	Hohe Inflationsrate
Langfristige Investitionsstrategie im ausländischen Markt	Kurzfristige Investitionsstrategie
	Druck der Belegschaft, größeren Anteil am Unternehmensgewinn zu erhalten
	Politischer Druck zur Nationalisierung oder Verstaatlichung hochprofitabler ausländischer Unternehmen

Tab. 6.4: Lokale Bedingungen für überhöhte oder zu niedrige Verrechnungspreise für Transfers von Mutter- an Tochtergesellschaften (in Anlehnung an *Iqbal*, 2001, S. 381)

6.6 Zusammenfassung

Die Ausführungen dieses Kapitels haben gezeigt, dass den Verrechnungspreisen sowohl im Rahmen der internationalen Steuerplanung als auch im (internationalen) Controlling eine exponierte Stellung zukommt. Die Ermittlung von Verrechnungspreisen, die sämtlichen ihrer unterschiedlichen Funktionen aus der Sicht des Controlling gerecht werden, ist nicht möglich. Ein erheblicher Komplexitätszuwachs entsteht dadurch, dass Verrechnungspreise als eine Gestaltungsmöglichkeit innerhalb der internationalen Steuerplanung zusätzliche und in weiten Teilen divergierende Aufgaben erfüllen sollen. Einerseits ist die Konzernsteuerquote zu minimieren, andererseits müssen die verwendeten Größen die Akzeptanz der Finanzverwaltung finden, um nachträgliche Korrekturen und darin begründete Mehrbelastungen zu verhindern. Die Gefahr von Beanstandungen ist aber gerade dann am größten, wenn das Unternehmen über die umfassende Ausnutzung von Gestaltungsspielräumen versucht, die Steuerbelastungen zu reduzieren. Eine enge Zusammenarbeit zwischen Steuerabteilung und Controlling ist vor diesem Hintergrund unumgänglich und sollte mit dem Ziel forciert werden, ein Verrechnungspreissystem zu entwickeln, das möglichst vielen, vor allem aber den wichtigsten Punkten des breiten Anforderungskataloges gerecht wird. Eine »Best Practice«-Empfehlung kann dabei nicht gegeben werden. Dafür sind zu viele Einflussfaktoren mit ihren unternehmensspezifischen Ausprägungen in die Entscheidung einzubeziehen.

Teil III:
Erfolgsmessung

7. Grundlagen zur wertorientierten Steuerung ausländischer Tochtergesellschaften

7.1 Einführung

Die Ausrichtung der Unternehmenssteuerung auf den Shareholder Value, d. h. auf den Wert des Unternehmens für den Eigentümer, ist inzwischen auch in Deutschland fest etabliert (vgl. *Coenenberg/Salfeld*, 2007, S. 3). Betrachtet man – wie in Kapitel 1 dieses Buches – das Controlling als eine Funktion zur Unterstützung der Unternehmensführung bei der Realisierung der Unternehmensziele, ergibt sich zwingend eine **Anpassung des Controlling-Systems**, um dem Management bei der Selektion und Realisation wertschaffender Strategien von methodischer Seite Hilfestellungen geben zu können. Die in Teil II dieses Buches betrachteten Störfaktoren, die aufgrund der Ausweitung der Geschäftstätigkeit auf ausländische Märkte im internationalen Controlling berücksichtigt werden müssen, wirken sich auch auf die wertorientierte Steuerung ausländischer Tochtergesellschaften aus. Sie machen Anpassungen unabdingbar, wenn die Gefahr von Fehlsteuerungen vermieden werden soll. Dementsprechend hat dieses Kapitel die Adaption der Bewertungskomponenten zum Inhalt, die vorzunehmen ist, um eine aussagekräftige Datenbasis für die Ermittlung des Unternehmenswertes zu erhalten und eine effiziente Unterstützung der Entscheidungsfindung zu gewährleisten.

7.2 Grundlagen wertorientierter Unternehmenssteuerung

7.2.1 Der Shareholder Value-Ansatz als Kern der wertorientierten Unternehmenssteuerung

Dem Konzept der wertorientierten Steuerung liegt eine spezifische Sichtweise auf ein Unternehmen zugrunde. Demnach wird ein Unternehmen als **Investitionsobjekt** gesehen, dem Eigenkapitalgeber finanzielle Mittel zur Verfügung stellen und im Gegenzug den Rückfluss eines Zahlungsstroms in der Form von Dividenden und Kursgewinnen erwarten. Das Unternehmen wird also instrumentell als **Einkommensquelle für seine Eigentümer** betrachtet, dessen Zielgröße der Shareholder Value bildet, definiert als Barwert der Zahlungen, die den Eigentümern aufgrund des Haltens ihrer Anteile zufließen (vgl. *Küting/Strickmann*, 2003, S. 697 f.). Ein Mehrwert entsteht für die Eigentümer aber nur dann, wenn das Unternehmen einen Gewinn erzielt, der die Kosten des dafür eingesetzten Kapitals übersteigt. Zu den Kapitalkosten gehören nicht nur die tatsächlichen Finanzierungskosten, sondern auch **Opportunitätskosten**, also die entgangenen Gewinne aus alternativen Anlagemöglichkeiten (vgl. *Horváth*, 2009, S. 450). Den Referenzmaßstab bilden die Erträge von Alternativanlagen, die ein ähnliches Risiko aufweisen. Wenn ein Unternehmen beispielsweise eine Eigenkapitalrendite von 6 % erwirtschaftet, impliziert die Ausprägung dieser Kennzahl eine positive Verzinsung des Aktionärsvermögens. Weist hingegen eine andere Anlagemöglichkeit mit vergleichbarem Risiko eine Rendite von 8 % auf, so hat das Unternehmen de facto Aktionärsvermögen vernichtet. Der Wert des im Unternehmen gebundenen Kapitals eines Aktionärs ist zwar am Ende der Periode höher als zu ihrem Beginn. Hätte er jedoch auf die Investition in das Unternehmen verzichtet und stattdessen sein Kapital in die alternative Anlagemöglichkeit eingebracht, wäre der Kapitalzuwachs noch höher gewesen.

Begründet wurde diese Sichtweise mit dem von *Rappaport* entwickelten Shareholder Value-Ansatz Mitte der 80er Jahre in den USA. Er fand dort aufgrund der Entwicklungen der späten 80er und frühen 90er Jahre breite Akzeptanz (vgl. hier und im Folgenden *Rappaport*, 1999, S. 2). Zum einen veranlassten »**Wertlücken**«, verstanden als Differenz zwischen dem potentiellen Unternehmenswert, der sich bei einer am Shareholder Value ausgerichteten Unternehmensführung ergeben würde, und dem aktuellen Unternehmenswert, sog. Corporate Raider dazu, Unternehmen zu übernehmen und das bisherige Management durch ein neues auszutauschen, das die Wertlücken schloss. Um einer solchen Transaktion vorzubeugen, fand in den Führungsetagen der Unternehmen eine zunehmende Hinwendung zum Shareholder Value statt. Sie ging in dem Bemühen auf, Wertlücken selbst zu beseitigen, damit das Unternehmen seine Attraktivität als Akquisitionsobjekt verliert. Als spätere und immer noch anhaltende Entwicklung, die ebenfalls zu einer verstärkten Beachtung des Shareholder Value-Gedankens führte, ist das Bestreben **institutioneller Anleger** zu nennen, hohe Renditen für ihre Kunden zu erwirtschaften. Aufgrund ihrer eigenen Konkurrenzsituation sind institutionelle Anleger geneigt, den Performance-Druck, dem sie selbst unterliegen, an ihre Investitionsobjekte weiterzugeben (vgl. *Pape*, 2000, S. 711; *Baum* et al., 2007, S. 283). Auch wenn von diesen Entwicklungen primär börsennotierte Aktiengesellschaften betroffen sind und in obigem Beispiel der Begriff des Aktionärs verwendet wurde, sollte bedacht werden, dass das Konzept des Shareholder Value nicht nur Aktionäre, sondern auch Eigentümer von Unternehmen anderer Rechtsformen adressiert (vgl. *Baum* et al., 2007, S. 274).

7.2.2 Implikationen für das Controlling

7.2.2.1 *Implikationen für das Informationsversorgungssystem*

Sofern sich das Management der Maximierung des Shareholder Value verpflichtet, muss es sich bei allen Führungshandlungen und -entscheidungen stets daran orientieren, wie sich diese auf den Wert des Vermögens der Eigentümer auswirken (vgl. *Baum* et al., 2007, S. 274). Damit wird eine entsprechende Anpassung des Führungssystems notwendig. *Günther* betrachtet ein wertorientiertes Steuerungskonzept, bei dessen Konzeption vorrangig die Frage zu beantworten ist, wie die Zielgröße Unternehmenswert operationalisierend in Handlungsvorgaben übersetzt werden kann, als eine **Ergänzung des bestehenden Controlling-Systems**. Das Controlling hat sich nun zusätzlich am Unternehmenswert zu orientieren (vgl. *Günther*, 2000, S. 67). Erst wenn diese Operationalisierung gelungen ist, den einzelnen Mitarbeitern also bewusst ist, über welche Werthebel sie zur Steigerung des Unternehmenswertes beitragen können, wird eine wertorientierte Steuerung im eigentlichen Sinne praktiziert (vgl. *Hofmann* et al., 2007, S. 153).

Sowohl für das Planungs- und Kontrollsystem als auch für das Informationsversorgungssystem ergeben sich Modifikationsbedarfe, damit diese den Gedanken der wertorientierten Unternehmensführung reflektieren. Eine hervorzuhebende Anpassung bzw. Erweiterung des Controlling-Systems besteht etwa in der **Einführung unternehmenswertbezogener Performance-Maße** (vgl. *Baum* et al., 2007, S. 285; *Horváth*, 2009, S. 451). Diese Aufgabe lässt sich der systembildenden Koordination des Informationsversorgungssystems zuordnen. Für die Performance-Messung werden üblicherweise spezifische Kennzahlen verwendet, die in zweifacher Hinsicht für eine wertorientierte Unternehmensführung von Bedeutung sind: Zum einen werden auf ihrer Basis Zielvereinbarungen getroffen, zum anderen dienen sie der Kontrolle, inwiefern diese Ziele durch das Management erreicht worden sind (vgl. *Ewert/Wagenhofer*, 2000, S. 4).

7.2.2.1.1 Einführung wertorientierter Performance-Maße

7.2.2.1.1.1 Zur Kritik an buchhalterischen Größen

Die Implementierung spezifischer unternehmenswertbezogener Kennzahlen ist insofern unabdingbar, als sich der **traditionelle Gewinn** als unzuverlässiger Indikator für Änderungen des Unternehmenswertes erweist. Gewinne stellen theoretische Konstrukte dar, die sich aus der Zuordnung von Zahlungen als beobachtbare Größen auf bestimmte Perioden ergeben (vgl. *AK »Finanzierungsrechnung«*, 2005, S. 24). Die mangelnde Korrespondenz des Gewinns mit der Entwicklung des Unternehmenswertes äußert sich beispielsweise darin, dass seine Höhe durch **Bewertungswahlrechte** beeinflusst werden kann, ohne dass sich dadurch die ihm zugrunde liegenden und den Unternehmenswert bestimmenden Zahlungsströme ändern (vgl. *Rappaport*, 1999, S. 17). Ferner berücksichtigt er ebenso wenig das **Geschäftsrisiko bzw. finanzielle Risiko**, das vom Unternehmen zu seiner Erzielung eingegangen worden ist, wie die bereits angesprochenen Opportunitätskosten. Der Shareholder Value steigt nur dann, wenn das Unternehmen Investitionsprojekte umsetzt, deren Rendite über jener liegt, die mit einer alternativen Anlagemöglichkeit vergleichbaren Risikos erzielt werden könnte. Ein buchhalterischer Gewinn entsteht aber schon dann, wenn die Eigenkapitalrendite positiv ist (vgl. *Bühner*, 1990, S. 15). Von der Erzielung eines Gewinns auf eine Steigerung des Unternehmenswertes zu schließen, kann dementsprechend einen Fehlschluss bedeuten.

7.2.2.1.1.2   Grundzüge der Discounted Cash Flow-Methode

7.2.2.1.1.2.1 Einführende Bemerkungen

Um den Shareholder Value und seine Änderungen messen zu können, bedarf es also anderer Größen als den buchhalterischen Gewinn. *Rappaport* schlägt hierzu die aus der Unternehmensbewertung bekannte **Discounted Cash Flow-Methode (DCF-Methode)** vor. Ihre Methodik soll, insbesondere um ein besseres Verständnis für die Ausführungen des Abschnitts 7.3 zu entwickeln, im Folgenden erläutert werden.

Unter der DCF-Methode werden verschiedene Verfahren subsumiert (vgl. Abbildung 7.1). Die Gemeinsamkeit sämtlicher Ansätze besteht darin, dass sie den Wert eines Unternehmens durch die **Diskontierung der erwarteten Zahlungsüberschüsse** bestimmen. Die Ermittlung des Diskontierungssatzes beruht dabei auf kapitalmarkttheoretischen Modellen (vgl. *Mandl/Rabel*, 1997, S. 37). Die Zielgröße der wertorientierten Steuerung ist der Shareholder Value, der je nachdem, welches Verfahren der DCF-Methode angewendet wird, direkt oder indirekt ermittelt wird. Im **Nettoverfahren (Equity Approch)** erfolgt eine direkte Bestimmung des Shareholder Value, indem die Zahlungsüberschüsse, die ausschließlich den Eigenkapitalgebern zustehen, mit den Eigenkapitalkosten, deren Bestimmung im Folgenden noch näher zu betrachten ist, diskontiert werden.

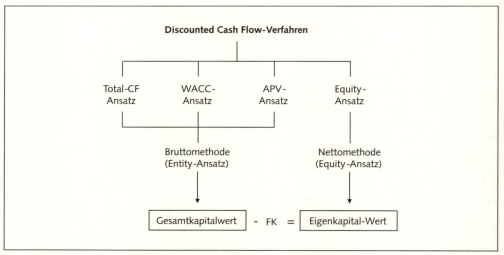

Abb. 7.1: Varianten der DCF-Verfahren (entnommen aus *Schultze*, 2003, S. 89)

Bei der Anwendung eines **Bruttoverfahrens** wird der Shareholder Value indirekt ermittelt. Dazu werden die freien Cash Flows abgezinst, »definiert als die operativen Zahlungsüberschüsse, die für Zinszahlungen, Kredittilgungen und Dividendenzahlungen zur Verfügung stehen« (*Perridon/Steiner*, 2007, S. 210). Die Definition verdeutlicht, dass der Free Cash Flow den Zahlungen entspricht, die den Eigen- und Fremdkapitalgebern insgesamt zustehen. Dementsprechend muss die Diskontierung der Cash Flows mit einem Mischzinsfuß erfolgen, der sowohl die Renditeforderungen der Eigen- als auch der Fremdkapitalgeber enthält. Der auf diese Weise berechnete Barwert repräsentiert den **Gesamtunternehmenswert**. Der Shareholder Value ergibt sich, indem von dem berechneten Gesamtunternehmenswert der Marktwert des Fremdkapitals subtrahiert wird (vgl. *Perridon/Steiner*, 2007, S. 209; *Hirsch*, 2007a, S. 14). Bei den Bruttoverfahren sind verschiedene Varianten zu differenzieren, die auf einer unterschiedlichen Berücksichtigung des aus einer Fremdfinanzierung resultierenden Steuervorteils beruhen (vgl. *Schultze*, 2003, S. 100 und S. 359; *Ballwieser*, 2007, S. 116f.).

7.2.2.1.1.2.2 Bestimmung des Unternehmenswertes anhand des WACC-Ansatzes

Den nachstehenden Ausführungen wird der zu den Bruttomethoden gehörende **WACC (Weighted Average Cost of Capital)-Ansatz** zugrunde gelegt. Der Gesamtunternehmenswert ergibt sich bei diesem Verfahren anhand der folgenden Formel (vgl. *Perridon/Steiner*, 2007, S. 212):

$$(1) \quad UW_0 = \sum_{t=1}^{T} \frac{E(CF_t)}{(1+WACC)^t} + \frac{E(CF_{T+1})}{WACC \times (1+WACC)^T}$$

mit $E(CF_t)$ = Erwarteter Free Cash Flow der Periode t
   $WACC$ = Weighted Average Cost of Capital

In einem Folgeschritt wird der Shareholder Value – wie bereits oben erläutert – durch die Subtraktion des Marktwertes des Eigenkapitals vom Gesamtunternehmenswert berechnet (vgl. *Perridon/Steiner*, 2007, S. 212):

$$(2) \quad EK_0 = UW_0 - FK_0$$

mit EK_0 = Marktwert des Eigenkapitals zum Bewertungszeitpunkt
   FK_0 = Marktwert des Fremdkapitals zum Bewertungszeitpunkt
   UW_0 = Gesamtunternehmenswert zum Bewertungszeitpunkt

Gemäß Formel (1) setzt sich der Gesamtunternehmenswert aus zwei Komponenten zusammen. Der erste Summand entspricht dem Wert des Detailplanungszeitraumes, für den die erwarteten Cash Flows explizit geplant werden. Der zweite Summand zeigt den Wert der Restperiode an, der sämtliche Cash Flows repräsentiert, die nach dem Detailplanungszeitraum anfallen (vgl. *Perridon/Steiner*, 2007, S. 212; *Knorren/Weber*, 1997, S. 13). Letztere werden üblicherweise über den Ansatz einer ewigen Rente approximiert, die auf der Annahme basiert, dass im Anschluss an den Detailplanungszeitraum ein jährlich gleich bleibender Cash Flow erzielt wird. Dieser sog. **Fortführungs- bzw. Restwert** macht häufig einen erheblichen Anteil am Gesamtunternehmenswert aus, weswegen er einer sorgfältigen Prognose bedarf (vgl. *Knorren/Weber*, 1997, S. 14). *Copeland* et al. (2002, S. 324f.) verweisen etwa auf Beispiele, in denen der Fortführungswert 56 bis 125 % des Gesamtunternehmenswertes ausmacht. Sofern nach dem Ende des Detailplanungszeitraumes mit steigenden Free Cash Flows gerechnet werden kann, sind Ergänzungen der Formel zur Berechnung der ewigen Rente um einen Wachstumsfaktor denkbar (vgl. *Copeland* et al., 2002, S. 324 ff.).

Die folgenden Ausführungen befassen sich mit der Bestimmung der drei Bewertungskomponenten, die für die Berechnung des Shareholder Value benötigt werden – die Cash Flows, der Marktwert des Fremdkapitals sowie der Kapitalkostensatz.

Bestimmung der Cash Flows. Die Ermittlung des Cash Flow innerhalb der Detailplanungsphase kann auf zwei Arten erfolgen. Für die in Abbildung 7.2 gezeigte **direkte Ermittlung** wird ein Zahlungsgesamtplan benötigt, dem die Ein- und Auszahlungen, die mit der Erstellung und Verwertung der betrieblichen Leistung einhergehen, entnommen werden können (vgl. *Knorren/Weber*, 1997, S. 11). Unberücksichtigt bleiben Zahlungen, die mit der Aufnahme, Verzinsung oder Tilgung von Fremdkapital einhergehen, da diese vom Kapitalkostensatz bzw. vom Marktwert des Fremdkapitals reflektiert werden (vgl. *Weber* et al., 2004a, S. 48). Von dem betrieblichen Cash Flow sind die Netto-Investitionszahlungen, d. h. der Überschuss der Auszahlungen aus Investitionen über die Einzahlungen aus Desinvestitionen, in Abzug zu bringen. Der Subtrahend »Steuerzahlungen« erfasst die Steuerersparnis, die sich aufgrund der Abzugsfähigkeit von Fremdkapitalzinsen ergibt (vgl. *Hirsch*, 2007a, S. 16). Das Gebot dieser Korrekturmaßnahme entwickelt sich aus der Fiktion einer vollständigen Eigenfinanzierung, die dem Free Cash Flow zugrunde liegt. Die geleisteten Steuerzahlungen korrespondieren mit dieser Prämisse insofern nicht, als die Fremdkapitalzinsen als abzugsfähige Betriebsausgabe die steuerliche Bemessungsgrundlage gemindert haben und somit die tatsächliche Steuerbelastung im Vergleich zu jener, die sich bei einer vollständigen Eigenfinanzierung ergeben würde, zu niedrig ist. Die auf diese Weise ermittelten Zahlungsüberschüsse lassen sich als »Cash Flows vor Finanzierung, aber nach Investitionsausgaben und Steuern« (*Ballwieser*, 1998, S. 84) charakterisieren.

	Betriebliche Einzahlungen
−	Betriebliche Auszahlungen
=	**Betrieblicher (operativer) Cashflow**
−	Steuerzahlungen
−	Netto-Investitionsauszahlungen
=	**Free Cashflow**

Abb. 7.2: Direkte Ermittlung des Free Cash Flow nach dem WACC-Ansatz (entnommen aus *Weber* et al., 2004a, S. 48)

Das in der Praxis häufiger zu beobachtende Vorgehen findet sich hingegen in der **indirekten Ermittlung des Free Cash Flow** (vgl. Abbildung 7.3). Deren Ansatzpunkt bildet das Periodenergebnis nach Steuern, das in einer Plan-GuV ausgewiesen wird. Diese Erfolgsgröße zeigt die geplanten Reinvermögensänderungen an, gibt aber keinen

Aufschluss über den in der Periode erwirtschafteten Cash Flow, da sie auch nicht zahlungswirksame Aufwendungen und Erträge umfasst. Um jene wird das Periodenergebnis ebenso korrigiert wie um Zahlungen, die sich aus Investitionen und Desinvestitionen ergeben. Da es sich dabei um erfolgsneutrale Vorgänge handelt, sind sie nicht im Jahresergebnis enthalten, müssen aber aufgrund ihrer Zahlungswirksamkeit bei der Ableitung des Cash Flows einbezogen werden (vgl. *Weber* et al., 2004a, S. 48). Die Subtraktion der Steuerersparnis aufgrund der Abzugsfähigkeit der Fremdkapitalzinsen wird wiederum erforderlich, weil der Free Cash Flow auf der Annahme der vollständigen Eigenfinanzierung beruht (vgl. *Hirsch*, 2007a, S. 17).

```
      Jahresüberschuss/Jahresfehlbetrag (GuV)
  +   Zinsen und ähnliche Aufwendungen
  +/− Abschreibungen/Zuschreibungen
  +/− Erhöhung/Verminderung der Rückstellungen
  −/+ Erhöhung/Verminderung der liquiden Mittel
  −/+ Investitionen/Desinvestitionen

  =   Operativer Einzahlungsüberschuss
  −   Steuerersparnis wg. anteiliger Fremdfinanzierung

  =   Free Cashflow
```

Abb. 7.3: Indirekte Ermittlung des Free Cash Flow auf der Basis eines IFRS-Abschlusses (entnommen aus *Weber* et al., 2004a, S. 49)

Bestimmung des Marktwertes des Fremdkapitals. Um den Marktwert des Fremdkapitals zu bestimmen, ist für die einzelnen Positionen zunächst zu prüfen, ob die mit dem Fremdkapitalgeber vereinbarten Konditionen zur Kapitalüberlassung als **marktüblich** bezeichnet werden können (vgl. hier und im Folgenden *Mandl/Rabel*, 1997, S. 327f.). Hierzu ist unter Berücksichtigung der Zinsen und der mit der Kapitalbeschaffung verbundenen Nebenkosten die Effektivverzinsung der Fremdkapitalpositionen zu ermitteln. Entspricht diese Verzinsung dem aktuellen Marktzinssatz für Fremdkapital der zugehörigen Risikoklasse, stimmt der Marktwert der Fremdkapitalposition mit ihrem nominellen Rückzahlungsbetrag überein, so dass bei der Bestimmung des Shareholder Value der Buchwert des Fremdkapitalpostens in Abzug gebracht werden kann. Liegen keine marktüblichen Konditionen vor, ist zunächst zu prüfen, ob der Titel am Markt gehandelt wird. Sofern dies der Fall ist, sollte der Marktwert über den Kurs des Titels bestimmt werden. Für den Fall, dass eine Marktnotierung nicht gegeben ist, ist der Barwert der noch zu leistenden Zins- und Tilgungszahlungen zu ermitteln, indem diese mit dem marktüblichen Zinssatz diskontiert werden.

Bestimmung des Kapitalkostensatzes. Da sich der Free Cash Flow aus den Zahlungsüberschüssen zusammensetzt, die sowohl Eigen- als auch Fremdkapitalgebern zustehen, müssen diese konsequenterweise mit einem Kapitalkostensatz diskontiert werden, der die **Renditeerwartungen beider Gruppen** umfasst (vgl. *Perridon/Steiner*, 2007, S. 209). Das erfolgt derart, dass zunächst die unterschiedlichen Verzinsungsansprüche der Eigen- und Fremdkapitalgeber getrennt ermittelt werden. Aus ihnen wird dann ein gewichtetes arithmetisches Mittel gebildet, wobei als Gewichtungsfaktoren die Anteile des Eigen- bzw. Fremdkapitals am Gesamtkapital fungieren. Anstelle von Buchwerten sind Marktwerte anzusetzen (vgl. *Horváth*, 2009, S. 452).

Die Weighted Average Cost of Capital, also »das gewichtete arithmetische Mittel der Verzinsungsansprüche der Eigen- und Fremdkapitalgeber« (*Hirsch*, 2007a, S. 18), berechnet sich anhand der folgenden Formel (in Anlehnung an *Weber* et al., 2004a, S. 51):

$$(3) \quad WACC = r_{EK} \times \frac{EK_0}{EK_0 + FK_0} + (1-s) \times r_{FK} \times \frac{FK_0}{EK_0 + FK_0}$$

mit
- WACC = Weighted Average Cost of Capital
- EK_0 = Marktwert des Eigenkapitals zum Bewertungszeitpunkt
- FK_0 = Marktwert des Fremdkapitals zum Bewertungszeitpunkt
- r_{EK} = Renditeforderung der Eigenkapitalgeber
- r_{FK} = Renditeforderung der Fremdkapitalgeber
- s = Pauschaler Steuersatz auf den Unternehmensgewinn

Mit der Berechnung des Kapitalkostensatzes ist ein **Zirkularitätsproblem** verbunden. In die oben stehende Formel (3) geht der Marktwert des Eigenkapitals ein, obwohl gerade dieser die zu ermittelnde Zielgröße darstellt, zu deren Bestimmung der Kapitalkostensatz benötigt wird. Zur Lösung des Problems empfiehlt es sich häufig, anstelle der tatsächlichen Anteile des Eigen- resp. Fremdkapitals am Gesamtkapital eine Zielkapitalstruktur zu verwenden (vgl. *Knorren/Weber*, 1997, S. 21; *Hirsch*, 2007a, S. 21).

Die Bestimmung der **Fremdkapitalkosten** r_{FK} kann entweder anhand der marktüblichen Bedingungen (vgl. *Mandl/Rabel*, 1997, S. 328) oder anhand der zwischen dem Unternehmen und den Fremdkapitalgebern vertraglich vereinbarten Konditionen erfolgen (vgl. *Ballwieser*, 1998, S. 85). Bei der Berechnung der Fremdkapitalkosten ist der Steuervorteil aus der Fremdfinanzierung zu berücksichtigen, um den die Free Cash Flows korrigiert worden sind. Aufgrund der Abzugsfähigkeit der Zinsaufwendungen von der steuerlichen Bemessungsgrundlage verringert sich die Ertragsteuerbelastung des Unternehmens, so dass der absolute Betrag der Fremdfinanzierungskosten um die Steuerersparnis aus der Fremdfinanzierung (sog. Tax Shield) gemindert wird. Dieser Effekt geht in den Kapitalkostensatz durch den Faktor (1-s) ein, wobei s den angenommenen pauschalen Unternehmenssteuersatz darstellt (vgl. *Hirsch*, 2007a, S. 19).

Für die Berechnung der **Eigenkapitalkosten** hat sich der Rückgriff auf das **Capital Asset Pricing Model (CAPM)** etabliert (vgl. *Knorren/Weber*, 1997, S. 17; *Matschke/Brösel*, 2007, S. 663; vgl. ausführlich zum CAPM und seinen Prämissen *Perridon/Steiner*, 2007, S. 250). Die Eigenkapitalkosten können anhand der folgenden Formel berechnet werden (in Anlehnung an *Weber* et al., 2004a, S. 53):

(4) $r_{EK} = r_S + (r_M - r_S) \times \beta$

mit r_{EK} = Renditeforderung der Eigenkapitalgeber
      r_S = Rendite der risikolosen Anlage
      r_M = Rendite des Marktportfolios
      β = Beta-Faktor des Unternehmens

Die erwartete Rendite eines Wertpapiers besteht demnach aus der Rendite einer risikolosen Anlage und einer Risikoprämie (vgl. *Mandl/Rabel*, 1997, S. 290). Als risikolose Anlage kann beispielsweise eine Bundesanleihe herangezogen werden. Die **Risikoprämie** erwartet der Investor, weil er das Risiko eines unsicheren Zahlungsrückflusses übernimmt, indem er auf die sichere Anlage seines Kapitals verzichtet und stattdessen eine Anlageform wählt, deren Rendite ex ante nicht bestimmbar ist. Diese Risikoprämie entspricht der Differenz aus der erwarteten durchschnittlichen Rendite des Marktportfolios und der Rendite der risikolosen Anlageform (vgl. hier und im Folgenden *Knorren/Weber*, 1997, S. 18). Das Marktportfolio umfasst die Gesamtheit aller riskanten Wertpapiere. Seine Performance kann durch einen Wertpapierindex wie den Deutschen Aktienindex (DAX) approximiert werden (vgl. *Perridon/Steiner*, 2007, S. 270; *Ballwieser*, 1998, S. 82).

Das Risiko des Investors wird darüber hinaus aber dadurch beeinflusst, dass er nicht in das komplette Marktportfolio investiert, sondern die Aktien eines spezifischen Unternehmens kauft, die in der Regel nicht in gleichem Maße auf Gleichgewichtsstörungen reagieren wie der Gesamtmarkt. Auch für die Übernahme dieses Risikos muss der Investor entlohnt werden. Die Sensitivität eines Wertpapiers bzw. einer Aktie gegenüber Marktschwankungen misst der **Beta-Faktor**. Bei einem Beta-Faktor gleich eins reagiert die Aktie auf Marktbewegungen in gleichem Maße wie das Gesamtportfolio. Ein Wert über eins (unter eins) indiziert, dass die einzelne Aktie stärkeren (schwächeren) Schwankungen als der Gesamtmarkt unterliegt. Für große börsennotierte Unternehmen sowie für ganze Branchen werden Beta-Faktoren von Finanzdienstleistern und Informationsdiensten bereitgestellt, während die Faktoren nicht börsennotierter Unternehmen auf der Basis der Branchen-Betas oder den Werten vergleichbarer Unternehmen zu schätzen sind (vgl. *Matschke/Brösel*, 2007, S. 298). Die Multiplikation des Beta-Faktors mit der Marktrisikoprämie impliziert, dass die Eigenkapitalkosten mit der Volatilität einer Aktie und der damit einhergehenden größeren Bandbreite für die zu erwartende Rendite steigt.

Zu beachten ist, dass der Beta-Faktor nur das sog. **systematische Risiko** misst (vgl. *Hirsch*, 2007a, S. 21). Es handelt sich dabei um ein Marktrisiko, zu dessen Einflussfaktoren u. a. die Höhe des risikolosen Zinssatzes, Konjunkturprognosen, Erwartungen über das Verhalten der Tarifpartner oder steuerpolitische Maßnahmen gehören (vgl. *Mandl/Rabel*, 1997, S. 291). Das **unsystematische Risiko** ist hingegen unternehmensspezifisch und basiert etwa auf Wettbewerbsnachteilen oder Fehlern des Managements. Es wird insofern nicht mit der Risikoprämie abgegolten, als angenommen wird, dass Investoren dieses durch eine Diversifizierung ihres Portfolios, also der Kombination verschiedener Wertpapiere, eliminieren können (vgl. *Matschke/Brösel*, 2007, S. 663).

7.2.2.1.1.3 Ansätze zur Operationalisierung des Shareholder Value

Anhand des oben beschriebenen Verfahrens wird der absolute ökonomische Wert eines Unternehmens bestimmt (vgl. *Rappaport*, 1999, S. 60). Die Kenntnis dieses Wertes ist bei geplanten Akquisitionen wertvoll, indem der Unternehmenswert für den potentiellen Käufer eine Preisobergrenze und für den Verkäufer eine Preisuntergrenze darstellt (vgl. *Mandl/Rabel*, 1997, S. 17). Die Ermittlung von Entscheidungswerten ist schließlich ein Zweck der Unternehmensbewertung, in deren Kontext die DCF-Methode ursprünglich verwendet worden ist. Für eine wertorientierte Steuerung des Unternehmens interessiert aber in der retrospektiven Perspektive insbesondere, wie sich der Unternehmenswert bzw. Shareholder Value **innerhalb einer Periode** verändert hat und auf welche Maßnahmen diese Veränderung zurückgeht. Zudem muss für die geplanten Maßnahmen ersichtlich sein, welche Konsequenzen für den Shareholder Value von ihnen ausgehen. Als einen geeigneten Indikator, der die Entwicklung des Unternehmenswertes innerhalb einer Periode bzw. die Beiträge einzelner Maßnahmen transparent macht, schlägt *Rappaport* den **Shareholder Value Added (SVA)** vor (vgl. hierzu *Rappaport*, 1999, S. 60 ff.). Der Beitrag einer einzelnen Strategie zum Shareholder Value kann durch den (strategiebezogenen) SVA quantifiziert werden, wenn sich dieser auf den gesamten Planungshorizont bezieht. Darüber hinaus kann der (periodenbezogene) SVA als Performance-Maß verwendet werden, indem er nur eine Periode betrachtet und die in ihr realisierte Wertschaffung anzeigt (vgl. *Pape*, 2000, S. 715).

Zur zieladäquaten Steuerung des Shareholder Value hat *Rappaport* **Werttreiber** identifiziert, welche die Bewertungskomponenten des Unternehmenswertes – Free Cash Flows, Kapitalkosten und Marktwert des Fremdkapitals – beeinflussen (vgl. Abbildung 7.4). Eine Erhöhung der betrieblichen Gewinnmarge macht sich beispielsweise in höheren Cash Flows bemerkbar, die eine Steigerung des Unternehmenswertes – und unter der Prämisse eines konstanten Marktwertes des Fremdkapitals auch des Shareholder Value – implizieren. Eine Senkung des Kapitalkostensatzes mindert den Diskontierungssatz und dementsprechend den Abzinsungseffekt, was ceteris paribus ebenfalls zu einer Erhöhung des Unternehmenswertes führt. Durch die weitere Aufspaltung der Werttreiber in sog. **Werttreiberhierarchien** erhalten die Mitarbeiter des Unternehmens Hinweise darüber, wie sie eine Steigerung des Unternehmenswertes forcieren können (vgl. *Weber* et al., 2004a, S. 107). Die Gewinnmarge kann beispielsweise erhöht werden, indem die Herstellkosten gesenkt werden. Sie können nach den Funktionsbereichen differenziert werden, in denen sie entstehen. So kann beispielsweise eine Sensitivitätsanalyse durchgeführt werden, die die Veränderung des Unternehmenswertes bei einer Reduktion der Produktionskosten um einen bestimmten Betrag zum Gegenstand hat. Es lassen sich somit für die einzelnen Unternehmensbereiche wertorientierte Zielvorgaben entwickeln. Empirische Ergebnisse belegen, dass in der Praxis gerade bei dem Aufbau von Werttreiberhierarchien und der damit einhergehenden Ableitung operativer Handlungsvorgaben aus dem Ziel der Unternehmenswertsteigerung der größte Aufholbedarf besteht (vgl. *Müller/Hirsch*, 2005, S. 84).

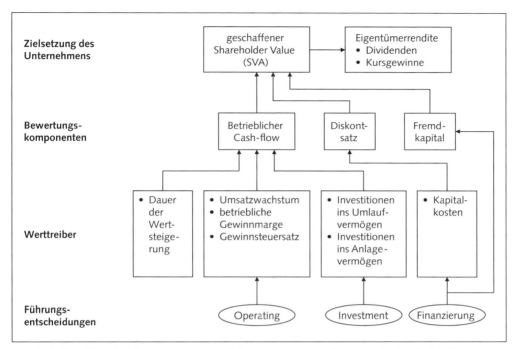

Abb. 7.4: Das Shareholder Value-Netzwerk (entnommen aus *Rappaport*, 1999, S. 68)

7.2.2.1.1.4 Alternative Konzepte zur wertorientierten Steuerung

Als Alternativen zu der DCF-Methode sind von großen US-amerikanischen Unternehmensberatungsgesellschaften weitere Konzepte zur Bestimmung des Unternehmenswertes bzw. insbesondere seiner periodischen Änderungen entwickelt worden. Hervorzuheben sind hierbei der **Wertsteigerungsansatz** von *McKinsey & Company*, der **EVA®** von *Stern Stewart & Co.* und der **Cash Flow Return on Investment** (CFROI) von der *Boston Consulting Group* (vgl. ausführlich zu dem Wertsteigerungsansatz *Copeland* et al., 2002; zum EVA® *Hostettler*, 2002 sowie zum CFROI *Lewis*, 1995).

Sämtliche Ansätze eint der auf dem oben erläuterten **Übergewinnprinzip** basierende Grundgedanke, wonach ein Mehrwert erst dann erzielt worden ist, wenn die Rendite die Kapitalkosten übersteigt, sowie die kapitalmarktorientierte Bestimmung der risikoadjustierten Kapitalkosten (vgl. *Pape*, 2000, S. 714). Als unabhängig von dem gewählten Konzept erweisen sich die Werttreiber des Shareholder Value. Für jedes Verfahren gilt, dass Wert immer dann geschaffen wird, wenn die Kapitalkosten gesenkt bzw. der Gewinn oder die Rendite erhöht werden können (vgl. *Ballwieser*, 2002, Sp. 1752).

Als eine weitere Gemeinsamkeit ist der enge Bezug zu den **Daten des externen Rechnungswesens** zu sehen, da Cash Flows indirekt aus Plan-Bilanzen und Plan-Gewinn- und Verlustrechnungen abgeleitet werden können oder Kapital- bzw. Erfolgsgrößen in die Spitzenkennzahl einfließen, die unter eventuellen Modifikationen aus den Bestandteilen des (Plan- bzw. Ist-)Jahresabschlusses importiert werden. So wird etwa der EVA® unter Rückgriff auf Vermögens- und Erfolgsgrößen berechnet, die originär dem externen Rechnungswesen entstammen. Da jedoch die buchhalterischen Zahlen als Indikatoren für die Wertschaffung durch die Unternehmensleitung ungeeignet sind, wird das bilanzielle Datenmaterial einigen Anpassungsmaßnahmen unterzogen, die eine zutreffendere Abbildung der ökonomischen Realität ermöglichen sollen (vgl. zu den sog. Conversions bei der Bestimmung eines EVA® *Hostettler*, 2002, S. 97 ff.).

7.2.2.1.2 Weitere Modifikationen des Informationsversorgungssystems

In Kapitel 1 wurde dem Controlling u. a. die Aufgabe zugeordnet, das Informationsversorgungssystem zu entwerfen und zu implementieren. Nachdem die Entscheidung von Management und Controlling für ein bestimmtes Konzept zur Messung des Unternehmenswertes und seiner Änderungen gefallen ist und damit ein Entwurf für die Erweiterung des Informationsversorgungssystems verabschiedet worden ist, steht die Implementierungsphase an.

Losgelöst von der Frage, welches Wertsteuerungskonzept zum Einsatz kommt, gilt es, sobald das Unternehmen eine wertorientierte Steuerung einführt, die entsprechenden Steuerungsgrößen in das **laufende (interne) Berichtswesen** zu integrieren (vgl. *Weber* et al., 2004a, S. 270). Dabei empfiehlt es sich, um eine angemessene Interpretationsfähigkeit der Steuerungsgröße zu gewährleisten, einzelne Werttreiber, unter Umständen auch ganze Werttreiberhierarchien, in das Management Reporting aufzunehmen (vgl. *Weber* et al., 2004a, S. 252).

Ferner wird eine erfolgreiche Umsetzung des Konzeptes ohne die Modifikation des laufenden **Rechnungswesens** kaum gelingen. Wird das wertorientierte Steuerungskonzept nicht nur für die Kommunikation mit dem Kapitalmarkt auf der Gesamtunternehmensebene benötigt, sondern als umfassendes Steuerungssystem aufgefasst, muss der gewählte Ansatz auch in den Geschäftseinheiten verankert werden. Für diese Einheiten stehen in der Regel keine Ist- und Plan-Bilanzen bzw. Plan-Gewinn- und Verlustrechnungen zur Verfügung, aus denen die Cash Flows resp. die benötigten Vermögens- und Erfolgsgrößen abgeleitet werden können. Somit sieht sich der Controller mit der Frage konfrontiert, ob sich eine Neugestaltung der Kostenrechnung in Richtung einer stärkeren Zahlungsorientierung als Basis für die Ableitung der Cash Flows als gangbare Lösung erweisen könnte (vgl. *Knorren/Weber*, 1997, S. 38). Alternativ ist zu prüfen, ob die **Ergänzung des Planungssystems** um eine mit den Geschäftsbereichen korrespondierende Planungsebene unter Berücksichtigung der damit verbundenen Kosten und Nutzen als vorteilhaft einzustufen ist.

7.2.2.2 Implikationen für das Planungs- und Kontrollsystem

Die Auswirkungen der Verankerung eines wertorientierten Steuerungskonzeptes auf das Planungs- und Kontrollsystem beschränken sich nicht nur auf Änderungen in der Planungstiefe. Vielmehr ist eine konsequente Ausrichtung aller Planungsebenen am Shareholder Value sicherzustellen (vgl. *Knorren/Weber*, 1997, S. 29). Die Planung des Unternehmens wird gemeinhin in drei Ebenen zerlegt, von denen sich die **strategische Planung** auf die langfristige Positionierung des Unternehmens am Markt bezieht (vgl. *Weber/Schäffer*, 2008, S. 247). Für die strategische Planung lassen sich drei Planungsstufen differenzieren (vgl. *Baum* et al., 2007, S. 24). Aufbauend auf den Ergebnissen der strategischen Analyse (1. Stufe), die sich mit dem Unternehmen und seiner Umwelt befasst, sind im Rahmen der Strategiefindung (2. Stufe) Möglichkeiten zu eruieren, wie sich die strategischen Ziele erreichen lassen. Die identifizierten strategischen Alternativen sind anschließend hinsichtlich des Beitrages, den sie zur Erreichung der Ziele zu leisten vermögen, zu untersuchen (Strategiebewertung, 3. Stufe). Eine stringente Wertorientierung verlangt eine Bewertung der Strategien hinsichtlich ihrer Wertbeiträge, also der wahrscheinlichen Auswirkungen auf den Unternehmenswert. Aus der Menge der möglichen Strategien ist diejenige auszuwählen, die den höchsten prognostizierten Wertbeitrag leistet.

Für die **operative Planung und Kontrolle** empfiehlt es sich, unter Rückgriff auf die Werttreiberhierarchien, solche Werttreiber auszumachen, die sich in einem besonderen Ausmaß auf die Wertschaffung auswirken. Diese Werthebel können mithilfe von Sensitivitätsanalysen identifiziert werden. Bei den Werttreibern ist davon auszugehen, dass sie hinreichend messbar sind und im Rahmen der operativen Planung in monatliche Zielvorgaben heruntergebrochen werden können, die Rückschlüsse zulassen, inwieweit die im Rahmen der strategischen Planung ausgewählte Strategie umgesetzt wird bzw. die antizipierten Wertbeiträge auch tatsächlich realisiert werden können (vgl. *Knorren/Weber*, 1997, S. 33 f.). Im Kontext der operativen Planung kommt dem Controlling somit die spezifische Aufgabe zu, besonders einflussreiche Werttreiber zu ermitteln und diese in das bestehende Planungssystem einzubinden. Die innerhalb der Planung gebildeten wertorientierten Zielvorgaben sind schließlich einer Kontrolle zu unterziehen. Hierbei ist einerseits die **Durchführungskontrolle** zu nennen, die die Frage beantwortet, ob die erwarteten Zahlungsstromwirkungen tatsächlich eintreten. Darüber hinaus gewinnt die **Prämissenkontrolle** aufgrund des langen Zeithorizontes als Hintergrund des Planungsprozesses an Bedeutung. In diesem Zusammenhang obliegt es dem Controlling, die aufgestellten Prämissen hinsichtlich ihrer Adäquanz zu hinterfragen (vgl. *Knorren/Weber*, 1997, S. 37).

Die obigen Ausführungen belegen, dass die Aufnahme der Shareholder Value-Maximierung in das Zielgefüge des Unternehmens eine entsprechende Ausrichtung des Planungs- und Kontroll- sowie des Informationsversorgungssystems unabdingbar macht. Die notwendige Modifizierung nimmt das Controlling im Sinne der systembildenden Koordination wahr. Zu diesen grundsätzlichen Aufgaben kommt in international ausgerichteten Konzernen das Problem hinzu, dass sich die bereits behandelten Störfaktoren auf die Bemessung der Wertbeiträge ausländischer Tochterunternehmen auswirken und einer Gegensteuerung bedürfen, um verzerrte Abbildungen des Unternehmenswertes bzw. der periodischen Wertschaffung zu vermeiden. Diese Probleme sind Gegenstand der folgenden Ausführungen.

7.3 Berücksichtigung von Störfaktoren des internationalen Controlling bei der Bewertung ausländischer Tochtergesellschaften*

7.3.1 Perspektive der Bewertung

Auf welche Art und Weise die Störfaktoren im Rahmen der wertorientierten Steuerung im Controlling berücksichtigt werden, hängt – wie schon bei der Frage nach dem Umgang mit Wechselkursänderungen oder Steuerwirkungen – maßgeblich von der Wahl der Beurteilungsperspektive für die Tochtergesellschaft ab. Dabei ist zwischen einer zentralen und einer dezentralen Perspektive zu unterscheiden (vgl. *Pausenberger*, 2002, S. 1168f.; *Peemöller* et al., 1999, S. 623f.; *AK »Finanzierungsrechnung«*, 2005, S. 93f.; *Suckut*, 1992, S. 158). Eine **zentrale Bewertungsperspektive** ist dadurch gekennzeichnet, dass die Wertbeitragsermittlung auf Basis der Währung des Mutterunternehmens und mit einem vom Konzern vorgegebenen Kapitalkostensatz durchgeführt wird. Die zur Bewertung relevanten Zahlungsströme werden in die Stammlandwährung des Konzerns umgerechnet, so dass dementsprechend auch ein inländischer Kapitalkostensatz verwendet wird. Bei Wahl der **dezentralen Bewertungsperspektive** erfolgt die Wertbeitragsermittlung in ausländischer, lokaler Währung. Zudem wird ein Kapitalkostensatz gewählt, der auch die länderspezifischen Risiken abbildet. Während sich die zentrale Perspektive vor allem für strategische Investitionsentscheidungen eignet, wird die dezentrale Perspektive im Regelfall für operative Entscheidungen auf lokaler Ebene und für die laufende Performance-Beurteilung der Auslandsgesellschaft verwendet (vgl. *AK »Finanzierungsrechnung«*, 2005, S. 93f.).

7.3.2 Länderpolitische und -kulturelle Besonderheiten

Innerhalb des Kapitels 1 ist verdeutlicht worden, dass ein wesentliches Merkmal, durch das sich eine ausländische von inländischen Tochtergesellschaften unterscheidet, die abweichende Risikosituation ist. Sie kann sowohl der Art nach als auch der Höhe nach differieren. Die Risiken können beispielsweise in allgemeine politische Risiken, unternehmensspezifische politische Risiken sowie makroökonomische Risiken differenziert werden. Im Zusammenhang mit der Bewertung ausländischer Gesellschaften ist zu entscheiden, wie die Risiken, denen ein Tochterunternehmen ausgesetzt ist,

---

* Unter Mitarbeit von Dipl.-Kfm. *Timo Kornetzki*.

von den Bewertungskomponenten berücksichtigt werden können. Diese Frage wird in der Literatur kontrovers diskutiert. Auf der einen Seite ist eine **Anpassung des Kapitalkostensatzes** denkbar, auf der anderen Seite eine entsprechende **Korrektur der Kapitalisierungsgröße**. Neben den genannten Risiken können staatliche Subventionen den Wert einer ausländischen Teileinheit positiv beeinflussen. Auch kulturelle Aspekte des Gastlandes sind unter Umständen bei der Interpretation von Informationen im Rahmen der Wertanalyse zu beachten.

7.3.2.1 Allgemeine politische Risiken

Politik und Gesetzgebung eines Landes haben einen maßgeblichen Einfluss auf die Geschäfte der in dem Land ansässigen Unternehmen. Doch auch Risiken, die einer globalen Ebene entstammen, können sich auf nationale wie multinationale Unternehmen auswirken. Zu diesen **globalen Risiken** zählt heutzutage besonders die Bedrohung durch den internationalen Terrorismus (vgl. *Eiteman* et al., 2007, S. 551 f.). Andere **allgemeine politische Risiken** eines Landes beziehen sich auf die Gefahr eines zwischenstaatlichen Konfliktes, nationale Regimewechsel, Streiks oder die Bedrohung durch Entführung oder Erpressung bzw. durch Kriminalität im Allgemeinen. Wenngleich durch diese Risiken durchaus reale Gefahren für die Mitarbeiter entstehen, sind im Rahmen der Bewertung lediglich die monetären Konsequenzen in Form eines Verlustrisikos zu berücksichtigen. Dieses systematische Risiko ist theoretisch bereits in hinreichend effizienten und international integrierten Kapitalmärkten enthalten und wird somit bei Verwendung des CAPM zur Kapitalkostenbestimmung bereits berücksichtigt (vgl. *Peemöller* et al., 1999, S. 626 f.). Ein Problem bei dieser Sichtweise besteht jedoch darin, dass gerade diejenigen Schwellen- und Entwicklungsländer ein höheres allgemeines politisches Risiko aufweisen, deren Kapitalmärkte unzureichend ausgebildet und nur schwach oder gar nicht integriert sind, so dass eine Einpreisung in die Marktrisikoprämie unwahrscheinlich scheint. Von verschiedenen Institutionen und Unternehmen werden spezielle **Länderrisikoprofile** erstellt, die es einem Konzern erlauben, die Risikostruktur verschiedener Länder zu vergleichen und daraus entsprechende **Risikozuschläge für den Diskontierungssatz** zu ermitteln, sofern diese Auf- bzw. Abschläge nicht sogar in den Profilen enthalten sind (vgl. *Eiteman* et al., 2007, S. 553; *Brühl*, 2000, S. 65). Bei solchen zusätzlichen Aufschlägen beim Diskontierungszinssatz besteht stets die Gefahr, dass das Risiko doppelt erfasst wird.

7.3.2.2 Unternehmensspezifische politische Risiken

Von den allgemeinen politischen Risiken sind die unternehmensspezifischen Risiken zu unterscheiden, die sich nur auf bestimmte Unternehmen eines Landes, z. B. auf eine bestimmte Branche wie Rohstoffproduzenten oder Banken, beziehen. Diese **unternehmensspezifischen politischen Länderrisiken** lassen sich in drei Arten unterteilen: Eigentümerrisiken, Transferrisiken und operative Risiken.

Eigentümerrisiken entstehen durch die Gefahr eines Vermögensverlustes für den Konzern durch Maßnahmen der Regierung des Gastlandes. Ein solcher Verlust resultiert in erster Linie aus der kompletten oder teilweisen Enteignung des Besitzes der Tochtergesellschaft. Auch die erzwungene Preisgabe von konzerninternem Know-how (z. B. in Form von Patenten) oder eine ungenügende Wahrung von Urheberrechten bzw. strafrechtliche Verfolgung von Verstößen können zu einer Vermögensschädigung des Unternehmens führen. Eigentümerrisiken sollten durch eine Gewichtung der Kapitalisierungsgröße mit entsprechenden Wahrscheinlichkeiten bei der Berechnung des Wertes der Tochtergesellschaft berücksichtigt werden. Die jeweiligen Auswirkungen, z. B. auf den Erwartungswert zukünftiger Cash Flows, lassen sich durch die Bildung verschiedener Szenarien und deren Gewichtung mit den dazugehörigen Wahrscheinlichkeiten erfassen (vgl. *Peemöller* et al., 1999, S. 627; *Copeland* et al., 2002, S. 451 ff.; *Brühl*, 2000, S. 64). **Transferrisiken** beziehen sich auf die Möglichkeit des Unternehmens, Gewinne und Kapital von und zur ausländischen Tochtergesellschaft zu transferieren. Wird der Gewinntransfer von der Tochtergesellschaft an die Konzernmutter durch gesetzliche Vorschriften verhindert oder eingeschränkt, gibt es verschiedene Strategien, mit denen ein Unternehmen diese »blockierten Mittel« dennoch verschieben kann, z. B. durch die Gestaltung von Verrechnungspreisen. Wie Kapitel 6 zu entnehmen ist, sind dieser Möglichkeit jedoch aufgrund der Interessen der Steuergesetzgeber enge Grenzen gesetzt. Sofern die Überschüsse dem Konzern jedoch nicht vollständig zur Verfügung stehen – sei es zu Zwecken der Ausschüttung oder zu Investitionszwecken – sind die Prognosen zukünftiger Cash Flows entsprechend zu kürzen (vgl. *Schmidt*, 1994, S. 1151). Das aus der Politik resultierende **operative Risiko** einer Auslandsgesellschaft bezieht sich auf Einschränkungen der unternehmerischen Dispositionsfreiheit. Unter Dispositionsbeschränkungen werden politische und kulturelle Rahmenbedingungen verstanden, welche die Verfügungsrechte der Muttergesellschaft über die Tochtergesellschaft einschränken oder beeinträchtigen. Diese Restriktionen beziehen sich beispielsweise auf Vorschriften zur Gestaltung der Rechtsform der Tochtergesellschaft, Auswirkungen durch inoffizielle Geschäftspraktiken (Korruption und Bestechung), Behandlung von geistigem Eigentum, Vorgaben im Personalwesen sowie nationaler Protektionismus, d. h. Vorschriften zur Benutzung lokaler Beschaffungs- und Absatzmärkte bzw. Begrenzung von Ex- und Importen (vgl. *Eiteman* et al., 2007, S. 561 ff.). Auch Änderungen der Gesetzeslage können die Handlungsmöglichkeiten der Tochtergesellschaft stark beeinflussen, besonders bei Gesetzesänderungen im Umwelt- oder Produkthaftungsrecht sowie bei Vorschriften zur Preisregulierung oder zum Kapitalmarktzugang. In Ländern, in denen eine staatliche Beteiligung an der Tochtergesellschaft vorgeschrieben ist, kann es zudem zu Zielkonflikten kommen, bei denen das Management Entscheidungen treffen muss, die im Sinne der Unternehmensstrategie negativ zu beurteilen sind (z. B. durch höhere Mitarbeiterzahl, Aufbau einer lokalen Produktion, etc.) (vgl. *Eiteman* et al., 2007, S. 553 ff.). Derlei Beschränkungen sind allerdings nur dann explizit bei der wertorientierten Planung bzw. Performance-Messung zu berücksichtigen, wenn sich daraus auch eine konkrete Auswirkung auf den Cash Flow oder die Kapitalkosten ergibt, die bisher nicht in der Berechnung enthalten ist. Setzt beispielsweise ein Unternehmen, das Massenware für den lokalen Markt herstellt, innovative Technologien in der Produktion in einem Land mit hoher Imitationsrate ein, besteht die Gefahr, dass zukünftige Erträge durch die Konkurrenz kostengünstigerer Nachahmer reduziert werden. Dagegen führt die zwangsweise Beschäftigung lokaler Arbeitskräfte in der Produktion nicht zwingend zu höheren Aufwendungen, so dass ein Einfluss auf den Wert der Tochtergesellschaft erst zu prüfen ist.

Wie alle Unternehmen unterliegt auch eine ausländische Tochtergesellschaft **Geschäfts- und Finanzierungsrisiken**. Sie werden zum einen von unternehmensinternen Faktoren, wie der Geschäftsstrategie oder der Kompetenz des Managements, determiniert, zum anderen hängen sie aber auch z. B. von der konjunkturellen Entwicklung ab. Diese Risiken lassen sich folglich in eine unsystematische und eine systematische Komponente zerlegen. Letztere geht in den Beta-Faktor ein, der gegebenenfalls bei der Bewertung an die lokalen Besonderheiten der Auslandsgesellschaft anzupassen ist (vgl. *Peemöller* et al., 1999, S. 629 f.; *Brühl*, 2000, S. 64 ff.).

Die unternehmensspezifischen Risiken sollten nur in der Unternehmensbewertung berücksichtigt werden, wenn sie einen maßgeblichen Effekt auf die Berechnung haben. Wenn dies der Fall ist, sollten die unsystematischen Risiken wenn möglich durch die Anpassung der Diskontierungsgröße, d. h. durch Anpassung der erwarteten Cash Flows, berücksichtigt werden (vgl. auch Tabelle 7.1).

Risikokomponente		Anpassung bei		
		Datengrundlage (Bilanz/GuV)	Kapitalisierungsgröße/CF	Kalkulationszins
Allgemeines Risiko				✓
Unternehmensspezifisches Risiko	Eigentümerrisiko		✓	
	Transferrisiko		✓	
	Operatives Risiko		✓	
Geschäfts- und Finanzierungsrisiko				✓
Wirtschaftliches Risiko	Währungsrisiko	✓	✓	
	Inflationsrisiko	✓		
	Zinsänderungsrisiko			✓

Tab. 7.1: Übersicht über die Anpassung der Unternehmenswertkomponenten an Risiken

7.3.2.3 Staatliche Subventionen

Während die vorangegangenen Ländermerkmale stets mit Verlustrisiken verbunden waren, stellen staatliche Förderungen einen Wert erhöhenden Faktor dar. **Staatliche Subventionen** bestehen häufig aus Steuervergünstigungen oder gar Steuerbefreiungen, teils aber auch aus direkten finanziellen Zuschüssen oder aus der Vermittlung von günstigen oder kostenfreien Sachmitteln wie Immobilien, Abbaulizenzen, Grundstücken etc. Gilt für die ausländische Niederlassung dauerhaft ein niedrigerer Steuersatz, wird dies bei der Berechnung der durchschnittlichen Kapitalkosten ohnehin berücksichtigt, wobei zu bedenken ist, dass damit auch der Steuervorteil der Fremdfinanzierung sinkt und dementsprechend die Gestaltung der Kapitalstruktur zu überprüfen ist. Ein eventuell positiver Effekt von Subventionen auf den Cash Flow ist für den Zeitraum der Subventionierung entsprechend zu berücksichtigen, sofern dies nicht bereits in der Datengrundlage enthalten ist (vgl. *Gordon/Lees*, 1982, S. 28 ff.). Subventionen können somit auch als eigenständiger Werttreiber gelten.

7.3.2.4 Kulturelle Einflüsse

Für eine wertorientierte Steuerung bilden verlässliche Planungen, aus denen Zielvorgaben abgeleitet werden können, eine wichtige Voraussetzung. In Kapitel 3 stellte sich heraus, dass es zwischen verschiedenen Ländern kulturelle Unterschiede gibt, die sich auch auf die Planungsaktivitäten in den jeweils ansässigen Tochtergesellschaften auswirken. Sofern bei der Bewertung überwiegend auf lokale Informationen der Auslandsgesellschaft zurückgegriffen wird, sind kulturelle Unterschiede im Rahmen der wertorientierten Steuerung zu berücksichtigen. Beispielsweise neigen nordamerikanische Manager eher zu positiven Prognosen für zukünftige Rückflüsse, während Manager aus dem asiatischen Raum tendenziell risikoaverser bei der Schätzung sind (vgl. *Schmidt*, 1994, S. 1151; *Mead*, 2005, S. 217 ff.; *Hofstede*, 2001, S. 159 ff.). Wenn im Rahmen der wertorientierten Steuerung für Planung oder Kontrolle subjektive Schätzungen erforderlich sind, um beispielsweise Erwartungswerte für Cash Flows und andere Plandaten aufzustellen, sind bei der Berechnung von wertorientierten Steuerungsgrößen gegebenenfalls Korrekturen bei den Schätzungen vorzunehmen.

7.3.3 Makroökonomische Faktoren

Neben den oben genannten politischen und kulturellen Faktoren wird eine ausländische Tochtergesellschaft auch durch wirtschaftliche Länderfaktoren beeinflusst. Dazu gehören vor allem Inflations-, Währungs- und Zinsänderungsrisiken sowie Konjunkturschwankungen, die allesamt zu den **volkswirtschaftlichen bzw. makroökonomischen Risiken** zählen und die alle Unternehmen und Branchen des Landes gleichermaßen betreffen (vgl. *Peemöller* et al., 1999, S. 627). Diese Faktoren müssen nicht nur im Rahmen einer Risikobetrachtung, sondern auch bei der wertorientierten Steuerung berücksichtigt werden.

7.3.3.1 Währungsschwankungen

Dass sich aus Währungsschwankungen, also Änderungen des Wechselkurses zwischen der lokalen Währung im Land der ausländischen Tochtergesellschaft und der Währung der Muttergesellschaft, Probleme bei der Erfolgsbeurteilung ausländischer Einheiten ergeben, die einer Lösung bedürfen, ist in Kapitel 4 mit Bezug auf den Budgetierungsprozess erörtert worden. Sie müssen auch unter dem Gesichtspunkt der wertorientierten Steuerung ausländischer Tochtergesellschaften Berücksichtigung finden. Der Unternehmenswert wird prinzipiell auf zwei Ebenen von solchen Währungsschwankungen beeinflusst. Zum einen ergibt sich durch potentielle Änderungen des Wechselkurses ein höheres Währungsrisiko, dass sowohl im Rahmen des Risikomanagements als auch bei der Bewertung explizit zu berücksichtigen ist. Zum anderen resultieren aus den Wechselkursschwankungen direkte Auswirkungen auf die Höhe der Zahlungsströme der Tochtergesellschaft, und zwar sowohl auf die in lokaler Währung als auch auf die in Konzernwährung gemessenen Zahlungsströme.

Währungsrisiken müssen zunächst genauer unterteilt werden, um eine korrekte Anpassung der Bewertungsrechnung durchzuführen. Das Exposure, neben der Volatilität der Wechselkurse eine Determinante des Währungsrisikos, ist einschließlich der einzelnen Exposurekategorien in Kapitel 4 erläutert worden. Die dort vorgenommene Differenzierung in Translations-, Transaktions- und ökonomisches Exposure wird hier wieder aufgegriffen.

Das **Translations- bzw. Konversionsexposure** bezieht sich auf etwaige Vermögensverluste, die bei der Konsolidierung ausländischer Abschlüsse im Rahmen der Erstellung des Konzernabschlusses entstehen können. Im Kontext der wertorientierten Steuerung wirkt sich sein Einfluss vor allem auf die Datengrundlage aus, wenn für die Bewertung ausschließlich Informationen aus dem externen Rechnungswesen der Konzernzentrale zur Verfügung stehen. Um eine verzerrungsfreie Bewertung zu ermöglichen, müssen ausländische Abschlüsse gegebenenfalls wieder in die lokale Landeswährung »zurückgerechnet« werden (vgl. *Copeland* et al., 2002, S. 402). Dabei sind die angewendeten Methoden des externen Rechnungswesens zur Währungsumrechnung zu beachten, bei denen je nach Umrechnungsverfahren historische Kurse oder die aktuellen Kurse am Bewertungsstichtag in Frage kommen. Alternativ ist eine Umrechnung mit prognostizierten Wechselkursen denkbar (vgl. hierzu Kapitel 4).

Das **Transaktionsexposure** entsteht durch operative Geschäfte wie Rohstoffbeschaffung im oder Produktverkäufe ins Ausland, die in Fremdwährung zu begleichen sind, sowie Finanzierungsmaßnahmen in Fremdwährung. Beispielsweise hätte eine Abwertung der lokalen Währung im Zeitraum zwischen Rechnungsstellung und Begleichung der Rechnung zur Folge, dass der Wert der Transaktion und demnach auch der daraus resultierende, in lokaler Währung gemessene Cash Flow sinken. Die gleiche Währungsabwertung führt im Falle einer Offshore-Finanzierung der Tochtergesellschaft, d. h. die Finanzierung durch Kredite im Ausland, zu einer Erhöhung des Kapitaldienstes in lokaler Währung und somit ebenfalls zu einer Minderung der künftigen Cash Flows. Im Kontext der wertorientierten Planung und Kontrolle ist es für einen kurzfristigen Zeitraum möglich, die zukünftigen Cash Flows mit entsprechenden Terminkursen umzurechnen, d. h. diese können für einperiodige Betrachtungen verwendet werden. Für längerfristige Prognosen, insbesondere bei Berechnung des Fortführungswertes, ist die Verwendung von Terminkursen nicht mehr möglich, so dass stattdessen langfristige Wechselkurse berechnet werden müssen (vgl. *Copeland* et al., 2002, S. 410 f.). Ein spezieller Fall des Transaktionsexposure tritt bei Kapitaltransfers zwischen Konzernzentrale und Tochtergesellschaft auf, wenn beispielsweise Gewinne zu bestimmten Zeitpunkten abgeführt werden sollen. Wurde beispielsweise ein bestimmter Betrag in Konzernwährung als Royalty vereinbart und kommt es zwischenzeitlich zu einer Abwertung der lokalen Landeswährung, erhöht sich die Verbindlichkeit aus Sicht der Tochtergesellschaft.

Den größten Einfluss auf die Ertrags- und Kostenstruktur der ausländischen Tochtergesellschaft hat allerdings das **ökonomische Exposure**. Es unterscheidet sich insofern von den zuvor genannten Varianten, da es nicht auf nominellen Währungsschwankungen, sondern auf den Schwankungen der realen, d. h. um Inflation bereinigten Wechselkurse basiert. Eine Veränderung der Wettbewerbsstellung des Unternehmens kann dann auftreten, wenn sich die nominellen Wechselkurse nicht im Gleichschritt mit den Inflationsraten entwickeln, sondern über einen längeren Zeitraum davon abweichen. Abhängig von den Beschaffungs- und Absatzmärkten des Unternehmens können sich dadurch Vor- oder Nachteile für das operative Geschäft ergeben, je nachdem wie das lokale Management auf dieses Ungleichgewicht reagiert. Beispielsweise kann ein lokal beschaffendes, exportorientiertes Unternehmen von einer Abwertung der lokalen Währung profitieren, weil durch den neuen Wechselkurs mehr Produkte exportiert werden können. Dagegen führt die gleiche Abwertung bei einem importabhängigen Unternehmen, welches ausschließlich den lokalen Markt bedient, dazu, dass sich die Kosten erhöhen. Im Rahmen der wertorientierten Steuerung gilt es, hier vor allem die langfristigen Trends zu erkennen und bei der Berechnung zu berücksichtigen. Die daraus resultierenden Konsequenzen für Umsätze und Kosten bzw. auf den Cash Flow lassen sich nicht pauschal erfassen, sondern müssen unternehmensindividuell in Form von Sensitivitätsanalysen und Szenarien abgeschätzt und dementsprechend berücksichtigt werden (vgl. *Peemöller* et al., 1999, S. 628 f.; *Brühl*, 2000, S. 63).

Währungsschwankungen wirken sich folglich auf mehrere Werttreiber aus. Zum einen ist das **externe Rechnungswesen** als zentraler Bestandteil und Datengrundlage der wertorientierten Steuerung betroffen. Bei der Beschaffung der für die Berechnung notwendigen Daten muss geprüft werden, auf welcher Währungsgrundlage diese Informationen generiert wurden und in welchem Ausmaß Verzerrungen durch Wechselkursänderungen in den Zahlen des Rechnungswesens enthalten sind (vgl. *Choi*, 1989, S. 198). Je nach Bewertungsperspektive sind entsprechende Korrekturrechnungen vorzunehmen, um Bewertungsdifferenzen und -verzerrungen zu eliminieren. Darüber hinaus ist genau zu prüfen, in welchem Ausmaß die Cash Flows von den Wechselkursschwankungen betroffen sind. Besondere Aufmerksamkeit ist dabei dem Restwert zu widmen, bei dem langfristige Trends der Wechselkursentwicklung besonders deutliche Auswirkungen auf den gesamten Unternehmenswert zeigen. Von einer Anpassung des Diskontierungszinssatzes ist dagegen abzusehen, da das allgemeine Währungsrisiko bereits in der Marktrisikoprämie enthalten ist und ein zusätzlicher Aufschlag zu einer Doppelerfassung führen würde.

7.3.3.2 Inflation

Auch die Inflation als Prozess der laufenden Erhöhung des Preisniveaus im Zeitablauf ist zuvor als Störfaktor identifiziert und hinsichtlich seiner Auswirkungen auf die Kostenrechnung in Kapitel 5 diskutiert worden. Inflation und die häufig in Entwicklungs- und Schwellenländern auftretende Hochinflation erfordern, dass bei der Steuerung und Bewertung von dort ansässigen Tochtergesellschaften entsprechende Anpassungen vorzunehmen sind.

Bei der Bewertung von ausländischen Tochtergesellschaften muss zunächst zwischen einer Betrachtung auf Basis nomineller Werte und auf Basis realer Werte unterschieden werden. Unter **nominellen Größen** sind die unveränderten Werte und Kennzahlen des externen Rechnungswesens zu verstehen, die für eine korrekte Berechnung der Steuern und des tatsächlich vorhandenen Working Capital erforderlich sind. Im Gegensatz dazu werden bei den **realen Größen** die Auswirkungen der Inflation berücksichtigt, wodurch sich aussagekräftige Kennzahlen für Vergleiche und Prognosen ableiten lassen. Daher sollten die Prognosen im Rahmen der wertorientierten Steuerung sowohl für nominelle als auch reale Größen erstellt werden (vgl. *Copeland* et al., 2002, S. 443 ff.). Bei der Berechnung des Unternehmenswertes sollten zunächst die Cash Flows auf Basis nomineller Kennzahlen prognostiziert werden, die dann in einem weiteren Schritt mithilfe von Inflationsindizes in reale Größen transformiert werden. Der Fortführungswert kann analog berechnet werden, jedoch sollte bei Verwendung einer Wachstumsrate diese entsprechend an die Inflation angepasst werden (vgl. *Copeland* et al., 2002, S. 447 f.). Auch die Kapitalkosten werden von der Inflation beeinflusst. Zum einen sind die Fremdkapitalkosten aufgrund der höheren Zinsforderung der lokalen Banken höher, zum anderen ergeben sich aber auch Auswirkungen auf die Eigenkapitalkosten. Diese sollten aber nicht durch einen pauschalen Zuschlag erfolgen, da das allgemeine Inflationsrisiko als systematisches Risiko bereits im Beta-Faktor enthalten ist. Die Auswirkungen auf die theoretischen Kosten des Eigenkapitals ergeben sich vielmehr durch das Zugrundelegen des CAPM, in dem die risikolose Verzinsung des lokalen Kapitalmarktes eine entscheidende Rolle spielt. Der risikolose Zinssatz beinhaltet bereits die erwartete Inflation (vgl. *Copeland* et al., 2002, S. 458 ff.). Neben den bisher genannten unmittelbaren Auswirkungen auf die Berechnung von Wertbeiträgen gibt es weitere mögliche Folgen der Inflation, die unternehmensindividuell und länderspezifisch zu prüfen sind. So können für die Buchhaltung der ausländischen Tochtergesellschaft länderspezifische Vorschriften zur Inflationsbuchhaltung gelten oder verschiedene Möglichkeiten benutzt werden, sich durch Rückstellungsbildung vor Inflationswirkungen zu schützen. Daher ist darauf zu achten, die Bewertung so vorzunehmen, dass die Auswirkungen durch Inflation nicht doppelt erfasst werden (vgl. *James/Koller*, 2000, S. 81 f.). Zudem stellen viele Unternehmen ihre Berichterstattung auf eine Hartwährung wie z. B. den US-Dollar um, wodurch die Umrechnungs- und Bewertungsproblematik teilweise entfällt.

7.3.3.3 Zwischenfazit

Wie oben gezeigt wurde, wirken sich sowohl Wechselkursschwankungen als auch Inflation auf den Wert einer ausländischen Tochtergesellschaft aus. Hinzu kommt, dass beide Faktoren nicht isoliert betrachtet werden dürfen, sondern dass sie gemeinsam im Gefüge der internationalen Finanzmarktgleichgewichte gesehen werden müssen. Wechselkursschwankungen, Inflationsraten und Zinsniveaus sind in der Theorie der internationalen Finanzmarktgleichgewichte durch mehrere Bedingungen miteinander verzahnt. Danach entstehen beispielsweise Währungsschwankungen durch unterschiedliche Inflationsraten, da sie die unterschiedliche Kaufkraft der Landeswährung in den jeweiligen Ländern ausgleichen. Da sich der Theorie nach langfristig stets ein erneutes Gleichgewicht einstellt, wird in der Literatur mitunter die Notwendigkeit einer expliziten Berücksichtigung makroökonomischer Faktoren bei der Planung bzw. dem Risikomanagement bestritten (vgl. *Klingenbeck*, 1996, S. 37 ff.). Für den Fall der wertorientierten Steuerung ist jedoch eine Berücksichtigung unerlässlich, da der Wert der Tochtergesellschaft maßgeblich durch diese Faktoren beeinflusst werden kann. Statt die makroökonomischen Faktoren isoliert zu betrachten, haben *Oxelheim/Wihlborg* (2003) ein Modell entwickelt, dass eine simultane Erfassung der Cash Flow-Wirkung ermöglicht. Dazu werden mittels einer multivariaten Regression aus vergangenen Perioden die relevanten Makrofaktoren sowie deren Stärke ermittelt. Diese Vorgehensweise ermöglicht eine individuelle Erfassung für jede Tochtergesellschaft bei vergleichsweise geringer Informationsintensität. Zudem lassen sich die Wirkungen auf den Cash Flow in erwartete und unerwartete Veränderungen der volkswirtschaftlichen Rahmenbedingungen unterscheiden (vgl. *Oxelheim/Wihlborg*, 2003, S. 110). Entscheidend ist jedoch nicht unbedingt die separate Erfassung, sondern vielmehr die Vermeidung von Doppelerfassungen der Einflussfaktoren (vgl. *Peemöller* et al., 1999, S. 627 f.).

7.3.4 Vorschriften zur Rechnungslegung und Steuern

Ein weiterer Störfaktor im internationalen Controlling sind die unterschiedlichen rechtlichen und steuerlichen Rahmenbedingungen, unter denen die ausländische Tochtergesellschaft operiert. Da sich diese mitunter deutlich von denen im Stammland des Konzerns unterscheiden, müssen auch diese Faktoren bei der wertorientierten Steuerung berücksichtigt werden. Zum einen gilt es, die Differenzen verschiedener Rechnungslegungsstandards zu erfassen und zum anderen müssen die Auswirkungen unterschiedlicher Steuersysteme berücksichtigt werden.

7.3.4.1 Internationale Rechnungslegung

Obwohl der Hauptzweck der wertorientierten Steuerung in der optimalen Kontrolle und Zielharmonisierung interner Prozesse liegt, hat das externe Rechnungswesen dennoch eine besondere Bedeutung im Rahmen der Informationsbereitstellung. Dabei muss berücksichtigt werden, dass das externe Rechnungswesen teilweise gänzlich andere Zielsetzungen verfolgt als das interne Rechnungswesen. Diese Unterschiede sollen jedoch durch zahlreiche Anpassungen an eine ökonomische bzw. eigentümerorientierte Sichtweise angeglichen werden. Zudem sind Unterschiede zwischen den Rechnungslegungssystemen der verschiedenen Länder zu berücksichtigen.

Im Wesentlichen gibt es derzeit drei übergreifende **Normensysteme zur Rechnungslegung**: Die Richtlinien der Europäischen Union (EU), zu denen auch das

Normensystem des HGB zählt, die US-Generally Accepted Accounting Principles (US-GAAP) und die International Financial Reporting Standards (vgl. *Rüth*, 2003, S. 252). Unabhängig von der konkreten Ausgestaltung des nationalen Systems der Rechnungslegung lassen sich zwei Gruppen bilden: Die **kontinentaleuropäische** und die **angloamerikanische Rechnungslegung**. Aufgrund der Orientierung an den Interessen der Eigentümer sind im Rahmen der Bewertung bei Abschlüssen, die nach der angloamerikanischen Rechnungslegung erstellt wurden, prinzipiell weniger Anpassungen zur Herstellung der ökonomischen Sichtweise erforderlich als bei der europäischen Variante (vgl. zur Konzeption der IFRS, deren konzeptioneller Kern dem der angloamerikanischen Rechnungslegung entspricht, Kapitel 10). Neben den allgemeinen Unterschieden der Normensysteme gibt es zusätzlich nationale Besonderheiten der Rechnungslegung, wie beispielsweise Vorschriften zur Inflationsbuchhaltung in Ländern mit Hochinflation. Ein weiterer Unterschied liegt häufig in der geringeren Frequenz und der Genauigkeit, mit der die für die Unternehmenssteuerung relevanten Daten erhoben werden. Um eine wertorientierte Steuerung zu ermöglichen, ist es aber unerlässlich, dass die notwendigen Finanz- und Bilanzkennzahlen der Auslandsgesellschaft sowie relevante länderspezifische Informationen regelmäßig auch unterjährig erhoben und in einem entsprechenden Reporting-System den Entscheidungsträgern zur Verfügung gestellt werden (vgl. *Rüth*, 2003, S. 263).

Für die Berechnung der wertorientierten Kennzahlen liegt die wesentliche Folge unterschiedlicher Rechnungslegungsvorschriften in der **Erstellung und Interpretation der Datenbasis**, sofern der ausländische Abschluss als Grundlage für die Kennzahlenbestimmung dient. Wenn beispielsweise ein Abschluss auf Grundlage von lokalen Rechnungslegungsnormen erstellt wurde und eben diese Tochtergesellschaft aus Sicht der deutschen, nach IFRS bilanzierenden Konzerngesellschaft bewertet werden soll, muss bei der Berechnung der Werttreiber die unterschiedliche Handhabung einzelner Bilanzposten und Geschäftsvorfälle berücksichtigt werden. Ferner können Schwierigkeiten durch fehlende oder unzureichende unterjährige Berichterstattung entstehen, so dass notwendige Informationen zum Zeitpunkt der Kennzahlenerstellung nicht zur Verfügung stehen. Eine besondere Bedeutung kommt der Rechnungslegung auch in dem Sinne zu, als dass sie die Grundlage für die lokale Besteuerung im Gastland darstellt.

7.3.4.2 Steuern

Ein wesentlicher Einflussfaktor auf die Höhe des Einzahlungsüberschusses bzw. des Ertrages sind die zu zahlenden Steuern des Unternehmens. Dabei stellt sich zunächst die Frage, auf welcher Ebene Steuern zu berücksichtigen sind (vgl. *Rothlin*, 1999, S. 357):
- Besteuerung der Muttergesellschaft im Stammland des Konzerns,
- Besteuerung der Tochtergesellschaft im Gastland,
- Besteuerung von Kapital- und Leistungstransfers zwischen Mutter- und Tochtergesellschaft,
- Besteuerung des Eigentümereinkommens.

Zudem spielt auch die Anrechenbarkeit der jeweiligen Steuern untereinander eine Rolle bei der Berechnung des Unternehmenswertes (vgl. zu den Steuerbelastungen auf den einzelnen Ebenen und den Möglichkeiten zur Verringerung einer zweifachen Besteuerung die Ausführungen zur internationalen Steuerplanung in Kapitel 6). Unter der Prämisse der Shareholder Value-Orientierung wäre grundsätzlich die **Steuerbelastung der Aktionäre** die maßgebliche Entscheidungsgröße (vgl. *Spill*, 1999, S. 205 f.). Dabei wird deren Einkommen einerseits direkt durch die individuelle Einkommensteuer beeinflusst und andererseits indirekt durch die Höhe der ausgeschütteten Gewinne (Dividenden), die im Regelfall der Körperschaftsteuer unterliegen. Jedoch ist die Verwendung der Steuerbelastung der Eigentümer für die Zwecke der wertorientierten Steuerung mit einer Reihe von Problemen verbunden. Zum einen sind die Konzerne heutzutage im Besitz internationaler Investoren, so dass Schwierigkeiten bestehen, das relevante Steuersystem festzulegen. Zudem bestehen selbst auf nationaler Ebene mitunter deutliche Unterschiede bei der individuellen Steuerbelastung. Außerdem sind auch Kursgewinne bei Aktienverkäufen ein Teil des Aktionärseinkommens, dessen Höhe nur mittelbar durch das Unternehmen beeinflussbar ist. Doch selbst wenn zur Vereinfachung nur die **Steuerbelastung des Unternehmens** betrachtet wird, sind zunächst bestimmte Problembereiche aus dem internationalen Umfeld zu sichten (vgl. *AK »Finanzierungsrechnung«*, 2005, S. 90). Zum einen überschneiden sich in einem dezentral geführten Konzern die Grenzen zwischen organisatorischen und juristischen Einheiten, so dass eine Abgrenzung zwischen Steuerungsrelevanz und Steuerrelevanz schwierig wird. Zum anderen muss bei der Verwendung internationaler Abschlüsse zur Abschätzung und Berechnung der Steuerbelastung berücksichtigt werden, dass die tatsächliche Ertragbesteuerung an den nach nationalen Rechnungslegungsnormen erstellten Einzelabschluss bzw. der Steuerbilanz ansetzt. Diese können aufgrund unterschiedlicher Gesetzesgrundlagen erheblich von den internationalen Rechenwerken abweichen. Danach bleibt noch immer zu entscheiden, welchen Einfluss die Konzernbesteuerung auf die Steuerung der Tochtergesellschaft haben soll und darf. Die Wahl der Bewertungsperspektive ist gerade bei Betrachtung der Steuern von entscheidender Bedeutung. Gleichwohl muss zwischen den relevanten **Steuerarten** unterschieden werden, die auf ein Unternehmen einwirken: Direkte Steuern (wie z. B. Gewinn- und Ertragsteuern) und indirekte Steuern (wie z. B. Verbrauchs-, Verkehrs- oder Grundsteuern). Indirekte Steuern sind normalerweise bereits in den Herstellungskosten enthalten bzw. an anderer Stelle als Aufwand verrechnet, während die direkten Steuern erst zum Zeitpunkt der Gewinnrealisierung anfallen. Große Bedeutung kommt in diesem Zusammenhang dem Vorhandensein eines **Doppelbesteuerungsabkommens** zwischen dem Stammland des Konzerns und dem Gastland der Tochtergesellschaft zu. Diese bereits aus Kapitel 6 bekannten Abkommen sollen sicherstellen, dass transferierte Unternehmensgewinne nicht doppelt besteuert werden. Wenn ein Konzern Tochtergesellschaften in Ländern hat, für die kein Doppelbesteuerungsabkommen besteht, werden die dort entstehenden Gewinne sowohl durch die dort erhobene Quellensteuer als auch durch die im Konzernstammland fällige Gewinnsteuer besteuert. Ob diese zusätzlichen Steuern bei der wertorientierten Steuerung berücksichtigt werden, ist wiederum von der Wahl der Bewertungsperspektive abhängig (vgl. auch dazu Kapitel 6). Die absolute Höhe der Steuerbelastung ist darüber hinaus von einer Vielzahl weiterer Faktoren abhängig, wie z. B. der länderspezifischen Rechnungslegung, der Behandlung von Fremdkapitalzinsen, Steuerprogression, Anrechenbarkeit von Aufwendungen, etc. Weil durch die Berücksichtigung dieser Faktoren die Berechnung der Wertbeiträge ausländischer Gesellschaften deutlich komplexer wird, entscheiden sich viele Unternehmen in der Praxis dafür, einen **pauschalen Steuersatz** zu verwenden (vgl. AK »*Finanzierungsrechnung*«, 2005, S. 90 f.). Der Vorteil dieser Vorgehensweise liegt darin, dass sich die Vergleichbarkeit der Ergebnisse von Tochtergesellschaften in verschiedenen Ländern erhöht und auch über einen Zeitraum konstant bleibt.

Im Kontext der wertorientierten Steuerung wirken sich Steuern auf mehrere Werttreiber aus. Die **Diskontierungsgröße** ist direkt von der Höhe der Steuerzahlung in den einzelnen Prognoseperioden abhängig. Bei einer lokalen Sichtweise kommen hier entsprechend nur die länderspezifischen Gewinnsteuern zum Abzug, während aus zentraler Bewertungsperspektive auch die Steuern in Abzug zu bringen sind, die im Stammland auf die transferierten Gewinne zu entrichten sind und die nicht durch ein Doppelbesteuerungsabkommen erstattungsfähig sind. Neben dieser direkten Wirkung kann sich zudem auch eine indirekte Wirkung durch den bereits thematisierten Steuervorteil der Fremdfinanzierung (Tax Shield) ergeben. Die größte Schwierigkeit bei der Prognose der zahlungswirksamen Steuern ist die im Ausland vorhandene Planungsunsicherheit, die besonders in den Emerging Markets eine verlässliche Vorhersage deutlich erschwert. Beispielsweise werden in Ländern mit Hochinflation Steuersätze teils an Inflationsindizes gekoppelt oder die Steuergesetzgebung innerhalb kurzer Zeiträume geändert. Auch der **Diskontierungszinssatz** ist zumindest teilweise vom lokalen Steuersystem bzw. vom lokalen Gewinnsteuersatz abhängig. Wird der WACC-Ansatz zugrunde gelegt, besteht bei den Eigenkapitalkosten die Möglichkeit, persönliche Steuern der Investoren anzusetzen (vgl. *Spill*, 1999, S. 206 f.; *Ballwieser*, 2007, S. 124 ff.). Wesentlich häufiger wird dagegen eine Anpassung bei den Fremdkapitalkosten vorgenommen, indem diese, wie im Zusammenhang mit der Ermittlung der Kapitalkosten zuvor dargelegt worden ist, um den Tax Shield reduziert werden (vgl. *Herter*, 1994, S. 45 ff.; *Günther*, 1997, S. 191 ff.).

Neben den bisher genannten Anpassungen muss auch die Datenbasis überprüft werden, wenn sich die Bewertung auf Informationen des externen Rechnungswesens und des Abschlusses stützt. Sofern eben diese Informationen auch die Grundlage für die Steuerbemessung bilden, muss beachtet werden, dass Wahlrechte und Spielräume des nationalen Bilanzrechtes vermutlich so gewählt wurden, dass die lokale Steuerzahllast minimiert wird.

7.3.4.3 Berücksichtigung von Verrechnungspreisen

Die Bestimmung von Verrechnungspreisen ist für die wertorientierte Steuerung innerhalb eines internationalen Konzerns ebenfalls von Relevanz. Verrechnungspreise sind in Kapitel 6 sowohl aus der Perspektive des Controlling als auch aus dem Blickwinkel der Steuerplanung beleuchtet worden. Als primäre Funktionen von Verrechnungspreisen sind aus der Sicht des Controlling die **Koordinations- und Erfolgsermittlungsfunktion** sowie aus der Perspektive der Steuerplanung die **Gewinnverlagerungsfunktion** mit der Absicht, die Konzernsteuerquote zu minimieren, identifiziert worden. Neben den steuerrechtlich anzuwendenden Ermittlungsmethoden sind betriebswirtschaftlich orientierte Methoden diskutiert worden, die sich vereinfacht in drei Gruppen unterteilen lassen: Marktpreisorientierte, kostenorientierte und verhandlungsbasierte Verfahren.

Für die unternehmenswertorientierte Steuerung dezentraler Einheiten eignet sich die Orientierung an Marktpreisen am besten, da hier die Potentiale zur Quersubventionierung und Verzerrung am geringsten sind (vgl. *Günther*, 1997, S. 101). Auf der anderen Seite bleibt dadurch das »wichtigste Instrument zur Steuerminimierung« (*Copeland* et al., 2002, S. 406) ungenutzt, so dass die Steuerbelastung des Konzerns insgesamt höher und die mögliche Ausschüttung an die Eigentümer niedriger ausfällt. Da Verrechnungspreise einen unmittelbaren Einfluss auf die Kosten- und Erlösstruktur der Tochtergesellschaft nehmen, sind auch die Zahlungsströme davon betroffen, sofern die Transferleistung seitens der Steuerbehörde des Gastlandes anerkannt wird. In Kapitel 6 ist schon darauf hingewiesen worden, dass die Gesamtsteuerbelastung reduziert werden kann, indem Gewinne von einem Hochsteuerland in ein Niedrigsteuerland verlagert werden.

Die Auswirkungen auf die wertorientierte Steuerung sind in diesem Fall wieder abhängig von der Bewertungsperspektive. Aus lokaler Sicht der Tochtergesellschaft besteht mit Blick auf die eigene Erfolgssituation ein Interesse an einem niedrigen Verrechnungspreis für empfangene und an einem hohen Verrechnungspreis für abgegebene Leistungen im Sinne einer Profit Center-Steuerung. Dagegen dominiert aus Konzernsicht das Ziel der weltweiten Steuerminimierung. Eine Abweichung von der **Verrechnungspreisbildung zu Marktpreisen** scheint demnach nur gerechtfertigt, wenn sich dadurch die auf Konzernebene summierte Steuerbelastung senken lässt. Durch die Auswirkungen auf den Erfolg und den Cash Flow der Tochtergesellschaft wird auch die Erfolgsbeurteilung erschwert, daher sollten zu diesem Zweck Vergleichsrechnungen auf Basis von Marktpreisen durchgeführt werden.

7.4 Zusammenfassung der Ergebnisse

In diesem Kapitel wurden die Besonderheiten der internationalen Geschäftstätigkeit bei der Umsetzung der wertorientierten Unternehmenssteuerung thematisiert. Es wurde gezeigt, dass bei der wertorientierten Steuerung ausländischer Tochtergesellschaften eine Reihe zusätzlicher Faktoren zu berücksichtigen ist, die bei ausschließlich nationalen Konzernen keine oder zumindest nur eine untergeordnete Bedeutung haben. Dazu zählen einerseits länderpolitische und kulturelle Spezifika des Gastlandes, in dem die ausländische Tochtergesellschaft operiert. Eine weitere Besonderheit bei der internationalen Unternehmensbewertung ist die Berücksichtigung makroökonomischer Faktoren, im Speziellen von Währungsschwankungen und Inflation. Sie können einerseits die Datengrundlage verzerren, andererseits aber auch die absolute Höhe von Erfolg und Cash Flow maßgeblich beeinflussen. Die national vorgeschriebene Rechnungslegung prägt deutlich das Erscheinungsbild des externen Rechnungswesens und wirkt sich auch auf die Datenbasis wertorientierter Steuerungsgrößen aus.

Daher ist die Kenntnis der nationalen Rechnungslegungsvorschriften und -methoden zwingend erforderlich, wenn die Informationen korrekt angepasst und interpretiert werden sollen. Das länderspezifische Steuersystem wirkt sich dagegen direkt auf die Berechnung wertorientierter Kennzahlen aus. Es wird deutlich, dass Unternehmen, deren Geschäftstätigkeit sich von nationalen auf internationale Märkte ausweitet, nicht umhin kommen, sich mit den oben genannten Faktoren auseinanderzusetzen. Andernfalls besteht die Gefahr, dass die Konzepte der wertorientierten Steuerung falsch angewendet werden und folglich nicht den gewünschten Effekt zeigen.

8. Die Balanced Scorecard als Instrument der Erfolgsmessung in internationalen Joint Ventures

8.1 Einführung

Bekanntlich nimmt das Controlling die Funktion der ergebniszielorientierten Koordination des Planungs- und Kontroll- sowie des Informationsversorgungssystems wahr. Dieser Koordinationsbedarf existiert nicht nur zwischen, sondern auch innerhalb der einzelnen Führungsteilsysteme. Bezogen auf das Planungs- und Kontrollsystem besteht eine Aufgabe des Controlling etwa darin, die strategische und operative Planung aufeinander abzustimmen (vgl. *Weber/Schäffer*, 2008, S. 24). Empirische Untersuchungen ergaben, dass diese beiden Planungsebenen in der Praxis häufig unzureichend verknüpft sind, was insbesondere mit der nicht hinreichenden Information der operativ Verantwortlichen über die strategischen Ziele begründet wird (vgl. *Weber/Schäffer*, 2000, S. 18). Die von *Kaplan* und *Norton* entwickelte Balanced Scorecard ist nicht nur als Kennzahlen-, sondern auch als Managementsystem konzipiert worden, das die **Übersetzung von Strategien in operative Vorgaben** ermöglichen soll. Nach einer kurzen Einführung in die Konzeption der Balanced Scorecard wird sie im Folgenden in den Anwendungskontext eines internationalen Joint Venture eingebettet und hinsichtlich ihrer dortigen Einsetzbarkeit besprochen.

8.2 Die Balanced Scorecard als Kennzahlen- und Managementsystem

8.2.1 Kennzahlen und Kennzahlensysteme als klassische Instrumente der Informationsversorgung

Innerhalb des Informationsversorgungssystems kommt **Kennzahlen** eine besondere Bedeutung zu. Es handelt sich hierbei um Zahlen, die »quantitativ erfassbare Sachverhalte in konzentrierter Form erfassen« (*Reichmann*, 2006, S. 19). Sie geben komplexe Sachverhalte bewusst verkürzt wieder, was sich dann als vorteilhaft erweist, wenn zu einer Problematik zwar umfangreiche Einzelinformationen vorliegen, ihre Auswertung den bestehenden Informationsbedarf aber übererfüllen würde (vgl. *Weber/Schäffer*, 2008, S. 173). Klassische **finanzielle Kennzahlen** sind etwa die Earnings Before Interest and Taxes (EBIT) als Erfolgskennzahl, der Return on Investment (ROI) als Rentabilitätskennzahl, die unterschiedlichen Liquiditätsgrade als Liquiditätskennzahlen oder der bereits erwähnte EVA® als ein Vertreter wertorientierter Kennzahlen.

Eine **Klassifikation von Kennzahlen** erfolgt häufig anhand ihrer statistischen Form (absolute vs. relative Kennzahlen), ihrer Zielorientierung (monetäre vs. nicht-monetäre Kennzahlen), ihres Objektbereiches (lokale vs. globale Kennzahlen) und ihres zeitlichen Bezuges (vorlaufende vs. nachlaufende Kennzahlen) (vgl. hierzu ausführlicher *Weber/Schäffer*, 2008, S. 175 und mit weiteren Kriterien *Reichmann*, 2006, S. 20f.).

Für die Informationsversorgung der Unternehmensführung sind insbesondere **Kennzahlenvergleiche** relevant, die unterschiedliche Formen annehmen können (vgl. im Folgenden *Horváth*, 2009, S. 506): Hinsichtlich ihres Objektbezuges lassen sich inner- und zwischenbetriebliche Vergleiche unterscheiden. Im ersten Fall werden die Kennzahlen verschiedener Untersuchungsbereiche innerhalb des Unternehmens miteinander verglichen, z. B. ROI verschiedener Geschäftsbereiche. Im zwischenbetrieblichen Vergleich bildet beispielsweise ein anderes Unternehmen derselben Branche den Referenzmaßstab. In Bezug auf den Zeitraum sind Zeit- und Soll-Ist-Vergleiche zu differenzieren. Bei einem Zeitvergleich wird etwa der ROI einer Berichtsperiode aus dem aktuellen Geschäftsjahr mit dem der entsprechenden Periode aus dem Vorjahr verglichen. Im Soll-Ist-Vergleich wird dem Ist-Wert einer Kennzahl ihre Soll-Ausprägung gegenübergestellt. Ein solcher Vergleich von normativen Größen mit den realisierten Werten bildet den Ausgangspunkt für Abweichungsanalysen und die Initiierung adäquater Korrekturmaßnahmen (vgl. *Reichmann*, 2006, S. 20).

Mit dem Vorteil, die komplexe ökonomische Realität in verdichteter Form auszudrücken, sind zugleich der Nachteil der begrenzten Aussagefähigkeit einzelner Kennzahlen und die Gefahr einer Fehlinterpretation verbunden (vgl. *Reichmann*, 2006, S. 21f.). Um diese Defizite zu überwinden, sind **Kennzahlensysteme** entwickelt worden, verstanden als »eine Zusammenstellung von quantitativen Variablen (…), wobei die einzelnen Kennzahlen in einer sachlich sinnvollen Beziehung zueinander stehen, einander ergänzen oder erklären und insgesamt auf ein gemeinsames übergeordnetes Ziel ausgerichtet sind« (*Reichmann*, 2006, S. 22).

Eine **Klassifizierung von Kennzahlensystemen** kann anhand der Ausgewogenheit der Kennzahlen und ihres Zusammenhangs vorgenommen werden (vgl. im Folgenden *Weber/Schäffer*, 2008, S. 186f.). In Anlehnung an die Differenzierung von monetären und nicht-monetären Einzelkennzahlen bezieht sich der Aspekt der Ausgewogenheit auf die Frage, ob ein aus rein finanziellen Größen bestehendes Kennzahlensystem seinen Fokus nur auf einen bestimmten Ausschnitt des wirtschaftlichen Geschehens richtet oder durch die Integration von nicht-finanziellen Kennzahlen eine breitere, ganzheitlichere Abbildung der ökonomischen Realität ermöglicht. Gegenstand des zweiten Klassifikationskriteriums sind die Beziehungen, in denen die Kennzahlen zueinander stehen. In einem Rechensystem werden die Kennzahlen mathematisch miteinander verknüpft, in einem Ordnungssystem stehen sie hingegen in einem sachlogischen Zusammenhang.

Traditionelle Kennzahlensysteme wie das *DuPont*-Kennzahlensystem oder das *ZVEI*-Kennzahlensystem (vgl. hierzu *Reichmann*, 2006, S. 24ff.) weisen aufgrund ihrer starken Ausrichtung auf finanzielle Größen eine geringe Ausgewogenheit auf. Das in der obigen Definition genannte gemeinsame Ziel der in diesen Systemen enthaltenen Kennzahlen besteht also darin, die Erfolgs- und Finanzsituation des Unternehmens transparent zu machen. Zudem zeichnen sie sich durch eine enge mathematische Verknüpfung der einzelnen Kennzahlen aus (vgl. *Weber/Schäffer*, 2008, S. 189). Aus der Kritik an der **Eindimensionalität** klassischer Kennzahlensysteme ist die Balanced Scorecard entstanden, mit der sich der folgende Abschnitt beschäftigt.

8.2.2 Grundzüge der Balanced Scorecard

Die Balanced Scorecard, in der deutschsprachigen Literatur anfangs noch als »ausgewogener Berichtsbogen« übersetzt, ist von *Kaplan* und *Norton* in einem Projekt von Wissenschaftlern mit zwölf US-amerikanischen Unternehmen entwickelt worden. Sie lässt sich als ein **Kennzahlensystem zur Erfolgsmessung und -steuerung** charakterisieren (vgl. *Kaplan/Norton*, 1992, S. 71; *Kaufmann*, 1997, S. 421). Auch sie enthält »traditionelle finanzielle Kennzahlen« (*Kaplan/Norton*, 1997a, S. 7), die jedoch um **nicht-finanzielle Größen** ergänzt werden. Begründet wird dies dahingehend, dass weder mit finanziellen Kennzahlen allein, noch ausschließlich mit nicht-finanziellen Maßgrößen eine adäquate Unternehmenssteuerung möglich ist (vgl. *Kaplan/Norton*, 1992, S. 71).

Ein Alleinstellungsmerkmal weist die Balanced Scorecard jedoch nicht dadurch auf, dass sie auch nicht-monetäre Kennzahlen enthält. *Weber/Schäffer* (2000, S. 5 f.) zählen eine Reihe von älteren Ansätzen auf, die eine Kombination von finanziellen und nicht-finanziellen Kennzahlen fordern. Als innovativ stellt sich vielmehr heraus, dass die Balanced Scorecard die Erfolgsmessung anhand von vier Perspektiven vornimmt: Die **finanzielle Perspektive**, die als einzige monetäre Kennzahlen enthält, wird durch die **Kundenperspektive**, die **interne Prozessperspektive** und die **Lern- und Entwicklungsperspektive** vervollständigt (vgl. *Kaplan/Norton*, 1992, S. 71 ff.). Ergänzend zu den folgenden Ausführungen, die die vier Perspektiven skizzieren, werden die Zusammenhänge zwischen den einzelnen Perspektiven in der idealtypischen Grundstruktur der Balanced Scorecard in Abbildung 8.1 dargestellt.

Die **finanzielle Perspektive** hat auf der Ebene des Gesamtunternehmens regelmäßig eine weiterhin überragende Stellung, da sich in ihr die dominanten Ziele der Anteilseigner widerspiegeln. Die Kennzahlen dieser Perspektive informieren, inwiefern die Implementierung einer Strategie die Ergebnissituation des Unternehmens verbessert. Typische Kennzahlen sind etwa der Periodengewinn, die Rentabilität, beispielsweise in der Eigenkapitalrendite gemessen, oder wertorientierte Steuerungsgrößen, z. B. der EVA® (vgl. *Kaplan/Norton*, 1997a, S. 24; *Horváth*, 2009, S. 231; *Weber/Schäffer*, 2008, S. 190). Diese Perspektive nimmt nach wie vor eine herausragende Stellung ein, da die entsprechenden Kennzahlen nicht nur als Messgröße für den finanziellen Erfolg einer Strategie fungieren, sondern auch als Endziel für die übrigen Perspektiven. Die in den einzelnen Perspektiven verwendeten Kennzahlen müssen nämlich über **Ursache-Wirkungszusammenhänge** miteinander verbunden sein (vgl. *Weber/Schäffer*, 2008, S. 192). Die **Kundenperspektive** umfasst Kennzahlen, die die Leistungen des Unternehmens in den von ihm favorisierten Kunden- und Marktsegmenten reflektieren, wozu etwa Größen zur Kundenzufriedenheit und -treue oder Gewinn- und Marktanteile in den jeweiligen Segmenten gehören (vgl. *Kaplan/Norton*,

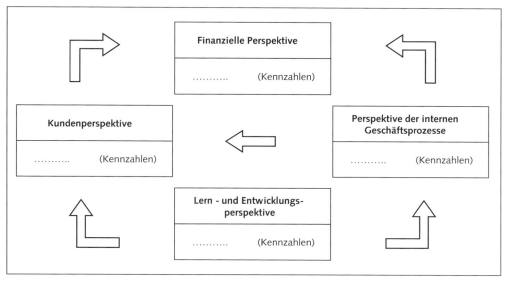

Abb. 8.1: Idealtypische Struktur der Balanced Scorecard (unter Modifikationen entnommen aus *Partridge/Perren*, 1997, S. 50)

1997a, S. 24 f.). Der **internen Prozessperspektive** sind jene Kennzahlen zuzuordnen, die die unternehmensinternen Prozesse abbilden, welche für die Erreichung der finanziellen und kundenbezogenen Ziele relevant sind (vgl. *Weber/Schäffer*, 2008, S. 191 f.; *Kaplan/Norton*, 1997a, S. 25). Kritische Faktoren beziehen sich hierbei etwa auf die Fertigungszeiten oder die Produktivität im Wertschöpfungsprozess. Die **Lern- und Entwicklungsperspektive** identifiziert schließlich die Potentiale, die es auf- und auszubauen gilt, damit die Ziele der ersten drei Perspektiven erreicht werden können (vgl. *Kaplan/Norton*, 1997a, S. 27; *Weber/Schäffer*, 2008, S. 191). Hierzu sind nach *Kaplan/Norton* (1997a, S. 27) Investitionen in die Weiterbildung der Mitarbeiter, Informationstechnologien und Systeme erforderlich. Als Kennzahlen für diese Perspektive kommen z. B. Größen zur Mitarbeiterproduktivität und -zufriedenheit oder die Fluktuationsrate in Betracht (vgl. *Reichmann*, 2006, S. 606).

Als ein Beispiel für die Ursache-Wirkungsbeziehungen zwischen den Zielen und Kennzahlen der einzelnen Perspektiven geben *Kaplan* und *Norton* die in Abbildung 8.2 dargestellte Kausalkette an. Sie unterstellt, dass sich ein höheres Fachwissen der Mitarbeiter positiv auf die Qualität und Durchlaufzeit der operativen Prozesse auswirkt: Die Prozessqualität steigt, während die Prozessdurchlaufzeit sinkt. Beides führt idealtypisch zu einer termintreuen Fertigstellung und Lieferung von Kundenaufträgen. Eine hohe Termintreue dürfte wiederum vorteilhaft für die Kundentreue sein, und loyale Kunden beeinflussen annahmegemäß die finanziellen Ziele des Unternehmens positiv. *Wall* (2001, S. 69 ff.) führt anhand dieses Beispiels jedoch aus, dass ein »Automatismus« zwischen der Erhöhung der Prozessqualität bzw. der Verringerung der Prozessdurchlaufzeit und der Erhöhung der Kapitalrentabilität nicht existiert.

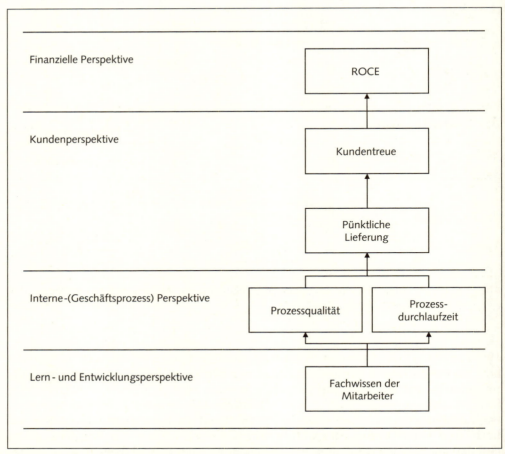

Abb. 8.2: Ursache-Wirkungskette in der Balanced Scorecard (entnommen aus *Kaplan/Norton*, 1997a, S. 29)

Die Identifikation derartiger Kausalitäten ist vielmehr mit einer ganzen Reihe von Problemen verbunden. So erschweren beispielsweise gegenläufige Einzelwirkungen zwischen den einzelnen Zielen die Abschätzung der Gesamtwirkung.

Aus den obigen Ausführungen geht hervor, dass die Balanced Scorecard gleich in mehrfacher Hinsicht ausgewogen ist. Genauer gesagt, erhält die Erfolgsmessung mit der Balanced Scorecard eine **vierfache Ausgeglichenheit**, so dass die Gefahr der zu einseitigen Ausrichtung, wie sie den traditionellen Kennzahlensystemen eigen ist, gebannt ist: Erstens werden die finanziellen Kennzahlen durch nicht-finanzielle Kennzahlen ergänzt. Zweitens überwindet die Balanced Scorecard eine rein interne Fokussierung der Erfolgsmessung, indem kunden- und anteilseignerorientierte Kennzahlen einbezogen werden (vgl. *Horváth/Kaufmann*, 1998, S. 41). Drittens fließen neben objektiven Kennzahlen auch solche Kennzahlen ein, die auf subjektiven Ein-

und Abschätzungen beruhen (vgl. *Karlowitsch*, 1997, S. 1131). Schließlich schafft die Balanced Scorecard viertens einen Ausgleich zwischen Ergebniskennzahlen, die als Spätindikatoren vergangenes Handeln reflektieren, und solchen, die Determinanten des (zukünftigen) Unternehmenserfolges darstellen und als Frühindikatoren zeitnah zur Verfügung stehen (vgl. *Horváth/Kaufmann*, 1998, S. 41 f.).

Mit der Auffassung der Balanced Scorecard als ein reines Kennzahlensystem in der Form eines Ordnungssystems mit einer hohen Ausgewogenheit an Kennzahlen wird man der Intention ihrer Erfinder nicht gerecht (vgl. *Kaplan/Norton*, 1997a, S. 18; *Weber/Schäffer*, 2000, S. 14). *Kaplan* und *Norton* verstehen die Balanced Scorecard vielmehr als ein Managementsystem, das »die grundlegende Diskrepanz zwischen der **Entwicklung und Formulierung** einer Strategie und ihrer **Umsetzung**« (*Kaplan/Norton*, 1997a, S. 184) zu überwinden versucht. Damit wird das Problem der eingangs erwähnten, unzureichenden **Verzahnung der strategischen mit der operativen Planung** adressiert.

Prinzipiell kommt die Balanced Scorecard erst zum Einsatz, nachdem eine Strategie formuliert worden ist. Ausgehend von dieser Strategie werden für die einzelnen Perspektiven **Ziele** festgelegt, die das Vorgehen zur Umsetzung der Strategie konkretisieren (vgl. hier und im Folgenden *Reichmann*, 2006, S. 609 f.). In einem zweiten Schritt sind **Kennzahlen** zu definieren, die mit den Zielen in einem engen Zusammenhang stehen und somit als Maßstab für die Zielerreichung fungieren können. Für die Finanzperspektive könnte sich beispielsweise das aus dem vorherigen Kapitel bekannte Ziel der Unternehmenswertsteigerung ergeben, dessen Realisierung anhand einer wertorientierten Steuerungsgröße abgelesen werden kann. Für die festgelegten Kennzahlen sind **Vorgabewerte** sowie die **planmäßigen Zeiträume zu ihrer Erreichung** zu bestimmen. Schließlich sind **Maßnahmen** zu erarbeiten, wie Abweichungen zwischen den Soll- und Ist-Werten der Kennzahlen in den einzelnen Perspektiven verringert bzw. aufgehoben werden können. Dabei ist zu beachten, dass nicht nur zwischen den Perspektiven der Balanced Scorecard, sondern auch zwischen den hier skizzierten Schritten zur Operationalisierung einer Strategie Ursache-Wirkungszusammenhänge bestehen müssen, deren Identifikation jedoch mit erheblichen Problemen behaftet ist. Von der Feststellung derartiger Korrelationen hängt maßgeblich ab, ob sich die Balanced Scorecard als zielführend oder besser gesagt strategieumsetzend erweist oder nicht. Denn besteht beispielsweise zwischen einem Ziel und der für die Abbildung seiner Erreichung verwendeten Kennzahl kein valider Ursache-Wirkungszusammenhang, ist eine Erfüllung der Zielvorgaben nicht gleichbedeutend mit der Realisierung der Strategie. In einem solchen Fall ist die Lücke zwischen der Formulierung und Umsetzung einer Strategie, in deren Schließung das selbsterklärte Ziel der Balanced Scorecard besteht, noch immer nicht geschlossen. Die Funktion der Strategieumsetzung wird in Abschnitt 8.4 in Bezug auf ein internationales Joint Venture noch weiter konkretisiert. Zuvor wird der Begriff des Joint Venture definiert, ehe im Anschluss die Besonderheiten der Erfolgsmessung in derartigen Gemeinschaftsunternehmen erläutert werden.

8.3 Grundlagen zur Erfolgsmessung in internationalen Joint Ventures

8.3.1 Begriff und Ziele eines Joint Venture

Nachdem ein Unternehmen die Ausweitung seiner internationalen Aktivitäten beschlossen hat, sind eine Reihe von Entscheidungen zu treffen, welche Gestalt diese Ausweitung konkret annehmen soll. Zu diesen Entscheidungen gehört u. a. die Wahl der **Eigentumsform** (vgl. *Welge/Holtbrügge*, 2006, S. 115 ff.). Eine häufig gangbare Alternative zu der vollständigen Übertragung von Verfügungsrechten in der Form von Markttransaktionen oder der Gründung einer 100 %-igen Tochtergesellschaft besteht in der Kooperation mit einem anderen Unternehmen. Diese kann zu der Gründung eines Joint Venture führen. Ein **Joint Venture** ist eine vertragliche, langfristige Kooperation zwischen zwei oder mehr Unternehmen (Partner- oder Mutterunternehmen), die sich in einer rechtlich selbständigen, mit Eigenkapital ausgestatteten Einheit manifestiert. Diese Definition entspricht dem deutschen Begriffsverständnis eines sog. **Equity Joint Venture**. Insbesondere nach amerikanischem Verständnis wird der Begriff weiter gefasst, so dass auch eine vertragliche Zusammenarbeit ohne Gründung einer gemeinsamen Gesellschaft und ohne Einbringen von Eigenkapital als **Contractual Joint Venture** bezeichnet wird. Die folgenden Ausführungen gehen von einem Equity Joint Venture aus.

Der Input der Partnerunternehmen beschränkt sich nicht nur auf die Bereitstellung von Kapital, sie bringen auch andere Ressourcen (Management, Know-how, etc.) in die Kooperation ein und übernehmen die Führungsverantwortung sowie das unternehmerische Risiko gemeinsam. Die Gesamtheit von Joint Venture, Partnerunternehmen und die zwischen ihnen bestehenden Beziehungen wird als **Joint Venture-System** bezeichnet (vgl. *Büchel* et al., 1997, S. 15). Bei einem internationalen Joint Venture stammt mindestens eines der beteiligten Partnerunternehmen aus einem anderen als dem Gründungsland der Joint Venture-Einheit (vgl. *Geringer/Hebert*, 1991, S. 249). Dass ein internationales Joint Venture mit wesenseigenen Schwierigkeiten konfrontiert wird, weil die bereits ausführlich diskutierten Störfaktoren, die aus einer internationalen Geschäftstätigkeit entstehen, sich auch auf eine Kooperation in der Form eines Gemeinschaftsunternehmens auswirken, muss an dieser Stelle nicht mehr betont werden.

Die Existenz von Joint Ventures ist häufig auf deren staatliche Begünstigung und/oder Einschränkungen anderer Eigentumsformen zurückzuführen. So ist ausländischen Unternehmen die Gründung 100 %-iger Tochtergesellschaften in einigen Staaten nicht gestattet (vgl. *Chung*, 1995, S. 11). Wenn diese Unternehmen den jeweiligen Markt dennoch erschließen wollen, sind sie daher gezwungen, ein Joint Venture mit einem lokalen Partner einzugehen. Sieht man von diesen aus wirtschaftspolitischen Erwägungen entstehenden Verzerrungen ab, lassen sich die **Ziele von Joint Ventures** in zwei Gruppen untergliedern. Die erste Gruppe umfasst Ziele, die im Wesentlichen schon **durch die Einbeziehung eines (lokalen) Partners** erreicht werden. Dieser ersten Gruppe lassen sich die Verringerung des absoluten Risikos eines Vorhabens, die Beschränkung oder Ausschaltung des Wettbewerbs (vgl. *Porter/Fuller*, 1989, S. 376 f.)

und die Verminderung fremdenfeindlicher Reaktionen in der Bevölkerung (vgl. *Hennart*, 1988, S. 363) zuordnen.

Zur zweiten Gruppe gehören demgegenüber Ziele, welche die Partner **im Joint Venture** zu erreichen suchen, die also wesentlich von Art und Qualität der Gestaltung und Steuerung des Joint Venture abhängen. Hierunter lassen sich das Erzielen von finanziellen Erträgen in den Mutterunternehmen durch Ausschüttungen, Lizenz-, Management- und Beratungsgebühren, aber auch durch die Gestaltung von den in Kapitel 6 behandelten Verrechnungspreisen subsumieren (**Finanzziel**) (vgl. *Hatfield/ Pearce*, 1994, S. 423). Ein weiteres wichtiges Ziel stellt die Generierung und der Transfer von Wissen über Technologien, Märkte, Fertigkeiten, Managementtechniken und über kooperative Fähigkeiten in das Mutterunternehmen dar (**Lernziel**) (vgl. *Büchel* et al., 1997, S. 17). Zur Sicherung der Überlebensfähigkeit des Mutterunternehmens kann es zudem von großer Bedeutung sein, mittels eines Joint Venture den (dauerhaften) Zugang des Unternehmens zu wichtigen Ressourcen wie Rohstoffen, Personal, Distributionswegen o.ä. zu sichern (**Ressourcensicherungsziel**) (vgl. *Porter/Fuller*, 1989, S. 375). Ein Ziel, das in Bezug auf die anderen Ziele eher Mittelcharakter hat, ist demgegenüber das **Synergieziel**, das die Schaffung und Nutzung von (positiven) Synergieeffekten, z.B. durch Aufgabenzentralisierung, Skalen- und Lernkurveneffekte (vgl. *Porter/Fuller*, 1989, S. 375) oder durch die gemeinsame Nutzung komplementären Wissens, beinhaltet. Die einzelnen Ziele schließen sich dabei nicht aus, so dass häufig mehrere Ziele zugleich verfolgt werden (vgl. *Büchel* et al., 1997, S. 17f.).

8.3.2 Phasen des Lebenszyklus eines Joint Venture

Der **Lebenszyklus** eines Joint Venture lässt sich typischerweise in fünf Phasen zerlegen: Nachdem zumindest ein Unternehmen Probleme oder Potentiale identifiziert hat, zu deren Lösung bzw. Nutzung das Eingehen eines Joint Venture in Betracht gezogen wird, beginnt die **Anbahnungsphase** (vgl. *Eder/Schmid-Schmidsfelden*, 1991, S. 8). Sie umfasst die Suche nach geeigneten Partnern, erste Kontaktaufnahmen und Vorverhandlungen sowie eine anfängliche Evaluation der möglichen Alternativen. Mit dem Treffen einer Vorauswahl beginnt die **Verhandlungsphase** (vgl. *Schuchardt*, 1994, S. 30). Zu deren Beginn wird in der Regel eine Absichtserklärung (Letter of Intent) unterzeichnet, in der neben den Verhandlungspunkten, über die bereits Einigkeit erzielt wurde, die noch zu klärenden Verhandlungsbereiche aufgelistet werden (vgl. *Lutter*, 1998, S. 10). Mit dem Abschluss des Joint Venture-Vertrags tritt das Joint Venture in die **Realisierungsphase** ein (vgl. *Eder/Schmid-Schmidsfelden*, 1991, S. 9). Diese lässt sich weiter in eine Aufbau- und eine Betriebsphase untergliedern, deren Übergänge jedoch häufig fließend sind (vgl. *Schuchardt*, 1994, S. 30). In der **Aufbauphase** erfolgt die organisatorische Strukturierung sowie die Schaffung von Produktionskapazitäten und Managementsystemen. Wenn dies (im Wesentlichen) abgeschlossen ist, beginnt die **Betriebsphase**, in der das Management des Joint Venture durch Führung, Steuerung und organisationale Lernprozesse die Ziele der Partnerunternehmen zu erreichen sucht. Innerhalb der Betriebsphase kann es allerdings auch zu Neuverhandlungen, insbesondere über die mit dem Joint Venture verfolgten Ziele kommen. Die vierte und letzte Phase ist die **Beendigungsphase** (vgl. *Schuchardt*, 1994, S. 30). Von Beendigung soll gesprochen werden, wenn das Joint Venture als solches aufhört zu existieren, weil es liquidiert oder von einem Partner vollständig übernommen wird, aber auch, wenn das eine Partnerunternehmen sich an dem anderen maßgeblich beteiligt und das Joint Venture somit zu einem reinen Tochterunternehmen wird. Die Beendigung muss kein Scheitern des Joint Venture implizieren, da der zeitlich begrenzte Charakter von beiden Unternehmen gewünscht oder gesetzlich vorgeschrieben sein kann (vgl. *Schuchardt*, 1994, S. 30; *Kumar*, 1975, S. 257; *Oesterle*, 1995, S. 992).

8.3.3 Erfolgsmessung in internationalen Joint Ventures

8.3.3.1 Ziele und Funktionen der Erfolgsmessung in internationalen Joint Ventures

Ginge man von der Wortbedeutung aus, so würde der Begriff der Erfolgsmessung nur die eigentliche Erfassung des Erfolges beinhalten. Dies kann als Erfolgsmessung i.e.S. bezeichnet werden. Der hier verwendete Begriff der **Erfolgsmessung (i.w.S.)** geht darüber jedoch deutlich hinaus und bezeichnet ein integriertes System zur Erfolgsplanung und -steuerung. **Ziel** eines solchen Systems ist die Schaffung von Leistungs- und Ergebnistransparenz, die über verbesserte Planungs- und Steuerungsabläufe zur kontinuierlichen Steigerung des Joint Venture-Erfolges führen soll (vgl. *Gleich*, 1997, S. 115; *Klingebiel*, 1996, S. 79). Damit nimmt die Erfolgsmessung allgemein eine Verhaltenssteuerungs-, eine Überwachungs- und Kontroll- sowie eine Diagnosefunktion wahr.

Da die Erfolgsmessung eine wichtige **verhaltenssteuernde Komponente** beinhaltet (vgl. *Neely* et al., 1995, S. 94 f.), sollen Erfolgsmessungssysteme mit daran gekoppelten Anreizsystemen dafür sorgen, dass möglichst alle Entscheidungen und Handlungen mit der Joint Venture-Strategie und den Joint Venture-Zielen konsistent sind (**Verhaltenssteuerungsfunktion**). Neben der Abstimmung von Entscheidungen und Handlungen in Bezug auf die Strategie ist es Aufgabe der Erfolgsmessung zu **überwachen und zu kontrollieren**, inwieweit die Ergebnisse der Erfolgsmessung i.e.S. mit den Vorgaben der Erfolgsplanung übereinstimmen (**Überwachungs- und Kontrollfunktion**). Um diese beiden Funktionen nachhaltig erfüllen zu können, muss das Erfolgsmessungssystem regelmäßig an die sich verändernde Umwelt angepasst werden. Die dritte wichtige Funktion der Erfolgsmessung ist daher, die den Verknüpfungen der einzelnen Prozesse mit der Unternehmensstrategie zugrunde liegenden Prämissen zu überprüfen und neue Zusammenhänge zwischen Prozessen, kritischen Erfolgsfaktoren und Zielen zu identifizieren. Durch diese als **Diagnosefunktion** bezeichnete Revision und Anpassung des Erfolgsmessungssystems im Rahmen jedes Planungszyklus sollen die Annahmen über die o.g. Kausalzusammenhänge iterativ verbessert und an sich wandelnde Rahmenbedingungen angepasst werden (vgl. *Atkinson* et al., 1997, S. 33; *Vokurka/Fliedner*, 1995, S. 38).

8.3.3.2 Besonderheiten der Erfolgsmessung in internationalen Joint Ventures

Bei der Konzeption eines Erfolgsmessungssystems, einer Aufgabe, die der systembildenden Koordination des Informationsversorgungssystems zugeordnet werden kann, müssen für internationale Joint Ventures drei Besonderheiten berücksichtigt werden, die aus den **Charakteristika einer Unternehmenskooperation**, aus den **Spezifika der Internationalität** und aus einer **Kombination von beiden** resultieren. Im Einzelnen sind dies die Möglichkeit, ein Joint Venture aus alternativen Perspektiven zu betrachten und zu beurteilen, der Einfluss unterschiedlicher Nationalkulturen auf die Informationsverarbeitung und die hervorgehobene Bedeutung nicht-finanzieller Kennzahlen in einem international-kooperativen Kontext.

Das Zusammenwirken mehrerer Unternehmen im Joint Venture erschwert eine zielsetzungsgerechte Erfolgsmessung, da sie grundsätzlich **aus drei verschiedenen Perspektiven** durchgeführt werden kann: Als Möglichkeiten sind die Führung und Beurteilung des Joint Venture als unabhängige Einheit (vgl. *Anderson*, 1990, S. 23; *Büchel* et al., 1997, S. 200), die Durchführung der Erfolgsmessung aus dem Blickwinkel der einzelnen Partner (vgl. *Hatfield/Pearce*, 1994, S. 424f.; *Büchel* et al., 1997, S. 202ff.) und eine Gesamtbetrachtung des Joint Venture-Systems (vgl. *Büchel* et al., 1997, S. 206ff.) zu erwägen.

Für eine Beurteilung des **Joint Venture als unabhängige Einheit** spricht die Überlegung, dass eine solche Autonomie von den konkreten Zielen der Partner die Chancen des Joint Venture auf Überleben und Wachstum erhöhe (vgl. *Anderson*, 1990, S. 23). Allerdings sind auch Situationen vorstellbar, in denen die Kooperationspartner die Autonomie des Joint Venture bewusst gering halten wollen – z. B. um Kommunikations- und Kontrollprozesse zu erleichtern. In diesen Fällen sollten die Ziele **aus Sicht der einzelnen Partner** in den Mittelpunkt der Erfolgsmessung rücken (vgl. *Hatfield/Pearce*, 1994, S. 424f.). Besondere Relevanz erlangt diese Perspektive, da der individuelle Zielerreichungsgrad wesentlich darüber entscheidet, ob das Joint Venture weitergeführt wird oder nicht (vgl. *Büchel* et al., 1997, S. 202). Durch die isolierte Betrachtung der Partnerziele sind sie jedoch als alleinige Basis von Steuerungsgrößen für das Joint Venture-Management nicht unproblematisch, da die Beziehungen zwischen den Interessen der einzelnen Partner vernachlässigt werden. Gerade auf diese Beziehungen stellt die dritte Perspektive ab, die das **Joint Venture-System als Gesamtheit** betrachtet. Im Fokus stehen die Nutzung von Synergien, die Bewältigung von Zielkonflikten, die Harmonie zwischen den Partnern und das gegenseitige Vertrauen im Joint Venture-System (vgl. *Büchel* et al., 1997, S. 206ff.). Ein Konzept der Erfolgsmessung in internationalen Joint Ventures sollte daher in erster Linie an den Partnerzielen ausgerichtet sein, aber zur Berücksichtigung des kooperativen Kontextes auch das Joint Venture-System als Gesamtheit einbeziehen.

Das Management von internationalen Joint Ventures wird zusätzlich zum kooperativen Kontext und den damit verbundenen unternehmenskulturellen Aspekten durch **unterschiedliche Nationalkulturen** der Partner beeinträchtigt (vgl. *Meschi/Roger*, 1994, S. 198f.; *Peill-Schoeller*, 1994, S. 6f.; vgl. ausführlich zu der Nationalkultur als Störfaktor des internationalen Controlling Kapitel 3). So erscheinen Verhaltensweisen von Angehörigen fremder Kulturkreise häufig unverständlich, da das dem Verhalten zugrunde liegende Wertgefüge und das Selbstverständnis der Individuen, z. B. zu ihrer Stellung in der Gesellschaft, unberücksichtigt bleiben. Kulturelle Unterschiede schlagen sich in verschiedensten unternehmerischen Bereichen, z. B. im Führungsverhalten, dem Hierarchieverständnis, dem Planungsverhalten, der Qualitätssicherung, der Anreizgestaltung, etc. nieder (vgl. *Peill-Schoeller*, 1994, S. 45 ff.). Die Auswirkungen kultureller Unterschiede auf einige dieser Bereiche sind in Kapitel 3 am Beispiel von Deutschland und Frankreich veranschaulicht worden. Auch bei der Erhebung, Aufbereitung und Interpretation von Informationen, die für die Erfüllung der Erfolgsmessungsaufgaben von besonderer Bedeutung sind, kann es zu kulturell bedingten Verzerrungen kommen. So können unrealistische Planwerte, seien sie zu niedrig oder zu hoch angesetzt, die Erfüllung der Überwachungs- und Kontrollaufgabe gefährden, da die ermittelten Abweichungen ohne die Berücksichtigung kultureller Faktoren nicht vergleichbar sind und daher nur wenig Aussagekraft haben (vgl. *Pausenberger/Roth*, 1997, S. 593). Das Management in internationalen Joint Ventures muss daher die Unterschiedlichkeit der Unternehmens- und Nationalkulturen der Partner, aber auch anderer Stakeholder des Joint Venture beachten und dies auch bei der Erfolgsmessung berücksichtigen (vgl. *Neely* et al., 1995, S. 102).

Ein weiteres Problemfeld stellt die **Relevanz nicht-finanzieller Ziele** für die Erfolgsmessung in internationalen Gemeinschaftsunternehmen dar. Im Gegensatz zu anderen Unternehmen, in denen finanzielle Maßgrößen wie Unternehmenswert oder Rentabilität als Zielgrößen der Erfolgsmessung genutzt werden, auf deren Erreichung letztlich alle Aktivitäten des Unternehmens gerichtet sind, haben Joint Ventures in Bezug auf diese Zielgrößen der Partnerunternehmen lediglich Mittelcharakter. Wie bereits aus den in Abschnitt 8.3.1 aufgezählten Zielen, die mit der Gründung eines Joint Venture verfolgt werden können, hervorging, sind die Ziele von Gemeinschaftsunternehmen häufig nicht-finanzieller Art. Ihre Erreichung wirkt sich im Regelfall aber positiv auf die finanziellen Ziele der Partnerunternehmen aus. Ein für die Anwendung in Joint Ventures geeignetes Erfolgsmessungsinstrument muss daher in der Lage sein, neben finanziellen Zielen auch nicht-finanzielle Ziele adäquat abzubilden.

Empirischen Ergebnissen zufolge ist die **finanzielle Erfolgsmessung** dennoch gängige Praxis in internationalen Gemeinschaftsunternehmen (vgl. *Anderson*, 1990, S. 20). Der Vorteil einer rein finanziellen Erfolgsmessung besteht darin, dass Abweichungs- und Planfortschrittsanalysen unproblematisch durchführbar sind, da die zugrunde gelegten Daten monetarisiert und somit in ihrer Dimension vereinheitlicht sind. Die Beschränkung auf finanzielle Maßgrößen impliziert jedoch eine uneingeschränkte Dominanz finanzieller Ziele, was in der Literatur teilweise schon für gewöhnliche Unternehmen abgelehnt wird (vgl. *Kubiczek*, 1981, S. 460 ff.), für Joint Ventures aber in jedem Fall zu negieren ist.

Eine ausschließlich quantitative Erfolgsbeurteilung für Joint Ventures zeigt darüber hinaus spezifische Schwächen infolge der Charakteristika einer internationalen Unternehmenskooperation. Joint Venture-spezifische Probleme ergeben sich aus der Interessenpluralität der Anteilsigner, den horizontalen Interdependenzen im Konzernverbund sowie den Schwierigkeiten in der Anlaufphase (vgl. *Oesterle*, 1995, S. 989 ff.). Infolge der **Interessenpluralität** unter den Kapitaleignern ergibt sich ein erhöhter Umfang sowie eine größere Komplexität des im Unternehmen insgesamt vorhandenen

Informationsbedarfs. Während sich vielleicht die Ziele des einen Partners primär auf den Zugang zum Markt oder zu technischem Know-how richten, wird womöglich der andere Partner ausschließlich an finanziellen Größen interessiert sein. Darüber hinaus lässt eine alleinige finanzielle Bewertung der Joint Venture-Unternehmen die **horizontalen Interdependenzen im Konzernverbund** unberücksichtigt. Darunter fallen auf der Kostenseite z. B. die unterschiedliche Eigenkapitalausstattung und eine von der Konzernmutter auferlegte Umstellung von Bezugsquellen sowie auf der Erlösseite z. B. Produkt- oder Sortimentsverbunde, die sich auf das Gesamtunternehmensergebnis entweder negativ (Kannibalisierung) oder positiv (Brückenkopfeffekte) auswirken können. Schließlich versagen monetäre Erfolgsgrößen, wenn sich das Joint Venture noch in der **Anlaufphase** befindet oder wenn bewusst finanzielle Anfangsverluste zur langfristigen Markterschließung in Kauf genommen werden. So benötigen nach einer Ende der 70er Jahre von *Biggadike* durchgeführten empirischen Untersuchung neu gegründete Tochtergesellschaften eine mittlere Anlaufzeit von sieben bis acht Jahren bis zum Erreichen positiver finanzieller Erfolgsgrößen (vgl. *Biggadike*, 1979, S. 106).

An die Stelle rein monetärer Kennzahlen sollten deswegen zunehmend qualitative Kriterien treten, durch die der Beitrag eines Joint Venture zum Erfolg der Partnerunternehmen adäquater abgebildet werden kann. Qualitative Kriterien bieten zudem den Vorteil, dass sie differenzierter auf die spezifischen rechtlichen und ökonomischen Rahmenbedingungen eines Landes eingehen können. Die Balanced Scorecard erweist sich hierfür aufgrund ihrer integrativen Betrachtung von quantitativen und qualitativen Erfolgsfaktoren grundsätzlich als ein geeignetes Konzept.

8.4 Zur Anwendung des Balanced Scorecard-Konzeptes als Erfolgsmessungsinstrument in internationalen Joint Ventures

8.4.1 Anpassung der Balanced Scorecard für die Anwendung in internationalen Joint Ventures

Mit Joint Ventures werden vielfältige, von Joint Venture zu Joint Venture, aber auch innerhalb einzelner Joint Ventures unterschiedliche Ziele verfolgt. Diese Zielheterogenität erschwert es, eine idealtypische Balanced Scorecard für internationale Joint Ventures zu entwerfen, da in diesen nicht notwendigerweise die finanzielle Perspektive die anderen Perspektiven dominiert.

Um zusätzlich zur Berücksichtigung der Partnerziele in den vier »klassischen« Perspektiven eine Betrachtung des Joint Venture-Systems als Gesamtheit zu ermöglichen, soll die **Kooperationsperspektive** als neues Element der Balanced Scorecard in internationalen Joint Ventures vorgeschlagen werden. In dieser werden die mit dem Joint Venture angestrebten **Synergien** und die für den Erfolg des Joint Venture kritischen Basisfaktoren wie **Harmonie der Partner** (vgl. *Oesterle*, 1995, S. 999) und **gegenseitiges Vertrauen** (vgl. *Büchel* et al., 1997, S. 166) zusammengefasst. Da der

Berücksichtigung des Kooperationskontextes eine hohe strategische Bedeutung für die Stabilität des Joint Venture zukommt, ist die Einführung einer solchen Perspektive gerechtfertigt. So werden die entscheidenden Aspekte des Joint Venture-Managements explizit benannt und – soweit möglich – messbar gemacht. Der Basisfaktor Harmonie kann z. B. durch die Zahl von Streitfällen in einem bestimmten Bereich, eventuell differenziert nach kulturell induzierten und nicht kulturell induzierten Streitfällen, operationalisiert werden. Besser als einzelne Kennzahlen kann ein Index das komplexe Phänomen des Vertrauens erfassen. Ein solcher Vertrauensindex kann neben den direkten Einschätzungen der Mitarbeiter über ihr Vertrauen gegenüber Beschäftigten des anderen Mutterunternehmens auch Indikatoren enthalten, die das Vertrauen beeinflussen, wie die subjektiv wahrgenommene Ausstattung mit relevanten Informationen oder die Offenheit der Kommunikation (vgl. *Büchel* et al., 1997, S.170).

Die Einführung der Kooperationsperspektive bewirkt eine Sensibilisierung für die kooperativen Elemente des Joint Venture und zwingt die Partner zudem dazu, die von der Zusammenarbeit erhofften positiven Synergien und die erwarteten negativen Synergien explizit offen zu legen und in Kennzahlen zu konkretisieren. Dies kann zum einen dazu beitragen, unrealistische Erwartungen einzelner Partner über das zu erwartende Synergiepotential zu verhindern, wodurch unvorteilhafte Joint Ventures vermieden werden. Zum anderen kann hierdurch die konsequente Nutzung der positiven bzw. Verminderung der negativen Synergien unterstützt werden.

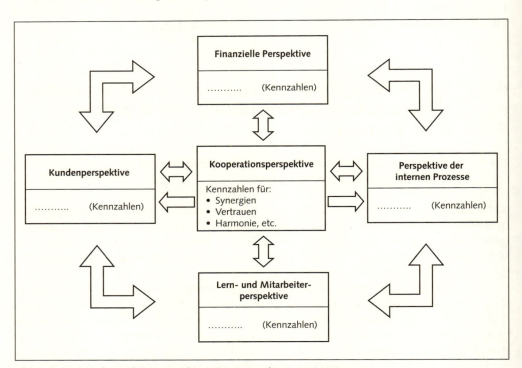

Abb. 8.3: Die Balanced Scorecard in internationalen Joint Ventures

Die anderen Perspektiven sollen im Wesentlichen unverändert fortbestehen. Die Lern- und Entwicklungsperspektive soll jedoch zur Betonung der Bedeutung der Mitarbeiter in einem kooperativen Umfeld (vgl. *Büchel*, 1997, S. 163 ff.) in **Lern- und Mitarbeiterperspektive** umbenannt werden, wie es die zusammenfassende Abbildung 8.3 demonstriert.

8.4.2 Phasengeleitete Analyse der Balanced Scorecard als Instrument der Erfolgsmessung in internationalen Joint Ventures

Ausgehend von den zuvor skizzierten Phasen des Joint Venture-Lebenszyklus in Verbindung mit den Anforderungen an ein System der Erfolgsmessung in internationalen Joint Ventures soll die Balanced Scorecard auf ihre instrumentelle Eignung dafür analysiert werden. Im Zentrum der Ausführungen steht die Betriebsphase des Joint Venture, da in diesem Zeitraum der Bedarf nach einem zielsetzungsgerechten Erfolgsmessungssystem am größten ist und dementsprechend die Balanced Scorecard ihre Potentiale voll entfalten kann.

8.4.2.1 Anbahnungs-, Verhandlungs-, Aufbau- und Beendigungsphase

Hauptziel während der **Anbahnungsphase** ist es, einen zur Lösung von Problemen oder zur Ausnutzung sich bietender Chancen geeigneten Partner zu finden. Da der Auswahl des richtigen Partners ein entscheidender Einfluss auf den Erfolg eines Joint Venture beigemessen wird (vgl. *Zielke*, 1992, S. 196), gilt es, hierbei größte Sorgfalt walten zu lassen. Eine im Mutterunternehmen implementierte Balanced Scorecard kann einer **Hinweisfunktion** nachkommen und ihre Stärken und Schwächen identifizieren und so Ansatzpunkte für mögliche Kooperationen aufzeigen.

Im Rahmen der **Verhandlungsphase** ist bezüglich der Erfolgsmessung zunächst zu erörtern, ob das Balanced Scorecard-Konzept als Erfolgsmessungsinstrument im (geplanten) Joint Venture eingesetzt werden soll. Wurde diese grundsätzliche Entscheidung zugunsten der Balanced Scorecard getroffen, müssen sich die (potentiellen) Partner auf ein gemeinsames Zielsystem einigen, da hieraus letztlich sämtliche Kennzahlen des Balanced Scorecard-Systems abgeleitet werden. Obwohl die Balanced Scorecard kein Instrument der Ziel- und Strategieentwicklung, sondern ein Instrument der Strategieimplementierung ist, übernimmt sie eine **Katalysatorfunktion** und sorgt dafür, dass dem Zielentwicklungsprozess die nötige Aufmerksamkeit gewidmet wird (vgl. *Kaplan/Norton*, 1997b, S. 10).

In der **Aufbauphase** werden nicht nur Produktionskapazitäten und Organisation errichtet, sondern auch Kennzahlensysteme wie die Balanced Scorecard ausgestaltet und implementiert. Hier erfüllt die Balanced Scorecard eine **Kommunikationsfunktion**, da sie sowohl auf Top-Management-Ebene als auch über ihre kaskadenartige Struktur in unteren Hierarchiestufen eine Übersetzung und Transparenzmachung der Joint Venture-Strategie herbeiführt.

Die **Beendigungsphase** und somit auch eine ex post-Evaluation von Joint Ventures wird in der Literatur kaum thematisiert. Dennoch sollte jeder Partner nach der Beendigung des Joint Venture eine detaillierte Erfolgsbeurteilung des Joint Venture durchführen. Es besteht dann zwar keine Möglichkeit mehr, den Erfolg dieses Joint Venture zu beeinflussen, es ist aber möglich, wichtige Erkenntnisse für zukünftige Kooperationen zu gewinnen. Die Daten der Balanced Scorecard können dabei einen wesentlichen Teil der Informationsgrundlage für die Beurteilung und Analyse bilden, so dass der Balanced Scorecard eine wichtige **Lernfunktion** zukommt. Voraussetzung hierfür ist, dass die Ergebnisse und Veränderungen der Balanced Scorecard sorgfältig dokumentiert sind und in geeigneter Form zur Verfügung stehen. Die Analyse sollte allerdings nicht auf die Balanced Scorecard beschränkt bleiben, sondern auch andere Informationsquellen einbeziehen.

8.4.2.2   Die Anwendung der Balanced Scorecard in der Betriebsphase

Nachdem die Ziele und Strategien des Joint Venture in der Verhandlungsphase festgelegt und während der Aufbauphase in der Balanced Scorecard konkretisiert wurden, schließt sich in der Betriebsphase ein **Erfolgsmessungszyklus** an, in dessen Rahmen Verhaltenssteuerung, Überwachung und Diagnose als Hauptaufgaben erfolgen. Ausgehend von den aus der Strategie abgeleiteten Balanced Scorecards erfolgt zunächst eine Erfolgsplanung durch die Vorgabe von Soll-Werten für die einzelnen Kennzahlen. Diese sind Referenzwerte für die (unterperiodische) Überwachung und Kontrolle durch Abweichungs- und Planfortschrittsanalysen, an deren Ergebnisse zudem das Anreizsystem des Joint Venture gekoppelt wird. Um die Balanced Scorecard an die wechselnden Umweltbedingungen anzupassen, werden schließlich strategische Lernprozesse initiiert (vgl. Abbildung 8.4).

Die **Verhaltenssteuerung** mit der Balanced Scorecard erfolgt im Wesentlichen durch die Entwicklung und Kommunikation der strategiefokussierten Balanced Scorecard(s) auf den verschiedenen Ebenen, durch die Festlegung von Vorgaben für die Kennzahlen der einzelnen Perspektiven und durch Verknüpfung der Balanced Scorecard mit dem Anreizsystem (vgl. *Kaplan/Norton*, 1996b, S. 80).

Zentrale Voraussetzung für die Abstimmung der Einzelentscheidungen auf allen Ebenen ist die Verbindung der Kennzahlen des Erfolgsmessungssystems mit den Zielen und der Strategie des Gemeinschaftsunternehmens (vgl. *Gleich*, 1997, S. 115; *Atkinson* et al., 1997, S. 26). Dies ist durch die Deduktion der Joint Venture-Scorecard aus der Strategie und der kaskadenförmigen Ableitung von **hierarchiestufenspezifischen Scorecards** aus der Joint Venture-Scorecard unmittelbar gewährleistet. Außerdem werden aus zweierlei Gründen mit der Ergänzung der finanziellen Ergebnisgrößen um die nicht-finanziellen Determinanten dieser Größen einige Defizite der finanziellen Erfolgsmessung behoben. Erstens ist schon das Zielsystem als Ausgangspunkt der Unternehmenssteuerung in Joint Ventures häufig von nicht-finanziellen Zielen geprägt, wodurch eine rein finanzielle Erfolgsmessung ohnehin nicht sinnvoll ist. Zweitens werden finanzielle Verluste zu Beginn der Betriebsphase eines Joint Venture häufig in Kauf genommen (vgl. *Oesterle*, 1995, S. 991), da zunächst stärker auf den mittel-

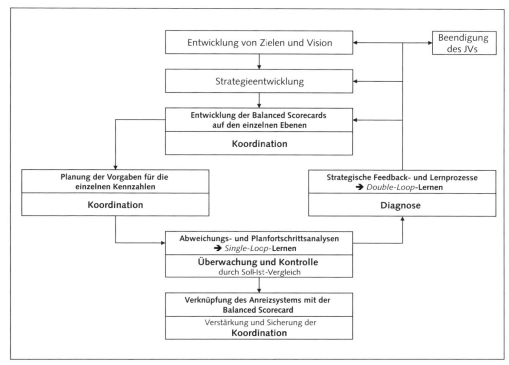

Abb. 8.4: Der Erfolgsmessungsprozess mit der Balanced Scorecard in (internationalen) Joint Ventures

bis langfristigen Aufbau von nicht-finanziell messbaren Erfolgspotentialen abgestellt wird. In dieser Phase sind die finanziellen Kennzahlen daher von nachrangiger Bedeutung, was sich in einer stärkeren Gewichtung der nicht-finanziellen Frühindikatoren innerhalb der Balanced Scorecard niederschlägt (vgl. *Migliorato* et al., 1996, S. 48). Schließlich wird mit der neu konzipierten Kooperationsperspektive zusätzlich zu den in den vier »klassischen« Perspektiven der Balanced Scorecard inkorporierten Partnerzielen auch eine Perspektive des Joint Venture-Gesamtsystems einbezogen und an die Joint Venture-Träger kommuniziert. Dadurch beschränkt sich die koordinierende Wirkung der Balanced Scorecard nicht auf die isolierten Partnerziele, sondern erstreckt sich auch auf die kooperativen Elemente des Joint Venture.

In einem zweiten Schritt werden für die einzelnen Kennzahlen **Zielvorgaben** festgelegt, die bei längerfristigen Vorgaben um Meilensteine (periodische oder unterperiodische Zwischenziele) ergänzt werden (vgl. *Kaplan/Norton*, 1996a, S. 33). Diese Planwerte bilden den Maßstab für die Messung der jeweiligen Zielerreichung und sind damit Grundlage für deren Überwachung und Kontrolle sowie für die Berechnung von Boni o.ä. im Rahmen des Anreizsystems.

Um die individuellen Ziele der jeweiligen Entscheidungsträger in Übereinstimmung mit Joint Venture-Zielen und -Strategie zu bringen und so die Gefahr ziel- und strategieinkonsistenter Entscheidungen zu vermindern, wird das **Anreizsystem** in die Erfolgsmessung – hier also in die Balanced Scorecard – **integriert** (vgl. *Gleich*, 1997, S. 115; *Eccles*, 1991, S. 14). Damit wird vermieden, dass »A belohnt wird, während man auf B hofft«, wodurch dysfunktionale Handlungen ausgelöst werden können (vgl. *Kerr*, 1975, S. 769 ff.). Durch die Implementierung eines solchen Anreizsystems auf (möglichst) allen Ebenen des Joint Venture und durch die Verwendung von Zielgrößen, die mit der Strategie verknüpft und zugleich von den jeweiligen Mitarbeitern oder Gruppen signifikant beeinflussbar sind, kann das Anreizsystem einen Beitrag dazu leisten, dass die Entscheidungen und Handlungen der Mitarbeiter mit der Joint Venture-Strategie und den Joint Venture-Zielen konsistent sind. Eine solche extrinsische Motivation durch Anreizsysteme ist allerdings nicht unproblematisch, da sie die intrinsische Motivation der Aufgabenträger nicht nur verstärken und absichern, sondern auch verdrängen kann (vgl. *Krystek/Zumbrock*, 1993, S. 101 f.). Ein weiteres Problemfeld bei der Anreizgestaltung in internationalen Joint Ventures kann dadurch entstehen, dass die Wertschätzung für bestimmte Anreize bei den Mitarbeitergruppen der einzelnen Mutterunternehmen unterschiedlich ausgeprägt ist, was seinen Ursprung u. a. in der in Kapitel 3 eingeführten Dimension Maskulinität bzw. Feminität der Nationalkulturen haben kann. Ein Lösungsansatz kann hier das sog. Cafeteria-System sein, bei dem der einzelne Mitarbeiter individuell zwischen verschiedenen Vergütungsarten, z. B. zwischen einer Bonuszahlung, zusätzlicher Freizeit oder einer Unternehmensbeteiligung, wählen kann. Hierdurch kann den individuellen, zum Teil kulturell bedingten Präferenzen der Mitarbeiter Rechnung getragen werden, obwohl die eigentliche Bewertung einheitlich vorgenommen wurde.

Im Gegensatz zu der innerhalb der Diagnosefunktion erfolgenden Prämissenkontrolle handelt es sich bei der **Überwachungs- und Kontrollaufgabe** um eine reine Durchführungskontrolle (vgl. *Reichmann*, 2006, S. 565). Durch die Integration nicht-finanzieller Kennzahlen in die Balanced Scorecard bleiben die im Rahmen von Überwachung und Kontrolle erfolgenden Analysen nicht auf finanzielle Größen beschränkt. So können Problembereiche leichter identifiziert und Möglichkeiten für korrektive Maßnahmen besser ermittelt werden. Wird in einem bestimmten Bereich eine (unerwünschte) Abweichung festgestellt, ist die Ermittlung der Ursachen durch Drill-down entlang der Kausalzusammenhänge möglich – die Validität der Prämissen vorausgesetzt (vgl. *Simon*, 1996, S. 20 ff.). Sobald jedoch die Ursache eines Problems erkannt worden ist, lassen sich daraus operative Korrekturmaßnahmen ableiten, deren Erfolg wiederum anhand der Balanced Scorecard überwacht werden kann. Mithilfe solcher Anpassungsprozesse wird versucht, bestehende Diskrepanzen zwischen Soll- und Ist-Werten innerhalb des derzeitigen Prämissenrahmens zu beseitigen. Somit handelt es sich dabei um einen einfachen kybernetischen Regelkreis, der auch als Single-Loop-Lernen bezeichnet wird (vgl. *Vahs*, 1997, S. 77). Stellt sich im Verlauf des Drill-down heraus, dass eine bestehende Abweichung auch unter Berücksichtigung eventueller Verzögerungen im Rahmen der bisherigen Prämissen nicht zu erklären ist, da sich die Umweltbedingungen geändert haben, ist eine Anpassung der Prämissen erforderlich.

Mit derartigen, von der Balanced Scorecard ausgelösten, strategischen Feedback- und Lernprozessen (vgl. *Kaplan/Norton*, 1997a, S. 15 ff.) nimmt diese ihre **Diag-**

nosefunktion wahr. Die Fähigkeit, die der Balanced Scorecard zugrunde liegenden Prämissen zu überprüfen, neue Ursache-Wirkungszusammenhänge und Kennzahlen zu identifizieren und, falls nötig, die Balanced Scorecard entsprechend anzupassen, ist zentrale Voraussetzung zur dauerhaften Erfüllung von Verhaltenssteuerungs- und Überwachungs- bzw. Kontrollfunktionen. Dieser Lernprozess, dem im häufig turbulenten Umfeld internationaler Joint Ventures besondere Bedeutung zukommt, wird im Gegensatz zum einfachen kybernetischen Regelkreis (Single-Loop-Lernen) als Double-Loop-Lernen bezeichnet (vgl. *Kaplan/Norton*, 1997a, S. 16f.; *Vahs*, 1997, S. 77f.) und lässt sich im Balanced Scorecard-Kontext in drei Phasen unterteilen: Überprüfung der Prämissen, Entwicklung neuer Prämissen und Anpassung der Balanced Scorecard.

Die **Überprüfung der Prämissen** und die Ermittlung nicht valider Zusammenhänge erfolgt zu einem großen Teil im Rahmen der Überwachung und Kontrolle mit der Balanced Scorecard. Nicht (mehr) gültige bzw. unvollständige Zusammenhänge liegen immer dann vor, wenn Abweichungen nicht durch Drill-down anhand der Kausalzusammenhänge auf ihre Ursachen zurückgeführt werden können. Zusätzlich wird jedoch schon in dieser Phase ein Abgleich der Prämissen mit externen, nicht im Rahmen der Balanced Scorecard generierten Informationen (z.B. allgemeine Kundenbefragungen, Mitarbeiterbefragungen, Marktforschungsergebnisse, etc.) erfolgen. Die Fähigkeit, nicht valide Zusammenhänge zu ermitteln und aus dem Prämissenrahmen zu entfernen, die als organisationales Verlernen (unlearning) bezeichnet wird (vgl. *Vahs*, 1997, S. 78), ist wichtige Voraussetzung für die Einbeziehung neuer Prämissen, kann aber durch das Beharrungsbedürfnis der bürokratischen Strukturen des Joint Venture gefährdet werden. War die Identifizierung der nicht (mehr) validen Prämissen im Wesentlichen noch anhand der Balanced Scorecard selbst möglich, so ist eine **Identifizierung neuer Zusammenhänge** mit dieser kaum durchführbar, da man sich hierbei zwangsläufig außerhalb des bisherigen Prämissenrahmens der Balanced Scorecard bewegen muss. Obwohl dieser Identifizierungsprozess als zentral für die Funktionsfähigkeit der Balanced Scorecard anzusehen ist und als »größte Herausforderung beim praktischen Einsatz einer Balanced Scorecard« (*Kaufmann*, 1997, S. 428; *Horváth/Kaufmann*, 1998, S. 48) bezeichnet wird, schenkte ihm das Schrifttum bislang kaum Beachtung. Auch wenn bisher keine Strukturierungs- und Gestaltungsempfehlungen für diesen Prozess vorgestellt wurden, so scheint die Durchführung einer von den Balanced Scorecard-Prämissen unabhängigen, strategischen Überwachung relevanter Umweltfaktoren – z.B. mithilfe der Methode des vernetzten Denkens – empfehlenswert. Dabei muss beachtet werden, dass auch diese ungerichtete Überwachung ein Auswahlproblem bezüglich der zu überwachenden Faktoren beinhaltet. Durch die hohe Flexibilität der Balanced Scorecard und der eingesetzten IT-Systeme lässt sich die eigentliche **Anpassung** leicht durchführen. Allerdings sind mit der adäquaten Anpassung der Balanced Scorecard Umstellungskosten verbunden, die ab einem gewissen Maß an Umweltvariabilität und Umweltunsicherheit prohibitiv groß sind. Die Anpassung erfolgt grundsätzlich durch die Umsetzung der identifizierten neuen Zusammenhänge und/oder durch Verwendung neuer, geeigneterer Kennzahlen in der neu entwickelten Balanced Scorecard. Falls sich in einzelnen Bereichen kein Änderungsbedarf ergibt, sind lediglich neue Planwerte für die einzelnen Kennzahlen festzulegen. Auf der Partnerebene sind die strategischen Feedback- und Lernprozesse umfassenderer Natur, da im Rahmen der (periodischen) Sitzungen des Joint Venture-Boards auch Strategien und Ziele auf ihre Tragfähigkeit bzw. Angemessenheit überprüft und – falls erforderlich – angepasst werden. Im Rahmen dieser Ziel- und Strategiereviews kann die Balanced Scorecard als strukturierende Agenda für gemeinsame Workshops und Interviews dienen, indem sie zugleich die Informationsgrundlage und den roten Faden für die Diskussion zwischen den Joint Venture-Partnern und dem Joint Venture-Management darstellt.

8.5 Zusammenfassung

Die Möglichkeiten, die sich aus einer Anwendung der Balanced Scorecard ergeben, sind bei internationalen Joint Ventures noch größer einzuschätzen als im nicht kooperativen Kontext. Während man in erwerbswirtschaftlichen Unternehmen davon ausgehen kann, dass das Zielsystem von finanziellen Zielen dominiert wird, ist dies in internationalen Joint Ventures regelmäßig nicht der Fall. Da nicht-finanzielle Ziele in ein rein finanzielles Kennzahlensystem nicht integrierbar sind, ist es für den Einsatz in internationalen Joint Ventures in Bezug auf die Erfolgsmessungsziele als inadäquat zu bezeichnen. Durch Einbeziehung von nicht-finanziellen Zielen und Kennzahlen, Entwicklung der Kennzahlen aus der Strategie sowie durch Einführung einer Kooperationsperspektive überwindet das Balanced Scorecard-Konzept wesentliche Unzulänglichkeiten der finanziellen Erfolgsmessungssysteme und ermöglicht auch in internationalen Joint Ventures eine ziel- und strategieorientierte Erfolgsmessung. In Verbindung mit der Ausgeglichenheit als wichtigem Konzeptmerkmal der Balanced Scorecard erhöht dies die Erfolgstransparenz und steigert die Verhaltenssteuerungs-, Reaktions- und Anpassungsfähigkeit des Joint Venture. Die von den Joint Venture-Partnern in Zusammenarbeit mit dem Joint Venture-Management entwickelte Scorecard und das daraus abgeleitete Geflecht von Bereichs-, Abteilungs- und Individual-Scorecards stellen dabei ein Modell über die Erfolgsentstehung im Joint Venture dar. In diesem Geschäftsmodell wird die Komplexität durch Beschränkung auf die Haupteinflussfaktoren und deren Strukturierung in fünf Perspektiven reduziert, um deren Abbildbarkeit und Handhabbarkeit zu sichern. Da das Geschäftsmodell in Zusammenarbeit mit den Managern und Mitarbeitern aller Ebenen entwickelt wurde, stellt es einen »shared world-view of the business« (vgl. *Horváth/Kaufmann*, 1998, S. 46) dar. Die Kennzahlen bilden zudem eine »gemeinsame Sprache«, was zur Vereinfachung und Verbesserung der Kommunikation beiträgt (vgl. *Lingle/Schiemann*, 1996, S. 59). Beide Faktoren gemeinsam können dazu beitragen, die negativen Auswirkungen kultureller Differenzen zu überwinden, das gegenseitige Verständnis und Vertrauen zu erhöhen und die Basis einer eigenen Joint Venture-Identität darzustellen. Die stärkere Verbindlichkeit von Zielen und Strategie trägt zudem zur Erhöhung der Stabilität des Joint Venture bei.

Diesen Vorteilen, die eine Anwendung der Balanced Scorecard in internationalen Joint Ventures nahe legen, stehen allerdings auch einige Probleme gegenüber. Zunächst ist es wichtig, die Wirkung der Balanced Scorecard in internationalen Joint Ventures nicht zu überschätzen, insbesondere, da einige Bereiche des Joint Venture-

Managements nicht in Kennzahlen fassbar sind. In besonderem Maße gilt dies für das kulturelle Management, das nur mit viel Fingerspitzengefühl und Erfahrung kulturell bedingte Probleme reduzieren und kulturelle Synergien hervorbringen kann. Aufgrund der Herkunft der Balanced Scorecard aus dem angloamerikanischen Kulturkreis wird die Akzeptanz einer weitgehenden Entscheidungsdelegation, die eine wichtige Voraussetzung für die Anwendbarkeit der Balanced Scorecard darstellt, bislang als selbstverständlich vorausgesetzt. In vielen romanischen, asiatischen und afrikanischen Staaten muss diese Voraussetzung jedoch als gefährdet angesehen werden, da in diesen Ländern beobachtbare hohe Machtdistanzwerte zu erheblichen Akzeptanzproblemen dieser weitreichenden Entscheidungsdelegation und damit auch der Balanced Scorecard führen können.

Teil IV:
Berichtswesen

9. Gestaltung eines internationalen Berichtswesens

9.1 Einführung

Zur zielorientierten Führung der Ländergesellschaften sowie des Gesamtkonzerns muss das Controlling der Konzernleitung die dafür notwendigen Informationen unter Anwendung geeigneter Methoden und Instrumente bereitstellen. Dies erfordert den Aufbau eines internationalen Berichtswesens, welches die weltweit verteilten Informationen verknüpft und in systematischer Weise und aussagekräftiger Form den Entscheidungsträgern verfügbar macht (vgl. *Amshoff*, 2003, S. 345).

Die Aufgabe eines internationalen Berichtswesens besteht darin, durch Erfassung und Bewertung der jeweiligen Leistungen der einzelnen in- und ausländischen Subsysteme des Konzerns vergleichbare Informationen für das Management des Gesamtkonzerns bereitzustellen. Das vorliegende Kapitel wird zunächst in allgemeiner Form den Begriff des Berichtswesens und die Gestaltungsmerkmale des Management Reporting vorstellen. Dann werden die speziellen Schwierigkeiten beim Aufbau eines internationalen Berichtswesens aufgezeigt und daraus Gestaltungsempfehlungen abgeleitet.

9.2 Begriff des Berichtswesens[*]

Zum zentralen Aufgabengebiet von Controllern gehören **Informationsversorgungsaufgaben** (vgl. dazu auch Kapitel 1). *Horváth* formuliert eine »Informationsverantwortung des Controllers«, verstanden als »Verantwortung dafür, dass die richtigen Informationen zum richtigen Zeitpunkt zur Verfügung gestellt werden« (*Horváth*, 2009, S. 310). Die dazu erforderlichen Aufgaben werden von dem Informationsversorgungssystem wahrgenommen. Es umfasst alle Bereiche, die zur »Beschaffung, Speicherung, Verarbeitung und Übermittlung von Informationen« (*Küpper*, 2008, S. 151) benötigt werden. Den Kern des Informationsversorgungssystems bildet das **Rechnungswesen** (vgl. *Horváth*, 2009, S. 364). In der Regel fallen der Ort der Informationsentstehung und derjenige der Informationsverwendung auseinander. So ist die Unternehmensführung auf Informationen aus dem Informationsversorgungssystem angewiesen, um Planungs-, Steuerungs- und Kontrollaufgaben nachkommen zu können (vgl. *Horváth*, 2009, S. 365). Die Informationen müssen also zwischen dem Ort der Informationsentstehung und dem Ort ihrer Verwendung übermittelt werden – diese Aufgabe übernimmt das Berichtswesen. Bereits Kapitel 1 ging darauf ein, dass in Theorie und Praxis ein weitgehender Konsens über die exponierte Stellung des Berichtswesens im Aufgabenkanon des Controllers besteht.

---

[*] Unter Mitarbeit von Dr. *Gonn Weide*.

Das Berichtswesen ist dem Informationsversorgungssystem des Unternehmens zuzuordnen (vgl. *Horváth*, 2009, S. 540; *Weber/Schäffer*, 2008, S. 221). Differenziert man die Koordinationsaufgaben des Controlling in Bezug auf das Informationsversorgungssystem unter der Maßgabe des Verrichtungsaspektes, lässt sich seine **Gestaltung** (systembildende Koordination) und die **laufende Pflege** innerhalb des bestehenden Systems nennen (systemkoppelnde Koordination) (vgl. *Horváth*, 2009, S. 306). Aufgrund des erwähnten Auseinanderfallens von Informationserzeugung und -nutzung kommt darüber hinaus der Gestaltung der Schnittstellen des Planungs- und Kontroll- sowie des Informationsversorgungssystems eine hohe Bedeutung zu (vgl. *Horváth*, 2009, S. 296 f.). Beispielsweise dürfte sich die Information über den Verbrauch der Produktionsfaktoren einer vergangenen Periode als wertvoller Input für die Materialbedarfsplanung des Folgejahres erweisen. Ein solches Budget ist Teil des Budgetierungssystems, das wiederum ein Subsystem des Planungs- und Kontrollsystems darstellt (vgl. *Horváth*, 2009, S. 205). Diese Schnittstellenproblematik wird durch das Berichtswesen gelöst. Im Sinne der **Systembildung** gestaltet das Controlling das Berichtswesen, innerhalb dessen es schließlich im Wege der **Systemkopplung** einzelne Berichte erarbeitet (vgl. *Horváth*, 2009, S. 296). Dieses Kapitel befasst sich mit dem gestaltenden Aspekt.

Gewöhnlich wird das Berichtswesen auf den Bereich der **Informationsübermittlung** beschränkt (vgl. *Göpfert*, 2002, Sp. 144; *Horváth*, 2009, S. 540; *Weber/Schäffer*, 2008, S. 76). Infolge der Fortschritte in der Informationstechnologie wird heutzutage neben der Übermittlung aber auch die Erzeugung der Informationen mit einbezogen (vgl. *Küpper*, 2008, S. 194). Mit der Nutzung von Datenbanken und Data Warehouses haben die Berichtsempfänger auf mehreren oder gar allen hierarchischen Ebenen des Unternehmens Zugriff und können somit selbständig (führungs-)relevante Informationen erzeugen (vgl. *Göpfert*, 2002, Sp. 144 f.). Eine Beschränkung der Definition auf die Übermittlung würde solche benutzeraktiven Systeme vom Berichtswesen ausschließen (vgl. *Göpfert*, 2002, Sp. 145). Als Vorstufe der Informationserzeugung gilt die **Datenbeschaffung und -verwaltung** in betriebswirtschaftlichen Verwaltungs- und Vorsystemen, z. B. der Finanzbuchhaltung (vgl. *Kammer*, 2005, S. 49). Am Ende des Informationsprozesses steht die **Informationsnutzung durch die Entscheidungsträger**. Mithilfe von Analysen des Informationsbedarfs sowie infolge des Feedbacks der Informationsnutzer werden die Verwaltungssysteme regelmäßig angepasst (vgl. *Göpfert*, 2002, Sp. 144 f.). Abbildung 9.1 stellt die Einordnung des Berichtswesens in den Informationsversorgungsprozess zusammenfassend dar.

Diese Einordnung des Berichtswesens in den Informationsversorgungsprozess schließt sowohl interne als auch externe Berichtsempfänger mit ein. In einer weitergehenden Aufgliederung wird nach den jeweiligen Empfängergruppen zwischen einem **internen** und einem **externen Berichtswesen** unterschieden. Mit Letzterem befasst sich das nächste Kapitel. Das interne Berichtswesen ist für unternehmensinterne Berichtsempfänger konzipiert, zu denen insbesondere die Entscheidungsträger bzw. das Management gehören (vgl. *Hirsch*, 2007b, S. 163; *Ullrich/Tuttle*, 2004, S. 90). Entsprechend wird das interne Berichtswesen heutzutage auch im deutschsprachigen Raum in Wissenschaft und Praxis immer häufiger als **Management Reporting** bezeichnet, wodurch stärker betont wird, für welche Empfänger das Berichtswesen konzipiert ist.

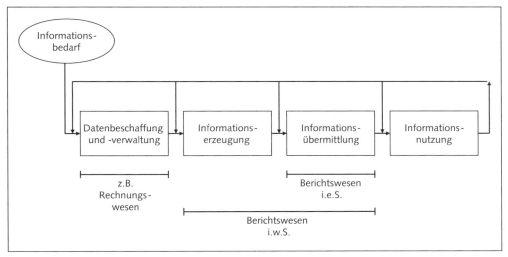

Abb. 9.1: Einordnung des Berichtswesens in den Informationsversorgungsprozess (in Anlehnung an *Göpfert*, 2002, Sp. 145 f.)

Das Management Reporting findet in der Regel vom Ersteller zum Empfänger als **Bottom-up-Reporting** entsprechend der organisatorischen Berichtsstruktur im Unternehmen statt. Empfänger sind also zumeist Führungskräfte auf höher angesiedelten organisatorischen Ebenen des Unternehmens.

9.3 Gestaltungsmerkmale des Management Reporting*

9.3.1 Überblick

Das Management Reporting muss im Unternehmen unterschiedliche Zwecke erfüllen. Von diesen **Berichtszwecken** hängt wesentlich die Gestaltung des Reporting ab (vgl. *Blohm*, 1974, S. 13; *Ederer*, 1995; *Koch*, 1994, S. 63 ff.). Sie wird durch vier Perspektiven beschrieben (vgl. *Blohm*, 1974, 13 ff.; *Drucker*, 1995, S. 109):
- Die inhaltliche Perspektive: Was wird berichtet?
- Die formale Perspektive: Wie wird berichtet?
- Die zeitliche Perspektive: Wann wird über welchen Zeitraum berichtet?
- Die organisatorisch(-personelle) Perspektive: Wer berichtet an wen?

Alle vier Perspektiven des Management Reporting sind eng miteinander verknüpft und orientieren sich am Berichtszweck, wie Abbildung 9.2 zeigt.

---

* Unter Mitarbeit von Dr. *Gonn Weide*.

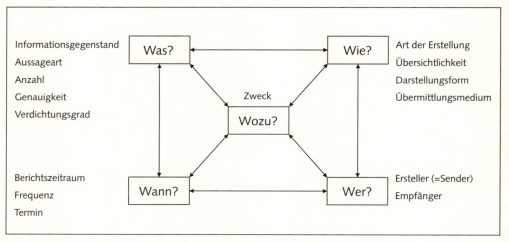

Abb. 9.2: Die vier Gestaltungsfragen des Management Reporting in Abstimmung mit dem Berichtszweck (in Anlehnung an *Blohm*, 1974, S. 14)

9.3.2 Zwecke des Management Reporting

Ein zentraler Zweck des Reporting besteht in der Steuerung bzw. Verhaltenssteuerung. Ein Report hat solche Informationen bereitzustellen, die das Verhalten der Entscheidungsträger, welche Empfänger der Berichte sind, beeinflussen (vgl. *Horváth*, 2009, S. 547; *Kley*, 2006; *Küpper*, 2008, S. 151 und S. 155; *Weber*, 2008a, S. 20). Mithilfe der Informationsübermittlung wird Einfluss auf das Verhalten der Berichtsempfänger genommen und Informationsasymmetrien im Rahmen der Dezentralisierung von Entscheidungen zugunsten der Konzernzentrale abgebaut (vgl. *Koch*, 1994, S. 65; *Küpper*, 2008, S. 155). Sie können zudem Arbeitsvorgänge auslösen, wenn Planabweichungen vom Umsatzziel berichtet werden und entsprechende Maßnahmen zur Umsatzsteigerung eingeleitet werden müssen (vgl. *Weber/Schäffer*, 2008, S. 222; *Küpper*, 2008, S. 194).

Zudem erfüllt das Management Reporting eine **Dokumentationsfunktion**. Durch das strukturierte Speichern und Berichten relevanter Informationen dienen Management Reports gleichzeitig also auch als Aufbewahrungsinstrument (vgl. *Horváth*, 2009, S. 540; *Küpper*, 2008, S. 155). Ähnlich wie im externen Reporting existieren häufig auch unternehmensintern Fristen zur Aufbewahrung bestimmter Daten, da sie häufig die Grundlage für spätere Planungen bilden (vgl. *Weber/Schäffer*, 2008, S. 222). Die Dokumentation ist somit eine Voraussetzung für die Erfüllung der anderen Zwecke.

Als weitere Berichtszwecke sind die **Informations**- sowie die bereits implizit behandelte **Planungs- und Kontrollfunktion** (als Ergebnis der Koordination von Planungs- und Kontroll- sowie Informationsversorgungssystem) anzusehen (vgl. z.B. *Koch*, 1994; *Weber*, 2008a, S. 21). Die Informationsfunktion wird umso besser erfüllt, je stärker die einzelnen Berichtsperspektiven aufeinander abgestimmt sind und je zweckorientierter und entscheidungsrelevanter die übermittelten Informationen sind (vgl. *Becker* et al., 2006, S. 501; *Hirsch*, 2007b, S. 163; *Koch*, 1994, S. 65). Im Rahmen der Planungsfunktion dienen Berichte der Entscheidungsvorbereitung (vgl. *Weber* et al., 2005, S. 21) und im Rahmen der Kontrollfunktion werden regelmäßig bestimmte Posten, z. B. mithilfe von Abweichungsanalysen, kontrolliert (vgl. *Kley*, 2006). *Weber/ Schäffer* (2008, S. 222) nennen als Beispiel den monatlichen Kostenstellenbericht zur Kontrolle der Einhaltung der monatlichen Budgets.

9.3.3 Inhaltliche Perspektive

Die Gestaltung der inhaltlichen Perspektive des Management Reporting umfasst die Fragestellung, **was** vom Berichtssender an den Berichtsempfänger berichtet wird. Die übermittelten Informationen können nach Aussageart, Umfang, Genauigkeit und Verdichtungsgrad variieren (vgl. *Blohm*, 1974, S. 13 f.).

Hinsichtlich der **Aussageart** werden faktische, explanatorische, prognostische, konjunktive, normative, logische, explikative und instrumentale Informationen unterschieden (vgl. *Koch*, 1994, S. 42; *Küpper*, 2008, S. 181 f.). Allerdings sind im Rahmen des Management Reporting nicht alle Informationsarten von Bedeutung. Berichtet werden insbesondere normative Informationen im Rahmen von Soll-Aussagen bei Vorgaben in der Planung, Prognosen über zukünftige Sachverhalte als Wird-Aussagen und faktische Ist-Aussagen (vgl. *Koch*, 1994, S. 41 f.).

Die folgenden Informationen stellen typische Inhalte eines standardisierten monatlichen Bottom-up-Management Reports einer Unternehmensdivision bzw. eines Geschäftsbereiches an das Konzern-Controlling dar (vgl. *Borchers*, 2000, S. 143; *Erdmann* et al., 2006; *Horváth*, 2009, S. 365 ff. und 542 ff.; *Keller*, 1995; *Koch*, 1994; *Schäffer/Steiners*, 2005, S. 212; *Weber*, 2008a und *Willson* et al., 1999, S. 814 ff.).

- Faktische Ist-Informationen:
    - Ergebnisorientierte Kennzahlen, z. B. Monats- oder Jahresergebnis;
    - Umsatzgrößen;
    - unternehmenswertorientierte (Spitzen-)Kennzahlen, z. B. Economic Value Added (EVA®), Cash Value Added (CVA), Return on Capital Employed (ROCE), Cash Flow Return on Investment (CFROI);
    - sonstige finanzielle Kennzahlen, z. B. Eigenkapitalrendite, Working Capital, Kapitalquoten;
    - liquiditätsorientierte Kennzahlen, insbesondere Cash Flow;
    - operative Rechnungswesendaten, z. B. Konzernabschluss mit vollständiger Bilanz und GuV;
    - branchenspezifische Unternehmenskennzahlen, z. B. Kundendaten, Marktanteilsdaten;
    - Abweichungsangaben von Ist- zu Plan- oder Soll-Werten verschiedener zuvor genannter Größen und Zahlen;
    - sonstige strategische, qualitative oder nicht-monetäre Informationen, z. B. zu Produkten, Mitarbeitern, Prozessen.
- Normative Soll-Informationen:
    - Zielvorgaben bzw. Planzahlen in Form von Soll-Zahlen zu den wichtigsten Steuerungsgrößen.

- Prognostische Wird-Informationen:
  - Forecasts oder Vorhersagen von Jahresendwerten der wichtigsten Steuerungsgrößen.

Die zahlenbasierten Informationen werden in der Regel durch **Kommentierungen** der jeweils berichtenden Einheiten ergänzt. Diese können konkrete Handlungsalternativen aufzeigen oder besonders starke Abweichungen zum Vorjahr erklären (vgl. *Weber*, 2008a, S. 23). Der **Umfang** der berichteten Informationen und Zahlen kann zwischen verschiedenen Unternehmen stark variieren und ist insbesondere von der Unternehmensgröße abhängig (vgl. *Weber*, 2008a, S. 24). Von herausgehobener Bedeutung im Rahmen des Management Reporting ist stets die Spitzenkennzahl des Unternehmens, auf deren Grundlage die Steuerung erfolgt.

Verschiedene empirische Erhebungen zeigen, dass Finanzinformationen vor Produkt- und Mitarbeiterinformationen die bedeutendste Rolle innerhalb der standardisierten Management Reports spielen (vgl. *Schäffer/Steiners*, 2005, S. 212; *Weber/Sandt*, 2001, S. 14). Ebenso werden faktische Ist-Informationen häufiger als normative Soll- oder prognostische Wird-Informationen zur Verfügung gestellt (vgl. *Schäffer/Steiners*, 2005, S. 213; *Weber/Sandt*, 2001).

Bereits in Kapitel 8 wurde ausgeführt, dass Kennzahlen als häufig berichtete Informationen zur Verhaltenssteuerung erst sinnvoll eingesetzt werden können, wenn sie in ein Verhältnis zu Vergleichsgrößen bzw. Benchmarks gesetzt werden. Dazu gehören Vergleiche von Plan- mit Ist-Werten oder auch mit den Ist-Werten vergangener Perioden. Ebenso dienen andere interne Geschäftsbereiche oder auch die Zahlen externer vergleichbarer Unternehmen oder Geschäftseinheiten als Benchmarks (vgl. *Weber/Schäffer*, 2008, S. 224).

Die **Genauigkeit** und der **Verdichtungsgrad** der berichteten Zahlen hängen wesentlich von der betrachteten Stufe in der Berichtshierarchie ab. Im Rahmen eines standardisierten, monatlichen Bottom-up-Reporting werden von den einzelnen Tochtergesellschaften die Zahlen häufig an das Divisions-Controlling und von dort weiter über das Konzern-Controlling an den Vorstand berichtet. Insofern ist der Verdichtungsgrad auf der Ebene des Konzern-Controlling erheblich größer als auf der Ebene der lokalen Tochtergesellschaften.

9.3.4 Formale Perspektive

Im Rahmen der formalen Perspektive des Management Reporting ist die Frage zu beantworten, **wie** die Informationsübermittlung stattfindet (vgl. *Blohm*, 1974, S. 14). Diese Frage umfasst die Wahl des Übermittlungsmediums, der Informationswege und die Art der Erstellung und Darstellung der Informationen (vgl. *Blohm*, 1974, S. 14; *Koch*, 1994). Die formale Perspektive rückt im Vergleich zur inhaltlichen Perspektive zunehmend in den Fokus, was sich auf die gravierenden Veränderungen in der systemtechnischen Ausgestaltung der Informationssysteme im Allgemeinen sowie der Management Reporting-Systeme im Speziellen zurückführen lässt (vgl. z.B. *Schinzer* et al., 1999).

So kann die Frage der **optischen Darstellungsform** hinsichtlich der Verständlichkeit der Informationen sowie der Nutzung von Tabellen, Abbildungen und Graphiken große Auswirkungen auf die Akzeptanz der Berichte beim Empfänger haben (vgl. *Berens* et al., 1997; *Mort*, 1992). Die formale Gestaltung der Berichte sollte den Wünschen der Berichtsempfänger gerecht werden und kann folglich zwischen verschiedenen Unternehmen stark variieren (vgl. *Berens* et al., 1997; *Ederer*, 1995, S. 704). Kommentare und Erläuterungen zum Zustandekommen einzelner Zahlen sowie zur Erklärung von Graphiken und Tabellen sind generell sehr hilfreich und untermauern den daraus folgenden Handlungsbedarf (vgl. *Ederer*, 1995, S. 704; *Weber*, 2008a, S. 23).

Die weitaus bedeutendere Fragestellung im Rahmen der formalen Reporting-Perspektive ist allerdings die der **systemtechnischen Ausgestaltung**. So ist heute ein IT-basiertes Management Reporting selbstverständlich und unumstritten, steht allerdings infolge der Komplexität internationaler Konzerne vor großen Herausforderungen. Konkret müssen Unternehmen entscheiden, wie sie den Informationsversorgungsprozess im Management Reporting als Teil des Controlling systemtechnisch unterstützen wollen (vgl. *Wall*, 2007, S. 485).

Management Reporting-Systeme greifen für die Informationsübermittlung auf verschiedene verbundene Systeme zu. Dazu gehören dezentrale Systeme, in die originäre Daten eingegeben werden, Systeme zur Speicherung und Umwandlung von Daten bis hin zu zentralen Systemen oder Systembestandteilen, in denen hoch aggregierte Informationen analysiert und präsentiert werden (vgl. *Wall*, 2007, S. 485 f.). Auf allen Ebenen können die Systeme auf verschiedenen technischen Grundlagen basieren. So herrschen in einigen Unternehmen nicht-standardisierte Lösungen ohne einheitliche Schnittstellen oder Systeme vor, so dass die Daten manuell ineinander überführt werden müssen (vgl. *Borchers*, 2000, S. 99). Wahrscheinlicher ist es jedoch, dass zwar zahlreiche verschiedene Systeme in den (teils akquirierten) Divisionen und Tochtergesellschaften existieren, dass diese aber über einheitliche Schnittstellen miteinander verbunden sind (vgl. z. B. *Mayer*, 1999, S. 289). Schließlich ist eine konzernweite Integration der Systeme mit einer einheitlichen Implementierung in allen Gesellschaften möglich (vgl. *Borchers*, 2000, S. 99 f.).

Das Konzern-Controlling arbeitet in international tätigen und diversifizierten Konzernen in der Regel mit aggregierten Informationen. Um diese **Aggregation** aber zu ermöglichen, müssen Daten aus mehreren Tochtergesellschaften oder Geschäftsbereichen zusammengetragen werden, die wiederum auf elementaren lokalen Geschäftsvorfällen beruhen (vgl. *Wall*, 2007, S. 486). Dabei handelt es sich zumeist um sog. **Enterprise Resource Planning**-Systeme mit verschiedenen Elementen für die unterschiedlichen Funktionalbereiche eines Unternehmens (vgl. *Reichmann*, 2006, S. 677; *Wall*, 2007, S. 486). Diese operativen Systeme werden häufig auch als Vorsysteme bezeichnet (vgl. z. B. *Hahne*, 2005, S. 8; *Krey*, 2007, S. 233).

Das Management Reporting umfasst die Erzeugung und Übermittlung entscheidungsrelevanter Informationen des gesamten Konzerns. Es ist daher auf Informationstechnologien angewiesen, welche in komplexen Organisationen die Integration der Daten aus verschiedenen Teilkonzernen, Tochtergesellschaften und Abteilungen ermöglichen (vgl. *Borchers*, 2000, S. 98 f.). Die Daten aus den Vorsystemen müssen für die weitere Übermittlung, Bearbeitung und Auswertung für verschiedene Controlling- und Reporting-Zwecke extrahiert und separat gespeichert werden (vgl. *Wall*,

2007, S. 486). Diese Aufgabe übernehmen zumeist **Data Warehouses** (vgl. *Sinz*, 2002, Sp. 311). Der Aufbau und der Inhalt eines Data Warehouse orientieren sich am Informationsbedarf der Entscheidungsträger und fokussieren für die Unternehmensführung relevante Entscheidungen. Ein Data Warehouse übernimmt und integriert Daten aus verschiedenen internen und externen Vorsystemen oder Datenbanken, die dafür zunächst in ein einheitliches Format und in eine einheitliche Struktur umgewandelt werden müssen, so dass ein Data Warehouse unabhängig von verschiedenen Vorsystemen genutzt werden kann (vgl. *Gómez* et al., 2006, S. 7; *Hahne*, 2005, S. 8; *Schinzer* et al., 1999, S. 14 und S. 23 ff.). Sobald Daten einmal in das Data Warehouse geladen wurden, werden sie nicht mehr verändert oder gelöscht, sondern nur regelmäßig erweitert. Ein Datenzugriff kann also nur lesend, aber dafür zu jedem beliebigen Zeitpunkt immer wieder erfolgen (vgl. *Hahne*, 2005, S. 8; *Sinz*, 2002, Sp. 310).

Die Daten werden in einem multidimensionalen Datenmodell gespeichert. Häufig wird es als eine Art Würfel dargestellt. Die Achsen des Würfels stellen drei potentielle Dimensionen des Data Warehouse dar, wobei in der Praxis die Anzahl der Dimensionen im Sinne der Multidimensionalität häufig weit über drei hinausgeht (vgl. *Gómez* et al., 2006, S. 7; *Hahne*, 2005, S. 20). Die Daten sind an den Schnittpunkten der Dimensionsausprägungen gespeichert, so dass der Würfel wiederum aus zahlreichen kleineren Würfeln zusammengesetzt ist, welche einzelne Datensätze repräsentieren (vgl. *Gómez* et al., 2006, S. 7; *Hahne*, 2005, S. 19 ff.). Beispiele für typische Dimensionen sind Kunden, Artikel und Regionen.

Die erhobenen und aggregierten Daten müssen des Weiteren für Controlling- und Reporting-Zwecke ausgewertet werden. Eine sehr wichtige jüngere Analysetechnik innerhalb der Data Warehouses ist das **Online Analytical Processing** (OLAP) (vgl. *Wall*, 2007, S. 487). Verschiedene Formen von OLAP-Operationen finden auf den multidimensionalen Datenstrukturen statt und stellen die Informationen in aufbereiteter und verdichteter Form bereit (vgl. *Gómez* et al., 2006, S. 16; *Sinz*, 2002, Sp. 311 f.). Mithilfe von OLAP kann innerhalb der verschiedenen Dimensionen und Verdichtungsstufen navigiert werden, wobei einzelne Geschäftsvorfälle nicht mehr von Bedeutung sind. Vielmehr spielen im Sinne des Management Reporting aus der Konzernholdingperspektive verdichtete und verknüpfte Kennzahlen eine Rolle (vgl. z. B. *Krey*, 2007, S. 233; *Schinzer* et al., 1999, 14 ff.).

9.3.5 Zeitliche Perspektive

Im Rahmen der Gestaltung der zeitlichen Perspektive im Management Reporting müssen Unternehmen entscheiden, **über welchen Zeitraum** und **wann** berichtet wird (vgl. *Hirsch*, 2007b, S. 163). Der **Berichtszeitraum** drückt aus, in welchem Zyklus berichtet wird. Ein langer Berichtszeitraum bedeutet seltenere, ein kurzer Berichtszeitraum häufigere Berichte (vgl. *Hirsch*, 2007b, S. 163). Zumeist variiert auch der Inhalt der Berichte in Abhängigkeit vom Berichtszeitraum. So nimmt der Umfang der Berichte mit dem Berichtszeitraum zu. Sofern in Unternehmen Wochenberichte übermittelt werden, enthalten sie meist nur wenige operative Ist-Daten, während Monats- oder

Quartalsberichte häufig eine vollständige GuV sowie umfangreiche Planzahlen und Plan-Ist-Vergleiche beinhalten (vgl. *Ederer*, 1995, S. 706).

Mögliche Berichterstattungszeiträume sind Tage, Wochen, Monate, Quartale und Jahre sowie längere Zeiträume im Rahmen von Mehrjahresvergleichen. Die empirische Erhebung von *Schäffer/Steiners* (2005, S. 214) untermauert die große Bedeutung der Monatsreports, in deren Rahmen die umfangreichsten Informationen zu nahezu allen berichtsrelevanten Themen enthalten sind.

Die Frage nach dem **Wann** des Management Reporting zielt auf den **Zeitpunkt** der Berichterstattung nach dem Ablauf der Berichtsperiode. Je schneller der Empfänger den Report erhält, desto aktueller sind die enthaltenen Informationen (vgl. *Weber* et al., 2005, S. 25). Dabei können im günstigsten Fall Berichte von operativen Einheiten durchaus in zwei bis drei Arbeitstagen nach Monats-Ultimo erstellt sowie am fünften oder sechsten Arbeitstag weiter an den Konzern übermittelt werden (vgl. *Stadler/Weißenberger*, 1999, S. 9f.).

Schließlich wird im Rahmen der zeitlichen Perspektive eine Unterscheidung in Standard-, Abweichungs- und Bedarfsberichte vorgenommen (vgl. *Weber/Schäffer*, 2008, S. 222f.; *Horváth*, 2009, S. 541f.). Regelmäßig und meist zu ex ante festgelegten Zeitpunkten erscheinen **Standardberichte**, zu denen typischerweise das standardisierte Monats-Reporting gehört (vgl. *Koch*, 1994, S. 62). Unregelmäßig hingegen erscheinen **Abweichungsberichte**, deren Informationen nur dann übermittelt werden, wenn z. B. eine Über- oder Unterschreitung einer Toleranzgrenze von einem Ist-Wert auftritt. Infolge der technologischen Entwicklungen der Datenbanken und Data Warehouses gewinnen **Bedarfsberichte** zunehmend an Bedeutung, die heutzutage nicht mehr zwangsläufig angefordert und dann übermittelt werden müssen. Vielmehr ist der Zugriff auf die Daten innerhalb kurzer Zeit durch jeden Benutzer möglich, sofern dieser über die entsprechenden Zugriffsrechte verfügt (vgl. *Horváth*, 2009, S. 542).

9.3.6 Organisatorische Perspektive

Die organisatorische Perspektive umfasst die Frage, **wer an wen** berichtet, wo im Unternehmen als Organisation also die Sammlung, Erfassung, Aufbereitung und vor allem die Weiterleitung der Reporting-Informationen stattfindet und welche Personen und Abteilungen diese Aufgaben wahrnehmen. Insofern werden im Rahmen dieser Perspektive neben den organisatorischen auch personelle Aspekte abgedeckt.

Das Management Reporting fungiert im Rahmen des Bottom-up-Reporting als Instrument der **Informationsübermittlung zwischen verschiedenen hierarchischen Ebenen** im Unternehmen. Es gibt somit stets einen (oder mehrere) Sender der Informationen sowie einen (oder mehrere) Empfänger im Rahmen der Aufbauorganisation des Management Reporting und des Unternehmens. Das Management Reporting wird dabei organisatorisch traditionell dem Controlling zugeordnet. Somit laufen die Berichte aller Konzerngesellschaften und Divisionen üblicherweise im Konzern-Controlling zusammen (vgl. *Weber* et al., 2001, S. 23).

Die Übermittlung von Informationen über verschiedene hierarchische Ebenen ist insbesondere in Konzernen von großer Bedeutung. Die Organisation des Management

Reporting orientiert sich insofern an der Konzernstruktur, als dass gerade in größeren Konzernen die Unternehmensleitung üblicherweise nicht direkt Informationen einzelner Tochtergesellschaften erhält. Im Rahmen einer Organisationsstruktur mit vier hierarchischen Ebenen berichten vielmehr die Controlling-Abteilungen der rechtlich selbständigen Tochtergesellschaften als kleinste Einheiten an die Controlling-Abteilung der je nach Organisationsstruktur variierenden, nächst höheren dezentralen Instanz (vgl. *Kieninger*, 1993, S. 22). Im Rahmen einer divisionalen Organisationsstruktur sind dies die Geschäftsbereiche bzw. Divisionen, im Rahmen einer Regionalstruktur sind es Länder oder Regionen (vgl. z. B. *Ederer*, 1995, S. 704). Die Geschäftsbereiche oder Regionen aggregieren und/oder konsolidieren die Zahlen und Informationen der Tochtergesellschaften mithilfe ihres eigenen Regional- oder Bereichs-Controlling und übermitteln einen Regionen- oder Geschäftsbereichsreport an das zentrale Konzern-Controlling. Dort werden die Zahlen erneut geschäftsbereichsübergreifend aggregiert und an das Top-Management des Konzerns als oberste Empfängerebene berichtet (vgl. *Ederer*, 1995, S. 702; *Ullrich/Tuttle*, 2004, S. 91; *Weber* et al., 2001, S. 12 f.). Die beschriebene ablauf- und aufbauorganisatorische Gestaltung des Reporting wird als **fachliche** oder **funktionale Weisungsbeziehung** bezeichnet (vgl. *Ziener*, 1985, S. 179). Die entsprechenden Informationen werden im Rahmen der **disziplinarischen Weisungsbefugnis** auf allen organisatorischen Ebenen an das jeweilige Management und nicht an die nächst höhere Controlling-Instanz berichtet (vgl. *Weber* et al., 2001, S. 15 f.; *Ziener*, 1985, S. 175).

In der Praxis findet sich zumeist eine Teilung fachlicher oder rein disziplinarischer Weisungsbeziehungen. Fachlich wird an das Gesellschafts- oder Geschäftsbereichsmanagement sowie disziplinarisch an die nächst höhere Controlling-Abteilung berichtet (vgl. *Esser/Müller*, 2007, S. 43). Diese Variante wird auch als »Dotted-Line-Prinzip« bezeichnet.

Neben den bisher beschriebenen Bottom-up-Reporting-Wegen der überwiegend historischen Informationen gibt es auch solche, die im Rahmen eines **Top-down-Reporting** vom Konzern-Controlling an das dezentrale Controlling übermittelt werden. Dabei handelt es sich insbesondere um Rahmendaten für die Planung der Folgeperioden, z. B. Marktdaten, volkswirtschaftliche Daten oder Wechselkurse (vgl. *Kieninger*, 1993, S. 20; *Weber/Schäffer*, 2008, S. 221 und 223).

9.3.7 Gestaltung des Berichtswesens im Spannungsfeld zentraler vs. dezentraler Anforderungen

Bei der Konzeption des Berichtswesens gilt es zu beachten, dass seine Gestaltungsmerkmale nicht immer gleichermaßen die Akzeptanz des Konzern-Controlling und der dezentralen Controlling-Einheiten finden. Die **zentralen Manager** bemängeln häufig die zu geringe Kommunikation zwischen Zentrale und Tochtergesellschaften. Dies betrifft insbesondere zu späte und unzureichende Informationen über wichtige Vorkommnisse in den Tochtergesellschaften. Umgekehrt beklagen sich die **Tochtergesellschaften** über die zu bürokratische Organisation und den Umfang der an die Zentrale zu schickenden Berichte. Aus lokaler Sicht erscheinen die Anzahl der zu liefernden Berichte zu hoch und die Inhalte zu detailliert. Der Informationsbedarf bedingt einen hohen Zeit- und Arbeitsaufwand, so dass ein wesentlicher Teil der Arbeitszeit für Belange der Zentrale aufgewendet wird. Dadurch verbleibt weniger Zeit für die Erfüllung dezentraler Berichtsaufgaben.

Von den zu erstellenden Berichten geht insofern eine **demotivierende Wirkung** aus, als die Informationen für die Tochtergesellschaften selbst nur in geringem Maße nutzbar sind. Die lokalen Informationsbedürfnisse sind eher operativ als strategisch orientiert. Die zentral benötigten Berichte sind durch einen hohen Aggregationsgrad gekennzeichnet. Das dezentrale Management hingegen ist an detaillierten Darstellungen interessiert, die sich stärker auf Kostenanalysen oder die Personaleinsatzplanung konzentrieren. Die Notwendigkeit der Informationsbereitstellung an die Muttergesellschaft wird besonders angezweifelt, wenn es von der Zentrale kein Feedback dazu gibt, wie diese Informationen ausgewertet werden bzw. in Berichte einfließen, oder nicht ersichtlich wird, welchen Zweck die Informationen gestiftet haben. Dies kann die Motivation für die Erstellung dieser Berichte erheblich senken und in der Folge zu bewussten oder unbewussten Fehlern und Manipulationen führen. Validierungsregeln oder Konsistenzprüfungen sollten daher der Weitergabe der Daten in den zentralen Datenpool vorgeschaltet werden, um eine einheitliche Datenhaltung und ein Einhalten der konzernweiten Buchhaltungs- und Bewertungsregeln zu garantieren (vgl. *Franz/ Winkler*, 2006b, S. 189).

Aus Sicht des Konzern-Controlling ist jedoch die Bereitstellung aller und vor allem korrekter Daten unabdingbar, auch wenn nicht immer alle Informationen tatsächlich zeitnah verwendet werden. So garantiert die regelmäßige Lieferung, dass bei Bedarf der Konzernleitung alle Informationen zur Verfügung stehen bzw. schnell aufbereitet werden können, und ermöglicht einen periodenübergreifenden Zeitvergleich. Eine dezentrale Informationsbereitstellung und -aufbereitung wird in jedem Fall als sinnvoll angesehen. Aufgrund der Nähe zum Geschäft ist ein besserer Einblick in die Vorgänge und Systeme vor Ort gegeben. Zudem erleichtert die dezentrale Verantwortung für die Berichterstellung die Schätzung bzw. die Recherche bei fehlenden oder unstimmigen Daten.

Folge der unterschiedlichen Erwartungen ist eine **mangelnde Akzeptanz** des Berichtswesens **auf Seiten der Tochtergesellschaften**. Diese Unzufriedenheit mit der Berichterstattung auf dezentraler Ebene ließe sich dadurch mildern, dass die Informationsanforderungen sowie der daraus resultierende Zusatzaufwand für die dezentralen Controller reduziert werden. Idealerweise sind die Berichtsinhalte so zu gestalten, dass sie eine **Doppelfunktion** erfüllen, d. h. für das lokale Management gleichermaßen geeignet sind wie für die zentrale Führung. Denkbar ist im Sinne eines Data Warehouse ein Grundbericht, der sich adressatenbezogen individualisieren lässt.

9.4 Internationales Berichtswesen

9.4.1 Zwecke, Aufgaben und Anforderungen des internationalen Berichtswesens

In internationalen Unternehmen erweist sich die Überwindung der organisatorisch auseinander fallenden Informationsentstehung und -verwendung als besonders koordinationsintensiv. Aufgrund der geographischen Distanz sind Informationen weltweit auf zahlreiche Personen und Systeme verteilt. Mittels adäquater Berichtssysteme ist der Informationsfluss zwischen Auslandsgesellschaften und Konzernzentrale zu steuern (vgl. *Welge/Amshoff*, 1998, S. 466). Das internationale Berichtswesen ist zum einen das **informatorische Bindeglied** zwischen den einzelnen Konzernbereichen und den Konzernverantwortlichen. Zum anderen stellt es bei zuweilen hoher Dezentralisation der einzelnen Tochtergesellschaften ein wichtiges **Koordinationsinstrument** des Managements zur Erreichung der Gesamtunternehmensziele dar, indem es zur (Verhaltens-)Steuerung und Kontrolle der dezentralen Entscheidungsträger beiträgt.

Im Einzelnen können daraus folgende spezielle Aufgaben für das internationale Berichtswesen abgeleitet werden (vgl. *Kieninger*, 1993, S. 70; *Deimel*, 2004, S. 185):

- Objektive Darstellung der Gesamtunternehmenslage
- und daraus abgeleitet: Herstellung ausreichender Vergleichbarkeit für Gesamtsicht,
- Information der Konzernzentrale über Ergebnisbeitrag einzelner Tochtergesellschaften
- und somit eine Grundlage für die Bewertung der Leistung des lokalen Managements,
- aber Berücksichtigung nationaler Spezifika im Rahmen der Kontrolle der Planerreichung,
- Basis für das Einleiten differenzierter Gegenmaßnahmen bei Abweichungen sowie
- Sicherstellung der Qualität dezentraler Berichte mittels Plausibilitätsprüfungen.

Die mit der Internationalität einhergehende Datenflut und Informationskomplexität impliziert die Gefahr eines schwerfälligen, aufwendigen, überdimensionalen und unwirtschaftlichen Berichtssystems. Daher sind klare Anforderungen an die Ausgestaltung des Berichtswesens zu stellen. Diese fasst *Kieninger* in einem **Magischen Fünfeck** zusammen, welches aus den folgenden Dimensionen besteht (vgl. *Kieninger*, 1993, S. 73):

- Führungsorientierung: Forderung nach gezielter Selektion der Informationen auf das Relevante
- Informationskonsistenz: Formal und inhaltlich identische Informationen auf allen Berichtsebenen und identische Darstellung gleicher Informationen in aufeinander folgenden Berichten
- Wirtschaftlichkeit der Informationsbeschaffung und -aufbereitung: Kosten-Nutzen-Abwägung
- Empfängerorientierung: Berichtsinhalte durch Informationsbedarfe der Empfänger bestimmen und nicht durch Verfügbarkeit von Informationen
- Aktualität: Schnelligkeit geht vor Genauigkeit

Die anforderungsgerechte Umsetzung wird jedoch durch diverse **Problemfelder** im internationalen Kontext erschwert. Einige von ihnen sind in diesem Buch schon mehrfach thematisiert worden. Sie erfordern bei der Gestaltung des Berichtswesens und ihren vier Perspektiven besondere Aufmerksamkeit (vgl. *Welge/Amshoff*, 1998, S. 467). Die Konfliktfelder treten zu dem in Abschnitt 9.3.7 angesprochenen Problem hinzu, wonach aus der Perspektive der dezentralen Controlling-Einheiten die Informationsbedarfe der Zentrale als zu umfangreich angesehen werden, während sich eben diese mitunter unzufrieden mit der Verfügbarkeit und Qualität der dezentral berichteten Daten zeigt. Nachfolgend werden die speziellen Problemfelder und ihre Relevanz für die Perspektiven des Reporting erörtert.

9.4.2 Spezielle Problemfelder des internationalen Berichtswesens

9.4.2.1 *Inkonsistenz der Basis- und Informationssysteme*

Ein nicht nur im internationalen Berichtswesen, dort aber mit besonderer Schärfe auftretendes Problem ist die **Inkonsistenz der Basissysteme** (vgl. *Amshoff*, 2003, 350 f.). Die notwendige Grundlage identischer Informationen ist in den Basissystemen oft nicht gegeben. Zum einen unterscheiden sich die Daten aufgrund abweichender Rechnungslegungsvorschriften, nach denen die Buchhaltungssysteme geführt werden, z. B. andere Bewertungsvorschriften für Rohstoffe sowie Halb- und Fertigwarenbestände (vgl. *Liedl*, 1996, S. 127). Zum anderen liegen sehr unterschiedliche Ordnungssysteme vor, z. B. Kostenarten-, Kostenstellen-, Bezugsgrößen- und Produktgruppennummern, abweichende Kontierungsregeln, unterschiedliche Stücklisten und Erzeugnisstrukturen für gleiche Produkte. Dies gilt in besonderem Maße für Unternehmen, die durch Zukäufe gewachsen sind oder ein stark diversifiziertes Produktprogramm aufweisen (vgl. *Welge/Amshoff*, 1998, S. 467).

Für die Vergleichbarkeit der Daten ist es zwingend erforderlich, dass sie auf Basis **einheitlicher Konzernrichtlinien** ermittelt werden. Zudem sollten die lokalen Basissysteme weitgehend standardisiert werden, um eine homogene Datenbasis zu schaffen und eine Vergleichbarkeit zu garantieren (vgl. *Kieninger*, 1993, S. 124). Selbst bei homogener Datenbasis kann aber infolge heterogener Produkte mit unterschiedlichen Wertigkeiten in einem Land die Vergleichbarkeit der Landesgesellschaften eingeschränkt sein. In solchen Fällen ist dann neben einer Gesellschaftssicht das komplette Berichtswesen auch auf Spartenebene bereitzustellen.

Die Qualität der Informationen ist stark abhängig von der **gewissenhaften Verwaltung der Vorsysteme**. Die Auslandsgesellschaften haben durch sachgerechte Ausführung der Buchungsrichtlinien und zuverlässige Datenverwaltung für die Vollständigkeit, Richtigkeit und Aktualität der Datenquellen zu sorgen. Besondere Aufmerksamkeit muss dabei der Pflege der Stammdaten zukommen. Eine spezielle Anforderung an das international ausgelegte Berichtssystem ist die **Harmonisierung der notwendigen Kostenrechnungssysteme** (vgl. *Steinbichler*, 1990, S. 146). Wenn landesspezifische Kostenrechnungssysteme verschiedenen Philosophien folgen, sind die Berichtsposten inhaltlich nicht identisch und nicht vergleichbar (vgl. *Pötsch*, 1989,

S. 10 f.). Diese Unterschiede reduzieren zudem die konzernweite Verständlichkeit der berichteten Informationen und können daher Intransparenzen im Berichtswesen verursachen. Diese wiederum führen zu einer fehlenden Akzeptanz der komplexen und variierenden Berichtsinhalte bei ausländischen Mitarbeitern des Konzerns (vgl. *Hebeler*, 2003, S. 204).

Die Schwierigkeiten bei den Basis- und Informationssystemen erfordern einen deutlich erweiterten Abstimmungsaufwand sowohl zwischen verschiedenen dezentralen Einheiten, aber vor allem zwischen unterschiedlichen hierarchischen Ebenen des Konzerns. Insbesondere im Konzernberichtswesen der Holdinggesellschaft müssen die unterschiedlich ermittelten Berichtsinhalte aus verschiedenen Systemen ständig miteinander abgestimmt werden. Dadurch entsteht ein erheblicher **personeller Koordinationsaufwand**. Dieser zusätzliche Abstimmungsaufwand verzögert schließlich eine möglichst schnelle Berichterstellung.

Die durch die Internationalität verursachten Schwierigkeiten werden noch gesteigert, wenn neben inkonsistenten Bilanzierungs- und Bewertungsregeln in der Buchführung noch stark **heterogene technische Systeme** zur Dateneingabe und Datenerfassung vorliegen. Dann müssen nicht nur inhaltliche Abstimmungen vorgenommen, sondern auch technische Schnittstellen zwischen verschiedenen Vorsystemen und dem zentralen Berichtssystem koordiniert werden.

9.4.2.2 Unterschiedliche ökonomische und rechtliche Rahmenbedingungen

Ländertypische Lohn- und Sozialkosten, verschiedene Steuerbelastungen, Produktivitätsunterschiede, Infrastruktur und Rechtssysteme schlagen sich direkt oder indirekt in den Berichtszahlen nieder und nehmen so **Einfluss auf Kosten- und Ertragsstrukturen** (vgl. *Pausenberger/Glaum*, 1994, S. 91 ff.). So gibt es beispielsweise im Handel Unterschiede bei den Ladenöffnungszeiten und somit bei der Anzahl der Verkaufstage. Dies führt zu Schwierigkeiten bei der Ermittlung von Kennzahlen des Personal-Controlling, z. B. der Berechnung von Produktivitäten. Auch die Analyse der eigenen Umsatzsteigerung kann im Lichte des allgemeinen Marktwachstums in einem Land wieder ganz anders aussehen. Die unterschiedlichen Rahmenbedingungen beeinträchtigen die Vergleichbarkeit bzw. erfordern differenzierte Berichtspositionen.

Im Berichtswesen sollten im Idealfall Möglichkeiten bestehen, diese Unterschiede z. B. in **Abweichungsanalysen** sichtbar zu machen. Darüber hinaus ist festzulegen, wieweit bei der Interpretation des zentralen Datenmaterials dieses auf solche Unterschiede überprüft werden muss. Diesbezüglich können zwei Wege beschritten werden. Die Berichte können um **ökonomische Rahmendaten** der einzelnen Länder oder auch andere quantitative Informationen, z. B. lokaler Marktanteil, ergänzt werden, um eine adäquate Interpretation im spezifischen nationalen Kontext zu ermöglichen (vgl. *Liedl*, 1996, S. 128 f.). Alternativ können auch **Parallelrechnungen** durchgeführt werden, die den Einfluss der Störvariablen sichtbar machen oder diese Einflüsse eliminieren. In jedem Fall führt die Darstellung solcher durch Internationalität bedingter ökonomischer und marktspezifischer Zusatzinformationen zu einem Mehraufwand im Vergleich zu einer rein nationalen Geschäftstätigkeit. Hierfür werden personelle

Ressourcen in Anspruch genommen und müssen zeitliche Verzögerungen bei der Erstellung umfassender Berichte in Kauf genommen werden. Die Berichtssysteme müssen zudem technisch eine Ermittlung und Darstellung der zusätzlichen Informationen und Analysen ermöglichen.

Zu den Unterschieden aus der Internationalität kommt erschwerend hinzu, dass sich die Gesellschaften in Größe, Geschäftsfeld, Reifegrad, Organisationsstruktur, usw. unterscheiden. Dies bereitet vor allem bei der inhaltlichen Gestaltung des Berichtswesens zusätzliche Schwierigkeiten.

9.4.2.3 Kulturelle Distanz

Die formalisierte Berichterstattung hat in verschiedenen Kulturen einen **unterschiedlichen Stellenwert** (vgl. ausführlich zu dem Störfaktor Kultur Kapitel 3). Diese Kulturunterschiede müssen bei der Informationsbeschaffung, -aufbereitung und -interpretation berücksichtigt werden.

Kulturelle Gegensätze in den Denkgewohnheiten und Deutungsmustern zwischen den Ländergesellschaften und der Zentrale beeinflussen die **Qualität der Kommunikationsprozesse** im Berichtswesen. So können kulturell bedingte Unterschiede in den Bewertungsstrukturen und der Realitätswahrnehmung zu Missverständnissen und abweichenden Interpretationen führen. Als Folge löst die Information nicht die beabsichtigte Wirkung beim Berichtsempfänger aus oder wird womöglich sogar ins Gegenteil verkehrt.

Weiterhin kann **ethnozentrische Voreingenommenheit** dazu führen, dass aus dem Ausland stammende Daten in der Zentrale bewusst oder auch unbewusst so ausgelegt werden, dass sie mit dem Weltbild des Konzern-Controllers übereinstimmen, seine Vorurteile bestätigen oder von ihm subjektiv bevorzugte Entscheidungen legitimieren. Werden bei solchen Störungen zudem kulturelle Schranken übertreten, können falsch verstandener Nationalstolz oder Ressentiments die Verständigung gar völlig verhindern (vgl. *Pausenberger/Glaum*, 1994, S. 103).

In Kapitel 3 ist schon angesprochen worden, dass Landeskulturen auch unterschiedlich optimistische oder pessimistische Grundhaltungen bedingen, die Ursache für **unzutreffende** (geschönte oder schwarz gemalte) **Berichte** sind (vgl. *Pausenberger/Roth*, 1997, S. 593). Diese Grundeinstellung kann auch die Antwort auf die Frage, ab wann ein Abweichungsbericht gesandt oder dezentral eine Berichtspflicht ausgelöst wird, beeinflussen. Sieht man noch eine geringe Chance, negative Ergebnisentwicklungen wieder aufholen zu können, wird womöglich von einer zeitnahen Berichterstattung abgesehen. Insgesamt erschwert die kulturelle Distanz die Durchsetzung und Akzeptanz eines formalisierten Berichtswesens und beeinträchtigt die Berichtsgenauigkeit und Einheitlichkeit bei der Berechnung bestimmter Werte. Sie nimmt damit erheblichen Einfluss auf die inhaltliche Perspektive des Berichtswesens.

Gleichermaßen tangiert sie aber auch die zeitliche Gestaltung des Management Reporting. Kultur manifestiert sich in den Einstellungen bezüglich Zeit und Präzision. Unterschiedliche Zeitvorstellungen nehmen Einfluss auf die **Berichtshäufigkeit und -pünktlichkeit**. Der deutschen Präzision steht häufig ein durch Improvisation geprägtes Arbeiten in anderen Kulturräumen gegenüber. So haben manche deutsche Unternehmen regelmäßig Probleme mit fehlerhaften Informationen und unverständlichen Berichtsinhalten aus bestimmten Landesgesellschaften. Bereits in Kapitel 3 wurde erwähnt, dass etwa in Asien die Korrektheit kurzfristiger Ergebnisse eine untergeordnete Bedeutung annimmt. Für die Konzern-Controller resultieren daraus häufig eine zeitaufwendige Prüfung der Berichtsinhalte, Nachfragen und schließlich die Durchführung notwendiger Korrekturen durch die Auslands-Controller. Schlussendlich wird dadurch der Berichtsprozess verzögert und eine pünktliche Berichterstattung beeinträchtigt.

Die kulturell bedingten Erschwernisse machen adäquate ablauforganisatorische Regelungen erforderlich. Zudem können kommunikative Barrieren abgebaut werden, indem ein gegenseitiges Verständnis durch **intensiven Dialog** und **personellen Austausch** geschaffen wird (vgl. *Deimel*, 2004, S. 195). Dies kann mithilfe formalisierter Kooperationsmaßnahmen geschehen, welche das Verständnis für die jeweiligen kulturellen Besonderheiten sowie für eine einheitliche Berichtsauffassung fördern können. Dazu zählen z. B. gemeinsame Schulungen, gemeinsame Arbeitsgruppen und insbesondere ein interkultureller Mitarbeiteraustausch. Die Notwendigkeit für Maßnahmen zum Abbau der kulturellen Distanz trifft umso mehr auf **akquirierte Unternehmen** zu, bei denen die ohnehin bestehende nationalkulturelle Distanz durch eine unternehmenskulturelle Distanz verstärkt wird. Strukturen und Methoden sind gewachsen und Änderungen derselben mit größeren Widerständen verbunden. Dies gilt insbesondere für die Durchsetzung von Standardisierungsmaßnahmen im Reporting. Der Widerstand zeigt sich dann darin, dass neben den konzernweit eingeführten Berichtssystemen nach wie vor parallel mit eigenen Systemen »aus alten Zeiten« gearbeitet wird.

9.4.2.4 *Sprache*

Auch unterschiedliche Sprachen stellen eine Kommunikationsbarriere dar. So können Missverständnisse durch **falsche Übersetzungen** von Begriffen in Berichten entstehen. Eine gemeinsame Sprache für das Berichtssystem würde solche Störungen verhindern. Selbst bei einer Verständigung auf eine einheitliche Konzernsprache Englisch kann aber nicht erwartet werden, dass alle Berichtsadressaten diese beherrschen. Es sind wiederholt Übersetzungen und Erläuterungen in der lokalen Muttersprache erforderlich, was zu zeitlichen Verzögerungen im Berichtswesen führen kann. Um dies zu verhindern, sollte auf der organisatorisch-personellen Ebene möglichst beachtet werden, dass neu einzustellende Mitarbeiter die einheitliche Konzernsprache fließend beherrschen und zeitnah nach ihrer Einstellung in der Nutzung der jeweils entscheidenden Begrifflichkeiten, z. B. wichtiger Kennzahlen, geschult werden.

Die sprachlichen Barrieren sind idealerweise bereits bei der formalen, systemtechnischen Perspektive zu berücksichtigen. Auch die heterogenen Vorsysteme sollten in englischer Sprache laufen, damit ein einheitliches Begriffsverständnis vorausgesetzt werden kann.

9.4.2.5 Räumliche Entfernung

Eine weitere Erschwernis stellt die räumliche Entfernung zwischen Berichtssender und -empfänger dar. Mit zunehmender **geographischer Distanz** verkleinert sich das Zeitfenster, das eine direkte Berichterstattung zulässt. Die weitaus schwierigere terminliche Abstimmung dürfte sich auf Aktualität und Pünktlichkeit der Berichte auswirken. So stellt bei einem international tätigen Handelsunternehmen der Umsatz einen zentralen Erfolgsindikator dar. Daher wird ein täglicher Umsatzbericht erstellt. Die Gesellschaften haben die Zahlen so früh wie möglich an die deutsche Zentrale zu liefern. Spätestens bis 10.00 Uhr sollen die Berichte verfügbar sein. Infolge der **Zeitverschiebung** können die amerikanischen Gesellschaften die Informationen aber erst verspätet zur Verfügung stellen.

Zudem muss dann weitgehend auf eine Unterstützung des Berichtswesens durch persönliche Kommunikation, z. B. Kommentierung und gemeinsame Klärung beobachteter Abweichungen, verzichtet werden (vgl. *Amshoff*, 2003, S. 350). Insofern wirkt sich die geographische Entfernung nicht nur auf die Geschwindigkeit bei der Erstellung kurzfristiger (Tages- oder Wochen-)Berichte durch das Vorliegen unterschiedlicher Zeitzonen aus, sondern erschwert auch die **kurzfristige inhaltliche Abstimmung** zwischen zwei Konzerneinheiten auf unterschiedlichen Kontinenten. Gemeinsame Arbeitszeiten existieren kaum, so dass Unklarheiten häufig nur mit Verspätung geklärt werden können. Dadurch kann unter Umständen ein Schließen der Konten in der europäischen Konzernzentrale erst verspätet erfolgen.

9.4.3 Zusammenhang Problemfelder und Perspektiven des internationalen Berichtswesens

Zum Abschluss sollen die behandelten Problemfelder für das internationale Berichtswesen strukturiert dargestellt werden. Die Kategorisierung erfolgt zweidimensional, nach den speziellen Problemfeldern des internationalen Berichtswesens und den vier Gestaltungsmerkmalen des Management Reporting. Dabei wird die Aufstellung um das grundsätzliche, nationale Problem der unterschiedlichen Anforderungen des Zentral-Controlling und dezentraler Controlling-Einheiten ergänzt, welches im internationalen Kontext aber infolge abweichender Sprache, unterschiedlicher Mentalitäten sowie räumlicher Entfernung in besonderer Schärfe auftritt. Tabelle 9.1 stellt die Ergebnisse dieses Kapitels zusammenfassend dar.

Problemfelder	Inhalt	Formal	Zeit	Organisation/ Personell
Zentrale vs. dezentrale Anforderungen	Fehlende Motivation zur inhaltlich genauen Berichtserstellung und daher Gefahr der bewussten oder unbewussten Manipulation	Berichtssystem sollte Validierungsregeln enthalten, bevor Daten an das zentrale System weitergegeben werden können	Spannungen und Desinteresse an der Erstellung von Daten können das Reporting verzögern	Förderung des Vertrauens in die Informationswünsche der Konzernzentrale durch Schulungsmaßnahmen und Verdeutlichung der Notwendigkeit der Datenermittlung; evtl. Aufstockung des dezentralen Personals für Erfüllung der Reporting-Aufgaben
Inkonsistenz der Basis- und Informationssysteme	Fehlende Einheitlichkeit und Transparenz der konzernweit berichteten Informationen	Management der weltweit unterschiedlichen systemtechnischen Schnittstellen von heterogenen Vorsystemen mit dem zentralen Berichtssystem	Zahlreiche Abstimmungen verzögern eine möglichst schnelle Fertigstellung der Reports	Erheblicher Abstimmungsaufwand zwischen verschiedenen Systemen benötigt mehr personelle Ressourcen
Unterschiedliche ökonomische und rechtliche Rahmenbedingungen	Erschwerte länderübergreifende Vergleichbarkeit von Kennzahlen (z. B. Personal-Controlling und Produktivitäten) wegen unterschiedlicher ökonomischer Marktentwicklungen und (arbeits-)rechtlicher Rahmenbedingungen	Berichtssysteme müssen erhöhte Komplexität der Darstellung ökonomischer Zusatzinformationen bewältigen können	Zeitliche Verzögerung infolge der Ermittlung und Darstellung der ökonomischen Rahmendaten	Mehraufwand infolge der Ergänzung der Berichte um ökonomische Rahmendaten und der Erstellung von Abweichungsanalysen

Problemfelder	Inhalt	Formal	Zeit	Organisation/ Personell
Kulturelle Distanz	Gefahr der abweichenden Interpretation von Kennzahlen wegen kultureller Besonderheiten oder Ressentiments	---	Gefahr der Verzögerung des Reporting negativer Erfolgsgrößen ausländischer Konzerneinheiten	Notwendigkeit zusätzlicher Kooperationsmaßnahmen zur Förderung des Verständnisses für jeweilige kulturelle Besonderheiten und Berichtsformen
Sprache	Es sollte eine weltweit einheitliche Sprache genutzt werden, damit ein einheitliches und eindeutiges Begriffsverständnis, z. B. bei Kennzahlen, vorliegt	Es sollte eine einheitliche Systemsprache an der Schnittstelle der zentralen und dezentralen Systeme geben	Übersetzungen können zu zeitlichen Verzögerungen führen	Mitarbeiter im Berichtswesen müssen die einheitliche Konzernsprache fließend beherrschen
Entfernung	Erschwerte direkte Kommunikation bei offenen Fragen an die Zentrale infolge der Zeitverschiebung	Wegen der Zeitverschiebung kann ein Schließen der Konten in der europäischen Konzernzentrale erst verspätet erfolgen	Problematik der Zeitverschiebung kann zu Verspätungen im Reporting führen	Notwendigkeit bzw. Förderung flexibler Arbeitszeiten, um direkten interkontinentalen Kontakt zu ermöglichen

Tab. 9.1: Strukturierung der Problemfelder zum internationalen Berichtswesen

9.5 Ausblick

Die erfolgsorientierte Steuerung von Unternehmen bedarf eines funktionierenden Reporting, welches den internationalen Besonderheiten gerecht wird. Zentrale Voraussetzungen für ein erfolgreiches Berichtswesen sind eine konsistente und vergleichbare Datenbasis sowie moderne Systeme der elektronischen Datenverarbeitung (EDV), die eine Beherrschung der Informationskomplexität, eine effiziente Berichterstattung sowie eine automatische Übernahme von Informationen aus zahlreichen heterogenen Vorsystemen ermöglichen.

Die größten Schwierigkeiten des internationalen Berichtswesens bestehen nicht bei der Datenauswertung, sondern bei der Informationsbeschaffung und Berichterstellung. Das Fehlen bzw. die zeitlich verzögerte Umsetzung eines modernen Berichtssystems ist häufig auf Engpässe bei zeitlichen, personellen und technischen Ressourcen zurückzuführen. Voraussetzung für die Realisierung eines ausgereiften Berichtswesens ist daher eine straffe Projektplanung. Die Herausforderung liegt also weniger in der Konzeption, sondern in der Organisation.

Wenn die zentralen Probleme weniger auf konzeptioneller Ebene des Berichtswesens, sondern vielmehr bei der bestehenden Informationstechnologie und EDV-Unterstützung liegen, muss sich das internationale Controlling zwangsläufig intensiver mit den Herausforderungen des technisch orientierten Informationsmanagements beschäftigen.

10. Implikationen der internationalen Rechnungslegung für das internationale Controlling

10.1 Einführung

Seit dem Geschäftsjahr 2005 müssen Unternehmen, deren Wertpapiere an einer Börse innerhalb der EU notiert sind, ihren Konzernabschluss nach internationalen Rechnungslegungsvorschriften aufstellen. Die International Financial Reporting Standards sind in Kapitel 2 als Konvergenztreiber genannt worden, da sie eine Integration von externem und internem Rechnungswesen forcieren und auf diese Weise zu einer Annäherung der kontinentaleuropäischen an die angloamerikanische Praxis der Unternehmensrechnung beitragen. So war zu konstatieren, dass kapitalmarktorientierte Unternehmen zunehmend dazu übergehen, separat ermittelte, kalkulatorische Daten für die Informationsversorgung des Managements durch IFRS-Daten zu ersetzen. Eine derartige Umstellung wirkt auf die Arbeit der Controller grundsätzlich entlastend. So entfallen beispielsweise die mitunter komplexen Erläuterungen, wenn das extern kommunizierte Ergebnis von der intern zur Unternehmenssteuerung genutzten Erfolgsgröße abweicht. In diesem Kapitel wird nun die gegenläufige Entwicklung thematisiert. Die IFRS-Rechnungslegung führt nämlich auch zu erheblichen Zusatzaufgaben für die Controller, weil sie nun in die Datenbeschaffung für Bilanzierungszwecke miteingebunden werden. Im Folgenden werden daher exemplarisch einige wichtige Zusatzaufgaben erläutert.

10.2 Die IFRS und ihre Relevanz für das Controlling

10.2.1 Konzeptioneller Rahmen der IFRS

Unter dem Begriff der **International Financial Reporting Standards** werden die supranationalen Rechnungslegungsnormen subsumiert, die das *International Accounting Standards Board* (*IASB*) erarbeitet (vgl. hinsichtlich der Organisation des *IASB* und seines Standardsetzungsprozesses z. B. *Pellens* et al., 2008, S. 89 ff.; *Kirsch*, 2008, S. 3 ff.). In seiner weiten Auslegung bezieht sich der Begriff IFRS nicht nur auf die seit 2003 veröffentlichten Standards, sondern umfasst auch die International Accounting Standards (IAS), die von der Vorgängerorganisation des *IASB*, dem *International Accounting Standards Committee* (*IASC*), herausgegeben worden sind (vgl. *Baetge* et al., 2007, S. 54). Flankiert werden die Standards als Kern der internationalen Rechnungslegung von dem Framework, den Interpretationen des *International Financial Reporting Interpretations Committee* (*IFRIC*) und den Leitlinien zur Implementierung der Standards (vgl. *Hinz*, 2005, S. 20; zu der Hierarchie der Verlautbarungen des *IASB* vgl. *Pellens* et al., 2008, S. 94 ff.).

Im Gegensatz zu den handelsrechtlichen Bestimmungen mit ihrem hohen Abstraktionsgrad handelt es sich bei den IFRS um **kasuistische, detailliertere Vorschriften**. Sachverhaltsübergreifende Bilanzierungsvorschriften treten zugunsten von Normen mit einer hohen Fallbezogenheit zurück. Die einzelnen Standards regeln jeweils einen abgegrenzten Teilaspekt der Rechnungslegung, wobei die Standards bestimmte Bilanzposten (z. B. IAS 16 – Sachanlagen), spezifische Problembereiche der Rechnungslegung (z. B. IAS 17 – Leasingverhältnisse) oder ganze Rechnungslegungsinstrumente (z. B. IAS 7 – Kapitalflussrechnung) zum Inhalt haben können (vgl. *Baetge* et al., 2007, S. 54).

Den konzeptionellen Rahmen der Standards bildet das **Framework**, an dem sich einerseits die Bilanzierenden bei der Auslegung von Regelungslücken orientieren können, welches andererseits aber auch die Grundlage für die Erarbeitung neuer Standards seitens der Standardsetter bildet (vgl. *Wagenhofer*, 2005, S. 116). Beginnend mit der Zielsetzung von IFRS-Abschlüssen enthält das Framework darüber hinaus die Rechnungslegungsgrundsätze, die Definition der Jahresabschlusselemente, die Grundlagen ihrer Bewertung und Ausführungen zu dem Konzept der Kapitalerhaltung (vgl. *Coenenberg*, 2005, S. 58 f.; dazu ausführlich *Pellens* et al., 2008, S. 107 ff.). Das **Ziel von IFRS-Abschlüssen** besteht gemäß F.12 in der Bereitstellung von Informationen über die Vermögens-, Finanz- und Ertragslage eines Unternehmens sowie deren Veränderungen, die für die wirtschaftlichen Entscheidungen der Adressaten von Belang sind. Gemäß F.9 gehören zu den Adressaten sämtliche Stakeholder. Den Konflikt heterogener Informationsbedürfnisse der einzelnen Stakeholder versucht das *IASB* zu lösen, indem aus der Gruppe der Jahresabschlussadressaten die Investoren mit ihren Informationsbedürfnissen priorisiert werden (F.10).

Am Kapitalmarkt werden einerseits Informationen benötigt, auf deren Grundlage **ex ante Entscheidungen** über den Erwerb, das Halten oder die Veräußerung von Aktien getroffen werden können. Andererseits ist **ex post die Rentabilität** einer getätigten Investition in Unternehmensanteile zu kontrollieren (vgl. *Schultze/Hirsch*, 2005, S. 13). Aus dem Anspruch, der mit Investitionsentscheidungen und ihren späteren Kontrollen verbundenen Informationsnachfrage gerecht zu werden, ergibt sich das Erfordernis, die wirtschaftliche Situation des Unternehmens möglichst unverzerrt in dem Abschluss abzubilden. Diese Forderung formuliert IAS 1.13, wonach der Abschluss »die Vermögens-, Finanz- und Ertragslage sowie die Cash Flows eines Unternehmens den tatsächlichen Verhältnissen entsprechend darzustellen« hat (sog. **true and fair view**). Eine derartige Abbildung hilft gemäß F.15 den Abschlussadressaten, die künftigen Cash Flows des Unternehmens sowie deren Zeitpunkt und Eintrittswahrscheinlichkeit zu antizipieren. Dazu müssen die Informationen gemäß IAS 1.15 (b) die im Framework erläuterten qualitativen Kriterien der **Relevanz** (F.26 ff.), **Verlässlichkeit** (F.31 ff.), **Vergleichbarkeit** (F.39 ff.) und **Verständlichkeit** (F.25) erfüllen.

Das von dem IFRS-Abschluss verfolgte Ziel deutet auf materielle Unterschiede zwischen der Darstellung des Unternehmensgeschehens in einem IFRS- und HGB-Abschluss hin. Das Prinzip des true and fair view findet sich zwar auch als Generalnorm im Handelsrecht (§ 264 Abs. 2 Satz 1 HGB), allerdings wird es dort durch die strenge Beachtung der Grundsätze ordnungsmäßiger Buchführung relativiert (vgl. *Wolz*, 2005, S. 12). Geprägt werden diese Grundsätze durch den **Gläubigerschutzgedanken**. Dementsprechend neigt ein nach handelsrechtlichen Vorschriften erstellter Jahresabschluss zu einer tendenziell pessimistischen Darstellung der Vermögenslage und einer vorsichtigen Gewinnermittlung. Auf diese Weise soll verhindert werden, dass über die Ausschüttung wahrscheinlicher, aber nicht sicherer Gewinne die Eigenkapitalbasis und damit das Haftungskapital der Gläubiger geschwächt wird. Im Vergleich zu den handelsrechtlichen Abschlüssen bilden die IFRS die Real- und Nominalgüterströme des Unternehmens transparenter und in größerer Übereinstimmung mit der ökonomischen Realität ab (vgl. *Heintges*, 2006, S. 1573; *Wagenhofer*, 2008, S. 161). Die verschiedenartigen konzeptionellen Grundlagen – Gläubigerschutz primär durch Ausschüttungsbegrenzung nach HGB und Investorenschutz durch eine **realitätsnahe Abbildung der wirtschaftlichen Situation** des Unternehmens im IFRS-Abschluss – führen zu Unterschieden in der bilanziellen Darstellung diverser Sachverhalte. Welche beträchtlichen Abweichungen im Ausweis von Eigenkapital und Periodenerfolg mit einer Umstellung von nationalen auf internationale Rechnungslegungsstandards verbunden sein können, zeigt Tabelle 10.1. Allerdings ist zu

Daimler Benz		HGB	US-GAAP
Jahresergebnis 1993 (in Mio. DM)		615	-1.839
Eigenkapital 1993 (in Mio. DM)		18.145	26.281
Hoechst		Dualer Abschluss (HGB/IAS)	US-GAAP
Jahresergebnis 1995 (in Mio. DM)		1.709	-57
Eigenkapital 1995 (in Mio. DM)		12.445	14.001
Aventis		Französisches Recht	US-GAAP
Jahresergebnis 1999 (in Mio. EUR)		-970	-3.030
Eigenkapital 1999 (in Mio. EUR)		10.371	17.603
Volkswagen		HGB	IAS
Eigenkapital 1999 (in Mio. EUR)		9.811	20.918
Telefonica de Espana	Spanisches Recht	IAS	US-GAAP
Jahresergebnis 1987 (in Mio. ESP)	53	63	130
SmithKline Beecham		UK-GAAP	US-GAAP
Eigenkapital 1989 (in Mio. USD)		7.000	-600

Tab. 10.1: Auswirkungen der internationalen Rechnungslegung auf Jahresergebnis und Eigenkapital (entnommen aus *Wagenhofer*, 2005, S. 4)

erwarten, dass eine Umstellung der handelsrechtlichen Bilanzierung auf internationale Rechnungslegungsnormen künftig mit geringeren Auswirkungen verbunden ist. So verfolgt der Gesetzgeber mit der Reform der HGB-Rechnungslegung durch das Bilanzrechtsmodernisierungsgesetz (BilMoG) eine Stärkung der Informationsfunktion des handelsrechtlichen Jahresabschlusses, was mit einer Annäherung des HGB an die internationale Rechnungslegung einhergeht (vgl. *Fülbier/Gassen*, 2007, S. 2605; *Küting* et al., 2008, S. 696). Die Abschaffung einiger Wahlrechte sowie die Einführung geänderter Ansatz- und Bewertungsvorschriften sollen die Unternehmenssituation realistischer im handelsrechtlichen Abschluss darlegen (vgl. *Velte*, 2008, S. 63). Beispiele für Änderungen, die auf diese Zielsetzung gerichtet und im BilMoG kodifiziert sind, konkretisieren sich in der Aufhebung des Aktivierungsverbots für selbst erstellte immaterielle Vermögenswerte oder in der verpflichtenden Aktivierung eines derivativen Geschäfts- oder Firmenwertes (vgl. *Velte*, 2008, S. 61).

10.2.2 Relevanz für das Controlling

Dass sich die internationalen Rechnungslegungsstandards auch auf das Controlling auswirken, weil IFRS-Daten in das Management Reporting eingehen, ist bereits in Kapitel 2 deutlich geworden. Das Zusammenwirken von Controlling und IFRS-Rechnungslegung auf diese Stromrichtung zu begrenzen, greift jedoch zu kurz. Wie Abbildung 10.1 entnommen werden kann, besteht noch eine zweite Verbindung. Die Anwendung einiger Standards bedingt den **Import von Daten in das externe Rechnungswesen**, deren Generierung üblicherweise in den Aufgabenbereich des Controlling fällt (vgl. *Kley*, 2006, S. 150). Eine solche Schnittstelle existiert bereits unter der handelsrechtlichen Rechnungslegung. Die Berechnung der Herstellungskosten gemäß § 255 Abs. 2 HGB erfolgt beispielsweise unter Zuhilfenahme der internen Kostenrechnung. Die Anzahl dieser Interdependenzen zwischen Rechnungslegung und Controlling hat unter den IFRS jedoch bedeutend zugenommen (vgl. *Weißenberger*, 2007a, S. 8).

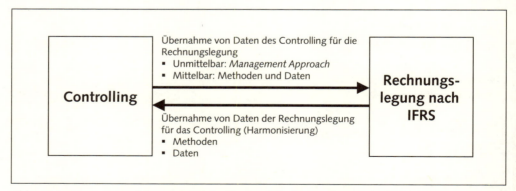

Abb. 10.1: Zusammenwirken von Controlling und Rechnungslegung (entnommen aus *Wagenhofer*, 2006, S. 3)

Als eine Konsequenz dieses Zusammenwirkens fungiert der Controller nun zunehmend als »Informationsdienstleister für die IFRS-Rechnungslegung und übernimmt in dieser Rolle stärker als früher Mitverantwortung für die nach außen kommunizierten Finanzinformationen« (*Weißenberger*, 2008, S. 432). Bei einigen Standards führt diese Dienstleistungsfunktion dazu, dass Daten aus der Controlling-Sphäre unmodifiziert in das externe Rechnungswesen übernommen und direkt im Jahresabschluss veröffentlicht werden. Eine derartige Zweitverwertung von Controlling-Daten wird als **Management Approach** bezeichnet. Darunter ist der »Export von Informationen, die an sich für interne Planungs- und Berichtszwecke gegenüber dem Management erstellt wurden, in die Finanzberichterstattung nach IFRS« (*International Group of Controlling*, 2006, S. 29) zu verstehen.

Der Management Approach kommt z. B. bei der **Segmentberichterstattung** gemäß IFRS 8 zum Tragen. Im Segmentbericht werden Zahlen zur Vermögens- und Ertragslage einzelner Geschäftseinheiten veröffentlicht. Während die GuV das Zustandekommen des Periodenerfolges »vertikal« transparent macht, indem sie das betriebliche Ergebnis von dem Finanzergebnis trennt, liefert der Segmentbericht »horizontale« Informationen darüber, wie einzelne Unternehmenseinheiten zu dem Periodenerfolg beigetragen haben. Der Segmentbericht eines breit diversifizierten Konzerns informiert den Leser beispielsweise, mit welcher Sparte der höchste Umsatz erzielt worden ist oder aber in welchem Land das Unternehmen besonders erfolgreich operiert. Zugleich können auch defizitäre Segmente erkannt werden. Dem in Tabelle 10.2 gezeigten Ausschnitt aus der Segmentberichterstattung der *Daimler AG* kann z. B. nicht nur entnommen werden, dass erwartungsgemäß mehr als die Hälfte des Konzernergebnisses mit dem Absatz von Personenwagen erzielt worden ist. Vielmehr wird zugleich deutlich, dass das Segment der Finanzierungsdienstleistungen eine im Vergleich zu den übrigen Segmenten erheblich geringere Rentabilität aufweist. Die Stärken und Schwächen des Konzerns lassen sich aufgrund der differenzierteren Betrachtung eher abschätzen.

2007	Mercedes Benz-Cars	Daimler Trucks	Daimler Financial Service	Vans, Buses, Other	Summe Segmente	Überleitung	Daimler-Konzern
Segmentergebnis (EBIT) (in Mio. €)	4.753	2.121	630	1.956	9.460	-750	8.710
Segmentvermögenswerte (in Mio. €)	30.070	15.454	62.002	15.563	123.089	12.005	135.094
Rendite (Segmentergebnis/ Segmentvermögenswerte)	15,81 %	13,72 %	1,02 %	12,57 %	7,69 %		6,45 %

Tab. 10.2: Ausschnitt aus der Segmentberichterstattung der *Daimler AG* 2007 (in Anlehnung an *Hoffjan/Trapp*, 2008, S. 1025)

Insbesondere bei der Analyse international tätiger Unternehmen kann die Segmentberichterstattung dem Abschlussleser wertvolle Hinweise für die Abschätzung der künftigen Unternehmensentwicklung bieten (vgl. *Pellens* et al., 2008, S. 876). Denn gerade Großkonzerne zeichnen sich nicht nur durch eine Marktpräsenz auf häufig allen Kontinenten aus, sie agieren mitunter auch in sehr unterschiedlichen Branchen.

Als klassische Beispiele für international aufgestellte Mischkonzerne lassen sich die *General Electric Company* oder die *Siemens AG* nennen.

Dem Wesen des Management Approach entsprechend basiert die Ausgestaltung des Segmentberichtes nach IFRS 8 auf dem internen Berichtswesen. Demnach sind im Segmentbericht die Unternehmenseinheiten auszuweisen, die **Berichtsobjekte des Management Reporting** zum Zwecke der Ressourcenallokation und Performance-Messung sind (vgl. z. B. *Fink/Ulbrich*, 2007, S. 1). Ebenso entsprechen die Segmentangaben hinsichtlich ihrer Zusammensetzung den Daten, die über das interne Berichtswesen dem Management zugehen und als Steuerungs- und Entscheidungsgrundlage verwendet werden (vgl. *Fink/Ulbrich*, 2006, S. 237 f.). Dieser Grundsatz gilt auch dann, wenn intern Größen berichtet werden, die nicht den IFRS-Bilanzierungsvorschriften folgen.

Neben dieser direkten Form wird auch nach den Vorschriften zahlreicher anderer Standards im externen Rechnungswesen mit Controlling-Daten gearbeitet. Diese werden jedoch nicht unmittelbar im Abschluss ausgewiesen, sondern herangezogen, um spezifische Bilanzierungsfragen beantworten zu können. Eine dieser Fragen lautet beispielsweise, ob sich der Wert bestimmter Vermögenswerte – wie etwa des Goodwill – gemindert hat. Welchen Beitrag das Controlling zur Beantwortung dieser Frage leistet, wird ausführlich im nächsten Abschnitt erörtert.

Einen anderen Standardfall der Bilanzierung, für den Controlling-Daten benötigt werden, markieren **langfristige Fertigungsaufträge**. Bei diesen Aufträgen umfasst der Herstellungszeitraum mehr als eine Rechnungslegungsperiode. Handelsrechtlich werden in den Perioden, in denen der Auftrag noch nicht abgeschlossen und in Rechnung gestellt worden ist, Aufwendungen, die nicht unter den unfertigen Erzeugnissen aktiviert werden können, erfolgswirksam erfasst. Die Umsatzerlöse gehen dagegen erst in der Periode in die GuV ein, in welcher die vollständig erbrachte Leistung an den Auftraggeber übergeben worden ist. Der in dieser Periode ermittelte Projekterfolg ist um die Aufwendungen zu hoch, die in den vorherigen Geschäftsjahren mangels Aktivierung die Ergebnisse belastet haben (vgl. *Wolz*, 2005, S. 158). Zum Zwecke einer periodengerechteren Erfolgsermittlung sind gemäß IAS 11.22 die mit einem Fertigungsauftrag verbundenen Kosten und Erlöse korrespondierend mit dem Leistungsfortschritt am Bilanzstichtag erfolgswirksam zu erfassen. Dazu müssen jedoch die in IAS 11.23 genannten Voraussetzungen kumulativ erfüllt sein, zu denen je nach Vertragstyp u. a. die verlässliche Bestimmung des Fertigstellungsgrades, der voraussichtlich noch anfallenden Kosten und der dem Auftrag eindeutig zurechenbaren Kosten sowie deren Vergleich mit früheren Schätzungen gehören. Der Fertigstellungsgrad lässt sich gemäß IAS 11.30 (a) beispielsweise durch die Relation der bislang angefallenen Kosten zu den voraussichtlichen Gesamtkosten des Auftrages bestimmen. Wenn also z. B. am Ende eines Geschäftsjahres 20 % des voraussichtlichen, mit einem langfristigen Fertigungsauftrag verbundenen Gesamtaufwands angefallen sind, gelten 20 % der erwarteten Umsatzerlöse als realisiert, weswegen sie in der GuV als Ertrag ausgewiesen werden. Um die Voraussetzungen für die Anwendung dieser sog. **Percentage-of-Completion-Method** zu erfüllen, bedarf es eines Projekt-Controlling, das den Fertigstellungsgrad zuverlässig bestimmt. Zudem wird eine Projektkostenrechnung benötigt, die eine eindeutige Zuordnung der angefallenen Kosten auf einzelne Aufträge ermöglicht (vgl. *Kirsch*, 2005a, S. 1157).

10. Implikationen der internationalen Rechnungslegung für das internationale Controlling

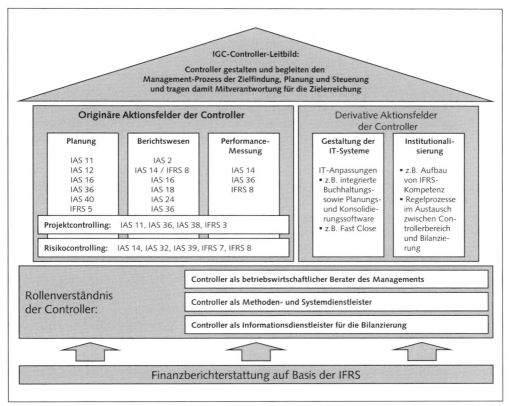

Abb. 10.2: House of Controlling unter IFRS (entnommen aus *Weißenberger*, 2007a, S. 10)

Die Rolle des Controllers als Informationsdienstleister für die IFRS-Rechnungslegung basiert nicht nur auf den beiden exemplarisch angesprochenen IFRS 8 und IAS 11. Einen Überblick über die Standards, für deren Anwendung vom Controlling Daten bereitzustellen sind, bietet Abbildung 10.2. Sie wird von dem Controller-Leitbild der *International Group of Controlling* geprägt, wonach die Kernaktionsfelder der Controller-Tätigkeit »die Führungsunterstützung des Managements in den Bereichen Planung, Berichtswesen sowie Steuerung bzw. Performance Measurement« (*International Group of Controlling*, 2006, S. 20) umfasst. Obwohl das Leitbild der *IGC* den Koordinationsaspekt nicht explizit aufgreift, ist es mit der koordinationsorientierten Auffassung vom Controlling kompatibel, die diesem Buch zugrunde liegt. Parallelen zeigen sich hinsichtlich der **Controlling-Ziele und -Aufgaben**. Controller tragen dem Leitbild zufolge eine »Mitverantwortung für die Zielerreichung« des Unternehmens (vgl. Abbildung 10.2). Darin besteht den Ausführungen des Kapitels 1 zufolge auch das Ziel des Controlling im Rahmen des koordinationsorientierten Ansatzes. Dort wurde dargelegt, dass das Controlling einen Beitrag zur Erreichung der Unternehmensziele leistet, indem es die Adaptionsfähigkeit des Managements in Bezug auf die Unternehmensumwelt stärkt. Zudem ermöglicht die Koordination der Führungsteilsysteme eine Realisierung der Unternehmensziele, weil sie sich als notwendig für die Abstimmung der einzelnen Aktivitäten innerhalb des Wertschöpfungsprozesses erweist. So wird etwa die Vorgabefunktion von Plänen, als wichtiges Instrument zur Ausrichtung von individuellen Handlungen auf die Unternehmensziele, geschwächt, wenn ihre Einhaltung nicht überprüft wird, weil das Informationsversorgungssystem die für einen Plan-Ist-Vergleich erforderlichen Daten nicht hervorbringt. Wie aus Abbildung 10.2 ersichtlich wird, setzen sich dem Leitbild der *IGC* zufolge die originären Aktionsfelder der Controller aus der Planung, dem Berichtswesen und der Performance-Messung zusammen. Sie sind in den vorangegangenen Kapiteln dieses Buches bereits als Bestandteile der Führungsteilsysteme identifiziert worden, die seitens des Controlling koordiniert werden. Die Aufgaben des Controlling in Bezug auf das Koordinationsobjekt Planungs- und Kontrollsystem sind in Kapitel 1 aufgezählt worden. Das Berichtswesen ist im letzten Kapitel als ein wesentlicher Bestandteil des zweiten Koordinationsobjektes, dem Informationsversorgungssystem, dargestellt worden. Dem Aktionsfeld der Performance-Messung lässt sich beispielsweise die Balanced Scorecard zuordnen, die Gegenstand des Kapitels 8 war. Derartige ganzheitliche Ansätze zur Leistungsmessung und -bewertung gehören (wie auch die traditionellen, finanziellen Kennzahlensysteme) ebenfalls zum Informationsversorgungssystem.

Aufgrund dieser inhaltlichen Nähe zwischen dem koordinationsorientierten Controlling-Ansatz und dem Leitbild der *IGC* erscheint es gerechtfertigt, Letzteres den folgenden Ausführungen zugrunde zu legen, die wichtige **Zusatzaufgaben** der Controller aufgrund der IFRS-Rechnungslegung ausführlicher erörtern. IFRS-spezifische Anforderungen an die Aufgabenfelder **Planung** und **Berichtswesen** werden am Beispiel des IAS 36 präzisiert. Für das Aktionsfeld der **Performance-Messung** werden die etwaigen Anpassungen des EVA® aufgrund der Neubewertungsmöglichkeit nach IAS 16 erläutert.

10.3 Ausgewählte Implikationen der IFRS-Bilanzierung für das Controlling

10.3.1 Implikationen für das Controlling am Beispiel des Goodwill Impairment Test

10.3.1.1 Wesentliche Regelungen des IAS 36

International ausgerichtete Unternehmen werden nur in den seltensten Fällen ihre grenzübergreifende Tätigkeit ausschließlich über die Gründung eigener Tochtergesellschaften im Ausland aufgebaut haben. Zur Erschließung neuer Märkte bildet der Erwerb eines bereits in einem bestimmten Territorium etablierten Unternehmens häufig eine attraktive Alternative zu der Neugründung einer Tochtergesellschaft. Im Zuge von **Unternehmensakquisitionen** gleicht der gezahlte Kaufpreis in der Regel nicht dem

Zeitwert des erworbenen Nettovermögens. Vielmehr wird ein Aufpreis gezahlt, mit dem etwa die aus dem Unternehmenszusammenschluss resultierenden Synergieeffekte aufgrund der Bündelung von Aktivitäten oder der Übertragung von Know-how abgegolten werden (vgl. *Pellens* et al., 2008, S. 693). Diese den Substanzwert des Unternehmens überschreitende Kaufpreisprämie wird als **Goodwill** bezeichnet (vgl. *Pellens* et al., 2008, S. 685; *Coenenberg*, 2005, S. 651). Die Dimensionen, die der Goodwill annehmen kann, verdeutlichen sich bei einem Blick in die Empirie. Eine Auswertung von Unternehmenszusammenschlüssen der größten europäischen Unternehmen ergab, dass die Höhe des Goodwill von der Branche des übernommenen Unternehmens abhängt und bis zu 70 % der Erwerbskosten betragen kann (vgl. *Schilling/Vassalli*, 2007, S. 717 f.). Mitunter übersteigt der in der Bilanz ausgewiesene, in der Regel aus mehreren Transaktionen resultierende Goodwill das bilanzielle Eigenkapital, so etwa bei der *RWE AG* zum 31.12.2005. Damals wurde Goodwill in Höhe von 14,4 Mrd. € aktiviert, während sich das Eigenkapital auf 13,1 Mrd. € belief (vgl. *Buhleier*, 2008, S. 457).

Für einen solchen, bei einem Unternehmenszusammenschluss erworbenen Goodwill sieht IFRS 3.51 eine **Aktivierung als Vermögenswert** und **eine erstmalige Bewertung mit seinen Anschaffungskosten** vor. Die Anschaffungskosten entsprechen dabei der positiven Differenz aus Kaufpreis und dem zum beizulegenden Zeitwert bewerteten Nettovermögen (IFRS 3.51). Wie IFRS 3.52 klarstellt, ist der Goodwill als ein Residuum aufzufassen, welches den wirtschaftlichen Nutzen repräsentiert, der aus solchen Vermögenswerten erwartet wird, die nicht identifiziert und einzeln aktiviert werden können. In den Folgeperioden ist der Goodwill gemäß IFRS 3.55 mit seinen Anschaffungskosten fortzuführen, bis eine Wertminderung identifiziert worden ist. Damit fällt die Folgebewertung unter die Regelungen des **IAS 36** (vgl. *Schultze/Hirsch*, 2005, S. 116). IAS 36 normiert die Durchführung von **Impairment Tests** zur Identifikation von Wertminderungen und -aufholungen (für detaillierte Ausführungen zum Impairment Test vgl. z. B. *Coenenberg*, 2005, S. 118 ff.; *Pellens* et al., 2008, S. 255 ff.). Außer dem aus einem Unternehmenserwerb entstandenen Goodwill gehören Sachanlagen, sonstige immaterielle Vermögenswerte sowie bestimmte Finanzanlagen zu dem Anwendungsbereich von IAS 36 (vgl. *Coenenberg*, 2005, S. 119; *Wagenhofer*, 2005, S. 164).

Um eine Wertminderung zu erkennen, wird im Rahmen eines Impairment Test der Buchwert eines **Vermögenswertes** mit seinem erzielbaren Betrag verglichen. Übersteigt der erzielbare Betrag den Buchwert, besteht kein Handlungsbedarf. Andernfalls (erzielbarer Betrag < Buchwert) liegt eine Wertminderung vor, d. h. der Vermögenswert ist außerplanmäßig und grundsätzlich erfolgswirksam auf den erzielbaren Betrag abzuschreiben. Der **erzielbare Betrag** wird durch zwei Ausprägungen konkretisiert – dem Liquidations- und dem Ertragswert (IAS 36.6). Der **Liquidationswert** gleicht dem beizulegenden Wert abzüglich der im Rahmen der Veräußerung anfallenden Kosten (vgl. zu seiner Ermittlung beispielsweise *Pellens* et al., 2008, S. 261). Der **Nutzungswert** wird hingegen als Summe der diskontierten, geschätzten Cash Flows definiert, die aus der Nutzung des Vermögenswertes innerhalb des Unternehmens und seinem anschließenden Abgang aus dem Betriebsvermögen erwartungsgemäß generiert werden können (vgl. *Wagenhofer*, 2005, S. 166 unter Bezugnahme auf IAS 36.6).

Er kann als (Brutto-)Unternehmenswert seines Bezugsobjektes betrachtet werden (vgl. *Pellens* et al., 2005, S. 14), dessen Ermittlung methodisch einem Discounted Cash Flow-Verfahren gleichkommt (vgl. *Hinz*, 2005, S. 140; *Wagenhofer*, 2005, S. 168; vgl. zu den Grundlagen der DCF-Methode Kapitel 7). Der erzielbare Betrag entspricht stets der höheren seiner beiden Ausprägungen (IAS 36.6), weil angenommen wird, dass ein Unternehmen grundsätzlich zwei Möglichkeiten zur Verwendung eines Vermögenswertes hat – Veräußerung oder Nutzung im Unternehmen – und sich stets für die Möglichkeit entscheidet, die einen höheren Liquiditätsrückfluss in das Unternehmen erwarten lässt (vgl. *Wolz*, 2005, S. 233; *Wagenhofer*, 2005, S. 165; *Hinz*, 2005, S. 137).

Von dem Grundsatz, nach dem ein einzelner Vermögenswert das Bezugsobjekt eines Impairment Test bildet, muss immer dann abgewichen werden, wenn der erzielbare Betrag für den isolierten Vermögenswert nicht bestimmt werden kann (vgl. *Pellens* et al., 2008, S. 718). Dann sind Vermögenswerte zu einer **Cash Generating Unit** ((CGU; zahlungsmittelgenerierende Einheit) zu aggregieren, worunter die kleinste Gruppe von Vermögenswerten zu verstehen ist, der weitestgehend unabhängig von den Zahlungsströmen anderer Vermögenswerte generierte Cash Flows zugerechnet werden können (IAS 36.6). Als Beispiele für eine CGU nennt IAS 36.130 (d)

- eine Produktlinie,
- ein Werk,
- einen Geschäftsbereich,
- ein geographisches Gebiet,
- ein Segment gemäß IFRS 8.

Die Abgrenzung von CGU ist häufig kein einfaches Unterfangen, was an zwei Beispielen erläutert werden soll (vgl. im Folgenden *Hoffmann*, 2008, S. 472). Das erste Beispiel bezieht sich auf ein Verkehrsunternehmen, das in einer Gemeinde fünf Buslinien betreibt. Grundsätzlich ist davon auszugehen, dass die Auszahlungen, beispielsweise für das Personal oder die Wartung eines Busses, ebenso wie Einzahlungen aus dem Verkauf von Fahrkarten (von linienübergreifenden Fahrkarten, z. B. Monatsfahrkarten, abgesehen) für jede Buslinie weitestgehend unabhängig von den anderen Strecken anfallen. Insofern liegt es nahe, jede dieser Linien als einzelne CGU zu betrachten. Wenn das Unternehmen aber nicht über die Möglichkeit verfügt, einzelne dieser Linien einzustellen, generieren alle fünf Buslinien zusammen Zahlungsströme, weshalb die gesamte Gesellschaft – unter der Annahme, dass keine weiteren Strecken außerhalb der Gemeinde bedient werden – als eine einzige CGU aufzufassen ist.

Das zweite Beispiel bezieht sich auf eine Einzelhandelskette mit mehreren Filialen. Selbst wenn sich einige davon in denselben Städten befinden und Entscheidungen über die Programm-, Preis- und Kommunikationspolitik zentral getroffen werden, verfügen sie über unterschiedliche Kundenbasen, so dass die Einzahlungen aus dem Verkauf der Waren weitestgehend unabhängig erzielt werden. Aus dieser Perspektive stellt jede Filiale eine einzelne CGU dar. In einer anderen Betrachtungsweise kann jedoch die gesamte Filialkette als eine einzige CGU betrachtet werden, weil sie aufgrund der Identität u. a. des Produktprogramms und der Preisbildung als ein einheitliches Gebilde am Markt operiert. Die Abgrenzung einzelner CGU ist demzufolge mit einem gewissen Ermessensspielraum behaftet.

Für die **Werthaltigkeitsprüfung des Goodwill** sind ebenfalls CGU heranzuziehen, da ihm keine Zahlungsströme eindeutig zugeordnet werden können. Vielmehr leistet er einen Beitrag zu den Cash Flows mehrerer CGU (IAS 36.81). Der erzielbare Betrag des Goodwill als Ganzes ist folglich nicht ermittelbar (vgl. *Pellens* et al., 2008, S. 718). Dementsprechend sieht die sog. Goodwill-Allokation vor, dass dieser bei der Erstkonsolidierung auf die CGU verteilt wird, die voraussichtlich von den erwarteten Synergien des Unternehmenszusammenschlusses profitieren werden (IAS 36.80). Der Bilanzposten Goodwill wird in einzelne Elemente zerlegt, die Wertminderungen indizieren, um die der Goodwill – dann wieder in der Gestalt eines einzigen Bilanzpostens – abzuschreiben ist. Bei der Allokation ist es unerheblich, ob diesen CGU Vermögenswerte oder Schulden des erworbenen Unternehmens zugeordnet worden sind (IAS 36.80). Somit bildet nicht der Konzernbilanzposten Goodwill, sondern die CGU das Bewertungsobjekt für die zum Zwecke der Folgebewertung mindestens einmal jährlich durchzuführende Werthaltigkeitsprüfung (vgl. *Hachmeister*, 2008, S. 242). Analog zu dem Vorgehen nach IAS 36.18 ff. bei einzelnen Vermögenswerten sind zunächst der Nettoveräußerungserlös und der Nutzungswert für die CGU zu bestimmen, wobei das Maximum aus diesen beiden Werten als erzielbarer Betrag dem Buchwert der CGU gegenübergestellt wird (IAS 36.90). Der Buchwert ergibt sich aus der »Bilanzsumme« der CGU, also durch die Addition der Buchwerte ihrer zugehörigen Vermögenswerte (vgl. *Pellens* et al., 2008, S. 724). Zeigt der Vergleich des erzielbaren Betrages mit dem Buchwert einer CGU das Vorliegen einer Wertminderung an, so ist in der Höhe des Differenzbetrages der Goodwill abzuschreiben. Übersteigt der Wertminderungsbedarf den anteiligen der CGU zugeordneten Goodwill, sind die dieser CGU zugehörigen, ebenfalls unter IAS 36 fallenden Vermögenswerte proportional zu ihren relativen Buchwerten abzuschreiben (IAS 36.104). Eine Wertaufholung des Goodwill zu einem späteren Zeitpunkt ist gemäß IAS 36.124 nicht zulässig.

10.3.1.2 Implikationen für die Planung

Die Berechnung des erzielbaren Betrages ist das erste Beispiel für eine zusätzliche Aufgabe, die von den IFRS an das Controlling gestellt wird. Denn aufgrund der Individualität einzelner CGU dürfte ein Marktpreis regelmäßig nicht beobachtbar sein (vgl. *Haaker*, 2005, S. 351; *Hense*, 2006, S. 257), weswegen der erzielbare Betrag in seiner Ausprägung als Nutzungswert für den Impairment Test heranzuziehen ist. Für seine Berechnung muss auf die Unternehmensplanung zurückgegriffen werden, die unter Beteiligung des Controlling erfolgt. Den Ausführungen des Kapitels 1 zufolge obliegen dem Controlling die Gestaltung des Planungssystems und die Moderation des Planungsprozesses. Die von IAS 36 betroffenen Planungsebenen sind die **operative Planung** (Kurzfristplanung) und die **taktische Planung** (Mittelfristplanung): Die Basis für die zur Ermittlung des Nutzungswertes zu diskontierenden Cash Flows bilden gemäß IAS 36.33 (b) die jüngsten vom Management genehmigten Finanzpläne mit einem Detailprognosehorizont von maximal 5 Jahren. Regelmäßig dürfte es sich als adäquat erweisen, die **Cash Flows** einer CGU aus den Planungen **indirekt herzuleiten** (vgl. *Buhleier*, 2008, S. 469). Die operative Planung deckt einen Zeitraum von einem Jahr ab, für den ausgehend von dem Absatzplan die im Produktionsbereich herzustellenden und die von dem Beschaffungsbereich einzukaufenden Mengen geplant werden. Ferner sind die voraussichtlichen Kosten im dispositiven Bereich (z. B. Verwaltung, Forschung und Entwicklung, Vertrieb) zu bestimmen. Die monetären Konsequenzen der Planungen in den Funktionalbereichen werden in Erfolgs- und Liquiditätsplänen zusammengeführt.

Da die operativen Pläne bis auf die Ebene von Kostenstellen heruntergebrochen werden, ist grundsätzlich davon auszugehen, dass in der operativen Planung die Daten vorliegen, die für die Bestimmung des Zahlungsstroms einer CGU im ersten Jahr benötigt werden. Hierzu sollten die geplanten Kosten hinsichtlich ihrer Zahlungswirksamkeit analysiert werden. Der Plan-Cash Flow kann dann indirekt und zumindest näherungsweise bestimmt werden, indem von den geplanten Erlösen nur die grundsätzlich zahlungswirksamen Kosten subtrahiert werden. Grundsätzlich zahlungsunwirksame Kosten wie planmäßige Abschreibungen und kalkulatorische Kosten bleiben hingegen unberücksichtigt (vgl. *Kirsch*, 2005b, S. 18). Die Planung der Zahlungsströme für die Jahre 2 bis 5 fällt zeitlich in die Mittelfristplanung, welche die in der operativen Planung erstellten Pläne mit einer geringeren Planungstiefe fortführt. Dementsprechend beschränkt sich der Planungsbereich häufig auf die Ebene von Teilkonzernen oder Legaleinheiten (vgl. *Weber/Schäffer*, 2008, S. 319). Inwiefern hier aufgrund der Ermittlung des Nutzungswertes einer CGU die Notwendigkeit differenzierterer taktischer Planungen entsteht, in denen CGU eine eigene Planungsebene bilden, hängt von der Abgrenzung der Bewertungseinheiten ab (vgl. dazu den folgenden Abschnitt).

Ein Bedarf zur Anpassung der Planungen dürfte sich jedoch regelmäßig in **inhaltlicher Hinsicht** ergeben. IAS 36.44 zufolge dürfen die erwarteten Cash Flows nicht die geschätzten Zahlungsströme aus Erweiterungsinvestitionen, Prozessverbesserungen oder Restrukturierungen enthalten. Zudem dürfen sie keine Mittelzu- oder -abflüsse aus Finanzierungstätigkeiten bzw. Ertragsteuerzahlungen berücksichtigen (IAS 36.50). Wenn also beispielsweise höhere Absatzmengen und entsprechende zusätzliche Umsatzerlöse aufgrund der beabsichtigten Erweiterung einer Produktionsstraße in die Planung eingehen, müssen für die Berechnung des Nutzungswertes die mit der Erweiterung verbundenen Cash Flows von denen, die aus dem gegenwärtigen Zustand resultieren, separiert werden. Dem Controlling kommt somit die Aufgabe zu, diese zusätzlichen Anforderungen auf dem Wege der Planung zu berücksichtigen (vgl. *Bartelheimer* et al., 2004, S. 26). Dazu sollte eine enge Abstimmung mit dem externen Rechnungswesen unter zeitlichem Vorlauf erfolgen, damit das Controlling die Daten in der Form bereitstellen kann, die von IAS 36 gefordert wird.

10.3.1.3 Implikationen für das Berichtswesen

Aus den bisherigen Ausführungen ging die erhebliche Bedeutung der CGU im Rahmen von Impairment Tests bereits hervor. Bei der Überprüfung von Vermögenswerten, die neben dem Goodwill in den Anwendungsbereich des IAS 36 fallen, dürfte die Voraussetzung für eine Einzelbewertung, nämlich die Generierung weitestgehend unabhängiger Mittelzuflüsse, in aller Regel nur für Ausnahmefälle zutreffen, so dass die Aggregation von Vermögenswerten zu einer CGU unumgänglich wird (vgl. *Budde*, 2005, S. 2568). Im Falle eines Goodwill Impairment Test sind ohnehin zwingend CGU als Bewertungsobjekte zu bilden, da für den Goodwill als Ganzes kein erzielbarer Betrag ermittelt werden kann. Die **Verteilung des Goodwill** auf einzelne CGU nimmt daher großen Einfluss auf die Komplexität des Tests.

Die Goodwill-Allokation orientiert sich dabei ebenfalls am **Management Approach** (vgl. *Pellens* et al., 2005, S. 11 f.): IAS 36 verlangt nicht, den Goodwill so detailliert wie möglich auf einzelne CGU zu verteilen, sondern schreibt die Zuordnung des Goodwill auf die niedrigste Ebene vor, auf der er auch für **interne Steuerungszwecke** überwacht wird (IAS 36.80 (a)). Zugleich wird die Obergrenze für die Zuordnung festgelegt, die gemäß IAS 36.80 (b) den im Segmentbericht nach IFRS 8 ausgewiesenen Segmenten entspricht. Konkret heißt dies, dass die Strukturierung der Goodwill-tragenden CGU an das interne Berichts- und Steuerungssystem anzulehnen ist (vgl. *Buhleier*, 2008, S. 462). Somit betreffen die Vorschriften des IAS 36 zur Goodwill-Allokation mit dem Berichtswesen ein weiteres, bereits detailliert betrachtetes Aktionsfeld der Controller (vgl. dazu Kapitel 9). Die Entwicklung eines separaten Berichtssystems zum Zwecke der Goodwill-Allokation ist weder erforderlich noch erwünscht. Es ergibt sich ein gleich in zweifacher Hinsicht bedeutender Ermessensspielraum: Zum einen kann über den Grad an Differenziertheit bei der Zuordnung des Goodwill auf die CGU der **Umfang** und die **Häufigkeit von Wertminderungen** beeinflusst werden. Zum anderen hängen von der Tiefe der Zuordnung die Konsequenzen für die **Anpassung des Planungssystems** ab.

Bei einer Verteilung auf wenige, grob abgegrenzte CGU, also beispielsweise auf die in Abbildung 10.3 dargestellten Segmente »Werkzeuge« und »Baumaschinen«, die sich ihrerseits aus verschiedenen CGU bzw. Gruppen von CGU zusammensetzen, ist die Wahrscheinlichkeit, den Goodwill abschreiben zu müssen, geringer als im Falle einer Zuteilung auf der Ebene der Sub-CGU (z. B. »Bohrmaschinen« und »Akkuschrauber« als Sub-CGU der CGU »Werkzeuge«). Denn es besteht die Möglichkeit, dass sich Wertminderungen der CGU »Bohrmaschinen« mit Werterhöhungen der CGU »Akkuschrauber« in Summe aufheben, so dass das Segment »Werkzeuge« als Goodwill-tragende CGU werthaltig bleibt (vgl. ähnlich *Hachmeister*, 2008, S. 242 f.; *Deloitte*, 2005, S. 4). Somit wird das Periodenergebnis nicht durch einen Wertminderungsaufwand belastet.

Bei einer »groben« Allokation des Goodwill auf wenige CGU ist zudem die Chance höher, dass das Planungssystem in seiner bestehenden Form die für die Ermittlung des erzielbaren Betrages bzw. Nutzungswertes benötigten Daten hergibt. Mit Blick auf die Ausführungen des vorherigen Abschnitts ist davon auszugehen, dass bei einer Goodwill-Allokation auf Segmentebene die benötigten Plandaten zur Bestimmung der Plan-Cash Flows der Mittelfristplanung entnommen werden kann. Für den Fall, dass der Goodwill hingegen auf untergeordnete Einheiten verteilt wird – in dem Beispiel im äußersten Fall bis auf die Ebene der CGU »A« bis »J« – sind die **Plangerüste der Mittelfristplanung** entsprechend zu **präzisieren**. Eine Plan-GuV auf Segmentebene müsste folglich auf die einzelnen Untereinheiten heruntergebrochen werden, um den Ausgangspunkt für eine indirekte Ermittlung der Cash Flows zu bilden. Aufgrund dieser offensichtlichen Vorteile wird im Schrifttum erwartet, dass sich die Abgrenzung

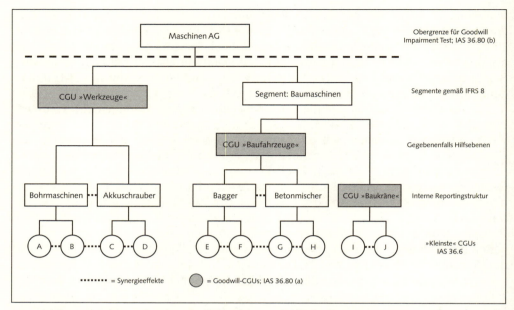

Abb. 10.3: Abgrenzung der CGU nach dem Synergiekriterium (unter Modifikationen entnommen aus *Hachmeister*, 2006, S. 428)

der CGU an den für die Segmentberichterstattung gebildeten Einheiten ausrichtet (vgl. *Hachmeister*, 2006, S. 428f.). Aus bilanzpolitischen Gründen wäre es bei der in Abbildung 10.3 dargestellten Hierarchie von CGU vorteilhaft, das interne Reporting etwa um die Hilfs-CGU »Baufahrzeuge« zu ergänzen. Wenn die zur internen Steuerung vorgenommene Goodwill-Überwachung nicht über diese Ebene hinausgeht, entfällt beispielsweise die Notwendigkeit, für die CGU »Bagger« und »Betonmischer« getrennte Impairment Tests durchführen zu müssen. Zugleich wäre es unter dem Primat, das Prozedere des Impairment Test und die aus ihm resultierenden Effekte möglichst gering zu halten, empfehlenswert, den Goodwill nur dem Segment »Baumaschinen« und nicht den darunterliegenden CGU zuzuordnen. Inwiefern derartige Modifikationen aus der Perspektive der Unternehmenssteuerung sinnvoll sind, bleibt fraglich. Von daher müssen im Zeitpunkt der Goodwill-Allokation diese auf die **Bilanzgestaltung** abzielenden Gedanken und die Notwendigkeit zu einer möglichst verursachungsgerechten Zuordnung und Überwachung des Goodwill auf den Ebenen, auf denen die erwarteten Synergien realisiert werden sollen, sorgfältig gegeneinander abgewogen werden.

Aufschluss über die Frage, wie dieses Spannungsfeld in der Praxis gelöst wird, bieten die Ergebnisse einer empirischen Untersuchung der im Prime Standard notierten Unternehmen. Der überwiegende Teil der befragten Unternehmen bildet die CGU auf der Segmentebene (25 %) bzw. auf der unmittelbar darunter liegenden Ebene (36 %). Auf einer tieferen Ebene grenzen nur 9 % der Unternehmen ihre CGU ab. Die relevanten Abgrenzungskriterien stellen bei mehr als der Hälfte der befragten Unternehmen (53 %) die Segmente des zum Zeitpunkt der Befragung noch geltenden IAS 14 dar (vgl. *Deloitte*, 2005, S. 4f.). Der Goodwill wird bei 42 % der Unternehmen auf maximal 5 CGU verteilt, bei weiteren 29 % sind maximal 10 CGU ein Goodwill-Träger (vgl. *Deloitte*, 2005, S. 5f.). Noch eindeutiger fällt das Ergebnis einer Analyse der Geschäftsberichte von mehr als 300 Unternehmen aus 17 europäischen Ländern aus. Demnach erfolgt die Zuordnung bei zwei Dritteln der betrachteten Unternehmen auf der Segmentebene. Bei ca. 80 % der Unternehmen wird der Goodwill auf höchstens vier CGU verteilt (vgl. *Schilling/Vassalli*, 2007, S. 718). Aus diesen Beobachtungen kann geschlossen werden, dass eine weitgehende Disaggregation der Segmente zu einer in beträchtlichem Maße verursachungsgerechten Verteilung des Goodwill in der Praxis regelmäßig unterbleibt. Dies kann einerseits damit erklärt werden, dass die Einheiten, die von den aus dem Unternehmenszusammenschluss erwarteten Synergien profitieren, nicht mit hinreichender Genauigkeit identifiziert werden können (vgl. *Deloitte*, 2005, S. 6). Andererseits kann diese Handhabung aber auch mit den oben genannten Vorteilen – nämlich einer tendenziellen Vermeidung von Impairments und der fehlenden Notwendigkeit für eine Modifikation des Planungssystems – begründet werden. Die Beobachtungen legen somit den Schluss nahe, dass das im Schrifttum angesprochene Erfordernis, das Planungssystem um CGU als spezifische Planungsebene zu ergänzen (vgl. *Weißenberger*, 2007b, S. 172; *Bartelheimer* et al., 2004, S. 26; *Kirsch*, 2005b, S. 17), aufgrund der Planungsusancen in der Praxis mitunter eine untergeordnete Rolle einnimmt.

Das Berichtswesen ist jedoch nicht nur für die Goodwill-Allokation und den sich daraus ergebenden Auswirkungen auf die Komplexität der Impairment Tests von Bedeutung. Über die turnusmäßige jährliche Durchführung des Impairment Test hinaus, ist der erzielbare Betrag einer CGU gemäß IAS 36.90 nämlich immer dann zu ermitteln und dem Buchwert gegenüberzustellen, wenn ein **Indikator** vorliegt, der auf eine Wertminderung hindeutet. IAS 36.12 systematisiert diese Indikatoren in unternehmensinterne und -externe Hinweise (vgl. Tabelle 10.3), wobei es sich hierbei um eine nicht abschließende Aufzählung handelt, die um unternehmensspezifische Indikatoren zu erweitern ist.

Während das Berichtswesen auch selbst **unternehmensinterne Indikatoren** enthalten kann (z.B. im Falle von signifikanten Abweichungen im Soll-Ist-Vergleich; vgl. *Hoffmann*, 2008, S. 457), sollte insbesondere das Screening von unternehmensexternen Indikatoren in ein **Frühwarnsystem** integriert werden. Derartige Systeme verfolgen das Ziel, solche Entwicklungen, die sich möglicherweise nachteilig auf den Unternehmenserfolg auswirken können, rechtzeitig zu erkennen. Rechtzeitig bedeutet in diesem Zusammenhang, dass die Identifikation zu einem Zeitpunkt erfolgt, zu dem die Möglichkeit besteht, durch situationsadäquate Handlungen die Realisierung des Verlustpotentials zu verhindern oder zumindest die Auswirkungen zu reduzieren. Der Beobachtung von Indikatoren für eine Wertminderung kommt insbesondere in international tätigen Unternehmen eine erhebliche Bedeutung zu. Bei ihnen können die bereits in Kapitel 1 benannten Länderrisiken – seien sie wirtschaftlich, politisch oder kulturell verursacht – den erzielbaren Betrag bestimmter CGU in einer beträchtlichen Höhe verringern. Die **Risikoidentifikation** ist für internationale Unternehmen also deshalb von besonderer Relevanz, weil sie sich aufgrund ihrer wertschöpfenden

Externe Informationsquellen	Interne Informationsquellen
a) Während der Berichtsperiode ist der Marktwert eines Vermögenswertes deutlich stärker gesunken als dies durch den Zeitablauf oder die gewöhnliche Nutzung zu erwarten wäre.	e) Es liegen substanzielle Hinweise für eine Überalterung oder einen physischen Schaden eines Vermögenswertes vor.
b) Während der Berichtsperiode sind signifikante Veränderungen mit nachteiligen Folgen für das Unternehmen im technischen, marktbezogenen, ökonomischen oder gesetzlichen Umfeld, in welchem das Unternehmen tätig ist, oder in Bezug auf den Markt, für den der Vermögenswert bestimmt ist, eingetreten oder werden in der nächsten Zukunft eintreten.	f) Während der Berichtsperiode haben sich signifikante Veränderungen mit nachteiligen Folgen für das Unternehmen in dem Umfang oder der Weise, in dem bzw. der der Vermögenswert genutzt wird oder aller Erwartung nach genutzt werden wird, ereignet oder werden für die nähere Zukunft erwartet. Diese Veränderungen umfassen die Stilllegung des Vermögenswertes, Planungen für die Einstellung oder Restrukturierung des Bereiches, zu dem ein Vermögenswert gehört, Planungen für den Abgang eines Vermögenswertes vor dem ursprünglich erwarteten Zeitpunkt und die Neueinschätzung der *Nutzungsdauer* eines Vermögenswertes als begrenzt vielmehr als unbegrenzt.
c) Die Marktzinssätze oder andere Markttrendien haben sich während der Berichtsperiode erhöht und solche Erhöhungen werden sich wahrscheinlich auf den Abzinsungssatz, der für die Berechnung des *Nutzungswertes* herangezogen wird, auswirken und den *erzielbaren Betrag* des Vermögenswertes wesentlich vermindern.	g) Das interne Berichtswesen liefert substanzielle Hinweise dafür, dass die wirtschaftliche Ertragskraft eines Vermögenswertes schlechter ist oder sein wird als erwartet.
d) Der *Buchwert* des Reinvermögens des Unternehmens ist größer als seine Marktkapitalisierung.	

Tab. 10.3: Externe und interne Informationsquellen mit Anhaltspunkten für eine Wertminderung nach IAS 36.12

Präsenz in einer Vielzahl von differierenden Umwelten bewegen und damit tendenziell einer größeren Anzahl von Risiken ausgesetzt sind. Nicht mehr abwendbare Minderungen der erzielbaren Beträge einzelner CGU können im Falle einer Wertminderung zu **erheblichen Ergebnisbelastungen** führen. Diese gilt es, durch eine frühzeitige Identifikation potentiell abträglicher Entwicklungen mittels eines leistungsfähigen Frühwarnsystems zu verhindern.

Die Zusatzaufgaben für das Controlling, die sich aus IAS 36 in Bezug auf das Berichtswesen ergeben, lassen sich somit wie folgt zusammenfassen: Zum einen ist bei der Allokation des Goodwill zu Kontrollzwecken zu bedenken, welche Auswirkungen sich daraus für die Komplexität des regelmäßig vorzunehmenden Impairment Test und das Planungssystem ergeben. Die empirischen Ergebnisse lassen vermuten, dass dieser Aspekt auf die Gestaltung des Berichtswesens erheblichen Einfluss ausübt. Zum anderen sind Ist-Informationen in das Reporting einzubinden, die eine Reaktion auf sich abzeichnende Goodwill Impairments ermöglichen.

10.3.1.4 Möglichkeiten der Aufgabenverteilung zwischen externem Rechnungswesen und Controlling

Hinsichtlich der Rollenverteilung zwischen Rechnungswesen und Controlling in Bezug auf Impairment Tests differenzieren *Bartelheimer* et al. (2004, S. 28) grundsätzlich drei unterschiedliche Szenarien: Die Rolle des Controlling kann sich auf die **Bereitstellung des Input** – neben den Cash Flows regelmäßig auch der CGU-spezifisch risikoadjustierte

Zinssatz zu ihrer Diskontierung – beschränken, auf den das externe Rechnungswesen zugreift, um eigenständig den Nutzungswert zu ermitteln. Da die notwendige Methodenkompetenz regelmäßig im Controlling vorzufinden sein wird (vgl. *Weber/Schäffer*, 2008, S. 122; *Haeger*, 2006, S. 258), impliziert diese Rollenverteilung zugleich, dass bereits im Controlling existente Kompetenzen auch im externen Rechnungswesen aufgebaut werden müssen. Ein weiteres Rollenverständnis des Controlling schließt die **Berechnung des Nutzungswertes** mit ein, wodurch eine Interaktion des Controlling mit dem Wirtschaftsprüfer erforderlich wird und zugleich der Aufbau redundanter Kenntnisse von Bewertungsverfahren vermieden werden kann. Diese komplexere Funktion des Controlling kann noch weiter ergänzt und hin zu einem »**Goodwill-Controlling**« entwickelt werden. Zu dessen Aufgabenspektrum gehören neben der zieladäquaten Goodwill-Allokation, der Bestimmung von Frühwarnindikatoren, die einen potentiellen Impairment anzeigen, und der Ermittlung des Nutzungswertes insbesondere die Unterstützung bei der Kaufpreisfindung sowie die Überwachung der Realisierung der erwarteten Synergien in der Post-Merger-Phase durch das Reporting Goodwill-bezogener Kennzahlen (vgl. hierzu ausführlich *Weißenberger*, 2007b, S. 314 ff.).

Inwiefern sich ein solches Goodwill-Controlling in der Praxis bereits durchgesetzt hat, ist fraglich. Auf die organisatorische Verantwortung für die Durchführung des Goodwill Impairment Test bezogen, ergab die bereits zitierte empirische Untersuchung, dass in 36 % der im Prime Standard notierten Unternehmen das Controlling für die Testdurchführung verantwortlich zeichnet, während der Impairment Test bei 33 % der Unternehmen im externen Rechnungswesen verankert ist. Bei der isolierten Betrachtung der DAX-Unternehmen erhöht sich der Anteil des externen Rechnungswesens auf 56 % (vgl. *Pellens* et al., 2005, S. 17). Die Ergebnisse legen daher den Schluss nahe, dass sich die Funktion des Controlling in der Vergangenheit überwiegend auf die Rolle des Datenlieferanten beschränkt hat.

10.3.2 Implikationen für die Performance-Messung anhand des EVA®

10.3.2.1 Konzeptionelle Grundlagen des EVA®

Bereits aus dem Kapitel 7 ist hervorgegangen, dass sich für das Controlling im Zuge der Shareholder Value-Orientierung vielfältige Ergänzungsbedarfe – darunter die **Implementierung wertorientierter Performance-Maße** – ergeben. Schon in diesem Zusammenhang wurde die internationale Rechnungslegung als ein spezifischer Faktor aufgegriffen, der bei der wertorientierten Steuerung ausländischer Tochterunternehmen zu berücksichtigen ist.

Mögliche Auswirkungen der Rechnungslegung nach IFRS auf das Aufgabenfeld der Performance-Messung sollen nun unter Rückgriff auf den EVA® geschildert werden. Bei dieser weit verbreiteten Steuerungskennzahl handelt es sich um ein **Residualgewinnkonzept**, das die Wertänderung einer Periode ermittelt, indem von dem betrieblichen Periodenergebnis die Kosten des zu seiner Erzielung eingesetzten Kapitals subtrahiert werden (vgl. zu dem Konzept des EVA® ausführlich *Hostettler*, 2002). Sowohl die Erfolgsgröße als auch die Vermögensgröße, die multipliziert mit dem Kapitalkostensatz des Unternehmens die periodenspezifischen Kapitalkosten anzeigt, werden dem externen Rechnungswesen entnommen (vgl. *Weißenberger*, 2007b, S. 263). Das Datenmaterial des Abschlusses wird aber nicht unmodifiziert verwendet, sondern Anpassungen unterzogen, die eine zutreffendere Abbildung der Unternehmenswertänderung innerhalb einer Periode ermöglichen sollen. Diese sog. **Conversions** verfolgen das Ziel, »die bilanzielle Gewinngröße NOPAT [Net Operating Profit After Taxes, das betriebliche Ergebnis nach Steuern, jedoch vor Finanzierungskosten, d. Verf.] in eine zahlungsstromorientierte Cash-Größe zu verwandeln und das investierte Kapital mit Marktwerten anzusetzen« (*Böcking/Nowak*, 1999, S. 285; vgl. zu den Conversions und ihren Kategorien ausführlich *Hostettler*, 2002, S. 97 ff.).

Der Umfang der erforderlichen Anpassungsmaßnahmen wird von der zugrunde liegenden Rechnungslegungskonzeption beeinflusst (vgl. *Franz/Winkler*, 2006a, S. 417 f.). Grundsätzlich ist davon auszugehen, dass sich die Rechnungslegung nach IFRS für die EVA®-Konzeption als vorteilhaft erweist. Korrekturen sind in einem geringeren Maße erforderlich, wenn einige Conversions bereits von den IFRS antizipiert werden (vgl. *Nobach/Zirkler*, 2006, S. 742): Ein Beispiel bilden die **selbst erstellten immateriellen Vermögenswerte**, die vor der Reform des Bilanzrechts durch das BilMoG in der Handelsbilanz nicht aktiviert werden konnten. Die entsprechenden Aufwendungen waren daher beim Zugrundelegen eines HGB-Abschlusses sowohl der EVA®-Ergebnis- als auch Vermögensgröße hinzuzurechnen und in den Folgeperioden abzuschreiben. Mit derartigen Anpassungen kann dem Investitionscharakter dieser Aufwendungen Rechnung getragen werden. Die entsprechenden Aufwendungen waren daher beim Zugrundelegen eines HGB-Abschlusses sowohl der EVA®-Ergebnis- als auch Vermögensgröße hinzuzurechnen und in den Folgeperioden abzuschreiben. Mit derartigen Anpassungen kann dem Investitionscharakter dieser Aufwendungen Rechnung getragen werden. Letztlich ist anzunehmen, dass diese Auszahlungen in der Erwartung späterer Einzahlungen getätigt werden. Insofern führt die Aktivierung und anschließende ratierliche Erfassung als Aufwand zu einer periodengerechten Gegenüberstellung von Aufwendungen und den korrespondierenden Erträgen. Eine solche Modifikation erübrigt sich unter IFRS zumindest partiell, da **Entwicklungsausgaben** gemäß IAS 38 unter bestimmten Voraussetzungen aktiviert werden können (vgl. *Weißenberger*, 2007b, S. 271; vgl. zu den Auswirkungen dieses Sachverhaltes auf EVA® ausführlich *Franz/Winkler*, 2006a).

10.3.2.2 Implikationen für die Conversions am Beispiel des IAS 16

Zugleich werfen die IFRS **neue Anpassungsprobleme** auf, wie z. B. die Abschreibungen des Goodwill, deren Bereinigung gemäß einer empirischen Untersuchung zu den in der Praxis am weitesten verbreiteten Conversions gehört (vgl. *Weide*, 2009). Wenn auch in der Praxis bislang eher von untergeordneter Bedeutung, führt das **Neubewertungsmodell** für Sachanlagen nach IAS 16 ebenso zu Effekten, die es möglicherweise zu egalisieren gilt. Alternativ zu der Folgebewertung zu fortgeführten Anschaffungskosten, wie sie aus dem HGB bekannt ist, erlaubt IAS 16.31 die Bewertung zum **Fair**

Value, den IAS 16.6 als »Betrag, zu dem ein Vermögenswert zwischen sachverständigen, vertragswilligen und voneinander unabhängigen Geschäftspartnern getauscht werden könnte«, definiert. Im Idealfall ist er am Markt beobachtbar (z. B. im Falle von gebrauchten PKW), andernfalls ist er durch Schätzung oder durch Berechnungen nach dem **Ertragswertverfahren** zu approximieren. Die Anschaffungs- bzw. Herstellungskosten bilden im Neubewertungsmodell nicht die Wertobergrenze, d. h. der Ansatz eines beizulegenden Zeitwertes, der die historischen Kosten überschreitet, ist folglich zulässig (vgl. *Coenenberg*, 2005, S. 157). In diesem Falle wird die Differenz zwischen dem Fair Value und dem bisherigen Buchwert grundsätzlich unter Umgehung der Gewinn- und Verlustrechnung und somit erfolgsneutral in die Neubewertungsrücklage, ein Unterkonto des Eigenkapitals, eingestellt (IAS 16.39). Eine Wertminderung, die dann vorliegt, wenn der beizulegende Zeitwert unterhalb des Buchwertes der Vorperiode liegt, ist jedoch ergebniswirksam zu erfassen (IAS 16.40). Eine Ausnahmeregelung gilt aber, wenn zuvor eine Werterhöhung in die Neubewertungsrücklage eingestellt worden ist. Ein Neubewertungsverlust wird dann zunächst erfolgsneutral mit der Rücklage verrechnet und erst erfolgswirksam, wenn die Rücklage vollständig aufgelöst worden ist (vgl. *Pellens* et al., 2008, S. 322). Analog wird eine Werterhöhung nicht unmittelbar in die Neubewertungsrücklage gebucht, wenn in einer früheren Periode ein Neubewertungsverlust in der GuV ausgewiesen worden ist. Dann wird der Neubewertungsgewinn zur Nivellierung der früheren Wertminderung im Umfang jener Abschreibung als Ertrag behandelt (IAS 16.39), erst ein Residualbetrag geht erfolgsneutral in die Neubewertungsrücklage ein.

Die nicht konsistente Behandlung von Zeitwerterhöhungen und -minderungen wirft die Frage auf, wie Änderungen des Fair Value bei der Berechnung des EVA® zu handhaben sind. Aufgrund der Bewertung einer Sachanlage zu einem über ihrem Buchwert liegenden Fair Value erhöht sich ceteris paribus der Multiplikand »investiertes Vermögen« und dementsprechend auch das Produkt »Kapitalkosten«. Infolge der erfolgsneutralen Verrechnung des Neubewertungsgewinns mit dem Eigenkapital bleibt die Erfolgsgröße jedoch unberührt. Dies führt dazu, dass der EVA® und damit die angezeigte Wertschaffung der betroffenen Periode sinken (vgl. *Franz/Winkler*, 2006b, S. 119). Verstärkt wird dieser Effekt dadurch, dass die infolge der höheren Abschreibungsbasis erhöhten planmäßigen Abschreibungen während der Nutzungsdauer erfolgswirksamen Charakter haben und die Abbildung der Wertschaffung in den Folgeperioden belasten. Die Anwendung des Neubewertungsmodells mit einer erfolgsneutralen Verbuchung der Wertänderungen führt somit zu einer verzerrten **Darstellung der Wertschaffung** des Unternehmens und zu einer tendenziell ungünstigen Beurteilung von Investitionsprojekten, was letztlich dazu führen kann, dass wertschaffende Investitionen unterlassen werden (vgl. *Weißenberger*, 2007b, S. 279 und S. 425).

Es entsteht somit der Bedarf, im Sinne einer Conversion die Erfolgsgröße derart anzupassen, dass sie die zu der Vermögensgröße äquivalenten Marktwertänderungen umfasst (vgl. *Weißenberger*, 2007b, S. 279 f.). Für die Ermittlung des NOPAT sind Fair Value-Änderungen also konsequent und somit teilweise fiktiv erfolgswirksam zu behandeln. Infolgedessen führen Marktwertschwankungen dann jedoch nicht nur zu einer **erhöhten Volatilität** der Vermögens-, sondern auch der Erfolgsgröße. Vor diesem Hintergrund und insbesondere als Antwort auf die Frage, weshalb Marktwertschwankungen, auf die das Management keinen Einfluss nehmen kann, auf dem Wege der Performance-Messung berücksichtigt werden sollten, wird von Praxisvertretern daher eine Bereinigung von Steuerungsgrößen um die Zeitwerteffekte vorgeschlagen (vgl. *Haeger*, 2006, S. 256 f.; *Beißel/Steinke*, 2004, S. 69). Demnach ist bei dem EVA® nicht an der Erfolgs-, sondern an der Vermögensgröße anzusetzen, die um marktwertbedingte Bewertungseinflüsse zu bereinigen ist.

Sowohl im Zuge als auch im Anschluss einer IFRS-Umstellung ergeben sich also auch im Aktionsfeld Performance-Messung zusätzliche Aufgaben für den Controller, die differenzierte Kenntnisse der IFRS und ihrer Effekte auf die Steuerungskennzahlen voraussetzen (vgl. *Franz/Winkler*, 2006a, S. 423; *Haeger*, 2006, S. 260). Auf diesen Kenntnissen aufbauend muss unter Kosten-Nutzen-Aspekten abgewogen werden, welche Conversions unter dem Primat der Performance-Messung und Incentivierung erforderlich sind, zugleich aber die Berechnung und Anwendbarkeit des Steuerungskonzeptes nicht unverhältnismäßig erschweren. Aufgrund der Änderungsdynamik der Standards ist diese Prüfung der Konsequenzen von IFRS-Normen auf die Aussagekraft wertorientierter Steuerungsgrößen zeitlich keineswegs auf die Phase der Umstellung auf IFRS begrenzt, sondern als fortlaufende, die IFRS-Änderungen flankierende Controller-Aufgabe zu sehen.

10.4 Implikationen für die Organisation des Controlling

Die Schnittstellen zwischen der Rechnungslegung nach IFRS und dem Controlling wirken sich nicht nur auf die operativen Controller-Tätigkeiten aus, sondern spannen auch organisatorische Entscheidungsfelder auf. Prinzipiell kann das engere Zusammenwirken von externem Rechnungswesen und Controlling derart von der **Aufbauorganisation** des Unternehmens reflektiert werden, dass die Organisationseinheiten »Controlling« und »externes Rechnungswesen« zusammengelegt werden (vgl. *Küpper*, 2008, S. 552; *Horváth*, 2009, S. 414). Ein solches Vorgehen könnte bedeuten, dass sich die Aufgabenbereiche von Controllern und Accountants vermengen, Letztere also beispielsweise auch Planungsaufgaben übernehmen, während Controller nicht nur als Datenlieferant für Bilanzierungsfragen fungieren, sondern diese auch selbst lösen. Empirisch lässt sich eine derartige Integration allerdings nicht beobachten. In den von *Weide* untersuchten Unternehmen sprachen sich 75 % der Unternehmensvertreter gegen eine solche Zusammenlegung der Abteilungen aus. Doch auch in den Unternehmen, in denen die Abteilungen Controlling und externes Rechnungswesen in einen Zentralbereich aufgegangen sind, besteht weiterhin eine deutliche Abgrenzung der Aufgabenschwerpunkte des Controlling von denen des externen Rechnungswesens (vgl. *Weide*, 2009).

Eine aufbauorganisatorische Integration wird allerdings auch im Schrifttum nicht für obligatorisch gehalten, wenn im Rahmen der Personalentwicklung ein Augenmerk auf einen intensiven **Austausch zwischen Controllern und Bilanzierenden** gerichtet wird. Dieser kann beispielsweise in der Form ausgestaltet sein, dass Controller im

Sinne eines »training near the job« für einen bestimmten Zeitraum im externen Rechnungswesen tätig sind (vgl. *International Group of Controlling*, 2006, S. 43). Dem Mitarbeiteraustausch zwischen den Abteilungen wird in der Praxis jedoch eine geringere Bedeutung beigemessen. **Formalisierten Kooperationen** kommt zwar generell ein hoher Stellenwert zu, allerdings konkretisieren sich diese Zusammenarbeiten eher in der Form von gemeinsamen Schulungen oder bereichsübergreifenden Teams, die sich mit interfunktionalen Problemstellungen beschäftigen (vgl. *Weide*, 2009). Von noch größerer Relevanz für die Praxis ist jedoch die interdisziplinäre Zusammenarbeit und **Abstimmung im Tagesgeschäft** außerhalb formalisierter Kooperationen. Die Intensität dieser Zusammenarbeit korreliert dabei mit den einzelnen Hierarchieebenen. Auf Konzernebene besteht ein umfangreicherer Kooperationsbedarf als auf der Geschäftsbereichsebene, weil dort häufig eine auf die operative Planung und Kontrolle ausgerichtete kalkulatorische Kostenrechnung und demzufolge auch eine stärkere Trennung von Controlling und externem Rechnungswesen fortbesteht (vgl. *Weide*, 2009).

Unabdingbar ist zudem die Beseitigung des Nebeneinanders verschiedener IT-Systeme zugunsten eines integrierten Planungs-, Buchhaltungs- und Konsolidierungssystems (vgl. *Weißenberger*, 2007b, S. 218; *Dais/Watterott*, 2006, S. 472). In der Praxis zeigt sich ein hoher Stand an einheitlichen Reporting-Systemen auf zentraler Ebene, während die Vorsysteme in den dezentralen Ebenen von einer Systemharmonisierung weitestgehend ausgenommen worden sind. Dies ist jedoch als unkritisch zu betrachten, soweit über Schnittstellen die Daten der Vorsysteme in das zentrale Reporting-System auf übergeordneter Ebene eingespielt werden können (vgl. *Weide*, 2009).

10.5 Fazit und Ausblick

Anhand der Ausführungen dieses Kapitels wird evident, dass das Controlling und ein an den IFRS ausgerichtetes externes Rechnungswesen weniger in einem kompetitiven als vielmehr in einem komplementären Verhältnis zueinander stehen. Die isolierte Betrachtung der bereits in Kapitel 2 thematisierten Integration des Rechnungswesens verleitet zu der Frage, warum die Accountants – wenn sie schon die Daten, die an das Management berichtet werden, beschaffen – nicht auch ihre Analyse übernehmen. Damit stünde mit der Informationsversorgung ein wesentliches Aktionsfeld der Controller zur Disposition und in der Gefahr, von dem externen Rechnungswesen übernommen zu werden. Die Ausführungen zu IAS 36 und seinen Auswirkungen auf Planung und Berichtswesen zeigen jedoch, dass auch eine gegenläufige Interdependenz besteht. So wie die Controller für interne Berichtszwecke auf Zahlen des externen Rechnungswesens angewiesen sind, benötigen die Accountants im Gegenzug Daten aus dem Bereich des Controlling um bestimmte Bilanzierungsvorschriften überhaupt umsetzen zu können.

Unter Druck können die Controller hingegen wiederum im Bereich der Performance-Messung geraten, wenn dem Management Steuerungskennzahlen, wie z. B. EVA®, zur Verfügung gestellt werden, die auf Daten des externen Rechnungswesens basieren. Sofern das Controlling Bilanzierungseffekte von realen Handlungen mit Auswirkungen auf den Unternehmenswert nicht unterscheiden kann, besteht die Gefahr, dass seitens der Unternehmensführung Mitarbeiter des externen Rechnungswesens zur Interpretation der Kennzahlenentwicklungen herangezogen werden. In Anbetracht der empirischen Ergebnisse ist mit einem solchen Szenario allerdings nicht zu rechnen. Offensichtlich hat sich in der Praxis die Auffassung durchgesetzt, dass fundierte IFRS-Kenntnisse und ein kontinuierlicher Austausch mit den Mitarbeitern des externen Rechnungswesens für eine erfolgreiche Bewältigung der sich aus der IFRS-Rechnungslegung ergebenden Herausforderungen für das Controlling unumgänglich sind.

Dennoch wurde *Weber* (2008b, S. 166f.) bei seiner empirischen Untersuchung der DAX 30-Unternehmen auch mit Äußerungen von Unternehmensvertretern konfrontiert, die auf eine Wettbewerbssituation zwischen Controlling und externem Rechnungswesen hindeuten. Einen Wettbewerbsvorteil kann das Controlling erreichen, indem es für die Standards, denen der Management Approach gegenwärtig zugrunde liegt, qualitativ hochwertige Daten generiert, die den Anforderungen der Standards und vermutlich zugleich auch den Informationsbedürfnissen der Abschlussadressaten entsprechen. Wenn die Standardsetter wie auch die Abschlussleser mit den bisherigen Anwendungsbereichen des Management Approach positive Erfahrungen machen, könnte dieses Konstrukt grundsätzlich auf weitere Standards übertragen werden. Dann könnte sich das Controlling zunehmend als Informationsversorger des externen Rechnungswesens etablieren.

Teil V:
Strategische Entscheidungen im internationalen Controlling

11. Controlling des Offshoring von Dienstleistungen

11.1 Einführung

Der fünfte Teil dieses Buches schildert die Relevanz des internationalen Controlling bei strategischen Entscheidungen. Dazu wird in diesem Kapitel zunächst das Ausmaß der Beteiligung an einer typischen strategischen Entscheidung untersucht: Die Verlagerung von Dienstleistungen in Niedriglohnländer. Im Zusammenhang mit Offshoring ist teilweise von Kosteneinsparungen von mehr als 50 % die Rede. Daraus entstehende zusätzliche Wertschöpfungspotentiale sind aus Unternehmenssicht von größter Bedeutung und unterstreichen die betriebswirtschaftliche Relevanz des Themas »Offshoring«. Allerdings ist ein erfolgreiches Offshoring von Dienstleistungen keine »self-fulfilling prophecy«, wie Berichte über Rückverlagerungen der Dienstleistungserstellung ins Inland zeigen.

In diesem Kapitel werden zunächst der Grundgedanke und wesentliche Instrumente des strategischen Controlling skizziert. Im Anschluss werden der Begriff des Offshoring, die damit verbundenen Potentiale und Chancen sowie relevante Risiken aufgezeigt. Der vierte Abschnitt stellt die Ergebnisse einer Studie zum Controlling von Offshoring vor und leitet daraus Anforderungen an das Controlling ab.

11.2 Strategisches Controlling

In der Literatur finden sich vermehrt Ansätze, die das Aufgabenfeld »Reduktion der Unsicherheit in der wettbewerblichen Umwelt« dem Controlling zuordnen. Erstmalig führte *Simmonds* (1981) eine strategische Dimension in die Disziplin des Controlling ein. Er zeigte, dass grundlegende Controlling-Instrumente genutzt werden können, um die **Unternehmensstrategie zu entwickeln und zu überwachen**. Die Formulierung und Umsetzung von Strategien ist Gegenstand des **strategischen Managements** (vgl. *Welge/Al-Laham*, 2008, S. 23). Die Unterstützung dieses Prozesses, mit den Schwerpunkten strategische Planung und Kontrolle, obliegt dem strategischen Controlling (vgl. *Reichmann*, 2006, S. 560). Die Koordinationsaufgaben des strategischen Controlling konkretisieren sich in der Koordination der strategischen Planung und Kontrolle sowie der strategischen Informationsversorgung (vgl. *Horváth*, 2009, S. 222). Neben der Koordination von strategischen und operativen Plänen nimmt die Bereitstellung der Informationen, die für den strategischen Planungsprozess notwendig sind, einen zentralen Stellenwert ein. Dementsprechend zählen zu den **Instrumenten des strategischen Controlling** solche, mit denen Umwelt- und Unternehmensinformationen beschafft, analysiert und prognostiziert werden können (vgl. *Horváth*, 2009, S. 225). Unter der Akzentuierung der Koordination des Planungs- und Informationsversorgungssystems kann das **strategische Controlling** als Beschaffung, Aufbereitung, Analyse und Präsentation von Informationen definiert werden, die sich auf das Wettbewerbsumfeld des Unternehmens beziehen und sowohl Kunden als auch Wettbewerber umfassen (vgl. *Hoffjan/Wömpener*, 2006, S. 237). Darüber hinaus überwacht das strategische Controlling die Umsetzung der Unternehmensstrategie sowie die der Wettbewerber in den erschlossenen Märkten über einen Zeitraum von mehreren Perioden (vgl. *Bromwich*, 1990, S. 28).

Generell werden **drei grundlegende Perspektiven** des strategischen Controlling unterschieden (vgl. *Guilding* et al., 2000, S. 117):
- Die Umwelt- oder Marketingorientierung,
- der Fokus auf Wettbewerber sowie
- die langfristige, zukunftsbezogene Orientierung.

In Differenzierung zum operativen Controlling ist das strategische Controlling demnach nicht auf bestimmte Zeitintervalle begrenzt, sondern langfristig orientiert. Es hat aktuell verfolgte Ziele, realisierte Tätigkeitsfelder und benutzte Instrumente der Aufgabenerfüllung bewusst in Frage zu stellen. Dabei gestaltet sich die informatorische Fundierung des strategischen Controlling infolge der mit zunehmendem Zeithorizont größeren Unsicherheiten weitaus schwieriger.

Das Schrifttum diskutiert die praktische Bedeutung des strategischen Controlling kontrovers (*Lord*, 1996; *Dixon*, 1998; *Bhimani/Keshtvarz*, 1999). Zumindest *Guilding* et al. (2000, S. 128) und *Cravens/Guilding* (2001) beobachten eine weite Verbreitung der Instrumente des strategischen Controlling. Gleichermaßen betonen *Roslender/Hart* (2003, S. 264), dass eine große Vielfalt an Techniken des strategischen Controlling an der Schnittstelle zwischen Marketing- und Controlling-Abteilungen genutzt wird. Abbildung 11.1 zeigt eine Zusammenfassung der Konzepte, die häufig in Verbindung mit dem strategischen Controlling aufgeführt werden. Obgleich sie eine recht heterogene Mischung von Theorien, Konzepten und Instrumenten repräsentieren, können sie in **drei Hauptgruppen** differenziert werden: Das strategische Kostenmanagement, die integrierte Leistungsmessung und die Überwachung der Wettbewerbsposition.

In diesem Teil des Buches werden ausgewählte strategische Entscheidungsprobleme und der Beitrag des Controlling zu ihrer Lösung erörtert. Die folgenden Kapitel befassen sich also nicht mit der Rolle des Controlling im globalen Prozess der Formulierung und Umsetzung einer Unternehmensstrategie. Die Analyseobjekte der weiteren Ausführungen bilden vielmehr einzelne Bausteine einer solchen Strategie. Sofern das **klassische Strategieverständnis** zur Grundlage ihrer Definition gemacht wird, lässt sich diese als »the determination of the basic long-term goals and objectives of an enterprise, and the adoption of courses of action and the allocation of resources necessary for carrying out these goals« (*Chandler*, 2001, S. 23) charakterisieren. Die Handlungen, die für die Erreichung der Unternehmensziele vorgenommen werden müssen, setzen sich aus einer Vielzahl interdependenter Maßnahmen zusammen. Dementsprechend bestehen **Strategien** aus zahlreichen, miteinander verbundenen Einzelentscheidungen (vgl. *Welge/Al-Laham*, 2008, S. 17; *Macharzina/Wolf*, 2008, S. 252). Als solche Einzelmaßnahmen innerhalb einer Strategie sind die Entscheidungen zu sehen, die in den weiteren Kapiteln analysiert werden. Vorrangig beschäftigen

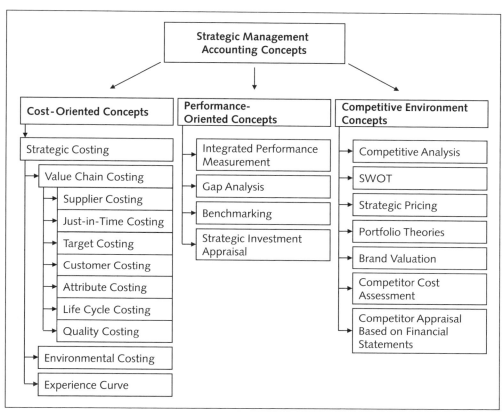

Abb. 11.1: Teilkonzepte des strategischen Controlling

sich die Ausführungen mit der Frage, wie das Controlling die Entscheidungsfindung unterstützen kann.

Bezogen auf das Gesamtunternehmen dominiert die strategische Fragestellung, in welchen Produkt- und Dienstleistungsfeldern und auf welchen Märkten das Unternehmen operieren sollte, damit es seine Gewinn- und Wachstumsziele erreichen kann (vgl. *Macharzina/Wolf*, 2008, S. 261). Im Sinne einer Schrumpfungsstrategie kann es erforderlich sein, Überkapazitäten und die damit verbundenen Fixkosten abzubauen (vgl. *Macharzina/Wolf*, 2008, S. 264). Wenn ein solches Vorgehen gewählt wird, kann zu den Maßnahmen, in denen sich die Strategie konkretisiert, die Aufgabe eines oder mehrerer Fertigungsstandorte gehören. Mit welchen Aufgaben das Controlling in diesem Zusammenhang konfrontiert wird, beleuchtet Kapitel 12. Bezogen auf die in Abbildung 11.1 systematisierten Konzepte des strategischen Controlling stellt die Auswahl eines für die Spezifika der Standortaufgabeentscheidung geeigneten Entscheidungsverfahrens als strategische Bewertung von (Des-)Investitionen ein Beispiel für die der Gruppe der integrierten Leistungsmessung zuzurechnenden Konzepte dar.

Ausgehend von der Gesamtunternehmensstrategie sind mit ihr kompatible, differenziertere Strategien für die einzelnen Geschäftsbereiche zu entwickeln. Im Zuge der Formulierung einer Geschäftsbereichsstrategie muss u. a. entschieden werden, wie sich die Einheit gegenüber ihren Wettbewerbern aufstellt und inwiefern Prozesse, die zur Erstellung der Marktleistung notwendig sind, aus dem Unternehmen ausgelagert werden können (vgl. *Macharzina/Wolf*, 2008, S. 272). Eine Möglichkeit, Wettbewerbsvorteile gegenüber der Konkurrenz zu erzielen, besteht in dem Streben nach der Kostenführerschaft. Kostenvorteile können dahingehend genutzt werden, dass die erstellte Leistung zu Preisen am Markt angeboten wird, die unter den Preisen der Wettbewerber liegen. Vor dem Hintergrund einer solchen Strategie ist zu prüfen, ob bestimmte Prozesse standardisiert und ausgelagert werden können. Jene Überlegungen gehen dem Offshoring voraus, das in diesem Kapitel unter der Fragestellung, wie das Controlling derartige Entscheidungen begleiten kann, untersucht wird. Dabei macht das Offshoring von Dienstleistungen deutlich, dass Controlling nicht nur im Vorfeld der Entscheidungsfindung als Methodenlieferant Einsatz finden sollte, sondern auch zur Informationsgenerierung und Plausibilitätskontrolle. Die Entscheidung für oder gegen ein Offshoring lässt sich dem strategischen Kostenmanagement zuordnen. Eines seiner Charakteristika besteht gerade darin, dass es Prozesse nicht als gegeben, sondern als Gestaltungsobjekte betrachtet (vgl. *Horváth*, 2009, S. 444).

Auch der Einsatz des Target Costing bei Entsendungsentscheidungen lässt sich unter dem strategischen Kostenmanagement subsumieren. Die Entsendung von Mitarbeitern nimmt Einfluss auf den Erfolg der Umsetzung einer Internationalisierungsstrategie. Inwiefern die erwarteten, mit einer solchen Strategie verbundenen Effekte tatsächlich eintreten, hängt nicht zuletzt davon ab, wie es dem Management gelingt, die Tätigkeiten, die innerhalb der ausländischen Einheit ausgeführt werden, mit jenen in den übrigen Organisationseinheiten abzustimmen. Einen Beitrag zu dieser komplexen Primärkoordination kann die Personalwirtschaft mit der Entsendung von Mitarbeitern leisten. Inwiefern das Controlling diese Maßnahmen mit dem Target Costing flankieren kann, wird in Kapitel 13 diskutiert.

Im weiteren Verlauf dieses Kapitels wird zunächst aus empirischer Perspektive das tatsächliche Ausmaß der Beteiligung des Controlling an strategischen Entscheidungen am Beispiel des Offshoring betrachtet. Es wird erwartet, dass das Controlling am Offshoring von Dienstleistungen maßgeblich beteiligt ist. Der Transfer von Dienstleistungen in Niedrigkostenländer mit unterschiedlichen ökonomischen oder rechtlichen Rahmenbedingungen und über Zeitzonen hinweg muss in einer effektiven Art und Weise koordiniert werden, um Wettbewerbsvorteile erreichen zu können. Dies bedingt, dass geeignete Informationssysteme entwickelt und implementiert werden, welche mit den komplexen Planungs- und Überwachungserfordernissen dieser Strukturen umzugehen verstehen. Schließlich ist Offshoring eine typische strategische Managemententscheidung, welche Unsicherheit, Komplexität und eine Vielzahl von Risiken zum Gegenstand hat, die bei unzureichender Steuerung zu ungeplanten Mehrkosten führen können.

11.3 Offshoring

11.3.1 Begriffsfindung

»**Offshoring**« bezeichnet die Verlagerung von Tätigkeiten durch Unternehmen aus Hochlohnländern in Länder mit deutlich geringerem Lohnniveau. Meistens wird der Begriff »Offshoring« gebraucht, wenn es sich um eine Verlagerung von Dienstleistungen handelt. Seit einigen Jahren kann ein neuer Trend der Verlagerung **komplexer Dienstleistungen** wie Softwareentwicklung oder Produktdesign beobachtet werden. Auch Dienstleistungen, die einen direkten Kontakt zu den Kunden des verlagernden Unternehmens beinhalten, werden zunehmend »offshore« erbracht.

Offshoring muss nicht notwendigerweise ein Outsourcing ehemals unternehmensintern erbrachter Leistungen zur Folge haben. Vielmehr ist Offshore-Outsourcing nur eine von mehreren möglichen Kombinationen zwischen Unternehmensstruktur und länderübergreifender Verlagerung der Leistungserstellung. Offshoring kann entweder durch vertragliche Regelungen und Zusammenarbeit mit Dritten erfolgen, aber auch durch unternehmensinterne Verlagerung und Gründung spezieller Offshore-Tochtergesellschaften (vgl. *Jahns* et al., 2006, S. 222). Daraus ergeben sich, analog zur klassischen Make-or-Buy-Entscheidung, drei mögliche Geschäftsmodelle für Offshoring: **Offshore-Outsourcing**, **Offshore-Joint Ventures** und **Offshore-Tochtergesellschaften** (vgl. *Khan/Fitzgerald*, 2004, S. 43 ff.).

11.3.2 Potentiale und Chancen des Offshoring

Unternehmen spekulieren im Zusammenhang mit Offshoring insbesondere auf die enormen **Potentiale zur Kostensenkung** in Niedriglohnländern – vor allem im Bereich Personal. Empirische Untersuchungen zeigen, dass die durch Offshoring erzielbaren Einsparungen für viele Unternehmen bei ca. 35 % liegen (vgl. *Lewin/Peeters*, 2006, S. 232). Neben Kosteneinsparungen suchen Unternehmen in Niedriglohnländern den Zugang zu einer großen Zahl qualifizierter Fachkräfte, um ihre Kapazitäten flexibler auf- und abbauen zu können.

Aktuell werden im Rahmen des Offshoring vorwiegend Dienstleistungen aus den Bereichen **IT, Finanzen und Rechnungswesen** verlagert (vgl. *Lewin/Peeters*, 2006, S. 228). Wissensintensive Entwicklungstätigkeiten werden tendenziell in Offshore-Tochtergesellschaften ausgelagert und seltener an externe Dienstleistungsanbieter vergeben (vgl. *Bardhan*, 2006, S. 110). Bei der Verlagerung dieser Aktivitäten in eine Offshore-Tochtergesellschaft können die an den Auslandsstandorten existierenden Vorteile genutzt werden, ohne dass ein Verlust von Kontrollmöglichkeiten über eingesetzte Ressourcen in Kauf genommen werden muss. Wird ein Offshore-Outsourcing in Erwägung gezogen, sollten die verlagerten Leistungen, die in Zusammenarbeit mit Offshore-Partnern erbracht werden, möglichst ein modulares Design aufweisen oder zumindest in abgrenzbaren Leistungspaketen zu erbringen sein. Weiterhin ist in diesem Fall die Definition und Implementierung **vertraglich geregelter Anforderungs-**

profile (Service Level Agreements) geeignet, um eine effiziente Leistungserbringung zu fördern (vgl. *Brandau/Hoffjan*, 2009).

Nach der erfolgreichen Umsetzung erster Projekte haben Unternehmen die Chance, die daraus gewonnenen Erfahrungen für den sukzessiven strategischen Ausbau ihrer Offshoring-Aktivitäten zu nutzen (vgl. *Bardhan*, 2006, S. 110 ff.; *Lewin/Peeters*, 2006, S. 229). Dadurch können Unternehmen im Zeitverlauf zunehmend Leistungen verlagern, auf denen die jeweiligen Wettbewerbsvorteile basieren, wie z. B. Forschungs- und Entwicklungstätigkeiten, oder Leistungen, die einen direkten Kundenkontakt beinhalten. Ebenso können Unternehmen, die im Rahmen des Offshoring am Anfang einzelne Projekte vergeben haben, die Verlagerung ganzer Geschäftsfunktionen (z. B. des Rechnungswesens einer Ländergesellschaft) in Betracht ziehen.

Eine weitere Chance bietet sich für Unternehmen, die durch den Aufbau von Tochtergesellschaften in Offshore-Märkten arbeiten. Sie können neben der unternehmensinternen Vermarktung ihrer Leistungen (z. B. IT Service Center) diese auch extern am Markt anbieten und somit die Erfolgsfaktoren von Dienstleistungsanbietern aus Niedriglohnländern (niedrige Kosten, hohe Anzahl qualifizierter und flexibler Fachkräfte) für sich selbst nutzbar machen.

11.3.3 Relevante Risiken

Die Verlagerung der Leistungserstellung in geographisch entfernte sowie rechtlich und kulturell unterschiedliche Regionen bedarf einer detaillierten und aufwendigen Planung. Zunächst ist zu entscheiden, welche **Art von Dienstleistungen** zukünftig »offshore« erbracht werden soll. Das Spektrum potentiell auslagerungsfähiger Leistungen reicht allein im Bereich der IT von Einzelprojekten, z. B. der Entwicklung spezieller Softwareapplikationen, bis zur permanenten Verlagerung wichtiger Teile der IT-Infrastruktur eines Unternehmens (vgl. *Beulen* et al., 2005, S. 134 ff.). Die Art der verlagerten Dienstleistung entscheidet mit über die voraussichtliche Dauer des Offshoring. Sowohl die **Dauer** der geplanten Offshoring-Aktivitäten als auch die Entscheidung für ein bestimmtes **Offshoring-Geschäftsmodell** legen fest, wie stark das verlagernde Unternehmen einer Reihe durch Offshoring verursachter **Risiken** ausgesetzt ist. Dazu gehören z. B. eine schlechte Servicequalität und Kommunikationsinfrastruktur, der Verlust von Kontrollmöglichkeiten, kulturelle Unterschiede, hohe Fluktuationsraten der Mitarbeiter bei Dienstleistungsanbietern sowie die Zuteilung unerfahrener Mitarbeiter zu Projekten und das Länderrisiko (vgl. *Beulen* et al., 2005, S. 136; *Carmel/Nicholson*, 2005, S. 33 ff.; *Lewin/Peeters*, 2006, S. 227 f.). Während bei der Gründung von Tochtergesellschaften vor allem das Länderrisiko relevant ist, stehen beim Offshore-Outsourcing z. B. die Kommunikation mit dem Dienstleistungsanbieter und geringere Kontrollmöglichkeiten im Vordergrund der Risikobetrachtung.

Diese Risiken können zu **versteckten Transaktions- und Steuerungskosten** führen, die den absoluten Kostenvorteil durch Offshoring teilweise erheblich mindern (vgl. *Stringfellow* et al., 2008, S. 164 ff.). Solche versteckten Transaktionskosten können sogar den Offshore-Kostenvorteil überkompensieren, wenn für die entsprechenden Projekte ein hohes Maß an kundenspezifischem Wissen auf Seiten des Offshore

Service Providers notwendig ist (vgl. *Dibbern* et. al, 2008, S. 335 ff.). Ein weiteres Risiko stellt die Verlagerung von Prozessen mit direktem Kundenkontakt dar. Durch die Verlagerung kundennaher Dienstleistungen versuchen Unternehmen, Leistungen schneller zu erbringen (z. B. 24-Stunden-Servicebereitschaft) oder diese den Kundenwünschen besser anzupassen (vgl. *Lewin/Peeters*, 2006, S. 226). Jedoch sind solche Prozesse besonders anfällig für Sprach- und Verständigungsprobleme oder für Verzögerungen in der Abwicklung.

11.4 Controlling von Offshoring

11.4.1 Empirische Studie zum Controlling von Offshoring

Aus der Perspektive der verlagernden Unternehmen handelt es sich beim Offshoring um die Beschaffung von Leistungen durch Nutzung von Ressourcen in Niedriglohnländern unter Beachtung von Effizienz- und Kostenkriterien (vgl. *Smith* et al., 1996, S. 166 ff.). Die Aufnahme von Offshoring-Aktivitäten führt deshalb zu einem **erhöhten Informationsbedarf**, dem das Controlling nachkommen muss. Der Stand des Controlling zum Offshoring von Dienstleistungen wurde in einer Studie von *Brandau/ Hoffjan* (2009) untersucht. Mit Vertretern international agierender Unternehmen, die aktuell Offshoring betreiben, wurden dazu insgesamt 17 Experteninterviews geführt.

Die **räumliche Distanz** kombiniert mit den **ökonomischen und rechtlichen Unterschieden** bedingt eine substantielle Herausforderung für die laufende Steuerung des Offshoring. Beispielsweise müssen Informationskanäle aufgesetzt, Treffen und Termine festgelegt und die Gesamtheit dieser Maßnahmen, zusammen mit der aktuellen Leistung der Aktivitäten selber, überwacht werden. Hieraus ergibt sich die Frage, inwiefern das Controlling mit den typischen Aufgaben der Informationsversorgung und der Koordination der Führungsteilsysteme an Offshoring-Aktivitäten beteiligt ist und welche spezifischen Ausgestaltungen das Controlling diesbezüglich annimmt.

11.4.2 Koordination und Steuerung von Offshoring-Aktivitäten

Im Einzelnen wurden die Auswirkungen des Offshoring auf die Informationssituation, die Mitwirkung des Controlling im Vorfeld der Verlagerungsentscheidung, die Beteiligung des Controlling an Offshoring-Aktivitäten sowie die laufende Steuerung beim Offshoring von Dienstleistungen analysiert.

Die Frage nach den **Auswirkungen des Offshoring** von Dienstleistungen **auf die Informationssituation** im Unternehmen ergab ein überraschendes Bild. Offensichtlich führt das Offshoring von Dienstleistungen in entfernte Regionen nicht automatisch zu einem Informationsverlust im verlagernden Unternehmen. Sechs Experten gaben an, durch Offshoring sogar einen Informationsgewinn erzielt zu haben. Dies wurde u. a. dadurch begründet, dass Prozesse vor der Auslagerung zunächst genau analysiert und dokumentiert werden mussten. In einem Unternehmen wurden die Prozesse der Transaktionsabwicklung im Rechnungswesen neu strukturiert, um sie danach in ein Shared Service Center auszulagern. Im Rahmen des Offshoring wurden für diese Prozesse erstmalig Indikatoren zur Qualitätsmessung definiert und implementiert, wodurch ein erheblicher Informationsgewinn realisiert werden konnte. Weiterhin wurden in der Planungsphase Optimierungspotentiale entdeckt, die zu einer besseren Standardisierung und zur Beseitigung von Redundanzen in den Abläufen führten.

Demgegenüber gibt es auch Unternehmen, die durch die Verlagerung zumindest zeitweilig einen recht großen Informationsverlust hinnehmen müssen. Dieser wird z. B. durch die Distanz und die damit verbundenen Kommunikationsprobleme hervorgerufen. Ein Unternehmen, welches ein komplettes IT Service Center nach Osteuropa verlagerte, erlitt im Controlling einen erheblichen Informationsverlust, da Schwierigkeiten bei der Übertragung der Controlling-Strukturen entstanden. Schlüsselpersonen verließen das Unternehmen kurz vor der Verlagerung. Das Controlling musste im Ausland neu aufgebaut werden, ohne dass eine ausreichende Transformationsphase mit Beteiligung der früheren Mitarbeiter durchlaufen wurde. Zwei Unternehmensvertreter gaben an, durch Offshoring zwar Informationsverluste zu realisieren, die aber z. B. durch persönliche Treffen der Teams und genauere Planung von Kommunikationswegen so kompensiert werden können, dass an anderen Stellen wieder mehr Informationen zur Verfügung stehen.

Eine **Mitwirkung des Controlling im Vorfeld der Verlagerung**, z. B. bei der Auswahl potentieller Vertragspartner oder im Rahmen von Investitionsrechnungen bei der Genehmigung des Gesamtprojektes, wurde nur von zwei Experten bestätigt. Die Koordination und Steuerung von Einzelaufgaben in den Offshoring-Projekten liegt aufgrund der speziellen Anforderungen aber jeweils bei den Fachbereichen.

Zur **Beteiligung des Controlling an den Offshoring-Aktivitäten** wurde festgestellt, dass eine Beteiligung im Sinne der Erfüllung der Aufgaben, die dem Controlling in den bisherigen Ausführungen zugeschrieben worden sind, also die systemgestaltende und systemkoppelnde Koordination des Planungs- und Koordinations- sowie des Informationsversorgungssystems, **in zwei Drittel der Fälle nicht stattfindet**. Während neun von 14 befragten Unternehmen hinsichtlich der Controlling-Beteiligung der Kategorie »gar nicht« zugeordnet wurden, ist das Controlling in drei Unternehmen teilweise und in lediglich zwei Unternehmen umfassend am Offshoring beteiligt. Die geringe Beteiligung des Controlling an den Offshoring-Aktivitäten kann damit begründet werden, dass im Rahmen des Offshoring häufig **detaillierte vertragliche Regelungen** implementiert werden (vgl. *Misra*, 2004, S. 27 ff.). Sowohl bei der Verlagerung einfach strukturierter Dienstleistungen als auch beim Offshoring von Softwareentwicklung werden dazu geeignete Service Level Agreements durch die Fachabteilungen definiert. Dementsprechend vermindern diese Regelungen den kontinuierlichen Koordinations- und Steuerungsbedarf und somit Eingriffe des Controlling in die Offshoring-Aktivitäten.

Möglicherweise ist die geringe Controlling-Beteiligung in den befragten Unternehmen auch auf **Kompetenzprobleme im Controlling** zurückzuführen. So gaben die Interviewpartner zweier Unternehmen an, dass im Controlling zumindest hinsichtlich des Offshoring keine strategischen Planungs- und Steuerungsinstrumente verwendet und laufende Projekte ausschließlich anhand von Kostensätzen überwacht werden.

Demzufolge kann das Controlling seiner Informationsversorgungs- und Koordinationsfunktion nur sehr eingeschränkt gerecht werden. Schon in der Vorbereitungsphase von Offshoring-Entscheidungen wird darum auf externe Berater zurückgegriffen, anstatt Informationen beim Controlling nachzufragen. Teilweise werden bestimmte Kontroll- und Steuerungskompetenzen auch vom Management an andere Abteilungen, die speziell für Angelegenheiten internationaler Beschaffung eingerichtet wurden (z. B. »Strategic Sourcing«), übertragen. Für die Zukunft wird jedoch eine **verstärkte Zusammenarbeit** zwischen dem Controlling und Abteilungen, die momentan als dessen interne Wettbewerber fungieren, erwartet. Als zentraler Faktor wird hier ein bestimmter Umfang der Offshoring-Aktivitäten gesehen, ab dem eine institutionalisierte Koordination durch das Controlling erst sinnvoll erscheint.

Andererseits gibt es aber auch Unternehmen, in denen das Controlling umfassend an den Offshoring-Aktivitäten beteiligt ist. So befindet sich z. B. ein Unternehmen gerade in einer Transformationsphase, in der die etablierten deutschen Controlling-Strukturen sukzessive auf eine asiatische Offshore-Tochtergesellschaft übertragen werden. Dort entstand im Verlauf der Offshoring-Aktivitäten ein erheblicher Informationsmangel, so dass es notwendig wurde, das Controlling am Offshoring zu beteiligen. Allerdings wurde dazu kein völlig neues Controlling-System entwickelt, sondern das Controlling erfüllt genau die gleichen Aufgaben wie in der Muttergesellschaft. Damit wird das Ziel einer möglichst guten Anbindung des ausländischen Tochterunternehmens verfolgt.

Interessant sind auch die Ergebnisse zur Frage, an welchen Kriterien die **laufende Steuerung beim Offshoring von Dienstleistungen** ansetzt. Die größte Relevanz besitzen die Faktoren »Zeit« (40 %) und »Qualität« (31,4 %), während Kosten (14,3 %) und Leistungen (14,3 %) nur von nachrangiger Bedeutung sind. Teilweise ist die Qualität der Dienstleistungserstellung wesentlich von der **Einhaltung genauer Zeitvorgaben** abhängig. Dies trifft nach Expertenaussagen z. B. für den Bereich Rechnungswesen zu. Die Prozessqualität wird hier ja gerade durch die termingerechte Ausführung von Buchungsvorgängen bestimmt, weshalb Zeit und Qualität tendenziell im Verbund gesteuert werden. Auch bei der Steuerung von Forschungs- und Entwicklungstätigkeiten stehen die Faktoren Zeit und Qualität eindeutig im Vordergrund. Die nachrangige Bedeutung des Kostenfaktors bei der Steuerung laufender Offshoring-Aktivitäten wurde durch die Praxis auf unterschiedliche Weise erklärt. Bei der Verwendung des Geschäftsmodells »Offshore-Outsourcing« werden z. B. häufig Fixpreisverträge vereinbart, während nach der Gründung einer Tochtergesellschaft ein erheblicher Anteil der Kosten (»sunk cost«) gar nicht mehr oder zumindest nicht mehr kurzfristig beeinflussbar ist.

11.4.3 Aufgaben des Controlling bei Offshoring-Aktivitäten

Die Verlagerung von Dienstleistungen in Niedriglohnländer verursachte in den meisten Fällen keine Verschlechterung der Informationssituation in den befragten Unternehmen. Gleichwohl ist eine Offshoring-Strategie durchaus mit gewissen Risiken verbunden, die sich auch zu tatsächlichen Problemen wandeln können. Vor allem das **Kommunikationsdefizit** (vgl. *Sakthivel*, 2005, S. 307) kann offensichtlich dazu führen, dass Fehlinterpretationen auftreten und die Leistungsanforderungen von den Offshore-Mitarbeitern nicht verstanden werden. Koordinationsprobleme, wie z. B. ein hoher Steuerungsaufwand oder eine schlechte Kommunikationsinfrastruktur, treten sehr wohl beim Offshoring von Dienstleistungen auf. Solche Probleme stellen Ansatzpunkte für das Controlling dar.

In der **Vorbereitungsphase** für das Offshoring müssen die zugrunde liegenden Prozesse im verlagernden Unternehmen ausführlich analysiert und dokumentiert werden. Dadurch entsteht für standardisierte, repetitive Prozesse, wie z. B. bei der Dateneingabe im Rechnungswesen, gleichzeitig Potential zur Aufdeckung von Redundanzen und zur Prozessoptimierung. Ein Controlling-System für das Offshoring von Dienstleistungen sollte sich vor allem an den in der Praxis auftretenden Problemen orientieren. Dabei müssen verstärkt die Faktoren »Zeit« und »Qualität« berücksichtigt werden. Das Controlling kann hier durch die Wahrnehmung seiner **Informationsversorgungsaufgaben** führungsunterstützend, z. B. durch Sammlung und Aufbereitung von Informationen für interne Benchmarks, tätig werden. Dementsprechend können verschiedene Controlling-Aufgaben, die aktuell von Fachbereichen wahrgenommen werden, dem Controlling übertragen und damit innerhalb des gesamten Unternehmens auch standardisiert werden.

Weiterhin kann eine **genaue Definition der Kommunikationskanäle** bei der Umsetzung hohen Kommunikations- und Steuerungskosten entgegenwirken, welche aus der multinationalen Zusammenarbeit sowie aus typischen Prinzipal-Agenten-Problemen entstehen. Eine erfolgreiche Implementierung von Offshoring-Strategien hängt vor allem von einer funktionierenden Kommunikationsinfrastruktur ab (vgl. *Jennex/Adelakun*, 2003, S. 27). Dies kann durch die Bildung von Teams im Inland unterstützt werden, die hinsichtlich des organisatorischen Aufbaus und der Kompetenzverteilung den Teams am Offshore-Standort weitgehend entsprechen, so dass auf jeder Ebene die Ansprechpartner leicht zu identifizieren sind.

Einen weiteren Ansatzpunkt bilden die **versteckten Kosten des Offshoring** (vgl. *Carmel/Nicholson*, 2005, S. 36 ff.). Die Transaktionskosten von Offshoring-Aktivitäten werden bisher nur unzureichend in den Unternehmen abgebildet. Ein Interviewpartner gab an, dass sich bei Berücksichtigung aller Informations-, Kommunikations- und Steuerungskosten ca. 95 % des Offshore-Kostenvorteils wieder auflösen. Die Identifikation potentiell versteckter Kosten sollte ex ante durch geeignete Szenarioanalysen, eine klare Zuweisung von Kompetenzen sowie durch ein kontinuierliches Monitoring der Service Level sichergestellt werden. Gegebenenfalls sind Kommunikationswege speziell für Offshoring-Tätigkeiten neu zu definieren und durch Plausibilitätskontrollen zu validieren. So kann z. B. ein auf das Offshoring ausgerichtetes strategisches Controlling Kommunikationswege überprüfen, Qualitätsindikatoren definieren und Quellen erhöhter Transaktionskosten aufdecken (vgl. *Brandau/Hoffjan*, 2009).

11.5 Zusammenfassung

Offshoring bietet Unternehmen vielfältige Chancen, die über reine Kostenvorteile hinausgehen und z. B. den Aufbau des Leistungsangebotes und den Zugang zu Experten bzw. Know-how betreffen. Zugleich jedoch ist es mit zahlreichen Risiken sowie mit einer Entscheidung über die Unternehmensstruktur verbunden. Dies führt zu erhöhtem Planungs- und Steuerungsaufwand und zu erhöhten Transaktionskosten. Trotz des dominanten Kostenmotivs ist das Controlling gegenwärtig nur in begrenztem Umfang in Offshoring-Aktivitäten involviert. Sofern existent, ist die Controlling-Struktur fallspezifisch und vom verwendeten Geschäftsmodell abhängig. Teilweise wird von Unternehmensseite auch keine Notwendigkeit für eine Controlling-Beteiligung gesehen.

Jedoch weisen Human Resource Probleme und vor allem die versteckten Kosten des Offshoring auf das Erfordernis einer umfassenderen Controlling-Beteiligung hin. Zukünftig dürfte eine stärkere Beteiligung des Controlling an Offshoring-Aktivitäten, insbesondere zur Aufdeckung der versteckten Kosten und zur Lösung von Kommunikationsproblemen, sinnvoll erscheinen. Das strategische Controlling muss verstärkt auf die Fachabteilungen zugehen und sie von der Sinnhaftigkeit ihrer Einbindung überzeugen. Ansonsten besteht die Gefahr, dass das Controlling erst eingeschaltet wird, wenn nur noch wenige strategische Handlungsalternativen, wie z. B. die Rückverlagerung, mit zugleich erheblichen Kostenwirkungen zur Auswahl stehen.

12. Die Aufgabe internationaler Fertigungsstandorte aus Sicht des Controlling

12.1 Einführung

Der hohe Wettbewerbs- und Kostendruck, dem international tätige Unternehmen ausgesetzt sind, erfordert eine ständige Anpassung des Unternehmens an die sich verändernde globale Umwelt. Dazu gehört auch die Standortsituation. Produktionsverlagerungen, aber auch die Aufgabe von Standorten stellen dabei mitunter notwendige Maßnahmen der Restrukturierung und Rationalisierung dar, um die Wettbewerbsfähigkeit und Unternehmensexistenz langfristig zu sichern. Für die Unternehmensführung stellt sich die Frage der **betriebswirtschaftlichen Handhabung der Aufgabe von Produktionsstandorten**. Dabei ist zu bedenken, dass in einer auf Wachstum ausgerichteten betrieblichen Praxis die Gefahr besteht, dass den Planungsprozessen, die zur Optimierung der Standortstruktur und in diesem Zusammenhang zur Aufgabe einer Betriebsstätte führen, nicht die gebotene Aufmerksamkeit zuteil wird. Doch gerade hier besteht die Möglichkeit, durch eine angemessene Maßnahmenplanung und -gestaltung die Kosten sowie die negativen Wirkungen von Widerständen in der von einer Standortschließung betroffenen Belegschaft oder des politischen Raumes zu vermeiden.

Diese Problemstellung aufgreifend, erörtert dieses Kapitel die Entscheidung über die Aufgabe eines internationalen Produktionsstandortes aus Sicht des Controlling. Dazu werden zunächst die Grundlagen des betrieblichen Standortaufgabeproblems erläutert. Anschließend wird auf die grundlegende Controlling-Funktion bei Standortschließungen eingegangen. Darauf aufbauend werden die in den einzelnen Phasen eines Schließungsprozesses wahrzunehmenden Aufgaben vorgestellt. Im Mittelpunkt steht dabei die Auswahl eines für die Spezifika der Standortaufgabeentscheidung geeigneten Entscheidungsverfahrens.

12.2 Grundzüge des betrieblichen Standortaufgabeproblems

Die **Standortaufgabe** wird als eine Maßnahme zur Optimierung der Standortstruktur angesehen. Sie bezeichnet den vollständigen und dauerhaften Verzicht eines Unternehmens auf die Leistungserstellung an einem Standort, soweit dieser Verzicht nicht durch eine Unternehmensliquidation bzw. eine Übernahme des Standortes durch ein anderes Unternehmen bedingt ist. Darüber ergibt sich eine Abgrenzung gegenüber dem Begriff der **Stilllegung**, welcher die partielle oder temporäre Aufgabe einschließt.

Die Standortaufgabe ist als Auswahlproblem vorhandener Standorte einzuordnen (vgl. *Bankhofer*, 2003, S. 32 f.). Gegenüber dem klassischen Problem der Standortwahl weist sie sowohl Vereinfachungen als auch Erschwernisse auf (vgl. *Hoffjan* et al., 2006, S. 510 f.).

12.2.1 Vereinfachungen

Eine wesentliche Vereinfachung ergibt sich aus der Begrenzung auf eine festgelegte Zahl bekannter Alternativen durch die Anzahl vorhandener Produktionsstandorte. Infolge des daraus resultierenden **festgelegten Alternativenfeldes** ist die bei Neuerrichtungen zunächst zwingend notwendige Auswahl eines Spektrums von Handlungsalternativen hinfällig. Häufig ist diese Abgrenzung des Entscheidungsfeldes bereits eine potentielle Fehlerquelle, durch die der folgende eigentliche Entscheidungsvorgang nur zu einem optimalen Ergebnis für den unzureichend definierten, lokalen Alternativenraum führt. Diese Gefahr ist bei Standortaufgabeentscheidungen ausgeschlossen. Die Verkleinerung des Alternativenfeldes bedingt zudem eine **Verringerung der Kosten der Informationsbeschaffung** sowie eine **Erleichterung** und eine **Beschleunigung des Entscheidungsvorganges**. Die Alternativen können in einem Auswahlschritt verglichen, bewertet und geordnet werden, was die Entscheidungsprozesse deutlich verkürzt.

Aus dem bekannten Alternativenfeld ergibt sich eine weitere Vereinfachung: Viele entscheidungsrelevante Daten dürften bereits im betrieblichen Berichts- und Rechnungswesen vorhanden sein. Nicht vorhandene Informationen, z. B. über zukünftige Entwicklungen, müssen zwar wie bei Neuerrichtungsentscheidungen gesammelt werden, ihre Gewinnung wird jedoch durch die grundsätzliche Kenntnis der Standorte erleichtert. Des Weiteren ist eine **Erhöhung der Informationsgüte** anzunehmen. Im Vergleich zur Untersuchung potentieller Standorte fällt der Unsicherheitsgrad von Informationen infolge der Vertrautheit geringer aus.

12.2.2 Erschwernisse

Das zu lösende Entscheidungsproblem wird durch zusätzlich zu beachtende Besonderheiten und ergänzende Einflussfaktoren erschwert. Als erste Besonderheit ist die ausgeprägte Seltenheit der Entscheidung zu nennen. Standortaufgabeprobleme haben **Novitätscharakter**. Während in internationalen Großunternehmen häufiger ein neuer Standort auszuwählen ist, werden »echte« Aufgabeentscheidungen, bei denen noch Spielraum für oder gegen eine Desinvestition oder zwischen verschiedenen Alternativen besteht, seltener getroffen. Eine weitere Besonderheit gegenüber Neuerrichtungen liegt in der **gleichzeitigen Einbeziehung von Ist-Zustand und Entwicklungsmöglichkeiten** des Standortes. Der Vergleich von Standorten muss gleichermaßen die aktuelle Situation und ihre potentielle zukünftige Leistungsfähigkeit einschließen. Während die Aufgabeentscheidung sowohl eine Ist- als auch eine Potentialanalyse umfasst, ist im Rahmen der klassischen Standortentscheidung kein vorhandener Ist-Zustand zu bewerten.

Als zusätzliche Einflussfaktoren sind die weitere Verwendung des geographischen Raumes, der soziale Aspekt sowie die Folgen für die betroffene Region zu erörtern. Die **weitere Verwendung** des bisher als betrieblicher Standort genutzten **Areals** kann sich sowohl positiv als auch negativ auf die Standortbeurteilung auswirken. Einerseits kann dies infolge einer anderweitigen Nutzungsmöglichkeit die Standortaufgabe begründen, andererseits zum Ausschluss einer Alternative aus dem Entscheidungskalkül führen. Der **soziale Aspekt** einer Standortaufgabe stellt die einschneidendste Veränderung gegenüber einer Neuerrichtung dar. Er wirkt in zweifacher Weise auf die zu treffende Entscheidung. Zum einen können soziale Belange einen eigenständigen Teil des Zielsystems des Unternehmens bilden, zum anderen können die zu leistenden Aufwendungen für den betrieblichen Sozialplan die Vorteilhaftigkeit einer Alternative verändern. In die Entscheidung des Unternehmens sind auch die Folgen der Standortaufgabe für die **betroffene Region** einzubeziehen. Je größer die Abhängigkeit einer Region von dem betreffenden Standort des Unternehmens ist, desto größer sind die Folgen auf dem Arbeitsmarkt, beim Steueraufkommen und bei der Kaufkraft der Bevölkerung. Dies kann einen größeren öffentlichen Widerstand gegen die Standortaufgabe zur Folge haben, was wiederum dem Image des Unternehmens schadet. Infolge der drohenden Konsequenzen für Beschäftigte und die Region nehmen weitere **außerhalb der Unternehmensleitung angesiedelte Machtzentren** Einfluss auf die Standortaufgabeentscheidung. Vor allem von Belegschaft und Betriebsrat initiierte Proteste und Streiks können einer Standortaufgabe entgegenwirken. Ebenso wird von Seiten der Politik Druck zur Erhaltung des Standortes ausgeübt. Diese Interessengruppen stellen infolge ihrer großen Einflussmöglichkeiten ein erhebliches Abbauhemmnis dar.

Neben den sozialen Barrieren in Form externer Widerstände treten bei der Standortschließung als Form der Desinvestition auch interne Barrieren auf (vgl. *Jansen*, 1986, S. 182 ff.). Relevant für den Entscheidungsprozess sind vor allem **Managementbarrieren**, welche im Kern auf einer eingeschränkten Rationalität aufgrund von Informationsproblemen oder Zielkonflikten beruhen. Zum einen kann die Auslösung und Entscheidung von Desinvestitionen durch fehlende oder verzerrte Informationen verhindert werden. Dies kann zudem mit Fähigkeits- oder Erfahrungsdefiziten verbunden sein. Zum anderen können Konflikte zwischen Unternehmens- und Individualzielen der Führung auch bei vorhandener Information zum Ausbleiben notwendiger Schritte führen. So werden Desinvestitionen oft als Eingeständnis des Versagens wahrgenommen, was ihre individuelle Auslösung erschwert. Managementbarrieren sind kaum kalkulierbar und führen letztlich zu Entscheidungen, die dem Unternehmensinteresse widersprechen (vgl. *Napp*, 1990, S. 87). Die dargestellten Vereinfachungen und Erschwernisse des Standortaufgabeproblems gegenüber einer Neuerrichtungsentscheidung fasst Tabelle 12.1 zusammen.

Für **internationale Desinvestitionsentscheidungen** ergeben sich gegenüber den in Tabelle 12.1 dargestellten Spezifika nationaler Schrumpfungsentscheidungen weitere Modifikationen (vgl. *Boddewyn*, 1985). So wird etwa der im Rahmen einer Aufgabeentscheidung gegenüber dem Standortwahlproblem bestehende Vorteil einer einfacheren Informationsbeschaffung durch die **schwierige Identifizierung eines Desinvestitionserfordernisses** abgemildert. Mögliche Diskrepanzen sind bei

Vereinfachungen	Erschwernisse
Festgelegtes Alternativenfeld	Novitätscharakter
Kleineres Alternativenfeld	Einbeziehung von Ist und Potential
• Kleinere Informationsgesamtheit	Weitere Verwendung der Fläche
• Beschleunigter Entscheidungsvorgang	Soziale Aspekte
Bekannter Alternativenraum	Folgen für die betroffene Region
• Einfachere Informationsbeschaffung	Einfluss von Betriebsrat, Öffentlichkeit
• Erhöhung der Informationsgüte	Managementbarrieren

Tab. 12.1: Spezifika einer Standortaufgabeentscheidung

ausländischen Gesellschaften schwerer zu erkennen, da sich die Ergebnisberichte infolge eines anderen ökonomischen Umfelds weniger leicht analysieren lassen. Andererseits sind im Vergleich zu nationalen Produktionsstandorten weitaus **niedrigere Managementbarrieren** zu konstatieren. In erster Linie sind die emotionalen Interdependenzen zwischen den Entscheidungsträgern in der Konzernzentrale und den betroffenen Managern des Auslandsunternehmens geringer (vgl. *Ossadnik*, 2002, S. 997). Dem stehen allerdings womöglich **höhere soziale Barrieren** entgegen. Gerade bei ausländischen Unternehmen sind besondere Proteste der Öffentlichkeit und Politik, vor allem aber eine geringere Loyalität und eine erhöhte Streikbereitschaft der Belegschaft zu erwarten.

12.3 Aufgaben des Controlling bei Standortschließungen

Die Standortaufgabeentscheidung stellt ein **komplexes, mehrstufiges Problem** dar, an dem verschiedene Personen mit unterschiedlichen Zielsetzungen beteiligt sind und das unter Unsicherheit gelöst wird (vgl. *Jäger*, 2002, S. 30). Es handelt sich um eine Entscheidung mit strategischem Hintergrund, welche langfristig alle Unternehmensbereiche tangiert. Darüber hinaus stellt sie keinen wiederkehrenden Entscheidungstatbestand dar, sondern eine Einzelfallentscheidung, für die keine Routinepläne oder Erfahrungen vorliegen (vgl. *Kirkham* et al., 1998, S. 189). Derartige komplexe Planungs- und Steuerungsprobleme erzeugen einen Koordinationsbedarf seitens der Entscheidungsträger. Das Controlling als führungsunterstützendes System hat hier durch zielorientierte Abstimmung des Planungs-, Kontroll- und Informationsversorgungsinstrumentariums zu einer Reduktion der Komplexität und Beherrschbarkeit der Prozesse beizutragen. Insbesondere soll es für eine optimale Anpassung unter Beachtung der typischen Problemfelder der Desinvestitions- und Stilllegungsplanung sorgen. Die **Gestaltungsziele des Controlling** können dabei nach den drei Phasen der Initiierung, Analyse und Realisierung unterschieden werden (vgl. *Dohm*, 1988, S. 72):

- Rechtzeitige Auslösung von Anpassungsprozessen,
- zielkonforme, rationale Entscheidung über Anpassungsmaßnahmen sowie
- effiziente Durchführung der Anpassungsmaßnahmen.

Dabei kann dem Controlling insbesondere die Aufgabe der Lösung und Überwindung der Erschwernisse, Barrieren und Beharrungstendenz von Produktionsstandorten zugesprochen werden. Potentielle Hemmnisse sollten möglichst früh erkannt und berücksichtigt werden. Vor allem das **rechtzeitige Auslösen eines Desinvestitionsprozesses** ist für den Erfolg absolut kritisch (vgl. *Dohm*, 1988, S. 133). Diesbezüglich ist im Gegensatz zum Projektcharakter einer internationalen Standortaufgabe ein als dauerhafte Aufgabe verstandenes **Standort-Controlling** einzuführen. Das Standort-Controlling kann die Analyse der aktuellen Standortstruktur und damit der relevanten Standortfaktoren des Unternehmens unterstützen (vgl. *Bankhofer*, 2000, S. 344). Daneben fallen auch laufende Abweichungsanalysen und die Anregung von Standortstrukturänderungen in seinen Aufgabenbereich. Selbige sind wichtig, weil die Standortfaktoren an sich, aber auch ihre Bedeutung für das Unternehmen einem ständigen Wandel unterworfen sind. Das Controlling trägt vor allem die Verantwortung dafür, die informatorischen Marktaustrittsbarrieren zu beseitigen. So weisen die Ergebnisse empirischer Studien insbesondere auf die Mängel bestehender Berichtssysteme und die Qualität vorangehender Prognosen als Gründe für die ausbleibende rechtzeitige Maßnahmenergreifung zur Stilllegung und Standortaufgabe hin (vgl. *Napp*, 1990, S. 119). Die Probleme betreffen sowohl die Verfügbarkeit als auch die Verarbeitung von Daten (vgl. *Dohm*, 1988, S. 23). Schwierigkeiten bei der Verfügbarkeit können in der Bestimmung qualitativer Daten bestehen. Bei der Verarbeitung fehlen häufig geregelte Prozesse zur systematischen Vorbereitung von Austrittsentscheidungen bzw. die Daten werden durch viele Hierarchiestufen gefiltert und erreichen dann nicht mehr rechtzeitig die Entscheidungsträger. Dem permanenten Standort-Controlling kommt damit die Aufgabe zu, für eine der Entscheidung über die Standortschließung angemessene, **informatorische Unterstützung** zu sorgen. In der Terminologie des hier vertretenen koordinationsorientierten Controlling-Ansatzes formuliert, obliegt dem Standort-Controlling also die Koordination des standortbezogenen Planungs- und Kontrollsystems sowie des Informationsversorgungssystems. In diesem Zusammenhang erscheint die Überwachung der finanziellen Standortfaktoren in einem **Standortkostenmanagement** sinnvoll. Damit lassen sich Veränderungen der Kostenstrukturen, die mitunter entscheidend für die Standortwahl sind, frühzeitig erkennen und rechtzeitig eine Gegensteuerung initiieren (vgl. *von Wangenheim* et al., 1994, S. 333 ff.).

12.4 Controlling im Verlauf des Standortschließungsprozesses

Als Basis für weitere Überlegungen soll ein Modell des Standortschließungsprozesses entwickelt werden. Dem Charakter der Standortschließung als Führungsentscheidung entsprechend wird der Ablauf des Führungsprozesses zugrunde gelegt, der sich in die Phasen der **Willensbildung und Willensdurchsetzung** teilt (vgl. *Jäger*, 2002, S. 29). Die Willensbildung umfasst Planungs- und Entscheidungsaktivitäten. Sie wird hier in eine Initiierungs- und Analysephase unterteilt. Die Willensdurchsetzung betrifft die Steuerung und Kontrolle der Realisation von Entscheidungen. Der Prozessablauf ist in Abbildung 12.1 dargestellt.

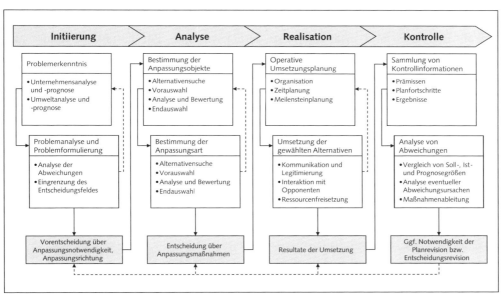

Abb. 12.1: Grundmodell des Standortschließungsprozesses

12.4.1 Initiierungsphase

Ziel der Initiierungsphase ist die rechtzeitige Auslösung von Anpassungsprozessen. Die Controlling-Aufgabe liegt hier in erster Linie darin, über die Koordination des strategischen Planungs- und Kontroll- sowie des Informationsversorgungssystems, Probleme gezielt zu identifizieren und die Unternehmensführung zu befähigen, für sich anbahnende Veränderungen rechtzeitig Vorsorge treffen zu können (vgl. *Jäger*, 2002, S. 73). Auf diese Weise wird das Controlling dem in Kapitel 1 formulierten Ziel gerecht, zur **Anpassungsfähigkeit der Unternehmensführung** in Bezug auf Änderungen in der Unternehmensentwicklung beizutragen. Voraussetzung für das Erkennen eines Problems ist die Wahrnehmung von Anregungsinformationen. Grundlage dafür ist die **Analyse des Unternehmens und ihrer relevanten Umwelt** zur Erkennung interner Stärken und Schwächen sowie externer Chancen und Risiken. Die Ergebnisse dieser Analyse bilden regelmäßig den Ausgangspunkt für die strategische Planung. Zur Informationsgewinnung bietet sich die Nutzung im strategischen Informationsversorgungssystem integrierter Frühaufklärungssysteme an.

Neben der strategischen Frühaufklärung können Anregungsinformationen im Berichtswesen, dessen Stellenwert für das Informationsversorgungssystem bereits in Kapitel 9 herausgearbeitet worden ist, generiert werden. Für die Überprüfung der Wettbewerbsfähigkeit eines Standortes empfiehlt sich insbesondere die Messung und Ausrichtung an **Benchmarks**. Im Mittelpunkt steht dabei der laufende Vergleich der Fertigungskosten unterschiedlicher Standorte. Demzufolge liegt der Schwerpunkt der Controlling-Tätigkeit auf der Sicherstellung der Vergleichbarkeit der Kostengrößen. Dabei kann eine Vielzahl von Faktoren zu **Verzerrungen** führen. Bei den Personalkosten sind die unterschiedlichen Lohn- und Gehaltsstrukturen und die variierende Anzahl der Feier- und Urlaubstage zu berücksichtigen. Für Raum-, Gebäude- und Versicherungskosten ist eine konzernverbindliche Richtlinie zur Verrechnung vorzugeben, da ansonsten erhebliche Unterschiede beim Ansatz kalkulatorischer Mieten zu erwarten sind. Zugleich setzt dieses fortlaufende Cost Benchmarking auch eine Vereinheitlichung der Outputgrößen voraus. Ein solch kontinuierlicher Vergleich der Herstellkosten unterschiedlicher Produktionsstandorte hat den Vorteil, dass im Falle einer anstehenden Desinvestition der wesentliche Einflussfaktor Kosten bereits hinreichend untersucht worden ist.

Zur instrumentellen Unterstützung der Initiierungsphase können neben den Kostenvergleichen Ergebnis- und Auslastungsanalysen, eine Standort-Portfolio-Matrix und eine Stärken-Schwächen-Analyse Anwendung finden (vgl. *Bankhofer*, 2000, S. 345). Zur Bewertung von Auslandsstandorten kann auch eine als Location Control Scorecard bezeichnete, angepasste Balanced Scorecard eingesetzt werden (vgl. *Buhmann* et al., 2004, S. 24 f.).

12.4.2 Analysephase

Ist der Anpassungsbedarf erkannt, sind in einem nächsten Schritt die konkreten Anpassungsmaßnahmen zu bestimmen. Dies betrifft zum einen die **Auswahl der als Anpassungsobjekte** in Frage kommenden Standorte und zum anderen die **Bestimmung der Art** der dort vorzunehmenden **Anpassung** einschließlich der zugehörigen Zeitpläne. Das Controlling unterstützt diese Entscheidungen durch die Bereitstellung und Kombination zweckorientiert angepasster Bewertungsinstrumente, die Betreuung des Methodeneinsatzes und eine entsprechende Informationsversorgung und schafft damit eine fundierte Entscheidungsgrundlage für die Planungsträger. Für eine detaillierte Untersuchung der komplexen Analysephase sollten die Teilentscheidungen der Auswahl von Anpassungsobjekt und Anpassungsart inhaltlich und methodisch getrennt behandelt werden.

Während für die einzelwirtschaftliche Standortwahl eine Vielzahl von **Bewertungsverfahren** zur Verfügung steht, werden für die Standortaufgabe keine spezifischen Modelle entwickelt. Die wichtigsten Methoden im Rahmen von Produktionsstandortentscheidungen sind als qualitativ begründete Ansätze das Prüflistenverfahren, die Punktbewertungsverfahren und die Profilmethode sowie als quantitativ fundierte Ansätze Wirtschaftlichkeitsrechnungen, Standortoptimierungsmodelle und Simulationsverfahren (vgl. *Bankhofer*, 2003, S. 34 ff.). Diese Methoden sollen auf ihre Anwendbarkeit für eine Standortaufgabeentscheidung geprüft werden.

Die Grundlage für die Einschätzung, inwiefern sich die oben genannten Verfahren zur Lösung des Entscheidungsproblems eignen, bilden die zuvor erläuterten, spezifischen Erleichterungen und Erschwernisse von Standortaufgabeentscheidungen. Selbige bieten im Vergleich zur Standortwahl neue Möglichkeiten für den Verfahrenseinsatz, bedingen aber auch spezielle methodische Anforderungen. Infolge der **festgelegten Menge** für die Schließung infrage kommender Alternativen brauchen die Verfahren keine unbegrenzte Alternativenzahl einzubeziehen. Die bessere Verfügbarkeit erforderlicher Daten infolge des **kleineren und bekannteren Alternativenfeldes** begünstigt die Anwendung von Verfahren, die einen größeren Informationsinput voraussetzen. Aufgrund der Vielzahl der Einflusszentren sollte eine **intersubjektive Überprüfbarkeit** gegeben sein. Nachvollziehbarkeit und Objektivität spielen auch wegen der emotionalen Beladenheit der Aufgabeentscheidung eine entscheidende Rolle. Bei einer Schließung von Fertigungsstätten sind eine **Vielzahl von Standortfaktoren** zu berücksichtigen. Infolge der erheblichen Auswirkungen auf sozialer und regionaler Ebene gehen diese noch deutlich über die Standortwahl hinaus. Das Bewertungsverfahren muss die Einbeziehung dieser zum Teil qualitativen Faktoren gewährleisten. Infolge der hohen Novität der Standortaufgabeentscheidung und der zuweilen sehr spezifischen Ausgangssituation bieten sich nur Verfahren mit einer hohen **situativen Anwendungsbreite** an.

Prüflistenverfahren sind zwar in der Lage, qualitative Faktoren einzubeziehen, erfüllen aber das Erfordernis intersubjektiver Überprüfbarkeit nicht. Außerdem können sie keine gesicherte Entscheidungsgrundlage bieten, was bei einem so weitreichenden Auswahlproblem elementar ist. **Punktbewertungsverfahren** beinhalten die Offenlegung des Entscheidungsvorgangs und stellen so Nachvollziehbarkeit und Überprüfbarkeit sicher. Sie können alle Anforderungen, insbesondere die Berücksichtigung qualitativer Faktoren, erfüllen. Infolge der geringen Komplexität und Anwendbarkeit für sehr unterschiedliche Ausgangssituationen genügen sie auch dem Novitätscharakter der Standortaufgabeentscheidung. Die **Profilmethode** vergleicht im Falle der Schließung von Fertigungsstätten die Eigenschaftsprofile der bestehenden Standorte miteinander. Allerdings ist damit die Ableitung einer eindeutigen Entscheidungsempfehlung nicht möglich, sofern nicht eine einzige Alternative in allen Kriterien dominiert. Sämtliche qualitativen Verfahren nutzen die höhere Informationsgüte von Standortaufgabeentscheidungen nur eingeschränkt.

Wirtschaftlichkeitsrechnungen können insbesondere den Vorteil der leichteren und präziseren Informationsgewinnung ausschöpfen. Allerdings bleibt der große Mangel der fehlenden Möglichkeit der Einbeziehung qualitativer Einflussfaktoren. **Standortoptimierungsmodelle** treffen unter Zuhilfenahme von Methoden des Operations Research eine Standortentscheidung. Sie bieten dabei eine beachtliche Anwendungsvielfalt und erreichen eine tatsächliche Lösungsoptimierung. Allerdings macht sich bei der Entscheidung über eine Standortaufgabe der gravierende Nachteil dieses Verfahrenstyps, der mangelnde Umfang zu integrierender Faktoren, besonders bemerkbar. **Simulationsmodelle** profitieren in gleicher Weise wie Wirtschaftlichkeitsrechnungen von der guten Datenlage bei Standortaufgabeentscheidungen. Es gilt aber ebenso das Problem der Einbeziehung qualitativer Faktoren. Außerdem ist eine intersubjektive Überprüfbarkeit durch die verdeckte Ergebnisgenerierung kaum möglich.

Als Ergebnis ist festzuhalten, dass die einzelne Verwendung der dargestellten Verfahrenstypen sich nur bedingt eignet. Sinnvoll erscheint ein **kombinierter Methodeneinsatz**, der unter Berücksichtigung der Unsicherheit die Bewertung anhand qualitativer Faktoren mit einer Wirtschaftlichkeitsrechnung kombiniert. Dabei kann eine sukzessive Eingrenzung und Auswahl der Standortalternativen vorgenommen werden, indem beispielsweise nach einer checklistenbasierten Vorauswahl eine Bewertung durch die Nutzwertanalyse erfolgt, an die sich dann eine detaillierte dynamische (Des-)Investitionsrechnung anschließt. Dies entspricht auch empirischen Ergebnissen zur Einsatzhäufigkeit von Verfahren zur Standortplanung, nach denen mehr als 50 % der Unternehmen eine Kombination aus Bewertungs- und Investitionsrechnungsverfahren anwenden (vgl. *Bankhofer*, 2000, S. 342). Zur Entscheidung sind die Ergebnisse aller durchgeführten Betrachtungen zu berücksichtigen, z. B. durch an den Ergebnispräferenzen orientierte, heuristische Entscheidungsregeln. Abbildung 12.2 stellt den Ablauf des Vorgehens zusammenfassend dar.

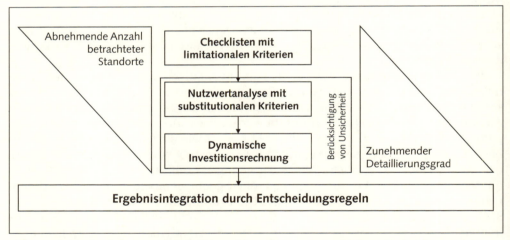

Abb. 12.2: Methodeneinsatz bei der Auswahl von Anpassungsobjekten (in Anlehnung an *Götze/Meyer*, 1993, S. 65)

Zu Beginn eines Anpassungsprozesses steht die Schließung eines Standortes als umzusetzende Maßnahme häufig nicht von vornherein fest, sondern bildet nur eine der möglichen Anpassungsalternativen. Die **Gestaltung der Anpassungsmaßnahmen** wird somit ebenfalls zum Gegenstand der Auswahlentscheidung. Als Referenzzustand ist die unveränderte Fortführung des Fertigungsstandortes zu sehen. Demgegenüber bilden eine modifizierte Fortführung, Schließung und Veräußerung die Basisalternativen der Anpassung. Das Controlling hat die Auswirkungen der als relevant erachteten Möglichkeiten transparent zu machen und zu quantifizieren. Dabei ist aufgrund der Vielzahl möglicher Mischformen bei der Alternativengenerierung und -bewertung zunächst ein **sukzessiver Ausschluss** erforderlich, z. B. aufgrund der Einhaltung im betreffenden Rechtsraum geltender gesetzlicher Vorschriften. Für die nach einer Vorauswahl verbleibenden Alternativen erfolgt eine **differenzierte Beurteilung der finanziellen Wirkungen**. Dazu sind die einmaligen und laufenden, unmittelbaren und mittelbaren finanziellen Effekte der Maßnahmen durch Prognoserechnungen zu bestimmen (vgl. *Jäger*, 2002, S. 198 f.). Einerseits sind unmittelbar anfallende Transaktionskosten und Veränderungen der Nettozahlungsüberschüsse zu ermitteln, z. B. aus dem teilweisen Wegfall des Leistungsprogramms. Andererseits sind aber auch die Effekte einzubeziehen, die sich durch die Anpassung mittelbar in anderen Unternehmensteilen ergeben, z. B. bezüglich der Auflösung oder Veränderung von Verbundeffekten (vgl. *Gehrke*, 1999, S. 127 ff.).

In der gesamten Analysephase muss das Controlling berücksichtigen, dass die **Prämissen der klassischen Entscheidungstheorie**, ein Willensbildungszentrum und eine passive Organisation, zumeist nicht gegeben sind. Bei einer Standortaufgabe werden zu einem großen Teil Mitarbeiter in die Entscheidungsfindung einbezogen, deren Standort von der Schließung bedroht ist. Sie erfüllen Aufgaben im Bereich der Informationsbeschaffung, -aufbereitung, -analyse und -bewertung. Auch die Entscheidungsinstanz des Unternehmens wird gewöhnlich nicht mit nur einer Person besetzt sein. Dem Entscheidungsgremium werden eventuell auch die Leiter aufzugebender Standorte angehören. Leiter und Mitarbeiter eines potentiell aufzugebenden Standortes können sich primär dem Fortbestand des Standortes verpflichtet fühlen. Dies umso mehr, wenn zwischen der Zentrale und dem betroffenen internationalen Standort eine große räumliche und womöglich auch kulturelle Distanz besteht. Es liegt also eine **aktive Organisation** vor, was eine selektive Informationswahrnehmung und -bearbeitung sowie eine Verminderung der analytischen Sorgfalt bei der Problemlösung zur Folge haben kann (vgl. *Napp*, 1990, S. 91 ff.).

Aufgrund der bei einer Standortaufgabeentscheidung zu erwartenden Bereichsinteressen sollte die Vorbereitung eines Standortvergleichs vom Zentral-Controlling vorgenommen werden. Nur durch eine **Zentralisierung der Entscheidungsvorbereitung** kann sichergestellt werden, dass niemand durch einen vorzeitigen Einblick in die Vergleichswerte die Möglichkeit erhält, seine eigenen Zahlen zu gestalten. Diesbezüglich dürfte vor allem der fortlaufende Vergleich der Herstellkosten hilfreich sein. Zum einen muss das Kostengerüst nur um eine Prognose für die zukünftige Entwicklung ergänzt werden und zum anderen fördert das mit Betriebsvergleichen gewonnene Erfahrungswissen die bessere Erkennung von Manipulationen.

12.4.3 Realisierungs- und Kontrollphase

Die Umsetzung der operativen Stilllegungspläne ist Aufgabe der Führung. Sie wird seitens des Controlling unterstützend begleitet. Die Basis der Informationsversorgung bilden mit der Planung untrennbar verbundene Kontrollaktivitäten. Als relevante Kontrollformen lassen sich die Planfortschritts-, die Prämissen- und die Ergebniskontrolle unterscheiden. Die **Planfortschrittskontrolle** überprüft zu ausgewählten Zeitpunkten das Erreichen gesetzter Teilziele, prüft die weitere Umsetzbarkeit des gewählten Kurses und prognostiziert potentielle Auswirkungen. Die **Prämissenkontrolle** überwacht im Verlauf eintretende Änderungen von Annahmen hinsichtlich des Eintritts bestimmter Umweltzustände oder auch den Beurteilungen zugrunde liegende Rahmendaten. Beide Kontrollformen ermöglichen das rechtzeitige Erkennen der Notwendigkeit von Planrevisionen oder gar Abbrüchen.

Unerlässlich ist vor allem eine abschließende **Ergebniskontrolle**. Die Messung des Erfolges der Standortschließung setzt an den verfolgten Anpassungszielen an. Einerseits kann dabei das Erreichen konkreter Ziele der Maßnahmengestaltung und andererseits der grundlegende Erfolg der Schließung betrachtet werden. Für Ersteres bieten sich Soll-Ist-Kontrollen zum Vergleich der Planwerte mit den realisierten Größen an. Dazu sind die eingangs prognostizierten und im Verlauf angepassten Planwerte, z. B. Kosten des Sozialplans, mit den Ist-Daten abzugleichen. Insbesondere sind auch die Auswirkungen auf die Kostensituation an anderen Standorten, z. B. Reduktionen im Overhead, zu überprüfen. Diese Betrachtung erlaubt allerdings nur Aussagen über den Erfolg im Sinne einer effizienten Abwicklung und korrekten Prognose und nicht über den Gesamterfolg der Anpassungsmaßnahme. Trotz des Einzelfallcharakters der Standortaufgabe kann eine Nutzung derartiger relevanter Erkenntnisse aus der Vergangenheit helfen, grundlegende Fehler bei zukünftigen Schließungsentscheidungen zu vermeiden und die zum Teil im Zusammenhang mit Desinvestitionen beklagte mangelnde Kenntnis und Erfahrung der Entscheidungsträger auszugleichen (vgl. *Jung Erceg/Lay*, 2004, S. 95 ff.).

Für die Messung des Anpassungserfolges ist die **Wirkung auf das Gesamtunternehmen** zu prüfen. Die Ermittlung eines finanziellen Erfolgsbeitrages der Schließung scheitert jedoch an den Problemen der langfristigen Isolierbarkeit und Zurechenbarkeit der Einflüsse des einzelnen Schließungsprojektes auf den Wert des Unternehmens. Somit ist eine **qualitative Zielerreichungskontrolle** anzustreben (vgl. *Gehrke*, 1999, S. 206 ff.). Die Effektivität der Standortschließung kann letztlich in einer erneuten Analyse der Standortsituation ermittelt werden. Dabei ist zu prüfen, ob die eingangs identifizierten Schwächen der Standortstruktur ausgeglichen werden konnten. Zu beachten ist, dass sich die gewünschten Effekte erst mit einem größeren zeitlichen Abstand zur Realisation einstellen. Daher sollten solche Ergebniskontrollen in das kontinuierliche Standort-Controlling eingebunden werden.

12.5 Standortschließung im Führungssystem des Unternehmens

Die Aufgabe von Produktionsstandorten als Form der strategischen Desinvestitionsplanung ist stets auch mit der funktionalen oder divisionalen Planung verknüpft. Standortüberlegungen sind häufig Folgeüberlegungen in der konzeptionellen Rahmenplanung von Vertriebs- oder Produktionsstrategien. Typisch ist damit eine organisatorische Grenzen überschreitende Vielfalt von Zuständigkeiten und Abhängigkeiten. Koordinationsbedarf an den Schnittstellen verursacht vor allem der erforderliche Informationsfluss. Daten aus anderen Planungsbereichen, z. B. der Produktions- und Kapazitätsplanung, stellen einerseits Vorgaben und Rechenparameter für die Schließungsplanung dar, andererseits sind Größen aus dieser für Planungen anderer Bereiche relevant. Bereits Kapitel 1 ging darauf ein, dass die Abstimmung einzelner Pläne zu den Hauptaufgaben des Controlling in Bezug auf das Planungs- und Kontrollsystem gehört. Dementsprechend zählt die Deckung dieses durch die Schnittstellen der Spezialaufgabe »Standortschließung« mit der Gesamtunternehmensplanung verursachten Koordinationsbedarfs zu den Aufgaben des Controlling.

Die Kernaufgaben des Controlling liegen jedoch in der Gewährleistung der rechtzeitigen Auslösung von Anpassungsprozessen und der Vorbereitung der zielorientierten, rationalen Auswahl von Anpassungsobjekten und -maßnahmen. Die größte Herausforderung im Rahmen der Standortschließung dürfte dabei die geeignete Informationsversorgung darstellen. Die Bereitstellung relevanter Daten erfordert die Einrichtung eines Standort-Controlling, welches eine kontinuierliche Überwachung getroffener Standortentscheidungen ermöglicht. Durch eine zukunftsorientierte dynamische Bewertung der Standortanforderungen und -bedingungen sowie die explizite Berücksichtigung der Option der Standortschließung als systemimmanente Maßnahme kann die Grundlage für eine rechtzeitige Auslösung von Anpassungsüberlegungen geschaffen und eine angemessene informatorische Unterstützung im Verlauf des Standortschließungsprozesses sichergestellt werden.

13. Die Entsendung als Analyseobjekt des internationalen Personal-Controlling

13.1 Einführung

Die optimale Gestaltung der Auslandsaktivitäten schließt die Entwicklung eines internationalen Personalmanagements ein, dessen konkrete Ausgestaltung je nach verfolgter Internationalisierungsstrategie und Entwicklungsstadium unterschiedlich ausfällt (vgl. *Weber* et al., 2001, S. 71 ff.). Der zunehmende Umfang internationaler Verflechtungen führt vor allem zu einem intensiveren Austausch von Personen zwischen dem Mutterhaus und den ausländischen Organisationseinheiten. Dem daraus resultierenden Bedarf an Planung der Entsendungsbegleitung sowie Messung des Erfolges des Auslandsaufenthaltes steht jedoch häufig kein geeignetes Instrumentarium gegenüber. Zur Unterstützung personalwirtschaftlicher Entscheidungen eines global tätigen Personalmanagements bietet sich das internationale Personal-Controlling an (vgl. *Schmeisser/Grothe*, 2003, S. 113).

Dieses Kapitel erörtert exemplarisch die informatorische Unterstützung von Entsendungsentscheidungen, die im Personalmanagement global tätiger Unternehmen eine wichtige Rolle spielen (vgl. *Oechsler*, 2006, S. 541). Ausgangspunkt sind die wesentlichen Problembereiche des internationalen Personal-Controlling. Vertiefend wird für die Entsendung von Mitarbeitern als eine Maßnahme der Personalwirtschaft mit spezifisch internationalem Charakter der konkrete Controlling-Einsatz aufgezeigt. Dabei finden auf instrumenteller Ebene das Target Costing und ein Kennzahlensystem Anwendung.

13.2 Grundlagen des internationalen Personal-Controlling

13.2.1 Aufgaben des Personal-Controlling

In Kapitel 1 dieses Buches ist Controlling als ein Subsystem der Unternehmensführung definiert worden, das sowohl innerhalb als auch zwischen den einzelnen Führungsteilsystemen, genauer gesagt dem Planungs- und Kontroll- sowie dem Informationsversorgungssystem, Koordinationsprobleme löst. Auch in Bezug auf den Personalbereich lassen sich systembildende und systemkoppelnde Koordinationsaufgaben des Controlling voneinander abgrenzen. Zum einen wirkt das Controlling bei der Gestaltung des **Personalplanungs- und -informationsversorgungssystems** mit (vgl. *Küpper*, 2008, S. 500). Zum anderen übernimmt das Controlling die Abstimmung der **Personalplanung und -kontrolle** sowie die Koordination der unterschiedlichen Bestandteile der Personalplanung, zu denen u. a. die Personalbedarfs-, Personaleinsatz- und Personalentwicklungsplanung gehören (vgl. *Küpper*, 2008, S. 499). Zugleich ist seitens des

Controlling sicherzustellen, dass das Personalinformationsversorgungssystem, zu dem etwa die Personalkostenrechnung oder Personalkennzahlen gehören, die Informationen bereitstellt, die für die Personalplanung benötigt werden (vgl. *Küpper*, 2008, S. 499 i.V.m. S. 502). Schließlich muss gewährleistet werden, dass die Planung des Personalbereiches mit den Plänen anderer Bereiche, darunter beispielsweise der Beschaffungs-, Produktions- und Absatzbereiche, kompatibel ist (vgl. *Küpper*, 2008, S. 500). Während die letztgenannten Aufgaben unter der systemkoppelnden Koordination zu subsumieren sind, gehört die Gestaltung des Personalplanungs- und -informationsversorgungssystems zu den systembildenden Koordinationsaufgaben des Personal-Controlling.

13.2.2 Problembereiche des internationalen Personal-Controlling

Die Problembereiche, denen das Personal-Controlling international tätiger Unternehmen ausgesetzt ist, entsprechen jenen, die bereits in Kapitel 1 als Störfaktoren des internationalen Controlling genannt und in den weiteren Kapiteln ausführlich erörtert worden sind: Wechselkursvolatilitäten, unterschiedliche Länderrisiken, differierende rechtliche und ökonomische Rahmenbedingungen, konzerninterne länderübergreifende Leistungen und die kulturelle Distanz erschweren auch die Aktivitäten des internationalen Personal-Controlling.

Aufgrund der in Kapitel 4 thematisierten Beeinträchtigung der Planungs- und Kontrollrechnungen durch **Wechselkursvolatilitäten** ist es für das Personal-Controlling schwierig, für eine gerechte Beurteilungsgrundlage der Leistung des lokalen Managements zu sorgen. Im Rahmen der Diskussion der unterschiedlichen Kombinationen von Umrechnungskursen zum Planungs- und Kontrollzeitpunkt, die in Kapitel 4 erfolgt ist, hat sich herausgestellt, dass sich hierzu die gleichzeitige Anwendung des prognostizierten Wechselkurses für Planung und Kontrolle empfiehlt. Auf diese Weise wird das Bewusstsein des lokalen Managements für die Volatilität der Wechselkurse gestärkt, indem erwartete Kursänderungen schon in der Budgetierungsphase berücksichtigt werden. Zugleich wird aber das Management nicht für unerwartete Wechselkursschwankungen sanktioniert.

Länderrisiken sind in Kapitel 1 als Gefahren der Beeinträchtigung oder Nichterreichung der Unternehmensziele, die im Zusammenhang mit der unternehmerischen Tätigkeit stehen und vom Gastland ausgehen, definiert und als wesentliche Komponente des allgemeinen Geschäftsrisikos multinationaler Unternehmen identifiziert worden. Aus personalwirtschaftlicher Sicht ist insbesondere das **Sicherheitsrisiko** relevant, welches sämtliche Gefahren umfasst, die den Mitarbeitern als Angehörige eines internationalen Unternehmens drohen.

Die von den **differierenden rechtlichen und ökonomischen Rahmenbedingungen** ausgehenden Einflüsse sind auch bei personalwirtschaftlichen Vergleichen zu berücksichtigen. Beispielsweise sind die Fluktuationsraten im nordamerikanischen Raum infolge der wesentlich höheren Mobilität, des schlechteren Kündigungsschutzes und der größeren Aufnahmefähigkeit des Arbeitsmarktes weitaus größer und sollten bei einem Vergleich mit dem deutschen Stammhaus nicht als Zeichen höherer Mitarbeiterunzufriedenheit gedeutet werden.

Die Auswirkungen, die aus dem Problemfeld des Interdependenzgeflechts innerhalb eines international agierenden Unternehmens resultieren, sind in Kapitel 6 erörtert worden. Dort wurde ausgeführt, dass **konzerninterne länderübergreifende Lieferungen und Leistungen** mit Verrechnungspreisen bewertet werden, die für die Erfolgsbeurteilung und Koordination der einzelnen Unternehmenseinheiten von Bedeutung sind. Zugleich sind mit ihrer Bestimmung steuerplanerische Motive verbunden. Aus diesem Funktionspluralismus ergibt sich die mit der Festlegung von Verrechnungspreisen einhergehende Komplexität. Austauschbeziehungen und Leistungsverflechtungen gibt es auch im Bereich der Personalentwicklung. Die in diesem Kapitel betrachtete Entsendung von Mitarbeitern in andere Organisationseinheiten ist ein gutes Beispiel hierfür. Der Leistungsbeitrag eines entsandten Mitarbeiters wirkt sich positiv auf das Ergebnis einer bestimmten Auslandstochter aus, wenngleich die Kosten für Schulungen und Qualifizierungen bei der entsendenden Organisationseinheit anfallen.

Die **kulturbedingten Unterschiede** in der Wahrnehmung und Interpretation der Realität, mit denen sich das Controlling infolge der internationalen Ausdehnung der Geschäftsaktivitäten auseinandersetzen muss, waren Gegenstand des Kapitels 3. Kulturelle Unterschiede existieren bezüglich des Denkstils, der Leistungsmotivation, der Wahrnehmung von Aufgaben, der Bedeutung formaler Planungs- und Kontrollprozesse, der Berichtsgenauigkeit, der Zeithorizonte sowie der Vorstellungen über realistische Planwerte und können zu Störungen im Unternehmensgeflecht führen (vgl. *Berens/Hoffjan*, 2003, S. 208 f.). Auf den Personalbereich wirkt sich die kulturelle Distanz etwa dadurch aus, dass sie die **Kommunikation** zwischen den Mitarbeitern aus verschiedenen Kulturkreisen ebenso wie den im Folgenden noch näher betrachteten **länderübergreifenden Austausch von Beschäftigten** beeinträchtigen kann.

Gerade im Rahmen der Entsendung von Mitarbeitern in ausländische Organisationseinheiten kommen die verschiedenen Störfaktoren des internationalen Controlling zum Tragen. Bei der Auswahl der Entsandten sind infolge kultureller Unterschiede, z. B. im asiatischen Raum definierte Geschlechterrollen und das Senioritätsprinzip, bestimmte Kriterien anders zu gewichten. Die Gestaltung eines von Stammhausmitarbeitern, Entsandten und lokalen Beschäftigten gleichermaßen als gerecht empfundenen Anreizsystems muss die Wirkungen volatiler Wechselkurse antizipieren. Wird zudem die Entsendung als personalwirtschaftliche Leistungsverflechtung mit Verrechnungspreisen belegt, fällt angesichts der hohen Kosten und der gemeinkostenintensiven Entsendungsbegleitung eine Entscheidung über deren Höhe schwer. Leistungsbezogen beeinträchtigen differierende rechtliche und ökonomische Rahmenbedingungen die Beurteilung der Stammhausdelegierten. Schließlich sind bei Eintritt von Gefährdungen schwierige Abwägungen zwischen Kosten des Abbruchs und Risiken des Verbleibs zu treffen. Entsendungsentscheidungen bedürfen folglich einer sorgfältigen Planung, die das Controlling durch die Bereitstellung adäquater Instrumente unterstützt. In diesem Kapitel wird das Target Costing als ein hierfür geeignetes Instrument vorgestellt. Zugleich besteht ein Bedarf an Informationen, die Auskunft darüber geben, ob die mit der Entsendung verbundenen Ziele in dem erwarteten Umfang realisiert werden können. Wie im weiteren Verlauf des Kapitels aufgezeigt wird, kann diese Erfolgskontrolle mittels Kennzahlen erfolgen.

13.3 Einsatz von Controlling-Instrumenten im Kontext der Entsendung

13.3.1 Grundlagen von Entsendung und Entsendungsbegleitung

Unter der **Entsendung von Mitarbeitern** wird der temporäre Arbeitseinsatz eines Know-how-Trägers in einer ausländischen Organisationseinheit verstanden (vgl. *Weber* et al., 2001, S. 170). Mit der Entsendung werden insbesondere die **Zielsetzungen** der Führungskräfteentwicklung, des Know-how-Transfers und vor allem der Koordination der Unternehmenseinheiten durch den Aufbau informeller Kontaktstrukturen sowie der Entwicklung einer länderübergreifenden Unternehmenskultur verfolgt (vgl. *Festing* et al., 2003, S. 169).

Aufgrund der andersartigen Arbeitsbedingungen in einer fremden Kultur führt nur eine **ganzheitliche Unterstützung** des Mitarbeiters im Rahmen der Entsendungsbegleitung zu einer erfolgreichen Entsendung. Ein erheblicher Anteil der Entsendungen schlägt fehl, so dass die Mitarbeiter vorzeitig in den Stammsitz zurückkehren. So liegen die Abbruchraten bei amerikanischen Unternehmen überwiegend zwischen 10 und 20 % (vgl. *Weber* et al., 2001, S. 134 f.). Die **Entsendungsbegleitung** dient mit ihren flankierenden Maßnahmen der erfolgreichen Durchführung der Entsendung und unterliegt einem typischen Phasenverlauf (vgl. *Kenter/Welge*, 1983; *Adler*, 1981; *Clermont/Schmeisser*, 1997, S. 14), bestehend aus den Einzelschritten der Auswahl und Vorbereitung des zu entsendenden Mitarbeiters, der unterstützenden Tätigkeiten im Zeitraum der Migration sowie während des Auslandsaufenthaltes und der anschließenden Rückeingliederung. Jede Phase weist eine erfolgskritische Relevanz auf, weil bei mangelhafter Durchführung der Erfolg der gesamten Entsendungsmaßnahme riskiert wird.

Zu Beginn wird die fundierte **Selektion des zu entsendenden Mitarbeiters und dessen Vorbereitung auf die bevorstehenden Aufgaben** vorgenommen (vgl. *Friedrich*, 1997, S. 295 ff.). Aus dem Vergleich des Soll-Profils mit dem Fähigkeits- bzw. Erfahrungsprofil des ausgewählten Mitarbeiters wird das individuell adäquate Maß an Vorbereitungsmaßnahmen, z. B. interkulturelles Training oder Sprachenunterricht (vgl. *Gibson*, 1997, S. 311 ff.), abgeleitet. Während des Auslandsaufenthaltes müssen für den Mitarbeiter die **Rahmenbedingungen für einen erfolgreichen Arbeitseinsatz** geschaffen werden, etwa der Transport des Hausstandes, die Bereitstellung einer geeigneten Wohnung oder ein Ansprechpartner vor Ort (vgl. *Rehberg*, 1997, S. 385 ff.).

Nach Beendigung des Auslandsaufenthaltes unterstützt das internationale Personal-Controlling eine **erfolgreiche Wiedereingliederung des Mitarbeiters in das Stammhaus** (vgl. *Weber* et al., 2001, S. 196 ff.). Die gesammelten Erfahrungen sowie das erworbene Wissen des zurückkehrenden Mitarbeiters sind dabei im Konzern nutzbar zu machen. In diesem Kontext kommt der Auswahl bzw. Schaffung einer für den Rückkehrenden geeigneten Position, die seinen Entwicklungen während der Zeit der Entsendung Rechnung trägt, eine erhebliche Bedeutung zu.

In den folgenden Ausführungen wird nicht der Arbeitseinsatz bei der Entsendung an sich, sondern das Schaffen der notwendigen Voraussetzungen für einen erfolgreichen Auslandsaufenthalt und das Bereitstellen optimaler Bedingungen im Rahmen der Entsendungsbegleitung thematisiert. Bevor diskutiert wird, welchen Beitrag in diesem Zusammenhang das Target Costing leisten kann, soll dieses zuvor von dem Kontext des internationalen Personal-Controlling losgelöst, in seinen Grundlagen dargelegt werden.

13.3.2 Target Costing zur Planung der Entsendungsbegleitung

13.3.2.1 Grundzüge des Target Costing

Die Aufgabe des strategischen Controlling ist zuvor mit der Koordination des strategischen Planungs- und Kontrollsystems und des Informationsversorgungssystems präzisiert worden (vgl. Kapitel 11). Den mit strategischen Fragen verbundenen Informationsbedarf vermag die operativ ausgerichtete Kostenrechnung nicht zu decken. Demzufolge wird ein **strategisches Kostenmanagement** benötigt, das sämtliche Phasen des strategischen Managementprozesses informatorisch fundiert. Wie aus dem Begriff ersichtlich ist, zeichnet es sich zum einen durch seinen strategischen Fokus, zum anderen durch die Weiterentwicklung der Kostenrechnung hin zu einem Kostenmanagement aus, das die Steuerung und Beeinflussung der Kosten bezweckt. Um Wettbewerbsvorteile zu erlangen und zu verteidigen, werden nicht nur Informationen aus der Unternehmensumwelt einbezogen und die langfristigen Kostenbestimmungsfaktoren dargelegt. Vielmehr setzt die Kostenplanung und -kontrolle bereits in der Entwicklungsphase der betrieblichen Leistung an, um die in dieser Phase bestehenden Möglichkeiten zur Kostenverringerung auszunutzen (vgl. *Horváth*, 2009, S. 443 ff.).

Das **Target Costing** ist als ein Konzept des strategischen Kostenmanagements aufzufassen. Sein Ansatzpunkt liegt in der **Phase der Produktentwicklung** (vgl. *Weber/Schäffer*, 2008, S. 345; *Küpper*, 2008, S. 257). Bereits in diesem Stadium werden bis zu 90 % der während der Produktionsphase anfallenden Herstellkosten determiniert (vgl. *Coenenberg* et al., 2007, S. 528). Sind diese Kosten einmal festgelegt worden, ist ihre Beeinflussbarkeit in den weiteren Lebenszyklusphasen gering. Daher werden im Rahmen des Target Costing bereits in der Konstruktions- und Entwicklungsphase, unter der Orientierung an den Marktgegebenheiten und Kundenpräferenzen, produkt- bzw. komponentenbezogene Kostenzielvorgaben bestimmt. Sofern in diesem Zusammenhang die Notwendigkeit einer Kostensenkung aufgedeckt wird, können die Produktentwickler ihr aufgrund der zu diesem Zeitpunkt noch gegebenen, weitgehenden Beeinflussbarkeit der Kostenstrukturen eher gerecht werden als in der anschließenden Produktionsphase.

Dazu wird zunächst der Angebotspreis eines Produktes retrograd ermittelt. Während das progressive Vorgehen die Frage beantwortet, was ein Produkt kosten wird, indem die Selbstkosten um einen geplanten Gewinnzuschlag erhöht werden, stellt das Target Costing in Kooperation mit der Marktforschung die Frage nach einem **wettbewerbsfähigen Marktpreis** (»Was darf ein Produkt kosten?«). Durch Subtraktion der Zielrendite von dem auf diese Weise ermittelten Marktpreis ergeben sich die »**allowable costs**«. Sie repräsentieren sämtliche, über den gesamten Produktlebenszyklus entstehenden Kosten, die vom Markt »erlaubt« werden. Gelingt es dem Unternehmen diese Kostenobergrenze einzuhalten, kann es sein Produkt zu einem wettbewerbsfähigen Preis am Markt platzieren und zugleich die geplante Gewinnspanne ausschöpfen. Dementsprechend sind die »allowable costs« als Vorgaben für die an der Produktentwicklung und -fertigung beteiligten Funktionsbereiche zu verstehen (vgl. *Küpper*, 2008, S. 257). Unter Berücksichtigung der gegenwärtig einsetzbaren Technologien werden zugleich die Kosten geschätzt, die mit der Herstellung des Produktes verbunden sind (sog. »**drifting costs**«). Übersteigen die »drifting costs« die marktseitig hergeleiteten Zielkosten, entspricht die Differenz jenem Betrag, der durch kostensenkende Maßnahmen im Rahmen der Produktentwicklung eingespart werden muss, damit das Produkt zum marktfähigen Preis angeboten werden kann und dennoch die Renditevorgaben erfüllt (vgl. *Coenenberg* et al., 2007, S. 530 f.). Diese Vorgehensweise des Target Costing veranschaulicht das in Abbildung 13.1 enthaltene Schema.

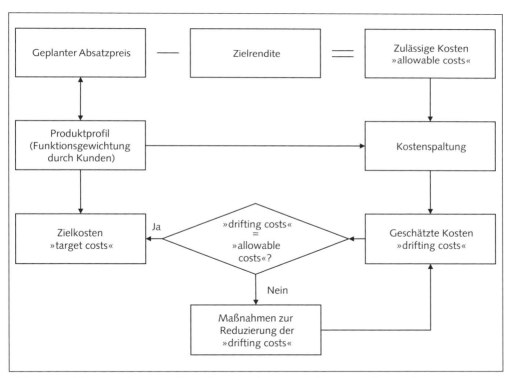

Abb. 13.1: Schematische Darstellung der Vorgehensweise des Target Costing (entnommen aus *Coenenberg* et al., 2007, S. 531)

Aus der Abbildung 13.1 geht hervor, dass der Gegenüberstellung von »drifting costs« und »allowable costs« eine Kostenspaltung vorausgeht. Wie oben bereits ausgeführt worden ist, werden die zulässigen Kosten in einem ersten Schritt für das Gesamtprodukt ermittelt. In einem zweiten Schritt werden diese den einzelnen Bestandteilen eines Produktes zugeordnet: Die Gesamtproduktzielkosten werden im Rahmen einer **Zielkostenspaltung** auf die Baugruppen- und Komponenten-, mitunter auch auf die Teileebene verteilt (vgl. *Reichmann*, 2006, S. 202). Das Ergebnis sind Kostenvorgaben, die sich auf die einzelnen Elemente des Produktes beziehen. Stellt man diese den voraussichtlichen Herstellkosten der jeweiligen Elemente gegenüber, können Kostensenkungspotentiale differenzierter erschlossen werden. Hierzu werden mithilfe von Instrumenten der Marktforschung, z. B. der Conjoint-Analyse, die wichtigsten Produktmerkmale erhoben. Nachdem die Kundenpräferenzen ermittelt worden sind, obliegt es den Produktentwicklern, diese Merkmale den einzelnen Komponenten des Produktes zuzuordnen. Gegenstand dieser Zuordnungsleistung ist also die Frage, welche Produktkomponenten in welchem Umfang zur Realisierung der von den Kunden gewünschten Ausprägungen der Produktmerkmale beitragen. Das Ergebnis dieser Schätzung, die aus der Zusammenarbeit von Mitarbeitern verschiedener Funktionsbereiche hervorgehen sollte, ist eine **Funktionskostenmatrix**. Aus der Verbindung von den kundenseitig erwarteten Produktmerkmalen und den Produktkomponenten wird ersichtlich, in welchem Maße die einzelnen Komponenten Kundennutzen generieren (vgl. *Weber/Schäffer*, 2008, S. 347). Unter der Maßgabe der sich daraus ergebenden komponentenspezifischen Gewichtungsfaktoren erfolgt die Kostenspaltung, d. h. die Verteilung der Zielkosten des Gesamtproduktes auf die einzelnen Komponenten.

Der enthaltenen komponentenspezifischen Verteilung der Produktzielkosten liegt eine »Idealforderung« zugrunde, wonach der Ressourceneinsatz für eine Komponente exakt ihrer Gewichtung durch den Kunden entsprechen sollte (vgl. *Coenenberg* et al., 2007, S. 542; *Weber/Schäffer*, 2008, S. 347). Einen Anhaltspunkt, inwieweit dieser Idealforderung bereits vor der Einleitung von Kostensenkungsmaßnahmen entsprochen wird, bietet die Berechnung des **Zielkostenindex**. Er ergibt sich aus dem Quotienten aus dem Gewichtungsfaktor und dem Anteil der »drifting costs« einer Komponente an den gesamten gegenwärtigen Herstellkosten (vgl. *Reichmann*, 2006, S. 205). Die Ausprägung dieser Verhältniskennzahl lässt sich in ein sog. **Zielkostenkontrolldiagramm** eintragen. Aus der Positionierung einer Komponente in dem Diagramm lassen sich Handlungsempfehlungen ableiten. Gemäß der Idealforderung muss der Zielkostenindex 1 betragen, so dass sämtliche Komponenten auf der Winkelhalbierenden liegen. Da die Idealforderung in der Praxis regelmäßig nicht erfüllt werden kann, empfiehlt es sich, einen Toleranzbereich zu definieren, die sog. Zielkostenzone (vgl. *Coenenberg* et al., 2007, S. 542). Geringfügige Abweichungen vom Zielkostenindex werden demnach noch toleriert, wobei die Toleranz mit zunehmender Wertigkeit der Komponente sinkt (vgl. *Weber/Schäffer*, 2008, S. 347)

Eine Ausprägung des Zielkostenindex von < 1 deutet an, dass der Nutzenanteil einer Komponente geringer ist als ihr Kostenanteil, d. h. die Komponente erweist sich als »zu aufwändig« (vgl. *Coenenberg* et al., 2007, S. 543). Ist die Abweichung so groß, dass die Komponente außerhalb des Toleranzbereiches liegt, wird somit ein Handlungsbedarf aufgezeigt, der sich in der Überprüfung der Produktfunktionen und der Durchführung von Konstruktionsänderungen konkretisieren kann (vgl. *Horváth*, 2009, S. 486). Ein Zielkostenindex > 1 signalisiert ebenfalls einen Überprüfungsbedarf. In einem solchen Fall ist zu prüfen, ob die Produktmerkmale in der Form, in der sie von der jeweiligen Komponente gegenwärtig hervorgebracht werden, überhaupt den Erwartungen der Kunden gerecht werden können (vgl. *Weber/ Schäffer*, 2008, S. 348).

Während sich das Target Costing in Japan, dem Land seines Ursprungs, branchenübergreifend durchgesetzt hat, wird es in Deutschland hauptsächlich in der Automobilbranche eingesetzt (vgl. *Weber/Schäffer*, 2008, S. 349). Nach *Horváth* (2009, S. 487f.) können im deutschen Sprachraum drei Stufen mit unterschiedlicher Anwendungsintensität des Target Costing differenziert werden: Während einige Unternehmen Target Costing nur für bestimmte Produkte verwenden, deren Kosten reduziert werden müssen, kommt es in anderen Unternehmen in den Planungsprozessen aller neuen Produkte zur Anwendung. In der dritten Stufe wird Target Costing am intensivsten genutzt, indem die Lieferanten aktiv in den Prozess der Produktgestaltung integriert werden. Auch *Weber/Schäffer* stellen ein unterschiedliches Verständnis von Target Costing fest, denn mitunter beschränkt sich die Kalkulation von Zielkosten auf die Ebene des gesamten Produktes, die oben beschriebene Zielkostenspaltung unterbleibt folglich (vgl. *Weber/Schäffer*, 2008, S. 349). Zugleich weisen *Weber/Schäffer* darauf hin, dass das Target Costing weniger als ein Recheninstrument, sondern vielmehr als ein **Instrument zur Verhaltenssteuerung** zu verstehen ist, das eine konstruktive Kommunikation und Zusammenarbeit zwischen unterschiedlichen Funktionsbereichen fördert (vgl. *Weber/Schäffer*, 2008, S. 349). Eine zielorientierte Zusammenarbeit unterschiedlicher Gruppen und Abteilungen ist nicht nur im Rahmen der Produktentwicklung unumgänglich, sondern auch im administrativen Bereich von erfolgskritischer Bedeutung. Wie das Target Costing in diesem sekundären Einsatzbereich zur Anwendung kommen kann, wird im Folgenden anhand der Begleitung von Mitarbeiterentsendungen als eine Maßnahme der Personalentwicklung, die vom Personal-Controlling instrumentell zu unterstützen ist, erläutert.

13.3.2.2 Target Costing als Instrument zur Planung der Entsendungsbegleitung

Bezüglich der Entsendungsbegleitung erwartet zum einen der zu entsendende Mitarbeiter, dass er **bestmöglich auf die Herausforderungen des Auslandseinsatzes vorbereitet und vor Ort intensiv begleitet wird**, um sich auf seine eigentliche Arbeit konzentrieren zu können. Zum anderen muss insgesamt aus Unternehmenssicht ein **Kostenrahmen** eingehalten werden, zumal Entsendung und Entsendungsbegleitung über einen längeren Zeitraum Kosten in signifikantem Umfang bedingen. Die oben erläuterte Erkenntnis, dass die Kostenfestlegung früher erfolgt als die eigentliche Kostenrealisierung, macht zusammen mit der Komponente eines drohenden vorzeitigen Abbruchs der Entsendungsmaßnahme eine frühzeitige und fundierte Planung der Entsendungsmaßnahme unabdingbar. Dadurch wird zum einen eine erfolgreiche Entsendung ermöglicht und zum anderen die Einhaltung eines Kostenrahmens sichergestellt.

Zur Steuerung und Gestaltung der Entsendungsbegleitung bieten sich grundsätzlich verschiedene Instrumente aus dem »Instrumentenkasten« des Controllers an, u. a. die Kostenrechnung oder das Projekt-Controlling. Diese Instrumente mögen zwar in der **operativen Steuerung** von Nutzen sein, für die angesprochene Planung der Entsendungsbetreuung eignen sie sich hingegen nicht. Sie sollten daher um ein Instrument in der Planungsphase ergänzt werden. Hierzu eignet sich das Target Costing, das in seinem originären Anwendungskontext – wie zuvor ausgeführt – nicht erst während der Fertigungsphase, sondern bereits im Vorfeld eingesetzt wird. Eine fundierte Gestaltung der Entsendungsbegleitung mithilfe des Target Costing bietet sich für alle Unternehmen an, die erstmalig die Entsendung eines Know-how-Trägers in ein bestimmtes Land bzw. einen Kulturkreis vornehmen oder bei bereits vorgenommenen Entsendungen suboptimale Erfahrungen gemacht haben. Standardisierte und erfolgreiche Entsendungsprogramme müssen hingegen nicht von Grund auf neu strukturiert werden und entziehen sich somit der Notwendigkeit einer Gestaltung durch das Target Costing.

Im Fall der Entsendung bzw. Entsendungsbegleitung ist grundsätzlich das Unternehmen der Auftraggeber und hat demzufolge ein Interesse an einer optimalen Planung und Durchführung der Maßnahme. Wie zuvor dargelegt worden ist, besteht ein wesentliches Merkmal des Target Costing darin, dass es zur Bestimmung der an den Kundenbedürfnissen auszurichtenden Produktfunktionalitäten auf den Nutzer zurückgreift – im Fall der Entsendungsbegleitung also auf den **zu entsendenden Know-how-Träger**. Ein weiteres wesentliches Merkmal des Target Costing besteht schließlich in seiner Marktorientierung. Da in diesem speziellen Anwendungsfall kein Markt existiert, ergeben sich die »allowable costs« aus den Kosten, die von dem Unternehmen bzw. seinem Management als Auftraggeber der Entsendung, für insgesamt zulässig befunden werden. Es wird davon ausgegangen, dass sowohl der Mitarbeiter als auch das Unternehmen an einer erfolgreichen Entsendung interessiert sind und demzufolge bezüglich der Entsendungsunterstützung eine weitgehende Zielharmonie zeigen. Faktisch sind aber auch Differenzen in den Zielsetzungen von Mutter-, Tochtergesellschaft und Entsandten vorstellbar. Der konkrete Ablauf des Target Costing wird im Folgenden in sechs Schritte zerlegt und anhand der Entsendungsbegleitung exemplarisch erläutert (vgl. *Nevries/Segbers*, 2004, S. 230 ff.):

(1) Bestimmung der zulässigen Gesamtkosten
Zunächst muss festgestellt werden, welche Kosten insgesamt für die Dienstleistung »Entsendung« anfallen dürfen. Dabei gehört das Gehalt des entsandten Mitarbeiters für die geleistete Arbeit nicht zu den Kosten der Entsendungsbegleitung. Wie zuvor ausgeführt, lassen sich die »allowable costs« bei Produkten, die auf externen Märkten verkauft werden, aus dem um die Zielrendite verminderten Marktpreis ermitteln. Bei »internen Produkten«, wie der Entsendungsbegleitung, können die »allowable costs« **direkt aus Budgets abgeleitet werden** (vgl. *Horváth/Seidenschwarz*, 1992, S. 144). Anhaltspunkte für die Einschätzung, was als zulässig erachtet werden kann, bieten beispielsweise die durch Benchmarking gewonnenen Kosteninformationen vergleichbarer Unternehmen, die erfolgreich Entsendungsmaßnahmen durchgeführt haben. Die **Bestimmung der zulässigen Gesamtkosten** für die Dienstleistung der Entsendungsbegleitung ist Ausgangspunkt für die nachfolgenden Schritte der für eine detaillierte interne Kostenplanung erforderlichen Aufspaltung der Gesamtkosten auf die einzelnen Bestandteile der Dienstleistung sowie der Erhebung der Anforderungen, die der Nutzer an die Entsendung stellt. Erst dann ist es möglich, die Kosten einzelner Elemente der Dienstleistung mit den Wünschen ihres Nutzers in Einklang zu bringen.

(2) Bestimmung der Leistungsmerkmale aus Nutzersicht

Die Gestaltung der Dienstleistung Entsendungsbegleitung hat sich an den **Bedürfnissen der Nutzer**, also den zu entsendenden Mitarbeitern, auszurichten. In Analogie zu den Kundenbefragungen im Kontext einer Produktentwicklung sind dazu die für einen Auslandsaufenthalt vorgesehenen Mitarbeiter zu befragen, welche Erwartungen sie an die Betreuung stellen. Durch Gespräche mit Kollegen, die bereits persönlich Erfahrung mit Auslandsaufenthalten gemacht haben, können die Vorstellungen der Mitarbeiter konkreter und fundierter gestaltet werden. Als Anforderungen der Mitarbeiter sind beispielsweise sprachliche Kenntnisse, die Fähigkeit zur Zusammenarbeit mit Kollegen unabhängig von ihrer kulturellen Herkunft oder ein angemessener eigener Lebensstandard zu gewährleisten. Aus der Befragung mehrerer zu entsendender Mitarbeiter lässt sich – ebenso wie im »gewöhnlichen« Fall der Konsumentenbefragung – unter instrumenteller Nutzung der Conjoint-Analyse (vgl. *Backhaus* et al., 2008, S. 451 ff.) die relative Wichtigkeit der einzelnen Anforderungen an eine nutzergerechte Entsendungsbegleitung ableiten. In dem in Tabelle 13.1 dargestellten Beispiel sei die Gewichtung in den Spaltenüberschriften unterstellt.

Anforderungen / Tätigkeiten	Sprache 30 % Anteil (in %)		Kollegiales Arbeiten 50 % Anteil (in %)		Lebensstandard 20 % Anteil (in %)		Summe gewichteter Anteile (in %)	Kostenanteil lt. Schritt 4 (in %)
	einzeln	gewichtet	einzeln	gewichtet	einzeln	gewichtet		
Sprachkurs/ kulturelles Training (T1)	100	30	70	35	10	2	67	40
Transport Hausstand (T2)	0	0	0	0	30	6	6	20
Bereitstellung Wohnhaus (T3)	0	0	10	5	40	8	13	30
Wiedereingliederungs- beratung (T4)	0	0	20	10	20	4	14	10
Summe	100	30	100	50	100	20	100	100

Tab. 13.1: Transformationsmatrix im Rahmen der Planung der Entsendungsbegleitung

(3) Interne Festlegung zentraler Tätigkeiten bei der Entsendungsbegleitung

Für die im Beispielsfall näher betrachteten Phasen Vorbereitung, Arbeitsplatzwechsel, Betreuung während des Aufenthaltes und Rückkehr sind jeweils die **zentralen Tätigkeiten** zu identifizieren. Das könnte bei der Vorbereitung beispielsweise ein Sprachkurs bzw. ein kulturelles Training, beim Arbeitsplatzwechsel der Transport des Hausstandes, während des Aufenthaltes die Bereitstellung einer Wohnung und bei der Rückkehr eine Wiedereingliederungsberatung sein.

(4) Kostenschätzung

Die zuvor bestimmten zentralen Tätigkeiten werden nunmehr **quantifiziert und mit Kosten hinterlegt**. Im Fall der Entsendungsbegleitung kann beispielsweise problemlos auf die Kosten extern zugekaufter Leistungen, etwa ein kulturelles Training oder Sprachkurs, zurückgegriffen werden. Bei internen Leistungen wie dem Wiedereingliederungsgespräch lassen sich die Gesamtkosten über Zeitschätzungen näherungsweise bestimmen. Die kumulierten Gesamtkosten werden sodann in relative Anteile der einzelnen Tätigkeiten umgerechnet. Für den Beispielsfall ergibt sich die in der letzten Spalte von Tabelle 13.1 dargestellte fiktive Kostenaufteilung.

(5) Gegenüberstellung von Kosten- und Nutzenanteilen
Die ersten vier Schritte haben Informationen zu den Anforderungen des Nutzers und den intern geschätzten Kosten einzelner Tätigkeiten hervorgebracht. Nicht bekannt ist hingegen, **wie hoch die einzusetzenden Kosten je Maßnahme sein dürfen, um die Erwartungen des Entsandten zu erfüllen**. Diese Informationen werden mittels der schon bekannten Funktionskosten- bzw. Transformationsmatrix gewonnen. Dazu wird der relative Beitrag jeder Maßnahme an der Erfüllung der jeweiligen Anforderung ermittelt und für jede Maßnahme aufsummiert (vgl. *Nevries/Segbers*, 2004, S. 232 ff.; *Horváth/Seidenschwarz*, 1992, S. 146). So erfüllt z. B. der Sprachkurs die mit 30 % gewichtete Anforderung Sprache vollständig (Teilgewicht 0,3 × 100 % = 30 %), die mit 50 % gewichtete Anforderung kollegiales Arbeiten zu 70 % (Teilgewicht 0,5 × 70 % = 35 %) und die mit 20 % gewichtete Anforderung Lebensqualität zu 10 % (Teilgewicht 0,2 × 10 % = 2 %). Daraus ergibt sich der relative Kostenanteil jeder Maßnahme, für den Sprachkurs 30 % + 35 % + 2 % = 67 %, der für die Erfüllung der ermittelten Nutzerwünsche sinnvoll ist (siehe vorletzte Spalte in Tabelle 13.1).

(6) Zielkostenkontrolldiagramm
Im letzten Schritt werden die aus der Sicht des Nutzers für die einzelnen Maßnahmen zulässigen Kosten den in Schritt vier ermittelten intern geschätzten Kosten in der Form des Zielkostenindex gegenübergestellt. Das bereits vorgestellte Zielkostenkontrolldiagramm bietet sich als Visualisierungshilfe an und zeigt anhand des Überschreitens der Zielkostenzone diejenigen Maßnahmen auf, die eine zu starke Kostenabweichung aufweisen. Im Beispielsfall einer Entsendungsbegleitung befindet sich die Maßnahme Sprachkurs/kulturelles Training (T1) unterhalb der Zielkostenzone (Zielkostenindex > 1) und sollte folglich intensiviert werden (vgl. Abbildung 13.2). Der Transport des Hausstandes (T2) wird hingegen für nicht so wichtig empfunden (Zielkostenindex < 1), hier sollten Kosten eingespart werden. Gleiches gilt für die Bereitstellung einer Wohnung (T3). Kein Änderungsbedarf besteht bei der Wiedereingliederungsberatung (T4), da sich Nutzengewicht und Kostenanteil weitestgehend ausgleichen, d. h. in der Abbildung 13.2 der Winkelhalbierenden als Ideallinie annähern.

Im Ergebnis unterstützt das Target Costing das Management bei der **Gestaltung der Dienstleistung der Entsendungsbegleitung**. Die Kostenstrukturen werden frühzeitig in der Gestaltungsphase der Leistung festgelegt, so dass unter Einhaltung vorgegebener Zielkosten die Anforderungen der Nutzer präzise erfüllt werden. Folglich wird sowohl der Effektivität als auch der Effizienz Rechnung getragen und dem Management werden entscheidungsunterstützende, werthaltige Informationen an die Hand gegeben.

Neben der Entsendung bietet sich das Target Costing infolge seiner Flexibilität für den Einsatz in zahlreichen anderen Entscheidungssituationen des internationalen Personal-Controlling an. Als ein Beispiel sei die Gestaltung der neu einzurichtenden

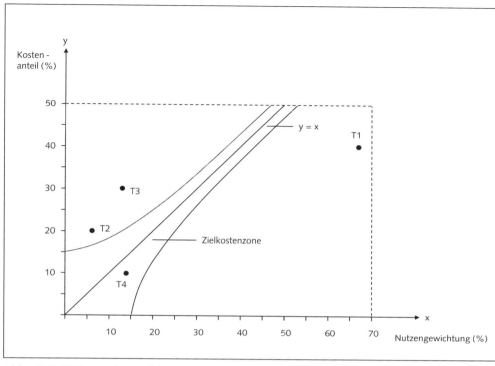

Abb. 13.2: Zielkostenkontrolldiagramm im Rahmen der Planung der Entsendungsbegleitung

Abteilung Personal-Controlling angeführt, für die insbesondere personelle Kapazitäten zu dimensionieren sind. Allgemein gesprochen eignen sich für das Target Costing neue Tätigkeitsfelder, die zusammenhängende, komplexe Aufgaben aufweisen und Kosten in signifikantem Umfang verursachen.

13.3.3 Entsendungsbezogenes Kennzahlensystem

Die Begriffe Kennzahlen und Kennzahlensystem als Elemente des Informationsversorgungssystems sind im Zusammenhang mit der Balanced Scorecard bereits definiert und erläutert worden (vgl. Kapitel 8). Als numerische Informationen **beschreiben Kennzahlen ex post** oder **determinieren ex ante die Prozesse und Veränderungen**, die sich in einem Unternehmen vollziehen. Personalwirtschaftliche Kennzahlen stellen als Führungsinformationen ein wichtiges betriebswirtschaftliches Instrumentarium zur Planung, Steuerung und Kontrolle personalwirtschaftlich relevanter Sachverhalte dar. Sie gewähren dem Kennzahlennutzer einen **schnellen und umfassenden Überblick** über wichtige Sachverhalte und Zusammenhänge, z. B. über die Struktur der Entsendungskosten. Kennzahlen erleichtern die **Ursachenfindung** kosten- und leistungsverändernder Faktoren und die **Analyse der Auswirkungen** getroffener Entscheidungen, z. B. der Einfluss neuer Angebote der Entsendungsbegleitung auf die Abbruchquote. Im Rahmen des Personal-Controlling stellen sie ein zentrales Instrument dar, welches Trends sowie Fehlentwicklungen aufzeigt.

Der zweckmäßige Einsatz von Kennzahlen setzt aber eine **standardisierte und zeitnahe Ermittlung** voraus (vgl. *Schulte*, 1990, S. 25). Des Weiteren geben Kennzahlen lediglich Signale für eingetretene Abweichungen ab, sagen jedoch nichts über deren Ursachen aus (vgl. *Potthoff/Trescher*, 1993, S. 237). Da sie zudem nur Teilaspekte größerer Zusammenhänge beschreiben, können sie bei einzelner, isolierter Anwendung zu Fehlentscheidungen führen. Bereits in Kapitel 8 ist ausgeführt worden, dass die Gefahr der Fehlinterpretation jedoch durch die Bildung von **Kennzahlensystemen** verringert werden kann. Im internationalen Kontext helfen Kennzahlensysteme die Vielzahl der in allen Tochtergesellschaften anfallenden Daten zu komprimieren und zu aussagefähigen Größen zu verdichten, um so die Koordination und Beurteilung der Auslandstöchter zu gewährleisten (vgl. *Welge/Holtbrügge*, 2006, S. 270). Auf die Entsendung von Stammhausdelegierten bezogen, müssen Kennzahlen definiert und entwickelt werden, die Aussagen darüber ermöglichen, **inwiefern die mit der Entsendung verfolgten Ziele erreicht werden können**.

Zur informatorischen Fundierung von Entsendungsmaßnahmen hat sich die Entwicklung von Kennzahlen an den in Abschnitt 13.3.1 dargestellten Zielen der Entsendung zu orientieren. Für den Aufbau eines entsprechenden Kennzahlensystems lassen sich verschiedene Strukturierungen vorstellen, jeweils danach,
- aus wessen Sicht die Entsendung beurteilt wird,
- wie spezifisch eine Kennzahl für das internationale Personal-Controlling ist
- und auf welche Phase der Entsendung sich die Kennzahlen beziehen.

Hinsichtlich der **Beurteilungsperspektive** können Kennzahlen die zum Teil unterschiedlichen Interessen von Stammhauskonzern, der Tochtergesellschaft bzw. des Entsandten berücksichtigen. Weiterhin lassen sich die Kennzahlen nach ihrer **internationalen Spezifität** unterscheiden. Sie können unverändert aus dem allgemeinen Personal-Controlling übernommen oder für die internationalen Erfordernisse modifiziert werden. Darüber hinaus kann den spezifischen Problemen des internationalen Personalmanagements durch die Entwicklung neuer Maßgrößen entsprochen werden. Schließlich lassen sich nach dem **Phasenschema der Entsendung** differenziert für Auswahl, Vorbereitung, Einsatz und abschließende Reintegration Kennzahlen der personalwirtschaftlichen Steuerung einsetzen.

Infolge des dominanten zeitlichen Ablaufs werden die Kennzahlen im Folgenden nach der dritten Strukturierungsmöglichkeit, dem Phasenschema der Entsendung, systematisiert. Für die vier Phasen werden jeweils Kennzahlen vorgestellt, die um phasenübergreifende Maßgrößen ergänzt werden. Die Auswahl der Kennzahlen erfolgt dabei aus der Perspektive der Muttergesellschaft. Darüber hinaus werden exemplarisch für die Einsatzphase Maßgrößen aus Sicht der ausländischen Tochtergesellschaft vorgestellt. Die kausalen Zusammenhänge zwischen den in den einzelnen Entsendungsphasen eingesetzten Kennzahlen werden am Beispiel der Abbrecherquote verdeutlicht.

In der **Auswahlphase** sind aus den Stammhausmitarbeitern möglichst geeignete Mitarbeiter für die Entsendung zu finden. Als Kriterium für die Güte der Auswahl kann im Rahmen eines Soll-Ist-Vergleichs der **Deckungsgrad des Anforderungsprofils der zu besetzenden Position und des Qualifikationsprofils der zu entsendenden Führungskraft** bestimmt werden. Allerdings ist die Aussagekraft dieser Kennzahl aufgrund der damit verbundenen weitreichenden Aggregation unterschiedlicher Größen naturgemäß begrenzt. Darüber hinaus sollte der Beitrag zur Führungskräfteentwicklung durch den **Zielgruppenerreichungsgrad** gemessen werden. Diese Gliederungszahl berechnet sich aus dem Anteil junger Führungsnachwuchskräfte an der Gesamtzahl der Entsandten.

Der Erfolg der Entsendung hängt in hohem Maße von einer guten Vorbereitung auf die Auslandstätigkeit ab. Gerade amerikanische Unternehmen weisen noch ein deutliches Verbesserungspotential auf, weil viele Expatriates unplanmäßig früh von ihrem Auslandseinsatz zurückkehren (müssen) (vgl. *Weber* et al., 2001, S. 134f.). Möglichen, aus den Qualifikationsprofilvergleichen erkannten Defiziten ist durch gezielte Trainingsmaßnahmen in der **Vorbereitungsphase** zu begegnen. Die Zusammenstellung der Weiterbildungsangebote sollte dabei vor allem der großen Bedeutung erfahrungsbezogener Vorbereitungen Beachtung schenken (vgl. *Holtbrügge*, 1995, S. 268ff.). Ähnlich wie bei der Erfolgskontrolle betrieblicher Weiterbildung fällt die wirkungsbezogene Beurteilung der Vorbereitungsphase schwer. Der Anwendungserfolg wird sich erst in der betrieblichen Praxis bei der ausländischen Tochtergesellschaft zeigen. Allerdings lässt sich im Sinne eines Soll-Ist-Vergleichs der **Erreichungsgrad des vorab definierten Schulungsbedarfs** messen. Ergänzend ist der sich auf den Bildungsinhalt beziehende **Lernerfolg über den Kenntnis- und Fähigkeitszuwachs** abzubilden. Dieser ist aber nur schwer zu quantifizieren, er lässt sich bestenfalls am Ende der Schulungsmaßnahme testen oder in subjektiver Form durch den Trainer bzw. den Entsandten beurteilen.

Während der **Einsatzphase** ist die Erreichung der beiden Ziele Aufbau von Netzwerken und Know-how-Transfer nachzuhalten. Erstere Zielsetzung ließe sich mittels der **Anzahl der während des Gastaufenthaltes hergestellten Schlüsselkontakte** messen. Allerdings sagt die vorgeschlagene Maßgröße nichts über die Qualität der Beziehungen aus. Auf einen erfolgreichen Wissensaustausch kann indirekt zurückgeschlossen werden, wenn teure Entsandte durch lokale Mitarbeiter ersetzt werden. Insofern sollte unter Voraussetzung einer qualitativ gleichwertigen Leistungserbringung der **Anteil lokaler Beschäftigter an Führungs- bzw. Schlüsselpositionen** ausgewiesen werden. Als Ersatzgröße für den schwer zu messenden Vertrauensaufbau und Wissenstransfer könnte die **Aufenthaltsdauer der Entsandten** dienen. Die personelle Stabilität fördert die Diffusion des erforderlichen kaufmännischen oder technischen Know-how sowie den Aufbau persönlicher Beziehungen in der Tochtergesellschaft. Jedoch steht dieser Indikator dem Ziel der Muttergesellschaft, im Ausland erworbene Erfahrungen im Konzernverbund weiterzugeben, entgegen.

Mit dem Einsatz bei der ausländischen Tochtergesellschaft sollen auch Kennzahlen aus der **Perspektive der lokalen Gesellschaft** berücksichtigt werden. Eine **Befragung der lokal Beschäftigten** kann Aufschluss über ihre Zufriedenheit und ihre Beurteilung der entsandten Vorgesetzten geben. Die damit intendierte Aufdeckung von Schwachstellen der entsandten Stammhausmitarbeiter trägt zum Ziel der Führungskräfteentwicklung bei. Dem stehen allerdings in Kulturräumen mit hoher Machtdistanz Hemmungen bei der kritischen Beurteilung von Vorgesetzten entgegen. Ergänzend können als objektive Maßgrößen der Unzufriedenheit mit den Arbeitsbedingungen die aus dem nationalen Personal-Controlling bekannten Größen der **Krankheitsausfall- und der Fluktuationsquote des lokalen Personals** erhoben werden. Diese Kennzahlen dürften vor allem im Zeitvergleich aussagekräftig sein, wenn verschiedene Entsandte Führungsverantwortung in der ausländischen Tochtergesellschaft getragen haben. Beim Vergleich mit der Muttergesellschaft sind jedoch die landesspezifischen Besonderheiten zu berücksichtigen. So haben z. B. in Kulturkreisen mit hoher Unsicherheitsvermeidung Arbeitsplatzgarantien und Beschäftigungskontinuität eine weitaus größere Bedeutung. Weist eine Tochtergesellschaft, die einem solchen Kulturkreis angehört, eine geringere Fluktuationsquote als die Muttergesellschaft auf, darf dieses Ergebnis also nicht unreflektiert mit einer höheren Mitarbeiterzufriedenheit in der Auslandstochter gleichgesetzt werden.

In der **Reintegrationsphase** stehen nur noch wenige objektive Größen zur Beurteilung des nachhaltigen Erfolges des Auslandsaufenthaltes zur Verfügung. Beispielsweise kann ein **Qualifikationsprofilvergleich** die im Rahmen der Entsendung zusätzlich erworbenen Fähigkeiten dem Anforderungsprofil der ersten Beschäftigung nach dem Auslandsaufenthalt gegenüberstellen. Ein hohes Maß der Übereinstimmung bedeutet, dass die mit der Entsendung im Ausland erworbenen Kenntnisse für spätere Aufgaben wichtig sind. Allerdings ist das Finden einer für den Rückkehrer geeigneten Stelle, die seinen Qualifikationen, den Interessen des Unternehmens, den Kollegen vor Ort und vor allem seinen eigenen Erwartungen gerecht wird – im Ausland wurde zumeist eine hohe Position bekleidet – eine sehr komplexe, durch eine einzige Kennzahl nicht wirklich treffend abzubildende Problemstellung. Darüber hinaus können nur durch die **Befragung unterschiedlicher Beteiligter** verschiedene subjektive Einschätzungen gewonnen werden. Kollegen im Stammhaus sollten bewerten, inwieweit die im Ausland erworbenen Erfahrungen an andere Unternehmenseinheiten erfolgreich transferiert wurden. Mitarbeiter der ausländischen Tochtergesellschaften können einschätzen, ob sich die aufgebauten Kontaktstrukturen auch nach der Rückkehr als stabil erweisen. Der Personalabteilung bzw. einem Vorgesetzten obliegt die Beurteilung, inwieweit die mit der Entsendung verfolgten Ziele der Personalentwicklung erreicht wurden. Allerdings ist die Bewertung des Entsendungserfolges durch Befragung von Kollegen, Vorgesetzten und Mitarbeitern nicht nur aufgrund der Subjektivität, sondern auch aufgrund persönlicher Beziehungen oder beruflicher Abhängigkeiten als problematisch zu werten.

In Ergänzung zu den phasenspezifischen Maßgrößen können **phasenübergreifend** den Erfolg der Entsendung messende Kennzahlen erhoben werden. Erfolgsbezogen kommt der **Abbrecherquote** in den einzelnen Entsendungsphasen eine besondere Bedeutung zu (vgl. *Hentze/Kammel*, 2001, S. 330). Darunter wird der Anteil der Stammhausdelegierten verstanden, die vorzeitig die Maßnahme beenden. In der Reintegrationsphase kann als äquivalente Größe die Fluktuationsquote der Rückkehrer bestimmt werden. In Verbindung mit der Abbrecherquote sind die Gründe der vorzeitigen Beendigung zu erheben, z. B. schlechte Leistung, unzureichende Integrationsfähigkeit des Managers oder Krankheit. Insbesondere Fälle wie die im Sommer 2004 erfolgte Abberufung des China-Chefs von *Siemens* nach dem Verlust eines Großauftrages über die Lieferung von Schnellzügen zeigen die Notwendigkeit, zur Vermeidung erheblicher wirtschaftlicher Schäden **dem Abbruch vorgelagerte Kennzahlen** zu erheben. Während der Einsatzphase haben eventuell schon die **Beurteilungen der lokalen Mitarbeiter** auf eine mangelnde Integrationsfähigkeit des Entsandten hingewiesen. Darüber hinaus sollten fortlaufend dem Abbruch vorgelagerte **subjektive Einschätzungen des Entsandten** über die Zufriedenheit mit der Entsendung inkl. ihrer Teilaspekte, z. B. Arbeitsbedingungen, Verhältnis zu den Kollegen und privates Lebensumfeld, eingeholt werden. Schließlich kann nach Rückkehr und Reintegration der Stammhausdelegierten eine **Beurteilung der Gesamtzufriedenheit** mit der Entsendung die Rückkopplung zu den Inhalten der Vorbereitungsphase sicherstellen.

13.4 Ausblick

Das Beispiel der Entsendung zeigt, dass das Personal-Controlling auch im internationalen Kontext wertvolle Hilfestellung bei der Erreichung der Ziele des Personalmanagements leisten kann. Es hilft durch seine informatorische Unterstützung dabei, die richtigen Personen für den Auslandseinsatz auszuwählen, sie optimal vorzubereiten, ihren Aufenthalt im Ausland zu unterstützen sowie die Rückkehr friktionslos zu gestalten. Zu berücksichtigen sind dabei allerdings die im internationalen Kontext besonderen Schwierigkeiten der Informationsbeschaffung als Voraussetzung für den Einsatz von Controlling-Instrumenten. Zu den generellen Problemen der Datenerhebung im Personalmanagement, z. B. gibt es für Personalentwicklungsziele keine allgemeingültigen, empirisch belegten Messkriterien bzw. keine einheitlichen Messkonzepte, kommt noch eine kulturelle Dimension hinzu. In methodischer Hinsicht macht es die Vielzahl potentieller Einflussgrößen im internationalen Kontext schwer, die Wirkung einzelnen Maßnahmen zuzuordnen. Schließlich lässt sich die Erreichung vieler Ziele nur mit erheblichen Verzögerungen messen. Dies gilt im Besonderen für langfristige Ziele der Personalentwicklung, z. B. eine durch Auslandseinsätze zu fördernde erhöhte Internationalität auf der Führungsebene. Diese Datenbeschaffungs- und Operationalisierungsprobleme mindern beispielsweise die Praktikabilität einiger der genannten Kennzahlen.

Teil VI:
Ausrichtung des internationalen Controlling

14. Organisation des internationalen Controlling

14.1 Einführung

Beginnend mit dem einführenden Kapitel, in dem die generellen Controlling-Aufgaben skizziert worden sind, wurden in den folgenden Kapiteln spezifische Herausforderungen für das Controlling dargestellt und diskutiert. Diese ergeben sich aus den Wirkungen der Störfaktoren, denen global aufgestellte Unternehmen ausgesetzt sind. In diesem Zusammenhang sind dem Controlling zahlreiche Aufgaben zugeordnet worden, wobei durch die Adressierung »des« Controlling implizit unterstellt wurde, dass es sich dabei um einen Monolith handelt. Wie die **Arbeitsteilung** innerhalb der Einheit »Controlling« zur Bewältigung der Aufgaben vorgenommen werden kann, wurde bislang aus der Betrachtung ausgeschlossen. Die Organisation des Controlling, deren Kern in der Frage nach der **Verteilung der Controlling-Aufgaben** zu sehen ist, bildet den Gegenstand dieses Kapitels. Die Frage der Aufgabenverteilung ist bereits für ausschließlich national agierende Konzerne mehrdimensional: So müssen die Controlling-Aufgaben zwischen den zentralen und dezentralen Controlling-Einheiten, zwischen den Einheiten auf einer Ebene und schließlich zwischen dem Controlling und anderen Abteilungen aufgeteilt werden (vgl. *Weber/Schäffer*, 2008, S. 470).

Für die Organisation des internationalen Controlling existiert noch eine weitere Fragestellung, nämlich die der Standardisierung. Weltweite und länderübergreifende Standardisierungen im Controlling sind für eine einheitliche und zielführende Konzernsteuerung unabdingbar (vgl. *Perlitz*, 2004, S. 570). Allerdings existieren in den Auslandsgesellschaften auch häufig historisch gewachsene und national geprägte Controlling- und Berichtsstrukturen, die bei vollständiger Standardisierung nicht berücksichtigt würden. Die Unternehmen befinden sich mithin in einem **Spannungsfeld zwischen** dem Bedürfnis nach **weltweiter Standardisierung** und der Notwendigkeit nach **lokaler Anpassung** (vgl. *Horváth*, 1997, S. 82; *Meckl*, 2000, S. 29). Es ist daher nicht verwunderlich, dass *Perlitz* es als »eine der komplexesten Aufgaben des internationalen Managements« (*Perlitz*, 2004, S. 570) bezeichnet, ein Controlling-System für international tätige Unternehmen zu entwickeln. Die Frage, inwiefern sich eine Standardisierung des Controlling international tätiger Unternehmen als vorteilhaft erweist, steht im Mittelpunkt der folgenden Ausführungen.

14.2 Kontinua in der Organisation des internationalen Controlling

In der Organisationstheorie werden der instrumentelle und der institutionelle Organisationsbegriff unterschieden. Wird das Gebilde einer Organisation in den Vordergrund gestellt, so wird vom **institutionellen Organisationsbegriff** gesprochen (Das Unternehmen »ist« eine Organisation). Bei der Betrachtung der Organisation des Controlling innerhalb eines Unternehmens wird hingegen der **instrumentelle Organisationsbegriff** verwendet (Das Unternehmen »hat« eine Organisation) (vgl. *Picot* et al., 2008, S. 24). In dessen Rahmen wird unter Organisation eine »dauerhafte Strukturierung von Arbeitsprozessen, ein festes Gefüge (Konfiguration)« (*Schreyögg*, 2008, S. 7) verstanden. Die Organisation wird dabei als Instrument der Unternehmensführung gesehen, um den Leistungsprozess zu steuern und Koordinationsprobleme zu überwinden (vgl. *Schreyögg*, 2008, S. 5; *Picot* et al., 2008, S. 24).

Im Rahmen der internationalen Controlling-Organisation lassen sich vor allem **drei verschiedene Ebenen der Organisationsentscheidung** differenzieren, die in der Literatur nicht immer eindeutig voneinander abgegrenzt werden. Dafür wird vereinfachend angenommen, dass die Unternehmen nur aus zwei Hierarchieebenen bestehen – der Ebene der Muttergesellschaft und der Ebene der in- und ausländischen Tochtergesellschaften. Auf der Ebene der Muttergesellschaft kann das Controlling für die Auslandsgesellschaften **integriert oder getrennt** (segregiert) vom nationalen Controlling durchgeführt werden. Bei der Beziehung zwischen den beiden Hierarchieebenen Mutterunternehmen und Tochtergesellschaften kann zwischen **Zentralisierung und Dezentralisierung** im Controlling unterschieden werden. Auf der Ebene der Tochtergesellschaften stellt sich die Frage nach **Standardisierung oder länderspezifischer Differenzierung**. Die Perspektiven sind in Abbildung 14.1 dargestellt. Die für die verschiedenen Perspektiven verwendeten Begriffspaare stellen jeweils mögliche Extrema eines Kontinuums dar, zwischen denen es zahlreiche Niveaus gibt (vgl. *Ziener*, 1985, S. 54 f.). Diese Niveaus werden im Folgenden als Integrationsgrad (bzw. Segregationsgrad), Zentralisierungsgrad (bzw. Dezentralisierungsgrad) und Standardisierungsgrad (bzw. Differenzierungsgrad) bezeichnet.

14.2.1 Integration vs. Segregation

Unter **Segregation** wird die organisatorische Trennung des Controlling für das Inland und für die Auslandsgesellschaften verstanden (vgl. *Kutschker/Schmid*, 2008, S. 492). Häufig wird dafür auch der Begriff der »Differenzierung« verwendet (vgl. *Scherm/Süß*, 2001, S. 163). Ein segregiertes Controlling gibt es zumeist in Unternehmen, in denen auch das Gesamtunternehmen eine internationale Division besitzt und diese neben Funktionalbereiche wie Produktion, Beschaffung und Vertrieb einordnet (vgl. *Macharzina*, 2003, S. 25). Die Vorteile einer Segregation ergeben sich durch die Bündelung der Controlling-Aktivitäten und -Erfahrungen an einer Stelle. Dies ist allerdings nur sinnvoll für Unternehmen mit wenig Auslandsumsatz und wenigen Auslandsgesell-

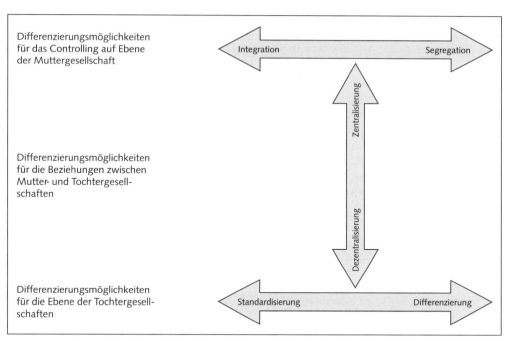

Abb. 14.1: Kontinua in der Organisation des internationalen Controlling

schaften. Mit zunehmendem Internationalisierungsgrad wird eine Auslandsdivision schnell durch den sehr hohen Komplexitätsgrad überlastet, so dass die internationale Division in der Praxis keine breite Anwendung findet (vgl. *Perlitz*, 2004, S. 602).

Aus diesem Grunde weisen die meisten Großkonzerne **integrierte Strukturen** auf, in deren Rahmen Abteilungen oder Unternehmensbereiche gebildet werden, die für die Aktivitäten im In- und Ausland verantwortlich sind. Es lassen sich drei Grundmuster integrierter Strukturen unterscheiden: Die integrierte Funktionalstruktur, bei der gleichartige Funktionen zu Abteilungen zusammengefasst werden; die integrierte Geschäftsbereichs- bzw. Produktstruktur, bei der das Unternehmen vorrangig nach Geschäftsbereichen gegliedert ist; sowie die integrierte Regionalstruktur, bei der das Unternehmen nach Regionen gegliedert ist (vgl. *Macharzina*, 2003, S. 25). Darüber hinaus gibt es mehrdimensionale Strukturen, die Kombinationen der zuvor genannten Grundmuster sind.

14.2.2 Zentralisierung vs. Dezentralisierung

Der **Zentralisierungsgrad** gibt an, wie sich Entscheidungsrechte und Handlungskompetenzen zwischen den beiden Hierarchiestufen **Muttergesellschaft** und **Tochtergesellschaften** verteilen (vgl. *Chow* et al., 1999, S. 447; *Horváth*, 2009, S. 753). Bei einem hohen Zentralisierungsgrad liegen die Controlling-Kompetenzen vorrangig auf der Ebene der Konzernmutter. Zu diesen zählen Aufgaben mit länderübergreifendem Charakter und somit solche, die den Gesamtkonzern betreffen, z. B. die Konsolidierung aller Einzelergebnisse zum Konzernergebnis, die Auswahl der strategischen Instrumente und die Erarbeitung von Zielvorgaben für die Tochtergesellschaften (vgl. *Berens* et al., 2000, S. 37). Bei einem hohen Zentralisierungsgrad müssen auf der Konzernebene sehr umfangreiche und detaillierte Informationen zur Entscheidungsunterstützung bereitstehen, was vorwiegend durch ein sehr ausführliches Reporting dezentraler Einheiten an die Konzernzentrale garantiert werden kann (vgl. *Liedl*, 1999, S. 231). Das zentrale Konzern-Controlling muss stets den Gesamtkonzern im Blick haben und vor allem bei Fehlentwicklungen der Tochtergesellschaften eingreifen, da diese häufig dazu neigen, sich zu positiv darzustellen (vgl. *Perlitz*, 2004, S. 578).

Dezentrales Controlling findet in den lokalen Tochtergesellschaften oder in den Geschäftsbereichen statt (vgl. *Liedl*, 1999, S. 231). Der Fokus des dezentralen Controlling liegt zumeist auf dem eigentlichen operativen Geschäft des jeweiligen Gastlandes. Die lokalen Daten werden dort ermittelt, verdichtet, in der von der Zentrale gewünschten Form aufbereitet und an die Zentrale berichtet (vgl. *Liedl*, 1999, S. 231 f.). Vorteile der dezentralen Organisation sind eine höhere Flexibilität im Gesamtunternehmen sowie eine erhöhte Motivation des jeweiligen ausländischen Managements. Außerdem hat das lokale Controlling bessere Informationen über den lokalen Markt und kann somit adäquater auf Unstimmigkeiten reagieren (vgl. *Berens/Hoffjan*, 2003, S. 239).

14.2.3 Standardisierung vs. Differenzierung

Der Begriff der **Standardisierung** stellt in der Organisationstheorie eine weitere organisatorische Gestaltungsvariable dar (vgl. *Horváth*, 2009, S. 756; *Martinez/Jarillo*, 1989, S. 491). Unter Standardisierung wird die »Existenz genereller organisatorischer Verfahrensvorschriften« (*Schewe*, 1998, S. 46) verstanden. Das Konzern-Controlling in der Zentrale steht im Rahmen dieser Perspektive vor der Frage, ob die in- und ausländischen Tochtergesellschaften im Controlling standardisiert oder differenziert behandelt werden. Im internationalen Controlling bedeutet Standardisierung folglich eine **Vereinheitlichung des Controlling-Systems** für alle in- und ausländischen Tochtergesellschaften (vgl. *Ziener*, 1985, S. 136). Eine Differenzierung hingegen beschreibt eine **unterschiedliche Behandlung der Tochtergesellschaften** im Controlling (vgl. *Horváth*, 1997, S. 82 f.; *Ziener*, 1985, S. 136). Standardisierungsentscheidungen müssen in vielen anderen Bereichen des internationalen Unternehmens ebenso getroffen werden, z. B. bei der organisatorischen Einbettung der Tochtergesellschaften und insbesondere im Marketing bei der Standardisierung der Produktgestaltung, Kommunikationsstrategie oder Preispolitik (vgl. *Kutschker/Schmid*, 2008, S. 1007 ff.). Durch die Standardisierung wird es den Tochtergesellschaften erschwert, eigenständige Geschäftspolitiken zu verfolgen, vielmehr wird ein konzerneinheitliches Führungskonzept gefördert (vgl. *Perlitz*, 2004, S. 578). Dies unterstützt den Gedanken der Standardisierung als wirkungsvolles Koordinationsinstrument im weltweiten Controlling. Das Kontinuum zwischen Standardisierung und Differenzierung bildet im Folgenden den Themenschwerpunkt dieses Kapitels.

14.3 Beurteilung von Standardisierung und Differenzierung

Standardisierungen im internationalen Controlling weisen sowohl Vor- als auch Nachteile auf. Ein deutlicher Vorteil der Standardisierung entsteht durch den verhältnismäßig geringeren technischen und organisatorischen Aufwand, da die Abläufe für die Planung und Kontrolle sowie für die Informationsversorgung nach **einheitlichen Vorgaben** für alle Auslandsgesellschaften gleich sind. Die Steuerung findet mithilfe einheitlicher Richtlinien statt (vgl. *Küpper*, 2008, S. 323; *Welge/Holtbrügge*, 2006, S. 292). Somit senken Standardisierungen den **Abstimmungsbedarf**, der zwischen den Koordinationsobjekten des Controlling, dem Planungs- und Kontrollsystem sowie dem Informationsversorgungssystem, besteht, erheblich. Dies kann sich in Zeit- und Kostenvorteilen widerspiegeln, da Daten sehr viel schneller von dezentraler Stelle berichtet und zentral ausgewertet werden können. Hierdurch wird die Effizenz des Controlling erheblich gesteigert (vgl. *Kutschker/Schmid*, 2008, S. 1044). Zudem gewährleisten Standardisierungen eine ständige **Vergleichbarkeit in der Leistungs- und Erfolgsbeurteilung** (vgl. *Littkemann/Michalik*, 2004, S. 165), tragen also unmittelbar zu einem zentralen Ziel des internationalen Controlling, nämlich zu der Herstellung der Vergleichbarkeit verschiedener Auslandstöchter, bei (vgl. Kapitel 1). Dies ermöglicht bei vergleichbaren Tochterunternehmen in ähnlichen Märkten auch ein internes Benchmarking, z. B. zwischen Vertriebsgesellschaften ähnlicher Größe und in ähnlichen Märkten. Fehlentwicklungen und Fehlentscheidungen einzelner Subsysteme können so zentral schnell identifiziert werden (vgl. *Krupp*, 2004, S. 178).

Nachteile entstehen hauptsächlich durch eine **Vernachlässigung lokaler Besonderheiten**, seien dies landes- oder kulturspezifische Charakteristika oder auch in der Art und Historie der Tochtergesellschaften begründete Besonderheiten (vgl. *Horváth*, 1997, S. 82). Wenn die Muttergesellschaft nur ihre nationalen Erfordernisse im Controlling berücksichtigt, so kann es zu Ineffizienzen in der Konzernführung kommen. Die Tochtergesellschaften werden sich daher nicht zieladäquat verhalten. Ein differenziertes Controlling erleichtert hingegen zielkonformes Verhalten (vgl. *Littkemann*, 2004a, S. 8). Die Vor- und Nachteile einer internationalen Standardisierung werden in Tabelle 14.1 zusammengefasst.

Das internationale Controlling muss sich – wie jeder andere Bereich des Unternehmens – daran messen lassen, ob seine organisatorische Gestaltung effizient ist. Es ist zu prüfen, ob die für die Standardisierung anfallenden Kosten in einem wirtschaftlich angemessenen Verhältnis zu den erreichten Zielen stehen (vgl. *Littkemann*, 2001, S. 1286). Es zeigt sich also, dass ein Spannungsfeld zwischen konzerneinheitlichem und lokal angepasstem Controlling besteht, in dessen Rahmen der für die jeweilige Unternehmenssituation optimale Standardisierungsgrad gefunden werden muss (vgl. *Meckl*, 2000, S. 30 f.). Dafür wird in der Literatur häufig ein **kostenorientierter Ansatz** verwendet, in dessen Rahmen die Standardisierungsvorteile als Kostenersparnisse und die Nachteile als Kosten erfasst werden. Durch die Minimierung der addierten Kosten entsteht ein optimaler Standardisierungsgrad. Der Ansatz wird in Abbildung 14.2 dargestellt.

Vorteile der Standardisierung (= Nachteile der Differenzierung)	Nachteile der Standardisierung (= Vorteile der Differenzierung)
• Erhöhte Transparenz der Beurteilungsprozesse • Steigerung der Urteilsgerechtigkeit durch Gleichbehandlung gleicher Sachverhalte • Kürzere Bearbeitungsdauer aufgrund von Übungseffekten durch Wiederholungen • Schnelle Einarbeitung • Verbesserung der Entscheidungsfähigkeit durch Ausschluss subjektiver Entscheidungen • Nutzung von Erfahrungen der »Vorwelt« • Berechenbarkeit von Handlungsinhalten • Unabhängigkeit von einzelnen lokalen Personen/Controllern	• Gefahr einer Überlastung der zentralen Controlling-Abteilung • Nachlassende adäquate Berücksichtigung der lokalen Bedingungen • Hoher Aufwand für die Erstellung und ständige Aktualisierung der Standards • Gefahr einer allzu schematischen Vorgehensweise • Vernachlässigung innovativer Lösungen durch »Betriebsblindheit« • Reduzierung der Flexibilität

Tab. 14.1: Vor- und Nachteile einer Standardisierung im internationalen Controlling (vgl. *Horváth*, 2009, S. 776; *Kutschker/Schmid*, 2008, S. 1044; *Perlitz*, 2004, S. 578; *Scherm/Süß*, 2001, S. 132; *Welge/Holtbrügge*, 2006, S. 290 ff.)

Die Standardisierungskosten (SK) steigen mit zunehmender Standardisierung. Sie umfassen alle Kosten, die durch die oben genannten Nachteile der Standardisierung entstehen. Die Differenzierungskosten (DK) hingegen umfassen all jene Kosten, die infolge der oben genannten Nachteile der Differenzierung anfallen. Es handelt sich insbesondere um Opportunitätskosten der fehlenden Standardisierungseinsparungen. Durch die Aggregation beider Kurven entsteht die Gesamtkostenkurve (GK), deren Ableitung im kostenminimalen Punkt, dem optimalen Standardisierungsgrad S_{opt}, den Wert Null annimmt (vgl. *Meckl*, 2000, S. 31).

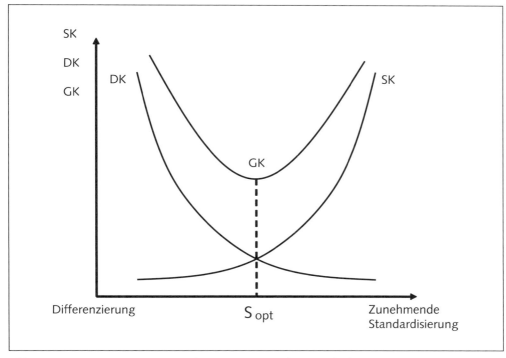

Abb. 14.2: Kostenorientierte Ermittlung eines optimalen Standardisierungsgrades (entnommen aus *Meckl*, 2000, S. 31)

14.4 Methoden der Durchsetzung von Standardisierungen im internationalen Controlling

Sobald ein Unternehmen den individuell optimalen Standardisierungsgrad ermittelt hat, muss dieser länderübergreifend durchgesetzt werden. Dazu stehen den Unternehmen vorrangig drei Maßnahmen zur Verfügung: Erstens werden **Schulungen** durchgeführt (vgl. *Müller*, 1996, S. 114). Zweitens kann es zu den in Kapitel 13 betrachteten **Entsendungen von Mitarbeitern** kommen. In deren Rahmen unterstützen Mitarbeiter der Konzernzentrale die Controller in den Tochtergesellschaften (vgl. *Müller*, 1996, S. 114). Dieser Personalaustausch kann vorübergehend oder dauerhaft angelegt sein, d. h. durch Entsendung zentraler Mitarbeiter ins Ausland für mehrere Jahre. Ebenso kann er durch Besuche von Zentral-Controllern in der Tochtergesellschaft oder durch Besuche der lokalen Controller in der Konzernzentrale erfolgen.

Zur Durchsetzung von Standardisierungen und zum einheitlichen Begriffsverständnis müssen drittens **konzerneinheitliche Richtlinien, Definitionen oder Standards** geschaffen werden. Dabei ist jedoch ein Problem zu beachten, das bereits im Zusammenhang mit der Gestaltung eines internationalen Berichtswesens in Kapitel 9 angesprochen worden ist: Die Richtlinien müssen die Informationsanforderungen des zentralen Controlling erfüllen, ohne dabei das lokale Controlling mit Zentralaufgaben zu überlasten, da vor Ort regelmäßig andere Analysen und Berichte relevant sind (vgl. *Schmidt*, 1989, S. 272). Sie müssen schriftlich niedergelegt werden, z. B. in Controlling-Handbüchern oder im Intranet der Unternehmen. Sie sollten nicht nur die zentrale Controlling-Philosophie, sondern vor allem detaillierte Anweisungen zur Verwendung von Formularen, Methoden sowie Interpretationen von Begriffen beinhalten (vgl. *Steinle* et al., 1998, S. 145). Die Standards müssen ständig gepflegt und gegebenenfalls angepasst werden. Entsprechende Änderungen müssen konzernweit kommuniziert werden und zwar möglichst in allen relevanten Sprachen, was die Bedeutung von guten Übersetzungen hervorhebt (vgl. *Müller*, 1996, S. 114).

14.5 Gestaltungsvariablen der Controlling-Organisation

In Kapitel 1 sind im Zuge der Entwicklung der Controlling-Auffassung, die diesem Buch zugrunde liegt, die Ziele, Aufgaben und Instrumente des Controlling erläutert worden. Dabei wurde deutlich, dass die Ziele des Controlling einen engen inhaltlichen Zusammenhang zu den Unternehmenszielen aufweisen. Aus ihnen ließen sich die Controlling-Aufgaben deduktiv ableiten, die als Aktivitäten zur Realisierung der Controlling-Ziele aufgefasst werden können. Die Controlling-Aufgaben bilden wiederum ein Element einer Zweck-Mittel-Beziehung, nämlich jenen Zweck, den die Controlling-Instrumente als Mittel erfüllen. Diese Elemente werden von den folgenden Ausführungen aufgegriffen, indem sie als Gestaltungsvariablen der Controlling-Organisation analysiert werden. Es wird sich zeigen, dass alle vier Teilbereiche einen individuellen und teils unterschiedlichen Standardisierungsgrad aufweisen können. Zugleich erscheint eine Erweiterung der Konzeption um Controlling-Daten sinnvoll, da sie benötigt werden, um Instrumente überhaupt einsetzen zu können.

14.5.1 Controlling-Ziele

Als ein Ziel des internationalen Controlling ist in Kapitel 1 das Ordnungsziel genannt worden, das sich auf die Koordination der Beziehungen zwischen den einzelnen Tochtergesellschaften untereinander und zur Muttergesellschaft bezog. In diesem Zusammenhang gibt das Konzern-Controlling im Rahmen der Steuerung die **Zielsetzungen für die Tochtergesellschaften** vor (vgl. *Schmidt*, 1989, S. 271). Die Zielsetzungen können für alle Tochterunternehmen gleich sein (Standardisierung), was einer Vereinheitlichung des konzernweiten Entscheidungsverhaltens dienen soll (vgl. *Volkmann*, 1999, S. 261 f.; *Schmidt*, 1989, S. 270 f.). Die Zielsetzungen können sich aber auch zwischen den einzelnen Gesellschaften oder Ländern unterscheiden (Differenzierung). Bei einer Differenzierung verfolgen die Landesgesellschaften unter Umständen **autonome Ziele** und optimieren den jeweiligen Landeserfolg (vgl. *Müller*, 1996, S. 116;

Schmidt, 1989, S. 270 f.). Häufig erfolgt die einheitliche Steuerung anhand der zentral vorgegebenen Zielsetzung der Unternehmenswertsteigerung. Bereits Kapitel 7 ging darauf ein, dass dieses Ziel mithilfe wertorientierter Kennzahlen, z. B. mit dem EVA®, operationalisierbar gemacht wird. Aus Sicht der Muttergesellschaft muss unterschieden werden, ob eine **Wertsteigerung der Muttergesellschaft** oder eine **Wertsteigerung der jeweiligen Tochtergesellschaft** angestrebt wird (vgl. *Littkemann*, 2002, S. 99 f.). Ebenso kann aber eine Gewinnmaximierung der Mutter- und/oder Tochtergesellschaft anvisiert werden. Dann stehen klassische Ergebnisgrößen (kalkulatorischer Gewinn), Wirtschaftlichkeit und Rentabilitätsgrößen im Vordergrund der Betrachtung.

14.5.2 Controlling-Aufgaben

Eine weitere Gestaltungsvariable stellen die Controlling-Aufgaben dar. Eine Standardisierung liegt vor, wenn alle Tochtergesellschaften die **gleichen Aufgaben in gleichem Umfang** erfüllen. Die Aufgaben des lokalen Controlling können im Sinne einer internen kundenorientierten Sichtweise auch als Dienstleistungen für das Konzern-Controlling und das lokale Management angesehen werden (vgl. *Mosiek*, 2002, S. 22 ff.). Es existieren zwei extreme Ausprägungen des Kontinuums mit zahlreichen Zwischenstufen: So ist es einerseits möglich, dass die Tochtergesellschaft ein völlig eigenständiges Controlling-System besitzt und alle Aufgaben einschließlich einer Vorkonsolidierung der Abschlüsse selbst übernimmt (vgl. *Pohle*, 2002, S. 1088). Das andere Extremum wird durch die nahezu vollständige Übernahme der lokalen Tätigkeiten durch das zentrale Controlling dargestellt. So können die Controlling-Aufgaben in den Tochtergesellschaften z. B. auf die reine Kostenkontrolle und ein Standard-Reporting an die nächst höhere organisatorische Instanz beschränkt sein. Der Umfang des lokalen Controlling ist dann erheblich geringer (vgl. *Pausenberger*, 1996, S. 183). Die Gestaltungsvariable **Controlling-Aufgaben** zielt folglich vorrangig auf den **Umfang der Aufgaben ab**.

Im Einzelnen kann das lokale Controlling vornehmlich die aus Kapitel 1 bekannten Aufgaben umfassen, die je nach der Aufgabenverteilung bei der Mutter- oder Tochtergesellschaft liegen können: Zum einen die Entwicklung, Nutzung und Weiterentwicklung von konsolidierungsfähigen Planungs- und Kontrollsystemen und zum anderen die Informationsversorgung des lokalen Managements und des Konzern-Controlling. Die Informationsversorgung umfasst vor allem die Entwicklung und den Betrieb des Rechnungswesens, die Beschaffung von Informationen zur Weiterverarbeitung sowie das Reporting (vgl. *Ziener*, 1985, S. 41 f.).

14.5.3 Controlling-Instrumente

Zur Durchführung der Controlling-Aufgaben werden Controlling-Instrumente benötigt (vgl. *Berens* et al., 2000, S. 32; *Ziener*, 1985, S. 43). Schon aus der Aufzählung in Kapitel 1 wurde deutlich, dass zahlreiche Instrumente existieren, die im internationalen Controlling angewendet werden. Zu den wichtigsten gehören Planungsrechnungen, Kontrollrechnungen, Budgetierung, Kennzahlen und Kennzahlensysteme sowie sonstige strategische (Szenariotechnik, Portfolioanalyse, Umwelt- und Konkurrenzanalysen, Balanced Scorecard, etc.) und operative Instrumente (Kosten-, Erlös- und Investitionsrechnung, Verrechnungspreise) (vgl. *Horváth*, 1989, Sp. 249 f.; *Liedl*, 1999, S. 236). Auch persönliche Gespräche zwischen Controllern der Mutter- und der Tochtergesellschaft können als Instrumente gewertet werden. Die **Standardisierung von Instrumenten** wird im Folgenden anhand von Kennzahlen als klassische Elemente des Informationsversorgungssystems veranschaulicht.

Die exakte und standardisierte Definition von Kennzahlen ist eine notwendige Voraussetzung für eine weltweite Vergleichbarkeit und somit auch für den Einsatz eines internen Benchmarking (vgl. *Krupp*, 2004, S. 183). Eine Standardisierung von Kennzahlen liegt dann vor, wenn sie formell, ökonomisch und inhaltlich vergleichbar sind (vgl. *Paul*, 1997, S. 235 ff.). **Formelle Vergleichbarkeit** liegt vor, wenn der Kennzahlenbegriff weltweit einheitlich verstanden wird, d. h. dass z. B. der Deckungsbeitrag (DB) I oder DB II weltweit einheitlich in einer Richtlinie definiert ist, so dass die Aussage »DB II ist in Italien höher als in Spanien« auch einen inhaltlichen Aussagecharakter hat. **Ökonomisch** sind zwei Kennzahlenwerte vergleichbar, wenn sie aus zwei Gesellschaften stammen, die in einem ähnlichen ökonomischen und kulturellen Umfeld agieren und bei denen nur wenige Bereiche des Controlling lokal angepasst sind. **Inhaltlich** vergleichbar sind Kennzahlenwerte, wenn der Analyst sich der möglichen Unterschiede innerhalb der Kennzahlenwerte bewusst ist. So bestehen z. B. innerhalb Südamerikas zwischen Argentinien und Kolumbien Unterschiede im Gehaltsniveau und in der Arbeitsproduktivität. Es müssen für auf den ersten Blick festzustellende Unterschiede zunächst die inhaltlichen Hintergründe geklärt werden. Die Definition muss somit von der Konzernzentrale verbindlich vorgegeben und kommuniziert werden, da ansonsten – insbesondere bei schlechten lokalen Ergebnissen – von den Tochtergesellschaften argumentiert werden könnte, dass eine Vergleichbarkeit nicht gegeben sei (vgl. *Paul*, 1997, S. 237 f.).

14.5.4 Controlling-Daten

Die Frage nach dem Standardisierungsgrad von Controlling-Daten ist bereits implizit in Kapitel 9 behandelt worden. Unternehmen müssen entscheiden, ob alle Gesellschaften – zentral wie dezentral – im Controlling auf die **gleiche Datenbasis** zugreifen, um eine einheitliche Führungsunterstützung zu gewährleisten. Standardisierte Daten liegen dann vor, wenn auf allen Ebenen des Konzerns mit identischen Zahlenwerten gearbeitet wird. Als Voraussetzung für einheitlich verwendbare Daten fungieren EDV-gestützte Informations- und Kommunikationssysteme. Im Kontext der formalen Perspektive eines internationalen Berichtswesens wurde bereits darauf hingewiesen, dass in weltweit agierenden Konzernen häufig zahlreiche verschiedene Systeme existieren, die zusammengeführt werden müssen, um eine Vereinheitlichung der Daten zu gewährleisten. Auch die dafür bestehenden Möglichkeiten sind dort bereits erwähnt worden, weshalb sie an dieser Stelle lediglich skizziert werden (vgl. hierzu ausführlicher Kapitel 9).

Die verwendeten Systeme können erstens **konzernweit vereinheitlicht** werden. Dies gelingt durch die Installation eines weltweit einheitlichen EDV-Systems oder einer einheitlichen Datenbank in allen Tochtergesellschaften und im Konzern-Controlling. Alternativ können die unterschiedlichen Systeme der Tochtergesellschaften über **einheitliche Schnittstellen** mit dem System des Konzern-Controlling der Muttergesellschaft verbunden sein. Schließlich kann es sein, dass weder ein einheitliches Controlling-System noch einheitliche Schnittstellen bestehen. Dann müssen die Daten **manuell** in ein einheitliches Format überführt werden.

14.6 Kontextfaktoren

In der internationalen Unternehmenspraxis existieren **erhebliche Variationen** bei der organisatorischen Ausgestaltung der Controlling-Systeme in verschiedenen Ländern. Diese Unterschiede können durch den bereits aus Kapitel 3 bekannten Kontingenzansatz erklärt werden, der in der Literatur auch als situativer Ansatz bezeichnet wird (vgl. *Macharzina/Wolf*, 2008, S. 75). Der Ansatz stammt aus der Organisationstheorie und besagt, dass es keine universell gültige Lösung für **eine richtige** organisatorische Gestaltung gibt (vgl. *Macharzina/Wolf*, 2008, S. 73). Vielmehr ist sie abhängig von **situationsspezifischen Kontextfaktoren**. Einige von ihnen sind bereits in Kapitel 3 erwähnt worden, unter ihnen die nationale Kultur, deren Einfluss auf die Ausgestaltung des Controlling bereits in diesem Zusammenhang ausführlich dargelegt worden ist. Der Standardisierungsgrad des internationalen Controlling wurde in diesem Kapitel als ein Organisationsmerkmal identifiziert, das sich dementsprechend durch Kontextfaktoren im Rahmen des Kontingenzansatzes begründen lässt. Er sollte der jeweiligen Situation angepasst werden, so dass ein **ständiger Fit zwischen Controlling und Kontext** entsteht und der situationsspezifisch optimale Standardisierungsgrad erreicht werden kann (vgl. *Horváth*, 1997, S. 85; *Welge/Holtbrügge*, 2006, S. 177).

Der Kontingenzansatz wird in der Literatur vielfach kritisiert, da er nicht alle möglichen Situations- und Strukturmerkmale erfasst oder weil empirische Stichproben oft nicht repräsentativ waren (vgl. *Kieser/Walgenbach*, 2007, S. 45). Dennoch werden im Folgenden im Rahmen des Kontingenzansatzes auf theoretischem Wege »Wenn-Dann-Aussagen« (*Macharzina/Wolf*, 2008, S. 73 f.) abgeleitet, inwiefern spezifische Situationen den Standardisierungsgrad des internationalen Controlling beeinflussen, denn der Ansatz wird insbesondere von Praktikern häufig als Erklärung für die organisatorische Ausgestaltung ihrer Unternehmen genutzt. Er ist schnell verständlich und schafft ein gutes Grundverständnis der Gestaltung in spezifischen Situationen. Außerdem lässt er nahezu sämtliche möglichen Kontextfaktoren als Erklärung für eine situationsspezifische Ausgestaltung der Organisation zu (vgl. *Kieser/Walgenbach*, 2007, S. 46). Eine Auswahl der in wissenschaftlichen Beiträgen genannten Kontextfaktoren findet sich in Tabelle 14.2. Die Auswirkungen einiger Kontextfaktoren auf die Planungs- und Kontroll-, Informationsversorgungs- und Controlling-Systeme international tätiger Unternehmen waren Gegenstand der vorausgegangenen Ausführungen.

Im Folgenden werden einige Kontextfaktoren und ihre Wirkung auf den **Standardisierungsgrad** des internationalen Controlling exemplarisch vorgestellt. Es kann dabei zwischen unternehmensexternen und unternehmensinternen Faktoren unterschieden

Quelle	Genannte Kontextfaktoren
Ziener, 1985, S. 46	Unternehmensgröße, Rechtsform, Branche, Konzernabhängigkeit, Organisation, Innovationsbedarf, Komplexität der Probleme, Unternehmensgrundsätze, Führungsstil, Leistungsprogramm, Umwelt, wirtschaftliche Lage des Unternehmens, Technologie der Leistungserstellung
Pausenberger, 1996, S. 184	Unterschiede in der Größe der Tochtergesellschaft, unterschiedliche Tätigkeitsbereiche der Tochtergesellschaft, unterschiedliche Entwicklungsstadien der Tochtergesellschaft, Umweltverschiedenheit, geographische Distanz
Küting/Heiden, 2002, Sp. 290	Wechselkurse, unterschiedliche Steuerbelastungen, Besonderheiten der Kapitalkostenermittlung, inkompatible Berichtssysteme, divergierende Rechnungslegungsvorschriften, kulturelle Probleme und Missverständnisse
Welge/Holtbrügge, 2006, S. 290	Internationalisierungsstrategie des Gesamtunternehmens, Organisationsstruktur des Gesamtunternehmens
Perlitz, 2004, S. 570	Lokale Gesetze, kulturelle Unterschiede, landesspezifische Besonderheiten der Mitarbeiter und Kunden, unterschiedliche Währungen und Rechnungslegungsprinzipien
Littkemann, 2004b, S. 30 und 2004c, S. 84 ff.	Unternehmensgröße, Bedeutung der Beteiligung, Beteiligungslebensphase, Unternehmensziele, Organisationsstruktur, Branche, Umweltdynamik, Firmensitz, Rechtsform, wirtschaftliche Lage, Technologie

Tab. 14.2: Kontextfaktoren der Organisation des internationalen Controlling

werden, wobei nur die internen Faktoren zumindest langfristig durch unternehmerische Entscheidungen beeinflusst werden können.

14.6.1 Unternehmensexterne Kontextfaktoren

Kultur. Die Einflüsse kultureller Unterschiede auf das internationale Controlling sind in den bisherigen Kapiteln vielfach aufgezeigt worden. Schließlich sind sie in Kapitel 3 ausführlich als ein Kontextfaktor im Sinne des Kontingenzansatzes diskutiert worden. Zu den zahlreichen **unterschiedlichen Wertvorstellungen, Erfahrungen und Verhaltensweisen**, die in weltweit tätigen Konzernen integriert werden müssen, gehören etwa die unterschiedlichen Vorstellungen über realistische Planwerte, fehlender Widerspruch bei irrealistischen Wunschvorstellungen aus Höflichkeit, unzutreffende Zwischenberichte oder verschiedene Zeithorizonte (vgl. *Liedl*, 1999, S. 230 f.).

Die Standardisierung sollte im internationalen Controlling umso stärker ausgeprägt sein, je ähnlicher sich die Kulturen sind. Umgekehrt sollte das Controlling desto differenzierter sein, je verschiedener die Kulturen sind (vgl. *Kleist*, 2004, S. 443 f.). Kulturunterschiede können anhand der auf *Hofstede* zurückgehenden und in Kapitel 3 ausführlich behandelten Dimensionen Machtdistanz, Individualismus vs. Kollektivismus, Maskulinität vs. Feminität, Unsicherheitsvermeidung und konfuzianische Dynamik operationalisiert werden (vgl. *Harrison/McKinnon*, 1999, S. 485). Insgesamt ist der Einfluss der Kultur auf das internationale Controlling umstritten. Es gibt bisher nur wenige empirische Absicherungen über die untersuchten Wirkungszusammenhänge (vgl. *Kleist*, 2004, S. 429 ff.). Gleichwohl setzen die genannten kulturellen Unterschiede voraus, dass die zuständigen Controller nicht nur über die notwendigen Fachkenntnisse, sondern auch über eine interkulturelle Sensibilität verfügen (vgl. *Liedl*, 1999, S. 231).

Externe Rechnungslegungsvorschriften. Auf die sich seit einigen Jahren abzeichnende Tendenz, wonach Großkonzerne verstärkt die nach internationalen Rechnungslegungsstandards ermittelten Daten des externen Rechnungswesens auch für das interne Berichtswesen und somit für das Controlling verwenden, sind schon die Kapitel 2 und 10 eingegangen. Den Unternehmen wird es auf diese Weise möglich, die Kosten für ein zweites Rechnungswesen einzusparen und Synergieeffekte zu erzielen (vgl. *Küting/Heiden*, 2002, Sp. 296). Zudem kann durch die Zusammenführung eine konzernweite Einheitlichkeit der Daten erreicht werden (vgl. *Borchers*, 2000, S. 159). Dadurch kann das Controlling allerdings auch in die Abhängigkeit externer Rechnungslegungsvorschriften geraten. Konnte vorher in den Tochtergesellschaften mit unterschiedlichen kalkulatorischen Kosten, Abschreibungen und Zinsen gerechnet werden, so kann die Zusammenlegung indes zu weltweit standardisierten Bewertungsansätzen führen. Das Ausmaß dieser Relation hängt jedoch zum einen von dem **Integrationsbereich** ab und zum anderen, inwieweit innerhalb des harmonisierten Bereiches **Modifikationen** der nach internationalen Rechnungslegungsstandards erstellten Daten für interne Steuerungszwecke zugelassen werden.

In einer Analyse von *Haring* und *Prantner* verfügten bereits 45 % der befragten deutschen und österreichischen Großunternehmen über eine einheitliche Datenbasis für das interne und externe Rechnungswesen (vgl. *Haring/Prantner*, 2005, S. 149). Eine spätere Untersuchung kapitalmarktorientierter Unternehmen von *Weide* dokumentiert die anhaltende Tendenz zur Integration des Rechnungswesens. *Weide* macht ein integriertes Rechnungswesen an den drei Kriterien eines intern und extern übereinstimmend ausgewiesenen Periodenergebnisses, eines einheitlichen Kontenplans und der Anwendung gleicher Ansatz- und Bewertungsregeln fest. 62,5 % der in einer Feldstudie befragten Unternehmen erfüllen alle drei Kriterien, die übrigen Unternehmen können zumindest einem der drei aufgeführten Kriterien entsprechen (vgl. *Weide*, 2009).

Das auf der Ebene der Muttergesellschaft bestehende Integrationspotential wird also in der Unternehmenspraxis weitestgehend ausgeschöpft, d. h. die **Steuerung des Konzerns** erfolgt auf der Basis von IFRS-Daten, die im Rahmen des Management Reporting der Konzernführung zugehen, während die operativen Rechenwerke häufig unverändert fortbestehen. Auch im Schrifttum wird die Auffassung vertreten, dass der Integrationsbereich die Konzernsteuerung umfasst, auf der Ebene der operativen Geschäftseinheiten hingegen die kalkulatorische Kostenrechnung für die Ausführung ihrer Planungs- und Entscheidungsfunktion fortbestehen sollte (vgl. *Schaier*, 2007, S. 130; *International Group of Controlling*, 2006, S. 50 sowie auch Kapitel 2). Dennoch können die einheitlichen Bewertungs- und Bilanzierungsregeln nicht nur das Konzern-Controlling des Mutterunternehmens betreffen, sondern sich auch auf **die zum Konsolidierungskreis gehörenden Tochtergesellschaften** auswirken. Sie müssen die gleichen Vorschriften wie die Muttergesellschaft anwenden, da sie im Konzernabschluss konsolidiert werden. Da sie ohnehin IFRS-konforme Daten hervorbringen, stellt sich die Frage, ob diese nicht auch in das Management Reporting der betroffenen Tochtergesellschaften eingehen sollen. Die Kostenrechnung bleibt auch weiterhin von der Integration ausgeschlossen, d.h. sie kann nach wie vor mit ihren »eigenen« kalkulatorischen Größen arbeiten. Die IFRS-Daten können im Falle einer partiellen Integration von internem und externem Rechnungswesen in Tochtergesellschaften aber nicht nur Bestandteil des an die Konzernführung gerichteten Reporting sein, sondern auch in der **Informationsversorgung des lokalen Managements** eingesetzt werden. Da den Daten einer auf internationalen Standards basierenden Rechnungslegung eine bessere Eignung für interne Steuerungszwecke zugesprochen wird (vgl. *Schaier*, 2007, S. 130), geht von der Anwendung der IFRS ein **Standardisierungspotential** aus, das ausgeschöpft wird, wenn auch in den Tochtergesellschaften eine Annäherung von internem und externem Rechnungswesen angestrebt wird.

Tochtergesellschaften, die aufgrund von Wahlrechten nicht konsolidiert werden müssen, sind nicht zwangsläufig von dieser Standardisierung betroffen. Tabelle 14.3 zeigt daher exemplarisch für die Rechnungslegungsgrundsätze nach HGB und IAS/IFRS, welche Unternehmen den Konsolidierungskreis bilden (vgl. *Baetge* et al., 2004, S. 125 ff.; *Pellens* et al., 2008, S. 751 ff.). Für beide Vorschriften gilt das **Stufenkonzept**, bei dem das Mutterunternehmen im Mittelpunkt »eines Systems konzentrischer Kreise« (*Baetge* et al., 2004, S. 125) steht. Die Einflussnahme des Mutterunternehmens auf die Beteiligungen nimmt nach außen hin stufenweise ab.

Einige Begriffe seien zum besseren Verständnis kurz erläutert: Der **Beherrschungstatbestand** nach § 290 Abs. 2 HGB liegt vor, wenn das Tochterunternehmen tatsächlich beherrscht wird oder wenn das Mutterunternehmen die Rechte zur Beherrschung direkt oder indirekt innehat. Eine faktische Möglichkeit der Beherrschung reicht nicht aus (vgl. *Baetge* et al., 2004, S. 127). Die **einheitliche Leitung** nach § 290 Abs. 1 HGB liegt vor, wenn das Mutterunternehmen tatsächlich originäre Führungsaufgaben übernimmt, wie z.B. die Konzerngeschäftspolitik (Controlling, Finanzierung, Personal), Planung, Strategie und Entscheidungsverantwortung (vgl. *Baetge* et al., 2004, S. 96). Im Rahmen der **Quotenkonsolidierung** werden die Jahresabschlusspositionen des Gemeinschaftsunternehmens nur anteilig (quotal) in den Konzernabschluss übernommen (vgl. *Pellens* et al., 2008, S. 754). Im Rahmen der **Equity-Methode** wird eine Beteiligung am Gemeinschaftsunternehmen bilanziert, die anhand der Entwicklung des anteiligen Eigenkapitals (at equity) fortgeschrieben wird. Es werden nicht einzelne Bilanz- und GuV-Positionen des Gemeinschaftsunternehmens in den Konzernabschluss des Anteilseigners übernommen (vgl. *Pellens* et al., 2008, S. 754).

Die meisten Tochtergesellschaften müssen zusätzlich zum Reporting im Rahmen der Konzernrechnungslegung auch noch **lokale Abschlüsse nach den Vorschriften ihres Heimatlandes** erstellen, sofern nicht im Land der Tochtergesellschaften die gleichen Vorschriften wie im Land der Konzernmuttergesellschaft gelten (vgl. *Liedl*, 1999, S. 228). Unterschiedliche Rechnungslegungsvorschriften führen dann automatisch zu einer **Differenzierung** des Controlling für verschiedene Landesgesellschaften. Es ist

	HGB	IFRS
Stufe 1 (Vollkonsolidierung)	Vollkonsolidierung bei beherrschten Tochterunternehmen (§ 290 Abs. 2 HGB) oder bei einheitlicher Leitung (§ 290 Abs. 1 HGB)	Vollkonsolidierung aller beherrschten Tochterunternehmen – »Control«-Prinzip (IAS 27; faktische Möglichkeit zur Beherrschung)
Stufe 2 (Gemeinschaftsunternehmen)	Wahlrecht: Quotenkonsolidierung oder Equity-Methode bei Joint Ventures (Gemeinschaftsunternehmen mit gemeinsamer Führung, § 310 HGB)	Wahlrecht: Quotenkonsolidierung oder Equity-Methode bei Joint Ventures (Vertragliche Vereinbarung mit gemeinsamer Führung bzw. Teilung der Beherrschung, IAS 31)
Stufe 3 (assoziierte Unternehmen)	Equity-Methode (§ 311 HGB; unter Voraussetzung der Erfüllung des § 271 Abs. 1 HGB)	Equity-Methode (Ausübung maßgeblichen Einflusses, IAS 28; maßgeblicher Einfluss ab einer Stimmrechtsbeteiligung von 20 %)
Stufe 4 (einfache Beteiligungen)	Bilanzierung zu Anschaffungskosten bei Beteiligungen bzw. dauerhaften Geschäftsverbindungen, bei denen kein maßgeblicher Einfluss auf die Geschäftspolitik vorliegt	Fair Value oder fortgeführte Anschaffungskosten bei zur Weiterveräußerung bestimmten Beteiligungen (Bilanzierung als Financial Instrument nach IAS 39 bzw. IFRS 5)
Grundlegende Regelungen	Weltabschlussprinzip (§ 294 Abs. 1 HGB bzw. § 13 Abs. 2 Satz 1 PublG); Stufenkonzept; Abgrenzung des Konsolidierungskreises in § 294 HGB; abschließende Ausnahmeregelungen in § 296 HGB	Weltabschlussprinzip (IAS 27.12); Stufenkonzept; Regelungen zum Konzernabschluss IAS 27
Anwendung	Für nicht kapitalmarktorientierte Unternehmen ab 01.01.2005 Wahlmöglichkeit zur Bilanzierung nach HGB oder IAS/IFRS im Konzernabschluss	Für kapitalmarktorientierte Unternehmen ab 01.01.2005 im Konzernabschluss verpflichtend; für nicht kapitalmarktorientierte Unternehmen wahlweise auch HGB

Tab. 14.3: Konsolidierungskreis im Konzernabschluss nach HGB und IFRS (vgl. *Baetge* et al., 2004, S. 125 ff.; *Pellens* et al., 2008, S. 752 ff.)

zu klären, ob vor Ort parallel ein zweites Rechnungswesensystem aufgebaut wird oder ob die lokalen Zahlen durch Überleitungsrechnungen in das Konzernrechnungswesen eingebracht werden. Während Überleitungsrechnungen ein hohes Maß an Abstimmung zwischen beiden Systemen bedürfen, ist die Betreibung eines zusätzlichen, lokalen Rechnungswesens mit erheblich mehr Aufwand verbunden.

Es stellt sich also für die Standardisierung der zentral verwendeten Controlling-Daten die Frage, ob identische Zahlen für das interne und externe Rechnungswesen genutzt werden, während für die lokal verwendeten Daten gefragt werden muss, ob ein lokaler Abschluss nach abweichenden Rechnungslegungsvorschriften erstellt werden muss. Somit ergibt sich das in Abbildung 14.3 gezeigte Prüfschema.

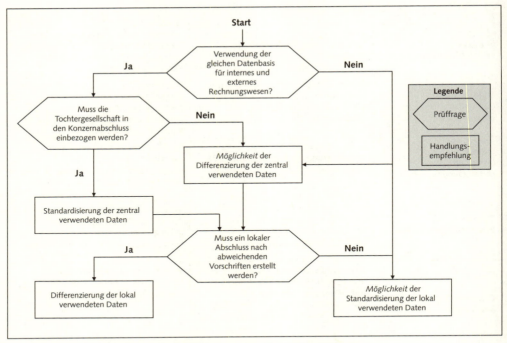

Abb. 14.3: Prüfschema zur Standardisierung von Controlling-Daten

14.6.2 Unternehmensinterne Kontextfaktoren

Internationalisierungsstrategie. Der Standardisierungsgrad des Controlling hängt des Weiteren von der gewählten **Internationalisierungsstrategie** des Gesamtunternehmens ab (vgl. *Littkemann*, 2001, S. 1288; *Welge/Holtbrügge*, 2006, S. 290). In der betriebswirtschaftlichen Literatur werden vier idealtypische Strategien unterschieden, die ursprünglich auf *Bartlett* und *Ghoshal* zurückgehen (vgl. *Bartlett/Ghoshal*, 1987, S. 8 ff.): Die **internationale** Strategie, die **globale** Strategie, die **multinationale** Strategie und die **transnationale** Strategie. Sie lassen sich hinsichtlich der beiden Ausprägungen Globalisierungs- bzw. Standardisierungsgrad sowie Lokalisierungs- bzw. Differenzierungsvorteile unterscheiden. Die verschiedenen Internationalisierungsstrategien sowie ihre Auswirkungen auf das Controlling werden in Abbildung 14.4 dargestellt.

Konzernorganisation. Die Organisation des internationalen Controlling hängt ebenso von der **Organisation des Gesamtunternehmens** ab (vgl. *Littkemann*, 2001, S. 1295). Dieser Zusammenhang ist offensichtlich, da das Controlling als Institution selbst Bestandteil der Unternehmensstruktur ist. So hat z. B. der Zentralisierungsgrad – als ein Organisationsmerkmal – einen Einfluss auf den Standardisierungsgrad (vgl. *Horváth*, 1989, Sp. 248; *Liedl*, 1999, S. 231 f.). Zentrale Controlling-Aufgaben werden in der Muttergesellschaft des Konzerns übernommen. Die zentralen Controlling-Aktivitäten

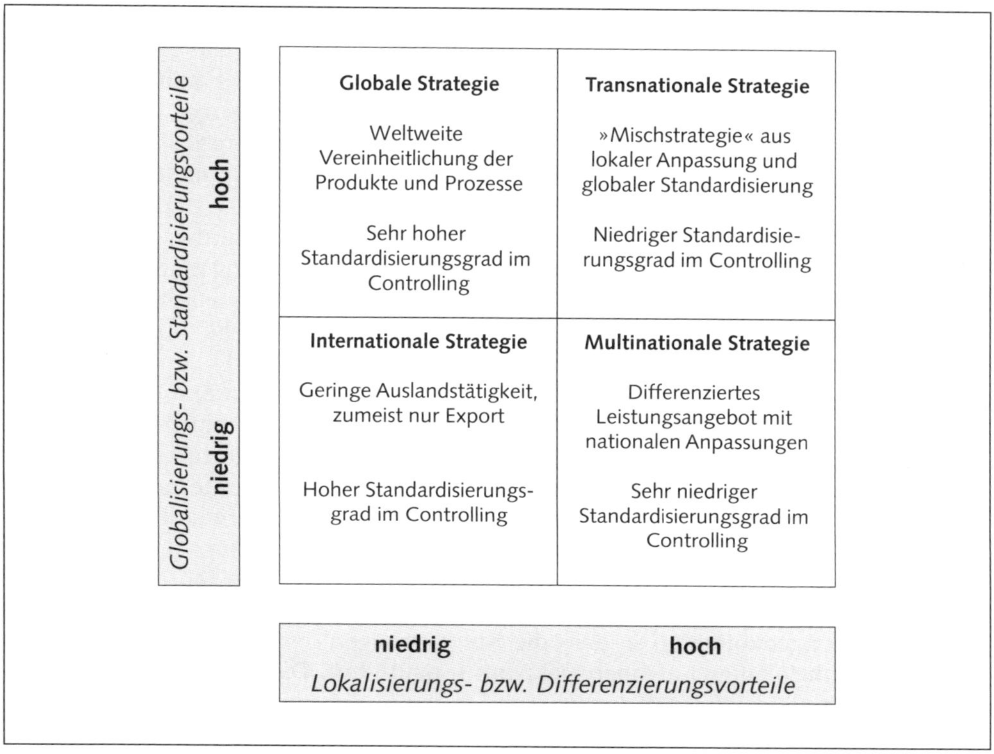

	Globale Strategie	**Transnationale Strategie**
hoch	Weltweite Vereinheitlichung der Produkte und Prozesse	»Mischstrategie« aus lokaler Anpassung und globaler Standardisierung
	Sehr hoher Standardisierungsgrad im Controlling	Niedriger Standardisierungsgrad im Controlling
	Internationale Strategie	**Multinationale Strategie**
niedrig	Geringe Auslandstätigkeit, zumeist nur Export	Differenziertes Leistungsangebot mit nationalen Anpassungen
	Hoher Standardisierungsgrad im Controlling	Sehr niedriger Standardisierungsgrad im Controlling

Globalisierungs- bzw. Standardisierungsvorteile

niedrig — **hoch**
Lokalisierungs- bzw. Differenzierungsvorteile

Abb. 14.4: Internationalisierungsstrategien (vgl. *Engelhard/Dähn*, 2002, S. 27)

verfolgen Ziele, die den Gesamtkonzern betreffen, wie z. B. Synergieeffekte und Vergleichbarkeit (vgl. *Horváth*, 1989, Sp. 244). Folglich impliziert in der Literatur ein **hoher Zentralisierungsgrad** auch einen **hohen Standardisierungsgrad des Controlling** (vgl. *Horváth*, 1997, S. 88; *Ziener*, 1985, S. 137 ff.). Die dezentral wahrgenommenen Aufgaben hingegen fokussieren viel stärker den spezifischen Geschäftsbereich bzw. die spezifische Region. Diese Aufgaben sind sehr vom lokalen Markt abhängig und somit stärker differenziert (vgl. *Ziener*, 1985, S. 139).

Art der Tochtergesellschaft. Eine Differenzierung im Controlling liegt im Sinne des Kontingenzansatzes des Weiteren nahe, wenn die Tochtergesellschaften ihrer **Art** nach verschieden sind (vgl. *Pausenberger*, 1996, S. 183). Es ist sinnvoll, eine Beurteilung von reinen Vertriebsgesellschaften z. B. anhand anderer Kriterien vorzunehmen als bei einer reinen Produktionsgesellschaft. Eine Evaluation einzelner Vertriebsstandorte sollte anhand vertriebsorientierter Kennzahlen erfolgen, z. B. Umsatz oder Marktanteil, während bei einem Produktionsstandort eher fertigungsorientierte Kennzahlen zu verwenden sind, z. B. Auftragseingänge oder Verbrauchsabweichungen (vgl. *Reichmann*, 2006, S. 363 ff. und 547).

Größe der Tochtergesellschaft. Hinsichtlich der Größe der Tochtergesellschaften ist zu erwarten, dass **große, relativ unabhängige Unternehmen** auch ein **eigenständiges Controlling** durchführen. Dann liegt eine Differenzierung gegenüber anderen kleineren Konzernunternehmen vor (vgl. *Littkemann*, 2004c, S. 87; *Pausenberger*, 1996, S. 183). Dennoch muss ein **Mindestmaß an Standardisierung** in Tochtergesellschaften aller Größen immer realisiert werden, um das Konzern-Controlling zumindest mit einem Standarddatensatz zu versorgen (vgl. *von Barttenwerfer*, 2000, S. 61). Für kleinere Unternehmen dürfte folglich aufgrund des geringen Installationsaufwands eher eine Standardisierung bzw. Anpassung an das konzernweite Controlling zum Tragen kommen. Als Indikatoren für die Größe einer Tochtergesellschaft können die **Anzahl der Mitarbeiter** oder der **Umsatz** gelten (vgl. *Littkemann*, 2004c, S. 84).

Dauer der Zugehörigkeit zum Gesamtunternehmen. Schließlich nimmt die Dauer der Zugehörigkeit einer Tochtergesellschaft zum Konzern Einfluss auf den Standardisierungsgrad (vgl. *Littkemann*, 2001, S. 1286). Insbesondere **akquirierte** und nicht durch konzerneigenes organisches Wachstum entstandene **Tochtergesellschaften** verfügen über individuelle Controlling-Systeme mit eigenen Kontenplänen, Stücklisten und Verrechnungspreissystemen. Eine Integration dieser oft historisch gewachsenen Controlling-Systeme in das konzernweite Controlling kann einige Jahre in Anspruch nehmen. Das Controlling muss allerdings auch nach einer Übernahme seinen Aufgaben weiterhin nachkommen, so dass die Anforderungen der neuen Konzernzentrale zusätzlich zum lokalen Aufgabenspektrum hinzutreten. Da schnelle Integrationen eine recht hohe Misserfolgsrate aufweisen, erscheint daher eine **sukzessive Einführung des zentralen Controlling-Systems** sinnvoll (vgl. *Littkemann*, 2004c, S. 87). Eine kurze Zugehörigkeitsdauer zum Unternehmen ist somit ein Indikator für eine Differenzierung des Controlling.

14.6.3 Empirische Beobachtungen

Empirische Untersuchungen zeigen, dass die kontingenztheoretisch ermittelten Wirkungszusammenhänge **tatsächlich beobachtet werden können**, allerdings mit unterschiedlicher Intensität. So konnte z. B. *Pausenberger* in seiner Befragung feststellen, dass die drei zuletzt genannten Faktoren – die Art und Größe der Tochtergesellschaft sowie ihre Zugehörigkeit zum Gesamtunternehmen – eine sehr hohe praktische Relevanz besitzen (vgl. *Pausenberger*, 1996, S. 183 f.). Diese Eigenschaften der Tochtergesellschaften weisen zwar keinen speziell internationalen Charakter auf, sondern spielen auch in einem rein nationalen Beteiligungs-Controlling eine Rolle. Dennoch darf ihre Betrachtung auch in internationalen Analysen nicht ausgeblendet werden.

Hoffjan/Weide (2006, S. 397 ff.) konnten in ihrer Feldstudie erkennen, dass vor allem die **externen Rechnungslegungsvorschriften** im Zuge der Konvergenz des Rechnungswesens insbesondere bei Großkonzernen den bedeutendsten Standardisierungstreiber im internationalen Controlling darstellen, während die Internationalisierungsstrategie oder Kulturunterschiede von eher untergeordneter Bedeutung sind. Die kontingenztheoretische Vorhersage, dass vor allem das zentralisierte Controlling standardisierte Aufgaben wahrnimmt, ließ sich hingegen widerlegen. Das Zentral-Controlling deutscher Großkonzerne beschäftigt sich zu einem Großteil mit **beteiligungs- oder länderspezifischen Sonderanalysen**, die in kein standardisiertes Bearbeitungsschema hineinpassen, und weniger mit den einheitlichen Standard-Reports der Tochtergesellschaften.

14.7 Zusammenfassung

Standardisierungsentscheidungen im Controlling international tätiger Unternehmen sind äußerst komplex, da zahlreiche Kontextfaktoren auf verschiedene Gestaltungsvariablen des Controlling-Systems wirken. Die stark zunehmenden internationalen Verflechtungen großer Konzerne erfordern zunehmend Standardisierungen, um eine zielsetzungsgerechte Koordination der weltweiten Aktivitäten zu ermöglichen. Die Vorteile sind des Weiteren Synergieeffekte und Schnelligkeit in der Informationsversorgung. Insofern scheint es angemessen, der Forderung *Horváths* nach »so viel Standardisierung wie möglich und so viel Differenzierung wie nötig« (*Horváth*, 1997, S. 88) zu folgen. Standardisierung und Differenzierung stellen allerdings nur in den seltensten Fällen »Entweder-Oder-Tatbestände« dar. Vielmehr ist das im Sinne des Kontingenzansatzes situativ optimale Niveau von Bedeutung.

Literaturverzeichnis

Adam, D. (1981): Unternehmensrechnung. Fallstudien mit Lösungen, Münster 1981.
Adler, N. J. (1981): Re-Entry: Managing Cross-Cultural Transitions, in: Group and Organization Studies, Vol. 6 (1981), Issue 3, S. 341–356.
Ahrens, T. (1996): Styles of Accountability, in: Accounting, Organizations and Society, Vol. 21 (1996), Issue 2/3, S. 139–173.
Ahrens, T. (1997): Strategic Interventions of Management Accountants: Everyday Practice of British and German Brewers, in: European Accounting Review, Vol. 6 (1997), Issue 4, S. 557–588.
Ahrens, T. (1999): Contrasting Involvements. A Study of Management Accounting Practices in Britain and Germany, Amsterdam 1999.
Ahrens, T./Chapman, C. (1999): The Role of Management Accountants in Britain and Germany, in: Management Accounting (UK), Vol. 77 (1999), Issue 5, S. 42–43.
Ahrens, T./Chapman, C. (2000): Occupational Identity of Management Accountants in Britain and Germany, in: European Accounting Review, Vol. 9 (2000), Issue 4, S. 477–498.
Al-Eryani, M. F./Alam, P./Akhter, S. H. (1990): Transfer Pricing Determinants of U.S. Multinationals, in: Journal of International Business Studies, Vol. 21 (1990), Issue 3, S. 409–425.
Amat, O./Blake, J./Oliveras, E. (1999): Variations in National Management Accounting Approaches, Working Paper No. 415, Universitat Pompeu Fabra.
Amshoff, B. (2003): Berichtswesen in multinationalen Unternehmen, in: *Holtbrügge, D.* (Hrsg.): Management multinationaler Unternehmungen. Festschrift zum 60. Geburtstag von *M. K. Welge*, Heidelberg 2003, S. 345–359.
Anderson, E. (1990): Two Firms, One Frontier: On Assessing Joint Venture Performance, in: Sloan Management Review, Vol. 31 (1990), Issue 2, S. 19–30.
Anthony, R. N./Govindarajan, V. (2007): Management Control Systems, 12. Aufl., New York (NY) 2007.
Arbeitskreis »Finanzierungsrechnung« der Schmalenbach-Gesellschaft für Betriebswirtschaft e.V. (2005): Wertorientierte Unternehmenssteuerung in Theorie und Praxis, in: *Gebhardt, G./ Mansch, H.* (Hrsg.): Zeitschrift für betriebswirtschaftliche Forschung, 55. Jg. (2005), Sonderheft 53.
Arterian, S. (1994): Accounting for Hyperinflation, in: CFO: Magazine for Senior Financial Executives, Vol. 10 (1994), Issue 8, S. 61–64.
Atkinson, A./Waterhouse, J./Wells, R. (1997): A Stakeholder Approach to Strategic Performance Measurement, in: Sloan Management Review, Vol. 38 (1997), Issue 3, S. 25–37.

Backhaus, K./Erichson, B./Plinke, W./Weiber, R. (2008): Multivariate Analysemethoden. Eine anwendungsorientierte Einführung, 12. Auflage, Berlin/Heidelberg 2008.
Baetge, J./Kirsch, H.-J./Thiele, S. (2004): Konzernbilanzen, 7. Aufl., Düsseldorf 2004.
Baetge, J./Kirsch, H.-J./Thiele, S. (2007): Bilanzen, 9. Aufl., Düsseldorf 2007.
Ballwieser, W. (1998): Unternehmensbewertung mit Discounted Cash Flow-Verfahren, in: Die Wirtschaftsprüfung, 51. Jg. (1998), Heft 3, S. 81–92.
Ballwieser, W. (2002): Shareholder Value, in: *Küpper, H.-U./Wagenhofer, A.* (Hrsg.): Handwörterbuch Unternehmensrechnung und Controlling, 4. Aufl., Stuttgart 2002, Sp. 1745–1754.
Ballwieser, W. (2007): Unternehmensbewertung. Prozeß, Methoden und Probleme, 2. Aufl., Stuttgart 2007.
Bankhofer, U. (2000): Industrielles Standortmanagement: Ergebnisse einer empirischen Untersuchung, in: Zeitschrift für Planung und Unternehmenssteuerung, 11. Jg. (2000), Heft 3, S. 329–352.
Bankhofer, U. (2003): Standortprobleme im Industrieunternehmen: Entwicklung und Ableitung

geeigneter Planungsmodelle und -methoden auf der Basis eines Kategorisierungsansatzes, in: Zeitschrift für Planung und Unternehmenssteuerung, 14. Jg. (2003), Heft 1, S. 25–50.

Bardhan, A. D. (2006): Managing Globalization of R&D: Organizing for Offshoring Innovation, in: Human Systems Management, Vol. 25 (2006), Issue 2, S. 103–114.

Bartelheimer, J./Kückelhaus, M./Wohlthat, A. (2004): Auswirkungen des Impairment of Assets auf die interne Steuerung, in: Zeitschrift für Controlling und Management, 48. Jg. (2004), Sonderheft 2, S. 22–30.

Bartlett, C. A./Ghoshal, S. (1987): Managing Across Borders: New Strategic Requirements, in: Sloan Management Review, Vol. 28 (1987), Issue 4, S. 7–17.

Barttenwerfer, M. von (2000): Direktinvestition als Internationalisierungsstrategie im mittelständischen Produktionsunternehmen, in: *Berens, W./Born, A./Hoffjan, A.* (Hrsg.): Controlling international tätiger Unternehmen, Stuttgart 2000, S. 43–64.

Baskerville, R. (2003): Hofstede Never Really Studied Culture, in: Accounting, Organizations and Society, Vol. 28 (2003), Issue 1, S. 1–14.

Baum, H.-G./Coenenberg, A. G./Günther, T. (2007): Strategisches Controlling, 4. Aufl., Stuttgart 2007.

Bavishi, V. B./Choi, F. D. S./Czechowicz, J. I. (1982): Assessing Foreign Subsidiary Performance. Systems & Practices of Leading Multinational Companies, New York (NY) 1982.

Becker, J./Köster, C./Sandmann, D. (2006): Konsolidierung des Berichtswesens, in: Controlling, 18. Jg. (2006), Heft 10, S. 501–507.

Beißel, J./Steinke, K.-H. (2004): Integriertes Reporting unter IFRS bei der Lufthansa, in: Zeitschrift für Controlling und Management, 48. Jg. (2004), Sonderheft 2, S. 63–70.

Belkaoui, A. (1991): Multinational Management Accounting, New York (NY) 1991.

Berens, W./Bertelsmann, R. (2002): Controlling, in: *Küpper, H.-U./Wagenhofer, A.* (Hrsg.): Handwörterbuch Unternehmensrechnung und Controlling, 4. Aufl., Stuttgart 2002, Sp. 280–288.

Berens, W./Bolte, D./Hoffjan, A. (2004): Controlling im Rahmen der internationalen Steuerplanung, in: Controlling, 16. Jg. (2004), Heft 10, S. 537–544.

Berens, W./Darius, P./Schmitting, W. (1997): Die Verwendung von Graphiken in Geschäftsberichten – Eine empirische Studie, in: *Berens, W.* (Hrsg.): Düsseldorfer Schriften zum Controlling, Bd. 2, Aachen 1997.

Berens, W./Dörges, C. E./Hoffjan, A. (2000): Fundierung eines Verständnisses des Controlling multinationaler Unternehmen, in: *Berens, W./Born, A./Hoffjan, A.* (Hrsg.): Controlling international tätiger Unternehmen, Stuttgart 2000, S. 13–41.

Berens, W./Hoffjan, A. (2003): Controlling, in: *Breuer, W./Gürtler, M.* (Hrsg.): Internationales Management. Betriebswirtschaftslehre der internationalen Unternehmung, Wiesbaden 2003, S. 205–246.

Bergmann, J. (1996): Shareholder-Value-orientierte Beurteilung von Tochtergesellschaften im internationalen Konzern, Aachen 1996.

Beulen, E./Van Fenema, P./Currie, W. (2005): From Application Outsourcing to Infrastructure Management: Extending the Offshore Outsourcing Service Portfolio, in: European Management Journal, Vol. 23 (2005), Issue 2, S. 133–144.

Bhimani, A. (1996) (Hrsg.): Management Accounting. European Perspectives, Oxford 1996.

Bhimani, A./Horngren, C. T./Datar, S. M./Foster, G. (2008): Management and Cost Accounting, 4. Aufl., Harlow 2008.

Bhimani, A./Keshtvarz, M. H. (1999): British Management Accountants: Strategically Oriented, in: Journal of Cost Management, Vol. 13 (1999), Issue 2, S. 14–35.

Biermann, H. Jr. (1981): Financial Management and Inflation, New York (NY) 1981.

Biggadike, R. (1979): The Risky Business of Diversification, in: Harvard Business Review, Vol. 57 (1979), Issue 3, S. 103–111.

Blake, J./Amat, O./Wraith, P. (1998): Management Accounting in Latin America, in: Management Accounting (UK), Vol. 76 (1998), Issue 4, S. 56–57.

Blake, J./Amat, O./Wraith, P. (2000): Developing a New National Management Accounting Framework – the Spanish Case, in: European Business Review, Vol. 12 (2000), Issue 3, S. 122–128.

Blohm, H. (1974): Die Gestaltung des betrieblichen Berichtswesens als Problem der Leistungsorganisation, 2. Aufl., Herne/Berlin 1974.
Boddewyn, J. J. (1985): Theories of Foreign Direct Investment and Divestment. A Classificatory Note, in: Management International Review, Vol. 25 (1985), Issue 1, S. 57–65.
Böcking, H.-J./Nowak, K. (1999): Das Konzept des Economic Value Added, in: Finanz Betrieb, 1. Jg. (1999), Heft 10, S. 281–288.
Bögel, D. (1989): Internationales Controlling aus der Sicht des Top Managements, in: *Horváth, P.* (Hrsg.): Internationalisierung des Controlling, Stuttgart 1989, S. 69–80.
Boos, M./Rehkugler, H./Tucha, T. (2000): Internationale Verrechnungspreise. Ein Überblick, in: Der Betrieb, 53. Jg. (2000), Heft 48, S. 2389–2393.
Borchers, S. (2000): Beteiligungscontrolling in der Management-Holding. Ein integratives Konzept, Wiesbaden 2000.
Borstell, T. (2003): Verrechnungspreispolitik bei konzerninternen Lieferbeziehungen, in: *Grotherr, S.* (Hrsg.): Handbuch der internationalen Steuerplanung, 2. Aufl., Herne/Berlin 2003, S. 323–343.
Brandau, M./Hoffjan, A. (2009): Exploring the Involvement of Management Accounting in Strategic Decisions and Control: The Case of Offshoring, in: Journal of Accounting and Organizational Change, Vol. 5 (2009), in Druck.
Braun, N. (2003): Internationale Steuerplanung – aktuelle Interessenschwerpunkte, in: Der Steuerberater, 54. Jg. (2003), S. 247–252.
Breithecker, V. (2002): Einführung in die Internationale Betriebswirtschaftliche Steuerlehre, 2. Aufl., Bielefeld 2002.
Bromwich, M. (1990): The Case for Strategic Management Accounting: The Role of Accounting Information for Strategy in Competitive Markets, in: Accounting, Organizations and Society, Vol. 15 (1990), Issue 1/2, 27–46.
Brühl, V. (2000): Länderrisiken bei internationalen Unternehmenskäufen, in: Finanz Betrieb, 2. Jg. (2000), Heft 2, S. 61–67.
Budde, T. (2005): Wertminderungstests nach IAS 36: Komplexe Rechenwerke nicht nur für die Bewertung des Goodwill, in: Betriebs-Berater, 60. Jg. (2005), Heft 47, S. 2567–2573.
Büchel, B. (1997): Development of Joint Ventures. Conditions – Influences – Relationships, Wiesbaden 1997.
Büchel, B./Prange, C./Probst, G./Rüling, C.-C. (1997): Joint Venture-Management. Aus Kooperationen lernen, Stuttgart/Wien 1997.
Bühner, R. (1990): Das Management-Wert-Konzept. Strategien zur Schaffung von mehr Wert im Unternehmen, Stuttgart 1990.
Buhleier, Claus (2008): Der IFRS Goodwill Impairment Test – Schnittpunkt zwischen Internationaler Rechnungslegung und Internationalem Controlling, in: *Funk, W./Rossmanith, J.* (Hrsg.): Internationale Rechnungslegung und Internationales Controlling. Herausforderungen – Handlungsfelder – Erfolgspotenziale, Wiesbaden 2008, S. 455–479.
Buhmann, M./Schön, M./Kinkel, S. (2004): Dynamische Standortbewertung und Standortcontrolling, in: Controlling, 16. Jg. (2004), Heft 1, S. 19–25.
Burns, J. O. (1980): Transfer Pricing Decisions in U.S. Multinational Corporations, in: Journal of International Business Studies, Vol. 11 (1980), Issue 3, S. 23–39.

Carmel, E./Nicholson, B. (2005): Small Firms and Offshore Software Outsourcing: High Transaction Costs and Their Mitigation, in: Journal of Global Information Management, Vol. 13 (2005), Issue 3, S. 33–54.
Carr, C./Tomkins, C. (1998): Context, Culture and the Role of the Finance Function in Strategic Decisions. A Comparative Analysis of Britain, Germany, the U.S.A and Japan, in: Management Accounting Research, Vol. 9 (1998), Issue 2, S. 213–239.
Carvalho, C. E. (1996): Die Inflation und die Banken-Kommentare zum ersten Jahr des Plano Real, in: *Calcagnotto, G./Fritz, B.* (Hrsg.): Inflation und Stabilisierung in Brasilien. Probleme einer Gesellschaft im Wandel, Frankfurt am Main 1996, S. 200–227.

Chandler, A. D. (2001): Strategy and Structure. Chapters in the History of Industrial Enterprise, 22. Aufl., Cambridge (MA) 2001.

Chenhall, R./Morris, D. (1986): The Impact of Structure, Environment, and Interdependence on the Perceived Usefulness of Management Accounting Systems, in: The Accounting Review, Vol. 61 (1986), Issue 1, S. 16–35.

Choi, F. D. S. (1989): Internationales Berichtswesen, in: *Macharzina, K./Welge, M. K.* (Hrsg.): Handwörterbuch Export und internationale Unternehmung, Stuttgart 1989, S. 191–202.

Chow, C. W./Shields, M. D./Wu, A. (1999): The Importance of National Culture in the Design of and Preference for Management Controls for Multinational Operations, in: Accounting, Organizations and Society, Vol. 24 (1999), Issue 5/6, S. 441–461.

Christensen, J./Wagenhofer, A. (1997): Editorial: Special Section: German Cost Accounting Traditions, in: Management Accounting Research, Vol. 8 (1997), Issue 3, S. 255–259.

Chung, T. Z. (1995): Einleitung, in: *Chung, T. Z./Sievert, H.-W.* (Hrsg.): Joint Ventures im Chinesischen Kulturkreis. Eintrittsbarrieren überwinden, Marktchancen nutzen, Wiesbaden 1995, S. 9–13.

Clermont, A./Schmeisser, W. (1997): Internationales Personalmanagement – Management mit Fingerspitzengefühl, in: *Clermont, A./Schmeisser, W.* (Hrsg.): Internationales Personalmanagement, München 1997, S. 3–15.

Coates, J./Davis, T./Stacey, R. (1995): Performance Measurement Systems, Incentive Reward Schemes and Short-termism in Multinational Companies: a Note, in: Management Accounting Research, Vol. 6 (1995), Issue 2, S. 125–135.

Coenenberg, A. G. (1995): Einheitlichkeit oder Differenzierung von internem und externem Rechnungswesen: Die Anforderungen der internen Steuerung, in: Der Betrieb, 48. Jg. (1995), Heft 42, S. 2077–2083.

Coenenberg, A. G. (2005): Jahresabschluss und Jahresabschlussanalyse. Betriebswirtschaftliche, handelsrechtliche, steuerrechtliche und internationale Grundsätze – HGB, IFRS und US-GAAP, 20. Aufl., Stuttgart 2005.

Coenenberg, A. G./Fischer, T. M./Günther, T. (2007): Kostenrechnung und Kostenanalyse, 6. Aufl., Stuttgart 2007.

Coenenberg, A. G./Salfeld, R. (2007): Wertorientierte Unternehmensführung. Vom Strategieentwurf zur Implementierung, 2. Aufl., Stuttgart 2007.

Copeland, T. E./Koller, T. (2000): Value-Based Management, in: *Berens, W./Born, A./Hoffjan, A.* (Hrsg.): Controlling international tätiger Unternehmen, Stuttgart 2000, S. 259–287.

Copeland, T. E./Koller, T./Murrin, J. (2002): Unternehmenswert. Methoden und Strategien für eine wertorientierte Unternehmensführung, 3. Aufl., New York (NY) et al. 2002.

Cravens, K./Guilding, C. (2001): An Empirical Study of the Application of Strategic Management Accounting Techniques, in: Advances in Management Accounting, Vol. 10 (2001), S. 95–124.

Crüger, A./Ritter, L. (2004): Steuerung von Konzernverrechnungspreisen durch die Kostenaufschlagsmethode, in: Controlling, 16. Jg. (2004), Heft 8/9, S. 497–502.

Dais, M./Watterott, R. (2006): Umstellung des externen und internen Rechnungswesens der Bosch-Gruppe auf IFRS – Harmonisierung und deren Grenzen, in: Controlling, 18. Jg. (2006), Heft 8/9, S. 465–473.

Deimel, K. (2004): Controlling in internationalen Unternehmen, in: *Meier, H./Roehr, S.* (Hrsg.): Einführung in das Internationale Management. Internationalisierung und Globalisierung, internationale Unternehmensführung, interkulturelle Kommunikation, Herne/Berlin 2004, S. 175–200.

Deloitte (2005): Goodwill bilanzieren und steuern – Anwendung der neuen IFRS-Regeln in der Praxis, Frankfurt am Main/Düsseldorf 2005, abgerufen im Dezember 2008 unter http://www.deloitte.com/dtt/cda/doc/content/DE_C_CFO_Goodwill_IFRS_311005.pdf

Demirag, I. S. (1984): Overseas Profits: Can We Find a Happy Medium?, in: Accountancy, Vol. 95 (1984), Issue 1092, S. 80–81.

Demirag, I. S. (1986): The Treatment of Exchange Rates in Internal Performance Evaluation, in: Accounting and Business Research, Vol. 16 (1986), Issue 1, S. 157–164.

Demirag, I. S. (1992): The State of the Art in Assessing Foreign Currency Operations, in: Managerial Finance, Vol. 18 (1992), Issue 3/4, S. 21–40.
Demirag, I. S./De Fuentes, C. (1999): Exchange Rate Fluctuations and Management Control in UK-based MNCs: An Examination of the Theory and Practices, in: The European Journal of Finance, Vol. 5 (1999), Issue 1, S. 3–28.
Dibbern, J./Winkler, J./Heinzl, A. (2008): Explaining Variations in Client Extra Costs Between Software Projects Offshored to India, in: MIS Quarterly, Vol. 32 (2008), Issue 2, S. 333–366.
Dixon, R. (1998): Accounting for Strategic Management: A Practical Application, in: Long Range Planning, Vol. 31 (1998), Issue 2, 272–279.
Döring, U. (2002): Steuerplanung, in: *Küpper, H.-U./Wagenhofer, A.* (Hrsg.): Handwörterbuch Unternehmensrechnung und Controlling, 4. Aufl., Stuttgart 2002, Sp. 1838–1847.
Dohm, L. (1988): Die Desinvestition als strategische Handlungsalternative. Eine Studie des Desinvestitionsverhaltens U.S.-amerikanischer Großunternehmen, Frankfurt am Main et al. 1988.
Drucker, P. F. (1995): Managing in a Time of Great Change, New York (NY) 1995.
Dülfer, E./Söstingmeier, B. (2008): Internationales Management in unterschiedlichen Kulturbereichen, 7. Aufl., München/Wien 2008.
Dufey, G./Giddy, I. H. (2003): Management of Corporate Foreign Exchange Risk, in: *Choi, F. D. S.* (Hrsg.): International Finance and Accounting Handbook, 3. Aufl., New York (NY) et al. 2003, S. 6.1–6.31.

Eccles, R. C. (1991): Wider das Primat der Zahlen – die neuen Steuergrößen, in: Harvard Business Manager, 14. Jg. (1991), Heft 4, S. 14–22.
Eder, S./Schmid-Schmidsfelden, W. (1991): Das Joint-Venture-Arbeitshandbuch, Wien et al. 1991.
Ederer, F. (1995): Das interne Berichtswesen – die Berichterstattung im Unternehmen, in: Betrieb und Wirtschaft, 49. Jg. (1995), Heft 20, S. 701–709.
Eiteman, D. K./Stonehill, A. I./Moffett, M. H. (2007): Multinational Business Finance, 11. Aufl., Boston (MA) 2007.
Engelhard, J. (1992): Bewertung von Länderrisiken bei Auslandsinvestitionen: Möglichkeiten, Ansätze und Grenzen, in: *Kumar, B. N./Haussmann, H.* (Hrsg.): Handbuch der Internationalen Unternehmenstätigkeit. Erfolgs- und Risikofaktoren, Märkte, Export-, Kooperations- und Niederlassungs-Management, München 1992, S. 367–383.
Engelhard, J./Dähn, M. (2002): Theorien der internationalen Unternehmenstätigkeit – Darstellung, Kritik und zukünftige Anforderungen, in: *Macharzina, K./Oesterle, M.-J.* (Hrsg.): Handbuch Internationales Management. Grundlagen, Instrumente, Perspektiven, 2. Aufl., Wiesbaden 2002, S. 23–44.
Erdmann, M.-K./Wünsch, M./Meyer, U. (2006): Auswirkungen ausgewählter IFRS-Änderungen auf die Unternehmenssteuerung (Teil 1), in: Zeitschrift für internationale und kapitalmarktorientierte Rechnungslegung, 6. Jg. (2006), Heft 5, S. 332–341.
Esser, J./Müller, M. (2007): Empirische Erkenntnisse zur Organisation des Controlling, in: *Gleich, R./Michel, U.* (Hrsg.): Organisation des Controlling. Grundlagen, Praxisbeispiele und Perspektiven, Freiburg/Berlin 2007, S. 33–54.
Ewert, R./Wagenhofer, A. (2000): Rechnungslegung und Kennzahlen für das wertorientierte Management, in: *Wagenhofer, A./Hrebicek, G.* (Hrsg.): Wertorientiertes Management. Konzepte und Umsetzungen zur Unternehmenswertsteigerung, Stuttgart 2000, S. 3–64.
Ewert, R./Wagenhofer, A. (2008): Interne Unternehmensrechnung, 7. Aufl., Berlin/Heidelberg 2008.

Fastrich, H./Hepp, S. (1991): Währungsmanagement international tätiger Unternehmen, Stuttgart 1991.
Festing, M./Kabst, R./Weber, W. (2003): Personal, in: *Breuer, W./Gürtler, M.* (Hrsg.): Internationales Management. Betriebswirtschaftslehre der internationalen Unternehmung, Wiesbaden 2003, S. 163–204.

Fink, C./Ulbrich, P. (2006): Segmentberichterstattung nach ED 8 – Operating Segments, in: Zeitschrift für internationale und kapitalmarktorientierte Rechnungslegung, 6. Jg. (2006), Heft 4, S. 233–243.

Fink, C./Ulbrich, P. R. (2007): Verabschiedung des IFRS 8 – Neuregelung der Segmentberichterstattung nach dem Vorbild der US-GAAP, in: Zeitschrift für internationale und kapitalmarktorientierte Rechnungslegung, 7. Jg. (2007), Heft 1, S. 1–6.

Franz, K.-P. (1991): Probleme der kurzfristigen Ergebnisrechnung von Unternehmen in Hochinflationsländern, in: Betriebswirtschaftliche Forschung und Praxis, 43. Jg. (1991), Heft 4, S. 263–274.

Franz, K.-P./Winkler, C. (2006a): IFRS und wertorientiertes Controlling, in: Controlling, 18. Jg. (2006), Heft 8/9, S. 417–423.

Franz, K.-P./Winkler, C. (2006b): Unternehmenssteuerung und IFRS. Grundlagen und Praxisbeispiele, München 2006.

Freidank, C. C. (1996): Ansatzpunkte für die Entwicklung eines Steuercontrolling, in: Controlling, 8. Jg. (1996), Heft 3, S. 148–155.

Friedl, G./Küpper, H.-U./Pedell, B. (2005): Relevance Added: Combining ABC with German Cost Accounting, in: Strategic Finance, Vol. 87 (2005), Issue 12, S. 56–61.

Friedrich, C. (1997): Auswahl und Vorbereitung eines internationalen Personalmanagementeinsatzes, in: *Clermont, A./Schmeisser, W.* (Hrsg.): Internationales Personalmanagement, München 1997, S. 295–308.

Fülbier, R. U./Gassen, J. (2007): Das Bilanzrechtsmodernisierungsgesetz (BilMoG): Handelsrechtliche GoB vor der Neuinterpretation, in: Der Betrieb, 60. Jg. (2007), Heft 48, S. 2605–2612.

Funk, J. (1990): Kosten- und Erlösrechnung in einem Hochinflationsland – dargestellt am Beispiel Brasilien, in: *Steffen, R./Wartmann, R.* (Hrsg.): Kosten und Erlöse. Orientierungsgrößen der Unternehmenspolitik, Festschrift für *G. Lassmann* zum 60. Geburtstag, Stuttgart 1990, S. 21–37.

Gehauf, G. (2004): Gewinntransfers in Multinationalen Unternehmen und deren Besteuerung, Frankfurt am Main 2004.

Gehrke, I. (1999): Desinvestitionen erfolgreich planen und steuern. Mit Beispielen aus der chemischen Industrie, München 1999.

Geringer, M. J./Hebert, L. (1991): Measuring Performance of International Joint Ventures, in: Journal of International Business Studies, Vol. 22 (1991), Issue 2, S. 249–263.

Gibson, R. (1997): Zur Auswahl von Sprachkursen und Interkulturellem Training, in: *Clermont, A./Schmeisser, W.* (Hrsg.): Internationales Personalmanagement, München 1997, S. 311–335.

Gleich, R. (1997): Performance Measurement, in: Die Betriebswirtschaft, 57. Jg. (1997), Heft 1, S. 114–117.

Göpfert, I. (2002): Berichtswesen, in: *Küpper, H.-U./Wagenhofer, A.* (Hrsg): Handwörterbuch Unternehmensrechnung und Controlling, 4. Aufl., Stuttgart 2002, Sp. 143–156.

Götze, U./Meyer, M. (1993): Strategische Standortstrukturplanung. Planungsprozesse, Modellanalysen und EDV-gestützter Analytischer Hierarchie Prozeß, Arbeitsbericht 3/1993 des Instituts für Betriebswirtschaftliche Produktions- und Investitionsforschung der Georg-August-Universität Göttingen.

Gómez, J. M./Rautenstrauch, C./Cissek, P./Grahlherr, B. (2006): Einführung in SAP Business Information Warehouse, Berlin 2006.

Gordon, L. A./Miller, D. (1976): A Contingency Framework for the Design of Accounting Information Systems, in: Accounting, Organizations and Society, Vol. 1 (1976), Issue 1, S. 59–70.

Gordon, S. L./Lees, F. A. (1982): Multinational Capital Budgeting. Foreign Investment under Subsidy, in: California Management Review, Vol. 25 (1982), Issue 1, S. 22–32.

Granlund, M./Lukka, K. (1998a): It's a Small World of Management Accounting Practices, in: Journal of Management Accounting Research, Vol. 10 (1998), S. 153–179.

Granlund, M./Lukka, K. (1998b): Towards Increasing Business Orientation: Finnish Manage-

ment Accountants in a Changing Cultural Context, in: Management Accounting Research, Vol. 9 (1998), Issue 2, S. 185–211.
Günther, T. (1997): Unternehmenswertorientiertes Controlling, München 1997.
Günther, T. (2000): Vom strategischen zum operativen Wertsteigerungsmanagement, in: *Wagenhofer, A./Hrebicek, G.* (Hrsg.): Wertorientiertes Management. Konzepte und Umsetzungen zur Unternehmenswertsteigerung, Stuttgart 2000, S. 65–93.
Guilding, C./Cravens, K. S./Tayles, M. (2000): An International Comparison of Strategic Management Accounting Practices, in: Management Accounting Research, Vol. 11 (2000), Issue 1, 113–135.

Haaker, A. (2005): IFRS und wertorientiertes Controlling, in: Zeitschrift für internationale und kapitalmarktorientierte Rechnungslegung, 5. Jg. (2005), Heft 9, S. 351–357.
Haberland, G. (1970): Der Controller – Seine Aufgaben und Stellung in den USA, in: Der Betrieb, 2. Jg. (1970), Heft 47, S. 2181–2185.
Hachmeister, D. (2006): Auswirkungen der Goodwill-Bilanzierung auf das Controlling, in: Controlling, 18. Jg. (2006), Heft 8/9, S. 425–432.
Hachmeister, D. (2008): Impairment-Test nach IFRS und US-GAAP, in: *Ballwieser, W./Beyer, S./Zelger, H.* (Hrsg.): Unternehmenskauf nach IFRS und US-GAAP. Purchase Price Allocation, Goodwill und Impairment-Test, 2. Aufl., Stuttgart 2008, S. 229–266.
Haeger, Bernd (2006): Harmonisierung von Rechnungswesen und Controlling bei E.ON, in: *Wagenhofer, A.* (Hrsg.): Controlling und IFRS-Rechnungslegung. Konzepte, Schnittstellen, Umsetzung, Berlin 2006, S. 243–266.
Hahn, D. (1990): Strategische Führung und Controlling unter besonderer Berücksichtigung internationaler Aspekte, in: Controlling, 2. Jg. (1990), Heft 4, S. 176–185.
Hahn, D./Hungenberg, H. (2001): PuK. Planung und Kontrolle, Planungs- und Kontrollsysteme, Planungs- und Kontrollrechnung. Wertorientierte Controllingkonzepte, 6. Aufl., Wiesbaden 2001.
Hahne, M. (2005): SAP Business Information Warehouse. Mehrdimensionale Datenmodellierung, Berlin/Heidelberg 2005.
Hake, B. (1996): Länderrisiken, in: *Schulte, C.* (Hrsg.): Lexikon des Controlling, München/Wien 1996, S. 485–488.
Hake, B. (1997): Länderrisikoanalyse – Werkzeuge des Controllers, in: Controller Magazin, 22. Jg. (1997), Heft 4, S. 240–242.
Hall, E. T./Hall, M. R. (1990): Understanding Cultural Differences. Germans, French and Americans, Yarmouth (ME) 1990.
Hammerschmidt, J. (1984): Inflationsrechnung im Unternehmen. Ergebnisrechnung, Kalkulation, Planung, Freiburg 1984.
Haring, N./Prantner, R. (2005): Konvergenz des Rechnungswesens – State-of-the-Art in Deutschland und Österreich, in: Controlling, 17. Jg. (2005), Heft 3, S. 147–154.
Harrison, G. L./McKinnon, J. L. (1999): Cross-Cultural Research in Management Control Systems Design: A Review of the Current State, in: Accounting, Organizations and Society, Vol. 24 (1999), Issue 5/6, S. 483–506.
Harrison, G. L./McKinnon, J. L./Panchapakesan, S./Leung, M. (1994): The Influence of Culture on Organizational Design and Planning and Control in Australia and the United States Compared with Singapore and Hong Kong, in: Journal of International Financial Management and Accounting, Vol. 5 (1994), Issue 3, S. 242–261.
Hatfield, L./Pearce, J. A. (1994): Goal Achievement and Satisfaction of Joint Venture Partners, in: Journal of Business Venturing, Vol. 9 (1994), Issue 5, S. 423–449.
Hebeler, C. (2003): Harmonisierung des internen und externen Rechnungswesens. US-amerikanische Accounting-Systeme als konzeptionelle Grundlage für deutsche Unternehmen?, Wiesbaden 2003.
Heintges, S. (2006): Entwicklung der Rechnungslegung nach internationalen Vorschriften – Konsequenzen für deutsche Unternehmen, in: Der Betrieb, 59. Jg. (2006), Heft 30, S. 1569–1576.

Hennart, J.-F. (1988): A Transaction Cost Theory of Equity Joint Ventures, in: Strategic Management Journal, Vol. 9 (1988), Issue 4, S. 361–374.
Hense, H. (2006): Goodwill und Unternehmenssteuerung, in: *Börsig, C./Wagenhofer, A.* (Hrsg.): IFRS in Rechnungswesen und Controlling, Stuttgart 2006, S. 249–263.
Hentze, J./Kammel, A. (2001): Personalwirtschaftliche Kennzahlensysteme im Rahmen eines wertorientierten internationalen Personalcontrolling, in: *Clermont, A./Schmeisser, W./Krimphove, D.* (Hrsg.): Strategisches Personalmanagement in globalen Unternehmen, München 2001, S. 319–332.
Herter, R. N. (1994): Unternehmenswertorientiertes Management. Strategische Erfolgsbeurteilung von dezentralen Organisationseinheiten auf der Basis der Wertsteigerungsanalyse, München 1994.
Herzig, N./Dempfle, U. (2002): Konzernsteuerquote, betriebliche Steuerpolitik und Steuerwettbewerb, in: Der Betrieb, 55. Jg. (2002), Heft 1, S. 1–8.
Herzig, N./Zimmermann, M. (1998): Steuercontrolling – Überflüssige Begriffsverbindung oder sinnvolle Innovation, in: Der Betrieb, 54. Jg. (1998), Heft 23, S. 1141–1150.
Hinz, M. (2005): Rechnungslegung nach IFRS. Konzept, Grundlagen und erste Anwendung, München 2005.
Hirsch, B. (2004): Die Controllingausbildung an Universitäten – empirische Erkenntnisse, in: Zeitschrift für Controlling und Management, 48. Jg. (2004), Heft 2, S. 78–80.
Hirsch, B. (2007a): Controlling und Entscheidungen. Zur verhaltenswissenschaftlichen Fundierung des Controllings, Tübingen 2007.
Hirsch, B. (2007b): Wertorientiertes Berichtswesen – Theoretisches Konzept versus praktische Umsetzung, in: Zeitschrift für Planung und Unternehmenssteuerung, 18. Jg. (2007), Heft 2, S. 161–185.
Hoffjan, A./Hübner, T./Mertes, M. (2006): Die Aufgabe von Fertigungsstandorten aus Sicht des Controlling, in: Controlling, 18. Jg. (2006), Heft 10, S. 509–516.
Hoffjan, A./Kornetzki, T. (2005): Währungsumrechnung im Planungs- und Kontrollprozess, in: Zeitschrift für Planung und Unternehmenssteuerung, 16. Jg. (2005), Heft 3, S. 325–348.
Hoffjan, A./Nevries, P./Winn, M. (2007): Comparative Management Accounting. An Analysis of French and German Management Accounting Practices, Working Paper, WHU – Otto Beisheim School of Management 2007.
Hoffjan, A./Trapp, R. (2008): Implikationen der internationalen Rechnungslegung für das Controlling, in: Buchführung, Bilanzierung, Kostenrechnung, o. Jg. (2008), Heft 19, S. 1021–1030.
Hoffjan, A./Weber, J. (2007): Internationales Controlling. Steuerung von Auslandsgesellschaften, Weinheim 2007.
Hoffjan, A./Weide, G. (2006): Organisation des internationalen Controlling – Im Spannungsfeld zwischen Standardisierung und Differenzierung, in: Die Unternehmung, 60. Jg. (2006), Heft 6, S. 389–406.
Hoffjan, A./Wömpener, A. (2006): Comparative Analysis of Strategic Management Accounting in German- and English-Language General Management Accounting Textbooks, in: Schmalenbach Business Review, Vol. 58 (2006), Issue 3, S. 234–258.
Hoffmann, W.-D. (2008): § 11 – Außerplanmäßige Abschreibungen, Wertaufholung, in: *Lüdenbach, N./Hoffmann, W.-D.* (Hrsg.): Haufe IFRS-Kommentar, 6. Auflage, Freiburg 2008, S. 447–527.
Hofmann, N./Sasse, A./Hauser, M./Baltzer, B. (2007): Investitions-, Finanz- und Working Capital Management als Stellhebel zur Steigerung der Kapitaleffizienz, in: Controlling, 19. Jg. (2007), Heft 3, S. 153–163.
Hofstede, G. H. (1992): Die Bedeutung von Kultur und ihren Dimensionen im Internationalen Management, in: *Kumar, B./Haussmann, H.* (Hrsg.): Handbuch der Internationalen Unternehmenstätigkeit. Erfolgs- und Risikofaktoren, Märkte, Export-, Kooperations- und Niederlassungs-Management, München 1992, S. 303–324.
Hofstede, G. H. (2001): Culture's Consequences. Comparing Values, Behaviors, Institutions, and Organizations Across Nations, 2. Aufl., Thousand Oakes (CA) 2001.

Holtbrügge, D. (1995): Personalmanagement Multinationaler Unternehmungen in Osteuropa. Bedingungen – Gestaltung – Effizienz, Wiesbaden 1995.
Horngren, C. T./Datar, S. M./Foster, G./Rajan, M./Ittner, C. (2009): Cost Accounting. A Managerial Emphasis, 13. Aufl., Upper Saddle River (NJ) 2009.
Horovitz, J. H. (1978): Strategic Control in Three European Countries – a New Task for Top Management, in: International Studies of Management and Organization, Vol. 8 (1978), Issue 4, S. 96–112.
Horváth, P. (1989): Internationales Controlling, in: *Macharzina, K./Welge, M. K.* (Hrsg.): Handwörterbuch Export und internationale Unternehmung, Stuttgart 1989, Sp. 241–254.
Horváth, P. (1997): Internationales Beteiligungs-Controlling, in: Controller Magazin, 22. Jg. (1997), Heft 2, S. 81–88.
Horváth, P. (2003): Planungsfunktion, in: *Horváth, P./Reichmann, T.* (Hrsg.): Vahlens Großes Controlling Lexikon, 2. Aufl., München 2003, S. 547.
Horváth, P. (2006): Deutsches Controlling in den USA?, in: Controlling, 18. Jg. (2006), Heft 1, S. 3.
Horváth, P. (2009): Controlling, 11. Aufl., München 2009.
Horváth, P./Kaufmann, L. (1998): Balanced Scorecard – ein Werkzeug zur Umsetzung von Strategien, in: Harvard Business Manager, 21. Jg. (1998), Heft 5, S. 39–48.
Horváth, P./Seidenschwarz, W. (1992): Zielkostenmanagement, in: Controlling, 4. Jg. (1992), Heft 3, S. 142–150.
Hostettler, S. (2002): Economic Value Added (EVA). Darstellung und Anwendung auf Schweizer Aktiengesellschaften, 5. Aufl., Berlin et al. 2002.
House, R. J./Hanges, P. J./Javidan, M./Dorfman, P. W./Gupta, V. (2004): Culture, Leadership, and Organizations: The GLOBE Study of 62 Societies, Thousand Oaks (CA) 2004.

Internationaler Controller Verein (2008): Controller-Leitbild, abgerufen Dezember 2008 unter http://www.controllerverein.de/Controller_Leitild.34.html?
International Group of Controlling (2006): Controller und IFRS. Konsequenzen für die Controlleraufgaben durch die Finanzberichterstattung nach IFRS. Weißbuch der IGC-Arbeitsgruppe »Controller und IFRS«, Freiburg 2006.
Iqbal, M. Z. (2001): International Accounting, 2. Aufl., Cincinnati (OH) 2001.

Jacobs, O. (2007): Internationale Unternehmensbesteuerung. Deutsche Investitionen im Ausland. Ausländische Investitionen im Inland, 6. Aufl., München 2007.
Jäger, B. F. (2002): Desinvestitionen auf Basis vollständiger Finanzpläne. Ein Modell für mittelständische Unternehmen – dargestellt am Beispiel der Textil- und Bekleidungsindustrie, Frankfurt am Main 2002.
Jahn, J. (2006): Kulturstandards im deutsch-französischen Management, Wiesbaden 2006.
Jahns, C./Hartmann, E./Bals, L. (2006): Offshoring: Dimensions and Diffusion of a New Business Concept, in: Journal of Purchasing and Supply Management, Vol. 12 (2006), Issue 4, S. 218–231.
Jacque, L. L. (1981): Management of Foreign Exchange Risk, in: Journal of International Business Studies, Vol. 12 (1981), Issue 1, S. 81–101.
Jacque, L. L./Lorange, P. (1984a): Hyperinflation and Global Strategic Management, in: Columbia Journal of World Business, Vol. 19 (1984), Issue 2, S. 68–75.
Jacque, L. L./Lorange, P. (1984b): The International Control Conundrum: The Case of »Hyperinflationary« Subsidiaries, in: Journal of International Business Studies, Vol. 15 (1984), Issue 2, S. 185–201.
Jacque, L. L./Vaaler, P. M. (2001): The International Control Conundrum with Exchange Risk: An EVA Framework, in: Journal of International Business Studies, Vol. 32 (2001), Issue 4, S. 813–832.
James, M./Koller, T. (2000): Valuation in Emerging Markets, in: McKinsey Quarterly, Vol. 33 (2000), Issue 4, S. 78–85.
Jansen, A. (1986): Desinvestitionen. Ursachen, Probleme und Gestaltungsmöglichkeiten, Frankfurt am Main 1986.

Jennex, M. E./Adelakun, O. (2003): Success Factors for Offshore Information System Development, in: Journal of Technology Cases and Applications, Vol. 5 (2003), Issue 3, S. 12–31.
Jones, T. C./Luther, R. (2004): Contemporary Practices in German Controlling. Local and Global Forces in Management Accounting, Working Paper, University of the West of England 2004.
Jordi, H. R. (1981): Inflation Accounting. Vorschlag zur Berücksichtigung der Finanzierung bei tageswertiger Rechnungslegung. Die Realkapitalveränderungsrechnung dargestellt anhand des Konzernabschlusses eines multinationalen Konzerns, 2. Aufl., Bern/Stuttgart 1981.
Jung Erceg, P./Lay, G. (2004): Ziele und Aufbau einer »Historieninventur« für Standortentscheidungen, in: *Kinkel, S.* (Hrsg.): Erfolgsfaktor Standortplanung. In- und ausländische Standorte richtig bewerten, Berlin et al. 2004, S. 91–102.

Kahle, H. (2003): Unternehmenssteuerung auf Basis internationaler Rechnungslegungsstandards?, in: Zeitschrift für betriebswirtschaftliche Forschung, 53. Jg. (2003), Heft 12, S. 773–789.
Kammer, K. (2005): Reporting internationaler Unternehmen, Wiesbaden 2005.
Kaplan, R. S./Atkinson, A. A. (1998): Advanced Management Accounting, 3. Aufl., Englewood Cliffs (NJ) 1998.
Kaplan, R. S./Norton, D. P. (1992): The Balanced Scorecard – Measures That Drive Performance, in: Harvard Business Review, Vol. 70 (1992), Issue 1, S. 71–79.
Kaplan, R. S./Norton, D. P. (1996a): Knowing the Score, in: Financial Executive, Vol. 12 (1996), Issue 6, S. 30–33.
Kaplan, R. S./Norton, D. P. (1996b): Using the Balanced Scorecard as a Strategic Management System, in: Harvard Business Review, Vol. 74 (1996), Issue 1, S. 75–85.
Kaplan, R. S./Norton, D. P. (1997a): Balanced Scorecard. Strategien erfolgreich umsetzen, Stuttgart 1997.
Kaplan, R. S./Norton, D. P. (1997b): Why Does Business Need a Balanced Scorecard?, in: Journal of Cost Management, Vol. 11 (1997), Issue 3, S. 5–11.
Karlowitsch, M. (1997): Balanced Scorecard, in: Das Wirtschaftsstudium, 26. Jg. (1997), Heft 12, S. 1131.
Kaufmann, L. (1997): Balanced Scorecard, in: Zeitschrift für Planung und Unternehmenssteuerung, 8. Jg. (1997), Heft 4, S. 421–428.
Keller, T. (1995): Anreize zur Informationsabgabe. Entwicklung eines Anreizsystems zur Steigerung der Abgabebereitschaft von Informationen im Informationssystem der Unternehmung, Münster/Hamburg 1995.
Kenter, M. E./Welge, M. K. (1983): Die Reintegration von Stammhausdelegierten. Ergebnisse einer explorativen empirischen Untersuchung, in: *Dülfer, E.* (Hrsg.): Personelle Aspekte im Internationalen Management, Berlin 1983, S. 173–200.
Kerr, S. (1975): On the Folly of Rewarding A, While Hoping for B, in: Academy of Management Journal, Vol. 18 (1975), Issue 4, S. 769–783.
Kessler, W. (1996): Die Euro-Holding. Steuerplanung, Standortwahl, Länderprofile, München 1996.
Keys, D. E./Merwe, A. (1999): German vs. United States Cost Management – What Insights Does German Cost Management Have for U.S. Companies?, in: Management Accountant Quarterly, Vol. 1 (1999), Issue 1, S. 1–8.
Khan, N./Fitzgerald, G. (2004): Dimensions of Offshore Outsourcing Business Models, in: Journal of Information Technology Cases and Applications, Vol. 6 (2004), Issue 3, S. 35–50.
Kieninger, M. (1993): Gestaltung internationaler Berichtssysteme, München 1993.
Kieser, A./Walgenbach, P. (2007): Organisation, 5. Aufl., Stuttgart 2007.
Kinder, C. (1999): Interne Leistungsverrechnung in Industriebetrieben und Banken, Köln 1999.
Kirkham, J. D./Richbell, S. M./Watts, H. D. (1998): Downsizing and Facility Location. Plant Closings in Multiplant Manufacturing Firms, in: Management Decision, Vol. 36 (1998), Issue 3, S. 189–197.
Kirsch, H. (2005a): Ausgestaltung des Informationsmanagements zur Erstellung des IFRS-Abschlusses, in: Betriebs-Berater, 60. Jg. (2005), Heft 21, S. 1155–1160.

Kirsch, H. (2005b): Informationsmanagement für den IFRS-Abschluss. Nutzung des Finanz- und Rechnungswesens als Potenzial, München 2005.
Kirsch, H. (2008): Einführung in die internationale Rechnungslegung nach IFRS, 5. Aufl., Herne 2008.
Kirsch, R. J./Johnson, W. (1991): The Impact of Fluctuating Exchange Rates on US Multinational Corporate Budgeting for, and Performance Evaluation of, Foreign Subsidiaries, in: The International Journal of Accounting, Vol. 26 (1991), Issue 3, S. 149–173.
Klein, G. A. (1999): Konvergenz von internem und externem Rechnungswesen auf Basis der International Accounting Standards (IAS), in: Kostenrechnungspraxis, 43. Jg. (1999), Sonderheft 3, S. 67–77.
Kleist, S. (2004): Internationales Beteiligungscontrolling, in: *Littkemann, J./Zündorf, H.* (Hrsg.): Beteiligungscontrolling. Ein Handbuch für die Unternehmens- und Beratungspraxis, Herne/Berlin 2004, S. 429–451.
Kley, K.-L. (2006): IFRS – Möglichkeiten und Grenzen ihrer Abbildung im Controlling, in: Zeitschrift für Controlling und Management, 50. Jg. (2006), Heft 3, S. 150–157.
Klingebiel, N. (1996): Leistungsrechnung/Performance Measurement als bedeutsamer Bestandteil des internen Rechnungswesens, in: Kostenrechnungspraxis, 40. Jg. (1996), Heft 2, S. 77–84.
Klingenbeck, M. (1996): Management makroökonomischer Risiken in Industrieunternehmen, Wiesbaden 1996.
Klingshirn, S. (1997): Ziele, Aufgaben und Instrumente des Organisationscontrolling, Wiesbaden 1997.
Klofat, B. (1989): Ergebnisorientierte Steuerung ausländischer Tochtergesellschaften, München 1989.
Knorren, N./Weber, J. (1997): Shareholder-Value. Eine Controlling-Perspektive, Vallendar 1997.
Koch, R. (1994): Betriebliches Berichtswesen als Informations- und Steuerungsinstrument, Frankfurt am Main 1994.
Kreuter, A. (1999): Verrechnungspreise in Profit-Center-Organisationen, 2. Aufl., München 1999.
Krey, S. (2007): Integration von legalem und Management-Berichtswesen auf eine Systemplattform, in: Controlling, 19. Jg. (2007), Heft 4/5, S. 231–236.
Krupp, A. D. (2004): Benchmarking im Beteiligungscontrolling, in: Zeitschrift für Controlling und Management, 48. Jg. (2004), Heft 3, S. 178–185.
Krystek, U./Walldorf, E. G. (2002): Länderspezifische Frühaufklärungsinformationen als kritische Größe der Internationalisierung, in: *Krystek, U./Zur, E.* (Hrsg.): Handbuch Internationalisierung. Globalisierung – eine Herausforderung für die Unternehmensführung, Berlin et al. 2002, S. 651–672.
Krystek, U./Zumbrock, S. (1993): Planung und Vertrauen. Die Bedeutung von Vertrauen und Mißtrauen für die Qualität von Planungs- und Kontrollsystemen, Stuttgart 1993.
Kubiczek, H. (1981): Unternehmensziele, Zielkonflikte und Zielbildungsprozesse. Kontroversen und offene Fragen in einem Kernbereich betriebswirtschaftlicher Theoriebildung, in: Wirtschaftswissenschaftliches Studium, 10. Jg. (1981), Heft 10, S. 458–466.
Küpper, H.-U. (1999): Zweckmäßigkeit, Grenzen und Ansatzpunkte einer Integration der Unternehmensrechnung, in: Kostenrechnungspraxis, 43. Jg. (1999), Sonderheft 3, S. 5–11.
Küpper, H.-U. (2008): Controlling. Konzeption – Aufgaben – Instrumente, 5. Aufl., Stuttgart 2008.
Küting, K./Heiden, M. (2002): Controlling in internationalen Unternehmen, in: *Küpper, H.-U./Wagenhofer, A.* (Hrsg.): Handwörterbuch Unternehmensrechnung und Controlling, 4. Aufl., Stuttgart 2002, Sp. 288–298.
Küting, K./Pfirmann, A./Ellmann, D. (2008): Die Bilanzierung von selbsterstellten immateriellen Vermögensgegenständen nach dem RegE des BilMoG, in: Zeitschrift für internationale und kapitalmarktorientierte Rechnungslegung, 8. Jg. (2008), Heft 11, S. 689–697.
Küting, K./Strickmann, M. (2003): Shareholder Value-Konzept, in: *Horváth, P./Reichmann, T.* (Hrsg.): Vahlens Großes Controlling Lexikon, 2. Aufl., München 2003, S. 697–699.
Kumar, B. (1975): Joint Ventures, in: Wirtschaftswissenschaftliches Studium, 4. Jg. (1975), Heft 6, S. 257–263.

Kutschker, M./Schmid, S. (2008): Internationales Management, 6. Aufl., München 2008.

Leeven, R. (1989): Anforderungen an das Controlling einer brasilianischen Tochtergesellschaft im Automobilzuliefererbereich, in: *Horváth, P.* (Hrsg.): Internationalisierung des Controlling, Stuttgart 1989, S. 353–374.

Lessard, D. R./Lorange, P. (1977): Currency Changes and Management Control: Resolving the Centralization/Decentralization Dilemma, in: The Accounting Review, Vol. 52 (1977), Issue 3, S. 628–637.

Lessard, D. R./Sharp, D. (1984): Measuring the Performance of Operations Subject to Fluctuating Exchange Rates, in: Midland Corporate Finance Journal, Vol. 2 (1984), Issue 1, S. 18–30.

Lewin, A. Y./Peeters, C. (2006): Offshoring Administrative and Technical Work: Business Hype or the Onset of Fundamental Transformation?, in: Long Range Planning, Vol. 39 (2006), Issue 3, S. 221–239.

Lewis, T. G. (1995): Steigerung des Unternehmenswertes. Total Value Management, 2. Aufl., Landsberg/Lech 1995.

Liebers, M. (1998): Konzeptionelle Ansätze zur Kostenrechnung industrieller Unternehmen in Hochinflationsländern, Hamburg 1998.

Liedl, R. (1994): Controlling ausländischer Tochtergesellschaften, in: *Pausenberger, E.* (Hrsg.): Internationalisierung von Unternehmungen, Stuttgart 1994, S. 117–133.

Liedl, R. (1996): Informations- und Kommunikationssysteme internationaler Konzerne, in: *Rieper, B./Witte, T./Berens, W.* (Hrsg.): Betriebswirtschaftliches Controlling. Planung – Entscheidung – Organisation. Festschrift für Univ.-Prof. Dr. *D. Adam* zum 60. Geburtstag, Wiesbaden 1996, S. 115–137.

Liedl, R. (1999): Controlling in internationalen Unternehmen, in: *Glaum, M./Giesel, F.* (Hrsg.): Globalisierung. Herausforderung an die Unternehmensführung zu Beginn des 21. Jahrhunderts. Festschrift für *E. Pausenberger*, München 1999, S. 225–248.

Lingle, J. H./Schiemann, W. A. (1996): From Performance Measurement to Strategic Gauges: Is Measurement Worth It?, in: Management Review, Vol. 85 (1996), Issue 3, S. 56–61.

Link, J. (2007): Führungssysteme, 3. Aufl., München 2007.

Littkemann, J. (2001): Beteiligungscontrolling: Organisation und Effizienz – Eine empirische Analyse aus zentraler und lokaler Controllingperspektive, in: Zeitschrift für Betriebswirtschaft, 71. Jg. (2001), Heft 11, S. 1283–1304.

Littkemann, J. (2002): Organisatorische Störungen im Beteiligungscontrolling: Eine empirische Analyse möglicher Ursachen, in: Deutsches Steuerrecht, 40. Jg. (2002), Heft 3, S. 99–104.

Littkemann, J. (2004a): Einführung in das Beteiligungscontrolling, in: *Littkemann, J./Zündorf, H.* (Hrsg.): Beteiligungscontrolling. Ein Handbuch für die Unternehmens- und Beratungspraxis, Herne/Berlin 2004, S. 1–20.

Littkemann, J. (2004b): Verhaltensorientierte Ausrichtung des Beteiligungscontrollings, in: *Littkemann, J./Zündorf, H.* (Hrsg.): Beteiligungscontrolling. Ein Handbuch für die Unternehmens- und Beratungspraxis, Herne/Berlin, S. 21–45.

Littkemann, J. (2004c): Managementorientierte Ausrichtung des Beteiligungscontrollings, in: *Littkemann, J./Zündorf, H.* (Hrsg.): Beteiligungscontrolling. Ein Handbuch für die Unternehmens- und Beratungspraxis, Herne/Berlin 2004, S. 47–110.

Littkemann, J./Michalik, C. (2004): Instrumente des operativen Beteiligungscontrolling, in: *Littkemann, J./Zündorf, H.* (Hrsg.): Beteiligungscontrolling. Ein Handbuch für die Unternehmens- und Beratungspraxis, Herne/Berlin, S. 145–167.

Lord, B. (1996): Strategic Management Accounting: the Emperor's New Clothes?, in: Management Accounting Research, Vol. 7 (1996), Issue 3, S. 347–366.

Lube, M.-M. (1997): Strategisches Controlling in international tätigen Konzernen. Aufgaben – Instrumente – Maßnahmen, Wiesbaden 1997.

Lück, W./Jung, U. (1991): Internationale Konzernrechnungslegung und Inflation, in: Betriebswirtschaftliche Forschung und Praxis, 43. Jg. (1991), Heft 4, S. 275–293.

Lutter, M. (1998): Der Letter of Intent. Zur rechtlichen Bedeutung von Absichtserklärungen, 3. Aufl., Köln et al. 1998.

MacArthur, J. (2006): Cultural Influences on German vs. U.S. Management Accounting Practices, in: Management Accounting Quarterly, Vol. 7 (2006), Issue 2, S. 10–16.
Macharzina, K. (2003): Grundlagen, in: *Breuer, W./Gürtler, M.* (Hrsg.): Internationales Management. Betriebswirtschaftslehre der internationalen Unternehmung, Wiesbaden 2003, S. 11–53.
Macharzina, K./Wolf, J. (2008): Unternehmensführung. Das internationale Managementwissen. Konzepte – Methoden – Praxis, 6. Aufl., Wiesbaden 2008.
Mandl, G./Rabel, K. (1997): Unternehmensbewertung. Eine praxisorientierte Einführung, Wien 1997.
Mandler, U. (2002): Internationale Konzernverrechnungspreise, in: Das Wirtschaftsstudium, 31. Jg. (2002), Heft 7, S. 929–934.
Mandler, U. (2003): Einflussfaktoren internationaler Unternehmensbesteuerung, in: Das Wirtschaftsstudium, 32. Jg. (2003), Heft 1, S. 82–87.
Mankiw, G. (2003): Makroökonomik, 5. Aufl., Stuttgart 2003.
Martinez, J. I./Jarillo, J. C. (1989): The Evolution of Research on Coordination Mechanisms in Multinational Corporations, in: Journal of International Business Studies, Vol. 20 (1989), Issue 3, S. 489–514.
Matschke, M. J./Brösel, G. (2007): Unternehmensbewertung. Funktionen – Methoden – Grundsätze, 3. Aufl., Wiesbaden 2007.
Mayer, J. H. (1999): Führungsinformationssysteme für die internationale Management-Holding, Wiesbaden 1999.
Mayrhofer, U. (2004): Cultures nationales et stratégies de rapprochement: Une comparaison France-Allemagne, in: La Revue des Sciences de Gestion: Direction et Gestion, 39 (2004), Nov/Dec, S. 67–75.
Mead, R. (2005): International Management. Cross-Cultural Dimensions, 3. Aufl., Malden (MA) et al. 2005.
Meckl, R. (2000): Controlling im internationalen Unternehmen. Erfolgsorientiertes Management internationaler Organisationsstrukturen, München 2000.
Meerkatt, H. (1989): Inflation und Controlling. Inflationsgerechte Planung in multinationalen Unternehmen, Göttingen 1989.
Melcher, H. (1989): Hartwährungsplanung in Hochinflationsländern, in: *Horváth, P.* (Hrsg.): Internationalisierung des Controlling, Stuttgart 1989, S. 391–401.
Meschi, P. X./Roger, A. (1994): Cultural Context and Social Effectiveness in International Joint Ventures, in: Management International Review, Vol. 34 (1994), Issue 3, S. 197–215.
Messner, S. (2003): Die Kostenrechnung im Spannungsfeld internationaler Entwicklungen. Über die Amerikanisierung des Rechnungswesens und ihre Bedeutung für die interne Unternehmensrechnung in Österreich und Deutschland, Wien 2003.
Migliorato, P./Natan, M./Norton, D. P. (1996): A Scoring System for Creating JVs That Survive, in: Mergers and Acquisitions, Vol. 31 (1996), Issue 4, S. 45–50.
Misra, R. B. (2004): Global IT Outsourcing: Metrics for Success of All Parties, in: Journal of Information Technology Cases and Applications, Vol. 6 (2004), Issue 3, 21–34.
Mort, S. (1992): Professional Report Writing, London 1992.
Mosiek, T. (2002): Interne Kundenorientierung des Controlling, Frankfurt am Main et al. 2002.
Müller, E. (1996): Controlling in der multinationalen Unternehmung – Integration ausländischer Konzernunternehmen, in: Die Betriebswirtschaft, 56. Jg. (1996), Heft 1, S. 111–122.
Müller, G./Hirsch, B. (2005): Die Wertorientierung in der Unternehmenssteuerung – Status quo und Perspektiven, in: Zeitschrift für Controlling und Management, 49. Jg. (2005), Heft 1, S. 83–87.
Mussnig, W. (1996): Von der Kostenrechnung zum Management Accounting, Wiesbaden 1996.

Napp, H. (1990): Stillegungen. Notwendige Optionen in der Unternehmensplanung, Stuttgart 1990.
National Association of Accountants (1981): Definitions of Management Accounting, Statement on Objectives of Management Accounting, New York (NY) 1981.

National Association of Accounting (1982): Definitions of Management Accounting, Management Practices Committee, in: Accountants Digest, Vol. 48 (1982), Issue 2, S. 23–26.

Neely, A./Gregory, M./Platts, K. (1995): Performance Measurement System Design: A Literature Review and Research Agenda, in: International Journal of Operations and Production Management, Vol. 15 (1995), Issue 4, S. 80–116.

Nevries, P./Segbers, K. (2004): Ganzheitliche Controlling-Konzeption im E-Business, in: *Berens, W./Schmitting, W.* (Hrsg.): Controlling im E-Business, Frankfurt am Main 2004, S. 199–242.

Nishimura, A. (1995): Transplanting Japanese Management Accounting and Cultural Relevance, in: The International Journal of Accounting, Vol. 30 (1995), Issue 3, S. 318–330.

Nobach, K./Zirkler, B. (2006): Bedeutung der IFRS für das Controlling, in: Zeitschrift für internationale und kapitalmarktorientierte Rechnungslegung, 6. Jg. (2006), Heft 12, S. 737–748.

Nobes, C./Parker, R. (2008): Comparative International Accounting, 10. Aufl., Harlow et al. 2008.

O'Connor, N. (1995): The Influence of Organizational Culture on the Usefulness of Budget Participation by Singaporean-Chinese Managers, in: Accounting, Organizations and Society, Vol. 20 (1995), Issue 5, S. 383–403.

Oechsler, W. A. (2006): Personal und Arbeit. Grundlagen des Human Resource Management und der Arbeitgeber-Arbeitnehmer-Beziehungen, 8. Aufl., München 2006.

Oehler, K. (1997): Das General Ledger-Konzept in Rechnungswesen und Controlling, in: Controlling, 9. Jg. (1997), Heft 5, S. 356–361.

Oesterle, M.-J. (1995): Probleme und Methoden der Joint Venture-Erfolgsbewertung, in: Zeitschrift für Betriebswirtschaft, 65. Jg. (1995), Heft 9, S. 987–1004.

Ossadnik, W. (2002): Erscheinungsformen und Einflussfaktoren internationaler Desinvestitionen, in: *Macharzina, K./Oesterle, M.-J.* (Hrsg.): Handbuch Internationales Management, 2. Aufl., Wiesbaden 2002, S. 991–1006.

Otley, D. (1980): The Contingency Theory of Management Accounting: Achievement and Prognosis, in: Accounting, Organizations and Society, Vol. 5 (1980), Issue 4, S. 413–428.

Otto, S.-S. (2000): Controllership in Japan, München 2000.

o.V. (2004): McDonalds Corporation – Annual Financial Report 2003, Oak Brook (IL) 2004.

Oxelheim, L./Wihlborg, C. (2003): Recognizing Macroeconomic Fluctuations in Value Based Management, in: Journal of Applied Corporate Finance, Vol. 15 (2003), Issue 4, S. 104–110.

Pape, U. (2000): Theoretische Grundlagen und praktische Umsetzung wertorientierter Unternehmensführung, in: Betriebs-Berater, 55. Jg. (2000), Heft 14, S. 711–717.

Partridge, M./Perren, L. (1997): Winning Ways With a Balanced Scorecard, in: Accountancy, Vol. 108 (1997), Issue 8, S. 50–51.

Paul, J. (1997): Operatives Beteiligungscontrolling in multinationalen Unternehmen – Globetrotting und/oder Dilettantismus? (Teil 1), in: Controller Magazin, 22. Jg. (1997), Heft 4, S. 234–239.

Paulus, H.-J. (1978): Ziele, Phasen und organisatorische Probleme steuerlicher Entscheidungen in der Unternehmung, Berlin 1978.

Pausenberger, E. (1992): Konzerninterner Leistungsaustausch und Transferpolitik in internationalen Unternehmungen, in: *Kumar, B. N./Haussmann, H.* (Hrsg.): Handbuch der Internationalen Unternehmenstätigkeit. Erfolgs- und Risikofaktoren, Märkte, Export-, Kooperations- und Niederlassungs-Management, München 1992, S. 779–786.

Pausenberger, E. (1996): Controlling internationaler Unternehmungen, in: *Engelhard, J.* (Hrsg.): Strategische Führung internationaler Unternehmen. Paradoxien, Strategien und Erfahrungen, Wiesbaden 1996, S. 179–198.

Pausenberger, E. (2002): Ansätze zur situationsgerechten Erfolgsbeurteilung von Auslandsgesellschaften, in: *Macharzina, K./Oesterle, M. J.* (Hrsg.): Handbuch Internationales Management. Grundlagen – Instrumente – Perspektiven, 2. Aufl., Wiesbaden 2002, S. 1163–1175.

Pausenberger, E./Glaum, M. (1994): Kommunikationsprobleme bei der Steuerung ausländischer Tochtergesellschaften, in: *Pausenberger, E.* (Hrsg.): Internationalisierung von Unternehmungen, Stuttgart 1994, S. 91–116.

Pausenberger, E./Roth, A. (1997): Störfaktoren im internationalen Controlling, in: Zeitschrift für betriebswirtschaftliche Forschung, 49. Jg. (1997), Heft 6, S. 580–596.

Peemöller, V. H./Kunowski, S./Hillers, J. (1999): Ermittlung des Kapitalisierungszinssatzes für internationale Mergers & Acquisitions bei Anwendung des Discounted Cash Flow-Verfahrens (Entity-Ansatz) – Eine empirische Erhebung, in: Die Wirtschaftsprüfung, 52. Jg. (1999), Heft 16, S. 621–630.

Peill-Schoeller, P. (1994): Interkulturelles Management. Synergien in Joint Ventures zwischen China und deutschsprachigen Ländern, Berlin et al. 1994.

Pellens, B./Epstein, R./Barth, D./Ruhwedel, P./Sellhorn, T. (2005): Goodwill Impairment Test – ein empirischer Vergleich der IFRS- und US-GAAP-Bilanzierer im deutschen Prime Standard, in: Betriebs-Berater, 60. Jg. (2005), Beilage 10 zu Heft 39, S. 10–18.

Pellens, B./Fülbier, R. U./Gassen, J./Sellhorn, T. (2008): Internationale Rechnungslegung. IFRS 1 bis 8, IAS 1 bis 41, IFRIC-Interpretationen, Standardentwürfe, 7. Aufl., Stuttgart 2008.

Perlitz, M. (2004): Internationales Management, 5. Aufl., Stuttgart 2004.

Perridon, L./Steiner, M. (2007): Finanzwirtschaft der Unternehmung, 14. Aufl., München 2007.

Picot, A./Dietl, H./Franck, E. (2008): Organisation. Eine ökonomische Perspektive, 5. Aufl., Stuttgart 2008.

Pistoni, A./Zoni, L. (2000): Comparative Management Accounting in Europe: An Undergraduate Education Perspective, in: European Accounting Review, Vol. 9 (2000), Issue 2, S. 285–319.

Plattner, F./Weber, M. (1991): Betriebsergebnisermittlung in Hochinflationsländern, in: Betriebswirtschaftliche Forschung und Praxis, 43. Jg. (1991), Heft 4, S. 294–309.

Pötsch, H. D. (1989): Internationales Berichtswesen – Baustein eines integrierten Planungs- und Berichtswesens für die Trumpf-Gruppe, in: Controlling, 1. Jg. (1989), Heft 1, S. 10–17.

Pohle, K. (2002): Gegenstand und Inhalte des Controllings bei internationaler Unternehmenstätigkeit, in: *Macharzina, K./Oesterle, M.-J.* (Hrsg.): Handbuch Internationales Management, 2. Aufl., Wiesbaden 2002, S. 1085–1097.

Porst, G. (1996): Das Leben der Unternehmen in Zeiten der Hochinflation, in: *Calcagnotto, G./ Fritz, B.* (Hrsg.): Inflation und Stabilisierung in Brasilien. Probleme einer Gesellschaft im Wandel, Frankfurt am Main 1996, S. 282–292.

Porter, M. E./Fuller, M. B. (1989): Koalitionen und globale Strategien, in: *Porter, M. E.* (Hrsg.): Globaler Wettbewerb. Strategien der neuen Internationalisierung, Wiesbaden 1989, S. 363–382.

Potthoff, E./Trescher, K. (1993): Controlling in der Personalwirtschaft, 2. Auflage, Berlin/New York 1993.

Radebaugh, L. H./Gray, S. J. (1997): International Accounting and Multinational Enterprises, 4. Aufl., New York (NY) et al. 1997.

Radebaugh, L. H./Gray, S. J./Black, E. L. (2006): International Accounting and Multinational Enterprises, 10. Aufl., New York (NY) et al. 2006.

Raffée, H./Kreutzer, R. (1984): Ansätze zur Erfassung von Länderrisiken in ihrer Bedeutung für Direktinvestitionsentscheidungen, in: *Kortzfleisch, G./Kaluza, B.* (Hrsg.): Internationale und nationale Problemfelder der Betriebswirtschaftslehre. Abhandlungen aus dem Industrieseminar der Universität Mannheim, Heft 32, Mannheim 1984, S. 27–63.

Rappaport, A. (1999): Shareholder Value. Ein Handbuch für Manager und Investoren, 2. Aufl., Stuttgart 1999.

Rehberg, C. (1997): Relocation – eine vernachlässigte Personalfunktion, in: *Clermont, A./ Schmeisser, W.* (Hrsg.): Internationales Personalmanagement, München 1997, S. 385–393.

Reichmann, T. (2006): Controlling mit Kennzahlen und Management-Tools. Die systemgestützte Controlling-Konzeption, 7. Aufl., München 2006.

Robbins, S. M./Stobaugh, R. B. (1973): The Bent Measuring Stick for Foreign Subsidiaries, in: Harvard Business Review, Vol. 51 (1973), Issue 5, S. 80–88.

Roslender, R./Hart, S. (2003): In Search of Strategic Management Accounting: Theoretical and Field Study Perspectives, in: Management Accounting Research, Vol. 14 (2003), Issue 3, S. 255–279.

Rothlin, P. (1999): Internationales Controlling. Leistungsbeurteilung von ausländischen Gruppengesellschaften in schweizerischen multinationalen Industrieunternehmen, Bern 1999.

Rüth, D. (2003): Die Harmonisierung der Rechnungslegung durch Internationalisierung, in: *Holtbrügge, D.* (Hrsg.): Management multinationaler Unternehmungen. Festschrift zum 60. Geburtstag von *M. K. Welge*, Heidelberg 2003, S. 249–267.

Sakthivel, S. (2005): Virtual Workgroups in Offshore Systems Development, in: Information and Software Technology, Vol. 47 (2005), Issue 5, 305–318.

Schaefer, S./Lange, C. (2004): Informationsorientierte Controllingkonzeptionen – Ein Überblick und Ansatzpunkte der Weiterentwicklung, in: *Scherm, E./Pietsch, G.* (Hrsg.): Controlling. Theorien und Konzeptionen, München 2004, S. 103–123.

Schäffer, U./Steiners, D. (2005): Controllinginformationen für das Top-Management deutscher Industrieunternehmen – Angebot und Nutzung im Spiegel einer empirischen Erhebung, in: Zeitschrift für Controlling und Management, 49. Jg. (2005), Heft 3, S. 209–224.

Schäffer, U./Weber, J. (2004): Thesen zum Controlling, in: *Scherm, E./Pietsch, G.* (Hrsg.): Controlling. Theorien und Konzeptionen, München 2004, S. 459–466.

Schaier, S. (2007): Konvergenz von internem und externem Rechnungswesen. Bedarf für eine Neustrukturierung des Rechnungswesens?, Wiesbaden 2007.

Scherm, E./Süß, S. (2001): Internationales Management. Eine funktionale Perspektive, München 2001.

Scherrer, G. (1996): Management Accounting: A German Perspective, in: *Bhimani, A.* (Hrsg.): Management Accounting. European Perspectives, Oxford 1996, S. 100–122.

Schewe, G. (1998): Strategie und Struktur. Eine Re-Analyse empirischer Befunde und Nicht-Befunde, Tübingen 1998.

Schiemenz, B./Schönert, O. (2002): Anforderungen an Informations- und Kommunikationssysteme im internationalen Unternehmensverbund, in: *Macharzina, K./Oesterle, M.-J.* (Hrsg.): Handbuch Internationales Management, 2. Aufl., Wiesbaden 2002, S. 1133–1162.

Schilling, M./Vassalli, P. (2007): Fragestellung zur Umsetzung von IFRS 3 – Eine Praxisuntersuchung, in: Der Schweizer Treuhänder, 81. Jg. (2007), Heft 10, S. 716–721.

Schinzer, H./Bange, C./Mertens, H. (1999): Data Warehouse und Data Mining, 2. Aufl., München 1999.

Schmeisser, W./Grothe, J. (2003): Zur Entwicklung eines Personalinformationssystems für ein Internationales Personalcontrolling: Eine Herausforderung an ein Strategisches Management, in: *Schmeisser, W./Grothe, J./Hummel, T. R.* (Hrsg.): Internationales Personalcontrolling und internationale Personalinformationssysteme, München/Mehring 2003, S. 111–129.

Schmidt, A. (1989): Beteiligungscontrolling – Wie man seine Tochtergesellschaften organisatorisch in den Griff bekommt, in: Controlling, 1. Jg. (1989), Heft 5, S. 270–275.

Schmidt, A. (1994): Unternehmensbewertung ausländischer Gesellschaften, in: Der Betrieb, 47. Jg. (1994), Heft 23, S. 1149–1155.

Schmidt, L. (2002): Angemessene Verrechnungspreise bei konzerninternen Transaktionen, in: Praxis internationale Steuerberatung, o. Jg. (2002), Heft 2, S. 40–48.

Schreyögg, G. (2008): Organisation. Grundlagen moderner Organisationsgestaltung, 5. Aufl., Wiesbaden 2008.

Schuchardt, C. A. (1994): Deutsch-Chinesische Joint-ventures. Erfolg und Partnerbeziehung, München/Wien 1994.

Schulte, C. (1990): Kennzahlengestütztes Personal-Controlling, in: Controlling, 2. Jg. (1990), Heft 1, S. 18–25.

Schultze, W. (2003): Methoden der Unternehmensbewertung. Gemeinsamkeiten, Unterschiede, Perspektiven, 2. Aufl., Düsseldorf 2003.

Schultze, W./Hirsch, C. (2005): Unternehmenswertsteigerung durch wertorientiertes Controlling. Goodwill-Bilanzierung in der Unternehmenssteuerung, München 2005.

Seicht, G. (1995): Inflation Accounting, in: *Seicht, G.* (Hrsg.): Jahrbuch für Controlling und Rechnungswesen, Wien 1995, S. 15–64.

Seicht, G. (1997): Unternehmenserhaltung durch »Inflation Accounting«, in: Der Schweizer Treuhänder, 71. Jg. (1997), Heft 10, S. 883–888.
Shapiro, A. C. (1978): Evaluation and Control of Foreign Operations, in: The International Journal of Accounting, Vol. 14 (1978), Issue 1, S. 83–104.
Shapiro, A. C./Ruthenberg, D. P. (1976): Managing Exchange Risks in a Floating World, in: Financial Management, Vol. 5 (1976), Issue 2, S. 48–59.
Sheridan, T. (1995): Management Accounting in Global European Corporations: Anglophone and Continental Viewpoints, in: Management Accounting Research, Vol. 6 (1995), Issue 3, S. 287–294.
Shields, M. D. (1998): Management Accounting Practices in Europe: A Perspective from the States, in: Management Accounting Research, Vol. 9 (1998), Issue 4, S. 501–513.
Siegwart, H. (1982): Worin unterscheiden sich amerikanisches und deutsches Controlling?, in: Management-Zeitschrift IO, 51. Jg. (1982), Heft 2, S. 97–101.
Simmonds, K. (1981): Strategic Management Accounting, in: Management Accounting (U.K.), Vol. 59 (1981), Issue 4, S. 26–29.
Simon, H. (1996): Ziele erfüllen sich selbst, in: Motivation – Zeitschrift für Führungskräfte, 7. Jg. (1996), Heft 5, S. 20–22.
Sinz, E. J. (2002): Data Warehouse, in: *Küpper, H.-U./Wagenhofer, A.* (Hrsg.): Handwörterbuch Unternehmensrechnung und Controlling, 4. Aufl., Stuttgart 2002, Sp. 309–318.
Smith, M. A./Mitra, S./Narasimhan, S. (1996): Offshore Outsourcing of Software Development and Maintenance: A Framework for Issues, in: Information and Management, Vol. 31 (1996), Issue 3, S. 165–175.
Spill, J. (1999): Behandlung von Steuern, in: *Bühner, R./Sulzbach, K.* (Hrsg.): Wertorientierte Steuerungs- und Führungssysteme. Shareholder Value in der Praxis, Stuttgart 1999, S. 201–210.
Stadler, S./Weißenberger, B. E. (1999): Benchmarking des Berichtswesens – Mehr Effizienz und Kundenorientierung im Controlling, in: Controlling, 11. Jg. (1999), Heft 1, S. 5–11.
Steinbichler, G. (1990): Das Berichtswesen im internationalen Unternehmen, in: Controlling, 2. Jg. (1990), Heft 3, S. 144–147.
Steinle, C./Thiem, H./Dunse, A. (1998): Beteiligungs-Controlling – Grundlagen, Realtypen und Gestaltungsempfehlungen, in: Controlling, 10. Jg. (1998), Heft 3, S. 140–149.
Stern, J. M./Stewart III, G. B./Chew Jr., D. H. (1996): EVA: An Integrated Financial Management System, in: European Financial Management, Vol. 2 (1996), Issue 2, S. 223–246.
Stewart III, G. B. (1988): A Proposal for Measuring International Performance, in: *Stern, J. M./Chew Jr., D. H.* (Hrsg.): New Developments in International Finance, New York (NY) et al. 1988, S. 105–120.
Stoffel, K. (1995): Controllership im internationalen Vergleich, Wiesbaden 1995.
Stringfellow, A./Teagarden, M. B./Nie, W. (2008): Invisible Costs in Offshoring Services Work, in: Journal of Operations Management, Vol. 26 (2008), Issue 2, S. 164–179.
Ströbele, W. (1995): Inflation, 4. Aufl., München/Wien 1995.
Suckut, S. (1992): Unternehmensbewertung für internationale Akquisitionen. Verfahren und Einsatz, Wiesbaden 1992.

Tinner, H. (1990): Finanzielle Beurteilung von Tochtergesellschaften in Hochinflationsländern, in: Der Schweizer Treuhänder, 64. Jg. (1990), Heft 7/8, S. 340–344.
Trompenaars, F./Hampden-Turner, C. (2001): Riding the Waves of Culture, 2. Aufl., London 2001.

Ullrich, M. J./Tuttle, B. M. (2004): The Effects of Comprehensive Information Reporting Systems and Economic Incentives on Managers' Time-Planning Decisions, in: Behavioral Research in Accounting, Vol. 16 (2004), S. 89–105.
Uphues, P. (1989): Hartwährungsberichterstattung von Gesellschaften in Hochinflationsländern, in: *Horváth, P.* (Hrsg.): Internationalisierung des Controlling, Stuttgart 1989, S. 375–389.

Vahs, D. (1997): Alles ist im Fluss: Organisationales Lernen hilft bei der Bewältigung struktureller Veränderungen, in: Management-Zeitschrift IO, 66. Jg. (1997), Heft 4, S. 74–79.

Velte, P. (2008): Auswirkungen des BilMoG-RefE auf die Informations- und Zahlungsbemessungsfunktion des handelsrechtlichen Jahresabschlusses, in: Zeitschrift für internationale und kapitalmarktorientierte Rechnungslegung, 8. Jg. (2008), Heft 2, S. 61–73.

Vogel, K./Lehner, M. (2008): Doppelbesteuerungsabkommen der Bundesrepublik Deutschland auf dem Gebiet der Steuern vom Einkommen und Vermögen. DBA-Kommentar, 5. Aufl., München 2008.

Vokurka, R./Fliedner, G. (1995): Measuring Operating Performance: A Specific Case Study, in: Production and Inventory Management Journal, Vol. 24 (1995), Issue 1, S. 38–43.

Volkmann, B. (1999): Produktcontrolling in der internationalen Unternehmung, in: *Giesel, F./ Glaum, M.* (Hrsg.): Globalisierung. Herausforderung an die Unternehmensführung zu Beginn des 21. Jahrhunderts. Festschrift für *E. Pausenberger*, München 1999, S. 249–266.

Wagenhofer, A. (2005): Internationale Rechnungslegungsstandards – IAS/IFRS. Grundkonzepte – Bilanzierung, Bewertung, Angaben – Umstellung und Analyse, 5. Aufl., Frankfurt am Main 2005.

Wagenhofer, A. (2006): Zusammenwirken von Controlling und Rechnungslegung nach IFRS, in: *Wagenhofer, A.* (Hrsg.): Controlling und IFRS-Rechnungslegung. Konzepte, Schnittstellen, Umsetzung, Berlin 2006, S. 1–20.

Wagenhofer, A (2008): Konvergenz von intern und extern berichteten Ergebnisgrößen am Beispiel von Segmentergebnissen, in: Betriebswirtschaftliche Forschung und Praxis, 60. Jg. (2008), Heft 2, S. 161–176.

Wall, F. (2001): Ursache-Wirkungsbeziehungen als ein zentraler Bestandteil der Balanced Scorecard – Möglichkeiten und Grenzen ihrer Gewinnung, in: Controlling, 13. Jg. (2001), Heft 2, S. 65–74.

Wall, F. (2004): Modifikationen der Koordinationsfunktion des Controlling, in: *Scherm, E./ Pietsch, G.* (Hrsg.): Controlling. Theorien und Konzeptionen, München 2004, S. 387–407.

Wall, F. (2007): Organisation und IT-Unterstützung von Controllingprozessen, in: Controlling, 19. Jg. (2007), Heft 8/9, S. 483–489.

Wall, F. (2008): Controlling zwischen Entscheidungs- und Verhaltenssteuerungsfunktion. Konzeptionelle Gemeinsamkeiten und Unterschiede innerhalb des Fachs, in: Die Betriebswirtschaft, 68. Jg. (2008), Heft 4, S. 463–482.

Wangenheim, S. von/Haug, A./Handtrack, H. (1994), Standortkostenmanagement. Neues Modethema oder betriebswirtschaftliche Notwendigkeit?, in: Controlling, 8. Jg. (1994), Heft 6, S. 328–337.

Waterhouse, J. H./Tiessen, P. (1978): A Contingency Framework for Management Accounting Systems Research, in: Accounting, Organizations and Society, Vol. 3 (1978), Issue 1, S. 65–76.

Weber, J. (1991): Controlling im international tätigen Unternehmen. Effizienzsteigerung durch Transaktionskostenorientierung, München 1991.

Weber, J. (2002): Was machen Controller wann warum? Ein Überblick, Vallendar 2002.

Weber, J. (2003): Planungsabstimmung, in: *Horváth, P./Reichmann, T.* (Hrsg.): Vahlens Großes Controlling-Lexikon, 2. Aufl., München 2003, S. 546–547.

Weber, J. (2007): Controlling als Praxisphänomen – wie kann Theorie bei der Erklärung und Gestaltung helfen?, in: *Schäffer, U.* (Hrsg.): Controlling zwischen Wissenschaft und Praxis. Reden anlässlich der Ehrenpromotion von *K. Hornung, P. Horváth* und *J. Weber*, Wiesbaden 2007, S. 28–37.

Weber, J. (2008a): Aktuelle Controllingpraxis in Deutschland. Ergebnisse einer Benchmarking-Studie, Weinheim 2008.

Weber, J. (2008b): Von Top-Controllern lernen. Controlling in den DAX 30-Unternehmen, Weinheim 2008.

Weber, J./Bramsemann, U./Heineke, C./Hirsch, B. (2004a): Wertorientierte Unternehmenssteuerung. Konzepte – Implementierung – Praxisstatements, Wiesbaden 2004.

Weber, W./Festing, M./Dowling, P. J./Schuler, R. S. (2001): Internationales Personalmanagement, 2. Aufl., Wiesbaden 2001.
Weber, J./Hirsch, B./Spatz, A. (2007): Perspektiven des Controllings. Erfolgreich bleiben trotz Veränderungen, Weinheim 2007.
Weber, J./Hunold, C./Prenzler, C./Thust, S. (2001): Controllerorganisation in deutschen Unternehmen, Vallendar 2001.
Weber, J./Sandt, J. (2001): Erfolg durch Kennzahlen. Neue empirische Erkenntnisse, Vallendar 2001.
Weber, J./Schäffer, U. (1999): Sicherstellung der Rationalität von Führung als Aufgabe des Controlling?, in: Die Betriebswirtschaft, 59. Jg. (1999), Heft 6, S. 731–747.
Weber, J./Schäffer, U. (2000): Balanced Scorecard & Controlling. Implementierung – Nutzen für Manager und Controller – Erfahrungen in deutschen Unternehmen, 3. Aufl., Wiesbaden 2000.
Weber, J./Schäffer, U. (2008): Einführung in das Controlling, 12. Aufl., Stuttgart 2008.
Weber, J./Schaier, S./Strangfeld, O. (2005): Berichte für das Top-Management. Ergebnisse einer Benchmarking-Studie, Weinheim 2005.
Weber, J./Stoffels, M./Kleindienst, I. (2004b): Internationale Verrechnungspreise im Konzern. Altes Problem – neuer Fokus, Weinheim 2004.
Weber, J./Weißenberger, B. E. (2002): Finanzorientierung – die neue Herausforderung für das Controlling im internationalen Unternehmen, in: *Krystek, U./Zur, E.* (Hrsg.): Handbuch Internationalisierung. Globalisierung – Eine Herausforderung für die Unternehmensführung, Berlin et al. 2002, S. 541–571.
Weide, G. (2009): Gestaltung und Erfolg des Management Reporting. Empirische Analyse der Auswirkungen einer Integration des Rechnungswesens, Hamburg 2009.
Weißenberger, B. E. (2007a): Auswirkungen der IFRS auf das Controlling. Arbeitspapiere Industrielles Management und Controlling, Working Paper 1/2007, Universität Gießen 2007.
Weißenberger, B. E. (2007b): IFRS für Controller. Alles, was Controller über IFRS wissen müssen. Einführung, Anwendung, Fallbeispiele, Freiburg et al. 2007.
Weißenberger, B. E. (2008): Controller und IFRS – Konsequenzen der IFRS-Finanzberichterstattung für die Controlleraufgaben, in: *Funk, W./Rossmanith, J.* (Hrsg.): Internationale Rechnungslegung und Internationales Controlling. Herausforderungen, Handlungsfelder, Erfolgspotenziale, Wiesbaden 2008, S. 425–454.
Welge, M. K./Al-Laham, A. (2008): Strategisches Management. Grundlagen – Prozess – Implementierung, 5. Aufl., Wiesbaden 2008.
Welge, M. K./Amshoff, B. (1998): Internationales Controlling. Aufgaben – Techniken – Organisation, in: *Lachnit, L./Lange, C./Palloks-Kahlen, M.* (Hrsg.): Zukunftsfähiges Controlling. Konzeptionen, Umsetzungen, Praxiserfahrungen. Festschrift zum 60. Geburtstag von Prof. Dr. *T. Reichmann*, München 1998, S. 446–480.
Welge, M. K./Holtbrügge, D. (2006): Internationales Management. Theorien – Funktionen – Fallstudien, 4. Aufl., Stuttgart 2006.
Whittington, G. (1981): Inflation Accounting. An Introduction to the Debate, Cambridge 1981.
Wilke, K.-M. (2002): Lehrbuch des internationalen Steuerrechts, 7. Aufl., Herne/Berlin 2002.
Willson, J. D./Bragg, S. M./Roehl-Anderson, J. M. (2003): Controllership. The Work of the Managerial Accountant, 6. Aufl., 2003 Cumulative Supplement, New York (NY) 2003.
Willson, J. D./Roehl-Anderson, J. M./Bragg, S. M. (1999): Controllership. The Work of the Managerial Accountant, 6. Aufl., New York (NY) 1999.
Woll, A. (2003): Allgemeine Volkswirtschaftslehre, 14. Auflage, München 2003.
Wolz, M. (2005): Grundzüge der Internationalen Rechnungslegung nach IFRS. Umstellung einer Rechnungslegung von HGB auf IFRS, München 2005.
Wortmann, H. (1992): Fremdwährungsumrechnung im Konzernabschluß unter besonderer Berücksichtigung von Hochinflationsländern, Wien 1992.

Zielke, A. E. (1992): Erfolgsfaktoren internationaler Joint-ventures. Eine empirische Untersuchung der Erfahrungen deutscher und amerikanischer Unternehmen in den USA, Frankfurt am Main et al. 1992.

Ziener, M. (1985): Controlling im multinationalen Unternehmen, Landsberg am Lech 1985.
Zimmermann, M. (1997): Steuercontrolling. Beziehung zwischen Steuern und Controlling, Wiesbaden 1997.
Zirkler, B. (2002): Führungsorientiertes US-amerikanisches Management Accounting, Wiesbaden 2002.

Stichwortverzeichnis

Abweichungsberichte 189
allowable costs 252, 256
Anrechnungsmethode 101
Anschaffungskosten
- deflationierte historische 89, 92
- historische 89
- inflationierte historische 89, 91

Balanced Scorecard 12, 20, 160
- in internationalen Joint Ventures 169
- Perspektiven 160
Bedarfsberichte 189
Berichtsempfänger 189
Berichtssender 189
Berichtssystem 10, 186, 221
- dezentrales 187
- zentrales 187
Berichtswesen 11, 18, 181, 206, 212
- externes 182
- Gestaltungsmerkmale 183, 190
- Inhalte 185
- internationales 192
- internes 182
- Zwecke 184
Berichtszeitpunkt 189
Berichtszeitraum 188
Beschaffungspolitik
- flexible 96
Bestandsführung
- strategische 96
Besteuerungsebenen 153
Beta-Faktor 139
Betrag
- erzielbarer 209
Betriebsstätte 105
Beurteilungsperspektive
- investorbezogene 14, 62, 104
- objektbezogene 14, 62, 104
Bewertungsperspektive
- dezentrale 144
- zentrale 144
Bottom-up-Reporting 183, 186
Budgetierung 9, 11, 18, 62, 63
- Bottom-up-Ansatz 53
- flexible 68
- Top-down-Ansatz 53
Budgetierungssystem 182
Business Environment Risk Index (BERI) 21

Capital Asset Pricing Model (CAPM) 138
Cash Flow 89, 94
Cash Flow Return on Investment (CFROI) 141
Cash Generating Unit 210
Centralization/Decentralization Dilemma 63
Comparative Management Accounting 24
contingent budgeting 68, 74
Controller 26, 35
Controllership 26
Controlling
- Aufgaben 7, 8, 28, 207, 275
- Begriff 3, 6, 25
- Daten 276
- Funktion 3
- Gestaltung 26
- informationsorientierter Ansatz 4
- Instrumente 7, 11, 32, 275
- international vergleichendes *siehe* Comparative Management Accounting
- koordinationsorientierter Ansatz 4
- operatives 9
- Organisation 32, 216, 220
- rationalitätsorientierter Ansatz 4
- strategisches 8, 226
- System 6, 30
- Ziele 7, 207, 274
- Zielgruppen 27

Data Warehouse 182, 187
Dealing-at-arm's-length-Prinzip 20, 108
Demirag-Modell 68
Dezentralisierung 270
Differenzierung 270, 280
Discounted Cash Flow-Methode 134
- Bruttoverfahren 134
- Nettoverfahren 134
Doppelbesteuerung 101, 108
- rechtliche 101
- wirtschaftliche 101
Doppelbesteuerungsabkommen 101
Dotted-Line-Prinzip 190
Double-Loop-Lernen 175
drifting costs 253
Durchschnittskurs 69

Economic Value Added (EVA) 74, 141, 217
- Conversions 142, 218

Eigenkapitalkosten 138
Eigentümerrisiken 146
Entsendung 251, 273
– Phasenschema 260
– Ziele 251
Entsendungsbegleitung 251
– Aufgaben 251
– Planung 255
Erfolgskapitalerhaltung 86
Erfolgsmessung 166
– Funktionen 166
– in internationalen Joint Ventures 167
– Perspektiven 167
Ergebniskontrolle 246
Ertragswert 86
Exposure 60
– Konversionsexposure 61, 149
– ökonomisches 61, 73, 150
– Transaktionsexposure 61, 149
– Translationsexposure *siehe* Konversionsexposure

Fair Value 218
Fortführungswert 135
Free Cash Flow 136
– direkte Ermittlung 136
– indirekte Ermittlung 136
Freistellungsmethode 101
Fremdkapital
– Marktwert 137
Fremdkapitalkosten 138
Frühaufklärungssystem 97
Frühwarnsystem 215
Führung 5
Führungsaufgaben 5
Führungsprozess 5
Führungssystem 5
Führungsteilsysteme 52
Funktionskostenmatrix 254, 258

General Ledger 30
Geographische Distanz 197, 231
Geschäfts- und Finanzierungsrisiken 147
Goodwill
– aus Unternehmenszusammenschlüssen 209
– steuerlicher 102
Goodwill-Allokation 211, 213
Goodwill-Controlling 217
Goodwill Impairment Test 211

Hartwährungsberichterstattung 87
HGB 30, 153, 202
Hochinflation 80

IFRS 36, 153, 201
Impairment Test 209
Inflation 80, 150
Inflationsbereinigung 19, 84
Inflationsmessung 80
Inflationsrisiko 16
Informationsversorgung 181
Informationsversorgungsprozess 182
Informationsversorgungssystem 5, 10, 104, 132, 142, 181
Integration 269
Internal Forward Rate 63
Internationale Rechnungslegung 152, 279
Internationales Berichtswesen 192
– Aufgaben 192
– Ausgestaltung 192
– Basissysteme 193
– Problemfelder 193
– Sprache 196
Internationales Controlling
– Instrumente 17
– Organisation 13, 268
– Störfaktoren 15
– Ziele 14
Internationales Personal-Controlling
– Aufgaben 248
– Problembereiche 249
Internationalisierungsstrategie 282

Joint Venture
– Contractual Joint Venture 164
– Equity Joint Venture 164
– internationales 164
– Lebenszyklus 165, 171
– System 164
– Ziele 164

Kapitalerhaltung 85
– nominelle 85
– reale 85
Kapitalkosten 137
Kennzahlen 12, 19, 158, 259
– Klassifikation 159
– Standardisierung 276
Kennzahlensysteme 12, 19, 159, 260
– Klassifikation 159
Kennzahlenvergleiche
– innerbetrieblicher Vergleich 159
– Soll-Ist-Vergleich 159
– Zeitvergleich 159
– zwischenbetrieblicher Vergleich 159
Konkurrenzanalyse 21
Konsolidierungskreis 280
Kontextfaktoren 44, 277

Stichwortverzeichnis

Kontingenzansatz 44, 277
Kontingenzfaktoren *siehe* Kontextfaktoren
Kontrollsystem 5, 9
Konversionsexposure 61, 149
Konzernorganisation 282
Konzernsteuerquote 101, 105
Konzernverrechnungspreise 107
– internationale 107
Koordination 5, 11
– Primärkoordination 5
– Sekundärkoordination 6
– systembildende 9, 182
– systemkoppelnde 9, 182
Koordinationsinstrumente 11
Kostenaufschlagsmethode 114, 123
Kostenmanagement
– strategisches 252
Kostenrechnung 10, 12, 19, 31, 88
Kultur 43, 167
Kulturdimensionen
– High-Context- vs. Low-Context-Kulturen 47
– Individualismus vs. Kollektivismus 46, 51, 55
– konfuzianische Dynamik *siehe* Langfrist- vs. Kurzfristorientierung
– Langfrist- vs. Kurzfristorientierung 46, 52, 56
– Leistung vs. Herkunft 49
– Machtdistanz 45, 50, 51, 53
– Maskulinität vs. Feminität 46, 51, 54
– monochrone vs. polychrone Kulturen 48
– nach Hall 47
– nach Hofstede 45
– nach Trompenaars 48
– Neutralität vs. Emotionalität 49
– Umgang mit der Umwelt 49
– Universalismus vs. Partikularismus 48
– Unsicherheitsvermeidung 46, 51, 52, 54
Kulturunterschiede 17, 26, 43, 45, 57, 148, 195, 250, 278
Kurzfristplanung *siehe* Planung, operative

Länderanalyse 21
Länderratings 97
Länderrisiken 16, 249
Länderrisikoanalyse 21
Lessard-Lorange-Modell 19, 63
Lohn- und Gehaltsanpassungen 97

Management
– strategisches 225
Management Accountant 26, 35
Management Accounting
– Aufgaben 28
– Begriff 25
– Organisation 32
– Zielgruppen 27
Management Approach 205, 213
Management Reporting *siehe* Berichtswesen
Management Reporting-System *siehe* Berichtssystem
Minderbesteuerung 101
Mittelfristplanung *siehe* Planung, taktische

Nominalwertprinzip 82

Offshore
– Joint Ventures 229
– Outsourcing 229
– Tochtergesellschaften 229
Offshoring 229
Online Analytical Processing (OLAP) 188
Opportunitätskosten 89, 93, 119, 131
Organisationsbegriff
– institutioneller 268
– instrumenteller 268
Organisationsstruktur 53

Performance-Messung 217
Personal-Controlling
– internationales 248
Personalinformationsversorgungssystem 249
Personalkontrolle 248
Personalplanung 248
Planfortschrittskontrolle 246
Planung 211
– operative 11, 104, 143, 211
– strategische 103, 143
– taktische 103, 211, 213
Planungs- und Kontrollsystem 5, 9, 104, 143
Prämissenkontrolle 246
Preissetzung
– dynamische 96
Preisvergleichsmethode 113, 122, 123
– äußerer Preisvergleich 113
– direkter Preisvergleich 113
– indirekter Preisvergleich 113
– innerer Preisvergleich 113
Primärkoordination 5
Profilmethode 243
Prognosekurs 63
Prüflistenverfahren 243
Punktbewertungsverfahren 243

Rahmenbedingungen
– ökonomische 16, 194, 231, 249
– rechtliche 16, 194, 231, 249

Rechnungslegung
- internationale 152, 279
Rechnungswesen 181
- partielle Integration 36, 279
Reporting-System *siehe* Berichtssystem
Risiken
- Eigentümerrisiken 146
- Geschäfts- und Finanzierungsrisiken 147
- Inflationsrisiko 16
- Länderrisiken 16, 249
- operative 146
- politische 145
- systematische 139
- Transferrisiken 146
- unsystematische 139
- Währungsrisiko 60, 149
Risikoprämie 139

Scheingewinne 16, 82
Scheinwährung 92
Segmentberichterstattung 205
Segregation 268
Sekundärkoordination 6
Shareholder Value 132
Shareholder Value Added 140
Simulationsmodelle 244
Single-Loop-Lernen 174
Standardberichte 189
Standardisierung 270
- Durchsetzungsmethoden 273
Standardisierungsgrad
- optimaler 271
Standortaufgabe 236
Standort-Controlling 240
Standortkostenmanagement 240
Standortoptimierungsmodelle 243
Standortschließungsprozess 241
Steuerbarwertminimierung
- relative 100
Steuerbelastungspläne 99
Steuerminimierung
- relative 100
Steuerplanung 99
- internationale 100, 105
- Tätigkeitsfelder 102
- Ziele 100, 122
Stichtagskurs 63
Stilllegung 236
Strategie 226
Strategisches Controlling 8
- Begriff 226
- Instrumente 225
- Perspektiven 226

Strategisches Kostenmanagement 252
Strategisches Management 225
Substanzerhaltung 85
- Bruttosubstanzerhaltung 86
- entwicklungsadäquate 86
- leistungsäquivalente 86
- Nettosubstanzerhaltung 86
- relative 86
- reproduktive 85, 86
Subventionen 147

Target Costing 252
Tax Shield 138
Tochtergesellschaft 105
Top-down-Reporting 190
Transaktionsexposure 61, 149
Transferrisiken 146
Translationsexposure *siehe* Konversionsexposure
true and fair view 202

Unternehmenswert 135
Unternehmensziele 8, 14
Ursache-Wirkungszusammenhänge 163
US-GAAP 153

Verrechnungspreise 13, 17, 20, 105, 106, 155, 250
- ausgehandelte 120, 123, 124
- Begriff 106
- duale 116, 120, 124
- Ermittlungsmethoden 108, 111
- Funktionen 106, 109
- grenzkostenorientierte 116
- istkostenorientierte 118
- Knappheitspreise 116, 119
- Kostenaufschlagsmethode 114, 123
- kostenorientierte 116, 123, 124
- marktorientierte 107, 115, 122, 123, 124, 156
- plankostenorientierte 118
- Preisvergleichsmethode 113, 122, 123
- vollkostenorientierte 116
- Wiederverkaufspreismethode 113, 124

Währungsrisiko 60, 149
Währungsschwankungen *siehe* Wechselkursschwankungen
Währungsumrechnung *siehe* Wechselkursumrechnung
Wechselkurse 63
- Durchschnittskurs 69
- Internal Forward Rate 63
- Prognosekurs 63

- Stichtagskurs 63
Wechselkursschwankungen 15, 60, 148, 249
Wechselkursumrechnung 16, 18, 60
- Methoden 63, 75
Weighted Average Cost of Capital (WACC) 138
Weighted Average Cost of Capital (WACC)-Ansatz 135
Wertorientierte Steuerung 73, 131, 133, 141
- Instrumente 13, 20
- Performance-Maße 133, 217
Wertsteigerungsansatz 141
Werttreiber 140
Werttreiberhierarchien 140
Wiederbeschaffungskosten 89, 90
- inflationskorrigierte 89, 92
Wiederverkaufspreismethode 113, 124
Wirtschaftlichkeitsrechnungen 243
Working Capital-Management 97

Zentralisierung 269
Zielerreichungskontrolle 246
Zielkostenindex 254
Zielkostenkontrolldiagramm 254, 258
Zielkostenspaltung 254
Zinssatz
- nominaler 81
- realer 81
Zweikreissystem 30
Zwischenholding 106